마음의
사회학

마음의
사회학

김홍중 지음

문학동네

프롤로그

혜능 선사가 보니, 두 젊은 스님이 나부끼는 깃발 앞에서 논쟁을 벌이고 있다. 한 스님은 흔들리는 그것이 '깃발'이라 하고, 다른 스님은 흔들리는 그것은 '바람'이라 한다. 혜능은 둘을 모두 불러 흔들리는 것은 그대들의 '마음'이라 깨우친다. 『육조단경』의 한 장면이다. 많은 선문답이 그러하듯이, 흔들리는 마음을 일깨우는 선사의 목소리는 준엄하고 압도적이다. 의심의 마군이 단걸음에 물러갈 만하다. 그렇다. 인간의 마음이란 얼마나 간사한 바람이자 깃발인가? 그 속에 부처도 마귀도 함께 거하고, 고통과 쾌락의 기억도, 추억과 예기(豫期)도 동석을 차지하고 있다. 사랑이 솟아난 자리에서 증오의 불길이 솟구치기도 하고, 공포와 불안의 카오스를 뚫고 맹목적인 희망이 자라나기도 한다. '마음'의 문제로 돌아오면, 인간은 모두 격렬한 방랑자이며 바로 그 이유로 운명적인 수행자이다. 죄와 번뇌와 애욕과 정념과 연민의 씨앗들이, 비 내린 뒤 웅성거리는 정원에서처럼, 수많은 잡초들의 모양을 하고 거기에 뿌려져 있다. 그 근본 뿌리를 결연히 뽑아내는 것, 그것이 자유의 가능성이다. 몽환이자 포영(泡影)인 인간 마음의 거침없는 화염을 정화하고, 누그러뜨리고, 더 나아가 적멸시켜야 비로소 어떤 평화의 그림자가 드리울 수 있다. 혜능의 저 '풍번문답(風幡問答)'은 그런 점에서 인간에 대한 이해의 정수를 포착하는, 혜안을 품고 있는 드라마이다.

혜능 선사의 언어에 설복되었음에도 불구하고 여전히 어떤 풀리지 않는 의문을 화두처럼 품고 있는 것은 아마도 내가 사회학자이기 때문이리라. 혜능의 눈앞에는 한 사람이 아니라 두 사람이 있었다. 두 사람이 같은 자리에서 흔들리는 깃발을 함께 바라보고 있었다. 그것이 깃발 자체의 요동이건 바람에 의한 준동이건 순수한 심적 파동이건 간에, 아직 각성에 이르지 못한 두 승려가 한 세계의 동일한 현상 앞에서 동일한 마음의 상태를 체험하고 이를 언어화하고 대화하고 담론하고 있다. 이 공통의 체험, 공통의 감각(sensus communis), 공통의 지각과 공통의 의혹과 공통의 논쟁이 과연, 각자의 마음속에 일어나는 개별적 번뇌의 소산으로 환원될 수 있는가? 미혹한 사회학자는 묻는다. 흔들리는 것의 실체를 찾아 구하는 도심(道心), 해탈과 제도를 구하는 절실한 소망, 수행과 정진에 삶을 바치고자 하는 결의는 모두 불법이라는 하나의 제도 속에서 생성된 '공통의 마음'이 아니던가? 개체의 수양이라는 것은 결국 '부처의 마음'이라는 커다란 수레(현대적 용어로 바꾸어 표현하면 패러다임) 속에서 비로소 의미를 획득하는바, 마음이란 결국 '나'의 것이 아니라 '우리'의 것, 개인의 것이 아니라 사회의 것, 사유하는 물건이 아니라 공유하는 매체가 아닐까?

1300여 년 전에 중원의 한 사찰에서 나부끼던 깃발이 20세기의 한국 사회에 다시 나타나 얼마나 많은 사람들을 광장에 모아 함께 분노하고, 슬퍼하고, 포효하고, 행동하게 하였는가? 멀게는 87년으로부터 촛

불의 물결 그리고 최근 전직 대통령의 불행한 죽음의 의례에 이르기까지, 깃발과 만장은 여전히 세차게 흔들리고 우리의 마음은 여전히 불타오른다. 그 앞에서 나는 명상해본다. '나'의 마음이 '당신'의 마음과 다르지 않고 '우리'의 마음이 '그들'의 마음과 구별되지 않는 어떤 공명의 체험 속에서, 우리는 어렵사리 하나의 사회를 기획하고, 계약하고, 꿈꾸고, 체험한다. 사회란, 모두가 같은 마음이 되는 덧없는 순간의 불안정한 제도화이다. 억조창생까지는 아니더라도 유사한 언어와 기억, 고통의 감각과 행복의 소망을 공유하는 집합체의 '마음'을 하나의 살아 있는 구조로 인정하고 그 모양새(體)와 쓰임(用)을 논구하는 작업은 허망한 번뇌가 아니다. 번뇌라 하여도 할 수 없다. 한 시인이 노래하였듯이, 번뇌도 별빛이 아니던가?

　2005년 이후 여러 지면에 발표된 열네 편의 논문을 묶어 이렇게 책을 펴낸다. 논문들에서 다루어진 대상과 주제는 제법 다양하다. 진정성에 대한 글이 있고, 진정성이 타락하여 등장하는 스노비즘에 대한 글이 있다. 윤리적 삶의 가능성에 대한 제언이 있으며, 가라타니 고진의 '근대문학 종언론'을 비판하는 글이 있다. 마음의 풍경을 논하는 글이 있고, 상상력을 넘어서는 파상력(破像力)을 이론화하는 글이 있으며, 성찰하는 마음의 태도, 멜랑콜리의 감정, 카이로스적 순간과 영원회귀의 사상에 대한 논문이 있다. 이상의 「오감도」 시 제1호에 등장하는 13인의 아해의 정체를 추리하는 글, 김수영에게 '거대한 뿌리'가 무엇이었는지를 밝히는 글, 2000년대 한국 시단의 총아였던 미래파의 열정을 실재와의 연관 속에서 규명하는 글, 무라카미 하루키의 『1Q84』를 사회학적으로 성찰·비평하는 글 그리고 근대예술이 어떻게 행복에의 열망을 회복할 수 있는지를 탐색하는 글이 거기에 있다. 이 모든 다채로운 접근들을 한 권의 책에 묶어 상재할 수 있었던 것은, 그들 모두가 결국에는 '마음'이라는 통주저음(通奏低音)을 배경으로 하는 음악으로 읽힐 수 있을 것이라는 확신에서였다.

이 책이 말하는 '마음'은, 앞서 잠시 언급했던 것과 같이, 종교-형이상학적인 의미의 심(心)이나, 근대 인식론이 이야기하는 마인드(mind), 그리고 근대 심리학이 육체와는 다른 심적 활동의 공간으로 설정하고 있는 사이키(psychē)가 아니다. '마음'은 개체의 내면에 존재하는 심적 표상, 정념, 병리적 현상의 일반적 무대로 환원될 수 없다. 본문의 어딘가에 쓰고 있는 것처럼, 이 책에서 사용되는 '마음'이라는 개념은 뒤르켐의 '집합표상', 베버의 '정신', 푸코의 '에토스', 토크빌의 '습속', 아날학파의 '심성', 레이먼드 윌리엄스의 '정서구조'와 같이 사회학의 방대한 전통 속에 이미 존재하는, '집합적 마음의 구조화된 질서'라는 의미에 그 뿌리를 내리고 있다.

이 거장들은 모두 비범한 통찰력과 직관을 동원하여, 그들 사회의 지배적 가치를 구성하는 삶의 태도, 윤리적 지향, 감정의 구조, 미학적 취향을 설득력 있는 언어로 포착한 바 있다. 이들의 저서를 읽다보면, 결국 사회학이 탐구해야 하는 최종 영역은 한 사회의 다양한 현상들을 발생시키는 원형적 에너지인 그 사회의 '마음'이 아닐까 하는 생각에 이른다. 근대사회의 모순과 병리를 해결하고자 등장한 사회학은 어느 수준에서 필연적으로 '사회의 마음'을 촉진(觸診)해야 하는 순간을 만나기 때문이다. 마음이 손에 잡히는 실물이 아니기 때문에, 마음의 사회학적 탐구자들은 치밀한 개념적 사유를 실험했고, 현상의 관찰 과정에서 놀라울 정도로 분방한 이론적 상상력을 발휘했다. 그들의 무기는 세련된 과학적 도구들이 아니었다. 많은 경우 마음의 사회학자들은 통계기법을 사용하지 않는다. 수(數)는 마음의 대지 앞에서는 우스꽝스러울 정도로 무용한 도구로 전락하는 경우가 많다. 대신 그들은 인간에 대한 근본적 이해의 시도로서 '인문학적 통찰력'을 신뢰했다. 인문학적 통찰력은 문필(文筆)이라는 그 오래되고 낡은 도구를 통해서만 자신의 모습을 드러낸다. 그것은 문학과 예술을 포함하는 문화적 산물 일반에 대한 주의 깊은 관찰과 해석을 종종 요구한다. 바로 이런 점에서 '마음의 사회학'은 고전과 현대 사회학의 다양한 이론적 기초들을 아우르면서 문화·문학·예술사회학, 사회심리학, 정신분석학, 사회운동론, 사회사를 가로지르는 트랜스적(的) 탐구과제의 새로운 이름으로 이해되어야 한다. 집합적 마음의 형성과 변화를 읽게 해준다면, 어떤 모양의 칼이라 할지라도, 기꺼이 그것을 사용했으며, 앞으로 또한 사용할 준비가 되어 있다.

일상용어를 학술적 개념으로 사용하는 것은 장단점을 모두 갖는다. 무엇보다 매력적인 점은 일상용어의 생생한 활력을 학문적 담론의 내부로 유인할 수 있다는 것이다. 더구나 마음은 '므숨'이라는 원형을 갖고 있는 고유어이다. 'Heart', 'coeur', 'Herz'와는 완전히 다른 집합적 상징의 퇴적물이 '마음'이라는 두 글자에 함축되어 있다. 그러나 거기에는 부인할 수 없는 단점이 있다. 말할나위없이 그것은 개념적 혼동의 가능성이다. 불명확한 정의는 혼돈스런 논리의 전개와 억측을 낳을 수 있다. 이를 최소화하기 위해서 나는 '마음의 현상'을 다음의 세 차원으로 나누어 접근한다. 그것은 각각 '마음의 레짐(regime)', '마음의 풍경', '마음의 징후'라는 표제로서 이들은 각각 제1부, 제2부, 제3부를 이끌어가는 개념적 보완물로서 기능하고 있다.

제1부 '마음의 레짐'에서 우리는 80년대 이후 한국 사회의 중요한 규범적 동력이었던 진정성의 구조, 기원, 소멸을 탐색한다. 진정성은 우리 사회의 지배적 주체 형성 기제로서 그 역할을 다하고 97년 이후의 신자유주의적 세계화 속에서 급격하게 약화되어간다. 그 과정에서 새롭게 등장하는 마음의 레짐을 나는 스노비즘과 동물화의 경향에서 발견한다. 제2부 '마음의 풍경'에서는 '문화적 모더니티'를 구성하는 특수한 풍경들을 추출하여 이를 분석한다. 나는 풍경과 파상력의 개념

을 사회학적으로 재구성하고, 이를 바탕으로 성찰성, 멜랑콜리 그리고 카이로스적 시간성을 각각 살핀다. 제3부 '마음의 징후'에서 나는 다양한 문학·예술 텍스트들을 사회적 마음이 표현하는 징후들로 파악하고, 그런 징후들을 해독함으로써 사회의 마음을 추론하고자 하는 사회학적 비평의 가능성을 타진한다. 이상, 김수영, 미래파, 무라카미 하루키, 오즈 야스지로 등이 거기에서 다루어진다.

　레짐이자, 풍경이자, 징후의 표현으로 존재하는 우리 사회의 마음을 어루만지려는 이런 시도는 하나의 출발점에 불과하다. 향후 '마음의 사회학'을 이론적으로, 경험적으로 더 구체화시키고 발전시키겠다는 작은 약속을, 프롤로그의 지면을 빌려 독자에게 조심스럽게 전해본다. 첫 책을 내는 마음이 부끄럽고 두렵다. 여러모로 부족한 글들을 읽어줄 독자들에게 감사를 드리며, 좋은 비판과 조언을 기대해본다. 사회학을 가르쳐주신 은사님들과 선배들, 대구대학교 사회학과의 동료 선생님들, 유사한 문제를 같이 고민하고 토론했던 친구들, 한때 몸담았던 『사회비평』의 동인들과, 지금 새로운 식구가 된 『문학동네』의 편집 동인들에게 충심으로 감사드린다. 문학동네의 강태형 사장님과 편집부 여러분께도 감사를 올린다. 이 책은 부모님과 동생의 신뢰 속에서, 아내 강다영 그리고 아들 연재와의 사랑 속에서 태어날 수 있었다. 이 모든 내 마음의 주인들에게 이 책을 삼가 바친다.

2009년 겨울
김홍중

일러두기

* 이 책 각 장의 초본이 된 글들은 다음과 같다. 초본에 수정과 첨삭을 가했다.
* 제12장의 초본이 된 「실재에의 열정에 대한 열정」은 심보선과의 공저이다.

1장. 「마음의 사회학. 진정성의 기원과 구조」, 『한국사회학』(43-5), 2009.
2장. 「삶의 동물/속물화와 참을 수 없는 존재의 귀여움」, 『사회비평』(36), 2007.
3장. 「스노비즘과 윤리」, 『사회비평』(39), 2008.
4장. 「근대 문학 종언론에 대한 비판적 고찰」, 『사회와역사』(83), 2009.
5장. 「문화사회학과 풍경의 문제」, 『사회와이론』(6-1), 2005.
6장. 「발터 벤야민의 파상력(破像力) 연구」, 『경제와사회』(73), 2007.
7장. 「근대적 성찰성의 풍경과 성찰적 주체의 알레고리」, 『한국사회학』(41-3), 2007.
8장. 「멜랑콜리와 모더니티」, 『한국사회학』(40-3), 2006.
9장. 「문화적 모더니티의 역사시학」, 『경제와사회』(70), 2006.
10장. 「한국 모더니티의 기원적 풍경」, 『사회와이론』(7-2), 2005.
11장. "Specter, Rhizome and Bridege. Kim Su-yeong's Theory of Tradition", *Korea Journal*(49-3), 2009.
12장. 「실재에의 열정에 대한 열정. 미래파의 시와 시학」, 『문화와사회』(4), 2008.
13장. 「하루키에 대한 몇 가지 단상들」, 『문학동네』(61), 2009.
　　　 「폭력의 카르마와 폭력의 비판」, 『문학동네』(59), 2009.
14장. 「행복의 예술, 그 희미한 메시아적 힘」, 『문학동네』(58), 2009.

제1부

마음의 레짐
— 진정성의 운명

가령, 진정성과 연관되어 있는 중요한 마음의 체험인 '분노'를 예로 들면, 그것을 우리는 개체들의 심리적 반응에서 만들어지는 감정의 형식으로 환원시킬 수 없다. 분노는 말하자면 80년대와 90년대의 사회적 삶 속에 이미 물질적으로 구조화되어 있었다. 대학생이 된다는 것은 '분노하는 법'을 배우는 것이며, '분노의 체험들'을 공유하는 것이며, '분노의 표현법'을 모색하는 것이었다. 시대의 분노는 개체의 마음속에서 솟아나기 전에 대자보의 구호 속에, 화염병의 난무 속에, 파업이나 휴업의 결의 속에, 술자리에, 탈춤을 추고 죽창을 휘두르는 판화의 영상들 속에, 민중가요를 부르는 목소리들 속에, 분신하는 몸뚱이의 충격적인 몸부림과 이를 지켜보는 경악의 눈동자들 속에, 학술적 논쟁들 속에, 농활과 엠티 속에, 집합열광의 거대한 체험 속에 이미 먼저 현실로, 물질로, 상징으로, 힘으로 구현되어 있었다.

I. 살아남은 자의 슬픔

1992년에 출판된 박일문의 소설 『살아남은 자의 슬픔』은 90년대 초반의 한국 사회가 어떤 방식으로 80년대를 회고하고 정리하였는지를 보여준다. 아마도 최초의 후일담 소설로 분류될 수 있을 이 작품에 표상된 80년대는, 시대의 모순과 대결하는 과정에서 뒤틀리고 상처받은 20대 주인공들의 혼돈스런 몸짓으로 얼룩져 있다. 주인공들은 사회적 부조리와의 투쟁에서 희생된 사람들의 죽음에 치명적인 부채감을 느끼며, 80년대를 '무사히' 살아남았다는 사실을 큰 수치이자 슬픔으로 여긴다. 자존감을 파괴하는 이 부정적 감정을 넘어서기 위한 괴롭고 처연한, 때로는 자기 파괴를 동반하는 위악적인 몸짓들이 바로 소설이 그리는 90년대 초반 한국 사회 청춘들의 영혼풍경이다. 고도로 예민한 이런 도덕 감정은 사실, 초자연적 재난 혹은 역사적 악을 체험한 세대가 사건의 종결 이후에 자신의 연명(延命)에 대하여 느끼는 자책의 한 양태이다. 가령 아우슈비츠의 생존자들은 그곳을 살아서 빠져나오지 못한 자들에 대하여 깊은 죄책감을 느꼈던 것으로 보고되고 있다.[1] 이런 점에서 박일문의 소설 곳곳에서 홀로코스트 이후에 서정시가 가능한가를 물어왔던 브레히트(Bertolt Brecht)의 시 「나, 생존자Ich, der Überlebende」가 조회되고 있는 것은 어쩌면 당연한 것이다.[2]

> 물론 나는 알고 있다. 오직 운이 좋았던 덕택에
> 나는 그 많은 친구들보다 오래 살아남았다. 그러나 지난밤 꿈속에서
> 이 친구들이 나에 대하여 이야기하는 소리가 들려왔다.
> "강한 자는 살아남는다."
> 그러자 나는 자신이 미워졌다.
>
> (Brecht, 1985 : 117 : Cf. 박일문, 1992 : 66)

생존자가 스스로의 생존을 증오하던 이런 마음의 형식 앞에서 우리는 일종의 격세지감을 느끼는 것이 사실이다. 그것은 너무나 진지해 보이고, 그리하여 무언가 과장된 것처럼 느껴지기도 한다. 왜냐하면 우리 시대는 자신의 '생존'을 무엇보다도 소중한 가치로 설정하는 사회적 합의를 달성했기 때문이다. 21세기의 신자유주의적 세계화 속에서 치열한 생존 경쟁을 겪고 있으며, 그런 경쟁에서 '살아남기' 위해 살인적인 노력을 경주하도록 강요당하고 있는 현재의 우리에게 이런 '도덕적' 태도는 약간의 불편함을 가져다준다. 그러나 브레히트의 시가 환기시키는 마음의 태도는 불과 10여 년 혹은 20여 년 전에 우리 사회의 곳곳에서 어렵지 않게 발견할 수 있었던 한국 사회의 공유된 '마음'이었다. 타인을 누르고 혹은 타인 대신에 내가 살아남는다는 것, 성공한다는 것, 앞서간다는 것은 드러내어 자랑하거나 과시할 일이 아니

라 적절히 숨겨야 하는 부끄러운 것이었다. 생존이 부끄러움이 되는 감수성, 이런 마음의 형식이 광범위하게 공유되면서 하나의 가치로서, 옳은 삶의 기준으로서 설정되어 통용되던 시대를 우리는 흔히 '진정성'의 시대라 부른다(이남호, 1992: 306).

진정성(眞正性, authenticity)은 본래 좋은 삶과 올바른 삶을 규정하는 가치의 체계이자 도덕적 이상으로서, 자신의 참된 자아를 실현하는 것을 가장 큰 삶의 미덕으로 삼는 태도를 가리킨다.[3] 진정한 자아의 실현이 대개 사회적 모순, 억압, 문제 등에 의해 좌절되기 때문에 진정성의 추구에는 언제나 사회의 공적 문제에 대한 격렬한 항의, 비판, 참여가 동반된다. 서구의 경우 진정성의 문화, 진정성의 정치, 진정성의 윤리가 사회적으로 확산되고 공유되어 인정받게 된 것은, 1960년대 이후 본격화된 청년 대학생들의 '신좌파' 운동을 계기로 해서이다(Rossinow, 1998: 1-2). 그러나 진정성의 이상이 뿌리내리고 있는 사회·역사적 토양이 결국 자아와 사회의 변증법적 충돌이라면, 그것은 사실 '근대적 주체'의 형성과 그 역사를 같이한다고 볼 수 있다. 이미 여러 논자들에 의해서 지적된 바와 같이, 진정성의 윤리는 루소와 헤르더 이후의 낭만주의에서 시작되어 키르케고르, 하이데거, 사르트르 등의 실존주의적 감성 속에 구현되어 있는 도덕적 기획으로서, 외부로부터 부과되는 사회적 역할과 자신의 고유한 욕망 사이에 형성된 간극을 적극적으로 극복하고자 하는 근대적 주체의 자기 통치 기획의 한 양태이다(Lindholm, 2008: 3-7; Berger, 1973).

한국 사회에서 이런 진정성의 에토스는 80년대 이후의 민주화 운동 과정에서 형성되어 소위 386세대의 세대의식의 핵심을 구성하였고, 90년대 문학과 문화의 영역에서 더욱 심화되어 중요한 가치로서 부각되다가, 1997년의 IMF 외환위기 이후 한국 사회가 총체적 구조조정의 국면에 진입하면서부터 사회의 주도적 가치로서 급격하게 퇴조한 듯이 보인다(서영채, 2005: 104-150). 외환위기 이후 한국 사회는 진정성의 모델이 현실적으로 융성할 수 있는 환경과 토대를 상실하게 된다. 승자독식, 무한경쟁, 적자생존의 유사-자연적 정글로 변화한 사회에서 가장 절박한 관심은 '진정한 삶'이 아니라 '목숨 그 자체' 즉 '생존'의 문제로 집약되기 때문이다. 생존자는 더이상 자신의 생존을 부끄러워하지 않는다. 그것은 오히려 모방되고, 칭송되고, 존경받아야 하는 업적으로 과시된다. 성공과 부유와 건강과 명예를 동시에 구가하는 새로운 영웅의 형상인 생존자를 둘러싸는 사회적 판타지가 형성되고 있으며, 이런 과정에서 한국 사회는 소위 '포스트-진정성 체제(post-authenticity regime)'로 진입한 듯이 보인다(김홍중, 2009; 심보선·김홍중, 2008: 367). 진정성이 와해된 자리에 새롭게 들어서는 삶의 태도는, 도구화된 성찰성을 자원으로 성공과 치부(致富)를 반성 없이 추구하고 '부자 되세요'를 덕담하면서 재테크와 부동산투기와 자기계발에 몰두하는 신자유주의적 '스노비즘'과 '동물성'이다.

우리 사회가 짧은 시기 동안 체험한 이런 집합적 심리의 변동을 이해하고 설명하기 위해서는 1) 진정성의 에토스가 어떤 구조를 갖고 있으며, 또한 어떤 방식으로 형성되었는가를 보여주는 작업과 2) 진정성이 어떻게 해체되고, 파괴되어, 다른 에토스로 대체되었는가를 분석하는 작업이 공히 요구된다. 전자가 진정성의 의미구조에 대한 연구라면, 후자는 포스트-진정성 체제를 주도하는 새로운 에토스의 의미구조에 대한 연구일 것이다. 이 글은 그 첫번째 과제, 즉 진정성 에토스와 같은 의미구조를 다각적으로 분석하는 작업에 집중할 것이며, 이를 다음과 같은 순서로 진행하고자 한다. 첫째, 기왕의 사회과학이 규범체계, 가치관, 윤리적 이상 등 다양한 용어로 불러온 에토스를 우리는 '마음의 레짐'이라는 개념으로 새롭게 정립한다. 둘째, 진정성 개념의 근대적 기원을 밝히고 그 구조를 분석하여 제시한다. 셋째, 진정성 에토스의 내적 모순을 지적한다. 마지막으로, 마음의 사회학의 가능성을 타진함으로써 포스트-진정성 레짐에 대한 차후의 연구에 선행적 방향을 제시할 것이다.

II. 마음의 레짐

주지하듯이 지난 20년 사이에 한국 사회가 체험한 변동은 정치, 경제, 사회, 문화의 특정 부문에 국한되지 않는 포괄적이며 심층적인 것이었다. 이런 변화를 체계적으로 이해하고 설명하기 위해서 최근 공론장의 영역에서 활발하게 사용된 개념이 바로 '레짐(regime)'이다. 가령, 87년 민주화대항쟁 이후에 전개된 민주화의 시대를 상징적으로 표상하는 '87년 체제'의 개념 그리고 97년 IMF 외환위기 이후의 신자유주의적 세계화를 표상하는 '97년 체제'의 개념 등이 그 대표적 용례라 하겠다. 이 개념들은 87년 이후 약 20여 년간 진행된 한국 사회의 변동을 10년의 단위로 분절하여 사고할 수 있는 기초적 정형(定型)을 제공하였다. 또한 이를 바탕으로 그간 다양한 생산적 논의들이 제출되어 사회변동의 현상, 구조, 역학에 대한 심화된 이해를 제공하였다(김종엽, 2005; 박명림, 2005; 윤상철, 2005; 김호기, 2007; 김문조, 2008). 그런데 이러한 연대기적 분할과 개념의 운용과정에서 두 가지 중요한 문제점이 발견된다. 첫번째 문제는 10년 단위의 변동이 자명한 것으로 수용되었다는 사실이며, 두번째 문제점은, 변동에 대한 대부분의 접근이 경제나 정치의 '제도적' 차원을 중심으로 이루어졌다는 사실이다. 양자는 사실 긴밀히 연관되어 있으나 무엇보다도 더 중요한 것은 두번째 문제이다. 체제 개념은 언제나 헌정체제이거나 노동체제이거나 정치체제이거나 혹은 축적체제로 이해되었을 뿐, 그러한 제도적 변동에 연동되어 있는 사회심리의 체제, 우리가 제안하고자 하는 용법으로 말하자면, '마음의 레짐'에 대한 언급이나 관심은 거의 존재하지 않았다.[4]

이런 점에서 '체제' 개념의 운용과 관련된 다음의 명제들을 비판적으로 제기할 필요가 있다. (1)우리의 사회적 삶은 단순히 제도적 차원으로 환원될 수 없는 행위자들이 공유하는 의미의 세계를 내포하고 있다. (2)특정 사회의 구조적 변동은 이 의미의 세계가 변화하는 것까지를 포함한다. (3) '87년 체제'는 단순한 정치체제가 아니라 그 체제를 살아가는 사람들이 공유하던 가치의 체제, 희망의 체제, 절망이나 눈물의 체제, 고통 혹은 쾌락의 체제 즉 '마음의 레짐'이기도 하다. (4)이런 '마음의 레짐'을 규정하는 연대기적 단위는 87년 체제나 97년 체제 개념이 내포하는 시간적 분할의 단위와 반드시 일치하지 않는다. 즉 진정성의 레짐은 80년 광주항쟁 이후부터 87년 민주화대항쟁을 거쳐서 97년 위기에 이르는 약 20년간 지속적 헤게모니를 발휘한 것으로 파악할 수 있다.

사실, 사회과학의 전통은 우리가 '마음의 레짐'이라 부르기를 제안하는 집합심리의 체계를 다양한 용어로 이미 포착해온 것이 사실이다. 그 대표적인 용례가 바로 에토스(ethos)이다. 에토스란 "동시대의 현실에 관련되어 있는 어떤 존재 양식, 다수의 사람들에 의해 행해지는 자발적 선택, 즉 사유하고 느끼는 방식"이자 개인이 스스로 어디에 속해 있는지를 과업으로 제시하는 "행동방식이자 행위방식"이다 (Foucault, 1984a: 186-7). 집합체가 공유하고 있는 습속(習俗)을 의미하는 이 에토스의 개념은, 토크빌이 자신의 『미국의 민주주의』에서 사용하고 있는 풍습(folklore)의 개념이나, 베버가 분석한 프로테스탄트 '윤리(Ethik)' 혹은 자본주의 '정신(Geist)'과 거의 흡사한 대상을 지시하고 있으며 또한 뒤르켐이 집합표상(représentation collective)으로 의미하는 바와 거의 유사하다(Tocqueville, 1835; Weber, 1904-5; Durkheim, 1898). 좀더 현대적인 개념을 거론하자면, 인류학에서 처음 발명되어 프랑스의 아날 학파가 창조적으로 전유한 심성(mentalité) 개념이나, 벨라와 그의 동료들이 미국의 개인주의를 이해, 설명하기 위해 창안한 '마음의 습관(habit of the heart)'이라는 개념 그리고 레이먼드 윌리엄스의 '정서구조(structure of feelings)', 혹은 문화적 모더니티의 정조인 멜랑콜리의 분석과정에서 필자가 사용한 '세계감(pathos mundi)'과 같은 개념들을 들 수 있다(김영범, 1991; Bellah et al., 1985/1996; Williams, 1977: 165-6). 각각의 개념들이 모두 상이한 이론적 맥락, 정치적 입장, 시대적 배경을 갖고 있음에도 불구하고, 이들은 모두 사회적 행위자들이 공유하고 있는, 암묵적이고 집합적인 '마음'의 문제에 주목한다. 또한 이런 '마음'이 사회적 행위자들의 습관화된 행동패턴을 지도하며 사회적 행위의 조형에 영향을 끼치는 구조화된 시스템인 하나의 '레짐'이라는 점에 착안하고 있다. 이 두 차원을 집약한 것이 바로 '마음의 레짐'이라는 개념이다.

그런데 이미 다양한 용어들이 존재함에도 불구하고 왜 '마음의 레짐'이란 새로운 개념을 사용할 필요가 있는가? 그것은 기왕의 개념들이 진정성을 포착하기에 모두 약간의 부적절함을 노정하고 있기 때문이다. 가령 '에토스'나 '습속'은 지나치게 일상화되어 있어, 진정성을 새로운 시각에서 '낯설게' 바라봄으로써 지난 시대 우리의 '마음'을 새롭게 성찰하기 위한 개념으로 취약해 보인다. '윤리'나 '정신'은 독일 관념론의 전통에 깊이 착근되어 있고, '집합표상' 역시 근대적 인식론의 함의가 매우 강하여, 인식뿐 아니라 규범과 감정까지를 내포하는 '마음'의 총체를 다루기에 이들 개념이 충분히 자유롭지 않다고 판단하였다. 또한 장기지속적 시간성을 암시하는 '심성' 개념은, 사회·경제적 변동의 국면적 시간성의 지배를 받는 '마음의 레짐'을 대신하기에 부적절하다. '마음의 습관'은 개체에 체화되어 반(牛)자동적 습성의 상태를 가리킨다는 점에서, 강렬한 번민과 심리적 혼란 끝에 고도로 자각적인 자기 결단을 요구하는 진정성을 개념화하기에 적절하지 않다. 마지막으로 '정서구조' 혹은 '세계감(世界感)'은 마음의 특정 차원인 정서(feeling)를 특화시키고 있다는 점에서 정서뿐 아닌 규범적 판단의 영역까지를 포괄하는 '마음의 레짐'이 지시하는 차원보다 협소한 영역에 국한되어 있다.

이런 이론적 고려 속에서 이 글이 제안하는 '마음의 레짐' 개념을 구성하는 '마음'과 '레짐'은 모두 진정성을 포착하기에 매우 효율적이다. 우선 '마음'은 인지, 도덕, 미학적 판단의 총체를 포괄적으로 가리킨다는 점에서, 정서적인 동시에 인지적이고 또한 규범적인 차원을 모두 갖고 있는 진정성의 실체를 포착하기에 적합하다. 또한 '레짐'은 그 용어가 환기시키는 정치적 상상력 속에서 집합심리가 개체들을 '통치'하고 '제어'하는 실질적 효과를 직관적으로 파악할 수 있게 해주는 동시에 집합심리의 중요한 기능 중 하나인 '주체의 형성'을 선명히 부각시킨다. 마치 특정 체제가 자신의 신민(臣民)을 양성하듯이, '마음의 레짐'은 자신의 독자적인 주체의 형식을 산출하며, 이 산출의 과정은 넓은 의미의 통치성의 구현이다. 요컨대 마음의 레짐은, 푸코의 용어를 빌려 말하자면, 주체를 만들어내는 담론적 혹은 비(非)담론적 요소들의 네트워크이자, 권력의 특수한 요구에 의해서 역사적으로 형성되어 특정 시대에 특정한 방식의 인식과 실천의 주체들을 걸러내고, 빚어내고, 결절시키는 구조를 가리키는 일종의 '장치(dispositif)'라 할 수 있다(Foucault, 1977: 299; Cf. Deleuze, 2007: 477-485). 이처럼 진정성을 '주체화의 장치로 기능하는 마음의 레짐'으로 정의할 때 우리는 문화나 집합표상과 같은 객관화된 관념의 질서로 진정성을 파악하는 것이 아니라 구체적이고 물질적인 수준에서 주체들의 삶의 형식을 조형하는 힘으로 이를 이해하고 그 구조를 파악해야 한다. 즉, 진정성은 어떤 주체와 어떤 삶의 가치를 비준하고 촉구하고 강제하는가? 진정성의 주체는 무엇을 위해 살며, 무엇을 위해 죽는가? 그는 자신과 어떤 윤리적 관계를 형성하며, 또한 타자와 어떤 사회적 관계를 꿈꾸는가? 더 나아가서 그런 진정성의 한계는 무엇이며, 그것은 지금 이 시대에도 여전히 유효한 가치이자 규범으로 가능한 것인가, 아니면 그와 결별하고 새로운 주체, 감성, 규범의 질서를 모색해야 하는가? 이런 질문들에 대한 해답을 우리는 진정성의 기원과 그 구조를 살핌으로써 제공하고자 한다.

III. 진정성의 기원과 구조

1. 신실성에서 진정성으로

진정성에 대한 이론적 논의의 역사에서 가장 권위 있는 텍스트인 『신실성과 진정성Sincerity and Authenticity』에서 저자인 트릴링 (Lionel Trilling)은, 외면적으로 흡사한 듯이 보이지만 사실 그 내적 논리가 매우 상이한 이 두 가지 도덕적 태도(신실성과 진정성)의 근본적 차이를 조명함으로써 근대적 진정성의 실체를 규명하고 있다. 그에 의하면, 신실성은 전근대의 도덕적 가치로서, 자신에게 거짓되지 않은 동시에 타인에게도 진실하기를 원하는 태도를 가리킨다. 신실성을 추구하는 자는 그리하여 내면과 외면 사이의 상위(相違)나 모순을 느끼지 않으며, 사회가 그에게 요구하는 규범적 의무와 자신이 실제로 욕망하는 바 사이에 어떤 단절이나 간극도 느끼지 못한다(Trilling, 1972: 5). 이런 점에서 신실한 인간의 반대편에는 내심과 외관이 음흉하게 상치하는 악한(惡漢) 혹은 마키아벨리적인 음험한 인간이 존재한다 (Trilling, 1972: 14-5). 그런데 신실성보다 훨씬 후에 나타나는 도덕적 개념인 진정성은 개인주의적 가치를 내면화한 근대적 인간이 공동체로부터 주어지는 역할 모델과 자신의 '진정한' 욕망 사이에 괴리를 발견하고 이를 주체적으로 극복하는 과정에서 등장하는 새로운 이상이다(Berger, 1973: 82). 진정성을 추구한다는 것은 더이상 타인과 자신에게 모두 선하고 진실한 태도를 취하는 것이 아니다. 진정성은 자신의 참된 자아를 실현하고자 하는 열정을 가로막는 사회적 힘(전통, 규범, 타인)과의 대립을 마다하지 않는 태도이며, 이런 과정에서 진정성의 주체는 신실성의 주체와는 달리 소위 '불행한 의식'을 갖고 있는 주체성을 형성시킨다.

트릴링은 신실성과 진정성이 상이한 도덕적 이상으로 대립되는 역사적 전환을 보여주는 모범적 텍스트로서 디드로의 『라모의 조카』를 거론한다. 이 소설에는 신실성을 구현하는 철학자와 그런 신실성의 구현에 실패하거나 이에 저항하는 인간인 건달이 대담자로 등장하여 서로 다른 '마음의 레짐'을 언술하고 있다. 건달은 삶의 지향과 의식 그리고 태도에서 신실성의 차원을 넘어서는 새로운 모습을 보여주는데, 가령 그는 단순히 선한 존재가 아니라 현실의 어둠을 꿰뚫고 이를 조롱하는 아이러니의 의식을 갖고 있다. 그는 진정한 삶을 내심 추구하지만, 외면적으로는 복잡하고 뒤틀린 부정의 정신성을 보여준다 (Trilling, 1972: 26-33). 트릴링은 헤겔이 『정신현상학』에서 디드로의 이 소설을 언급하면서 '고귀한 의식(das edelmütige)'과 '비천한 의식 (das niederträchtige)'을 구별하고 있음을 지적한다. 그에 의하면, 헤겔이 말하는 고귀한 의식은 신실성에 대응되며, 비천한 의식은 바로 진정성과 상응한다. 주지하듯이, 헤겔에게 인간 정신의 자기실현은 국가나 부(富)와 같은 외적 권능과의 관계 속에서 규정되며 진행되는 변증법적 과정이다. 그런 관계의 초기 단계에 머물러 있는 개체의 의식은 외부의 사회적 힘과 조화를 유지하며 자신과 이를 동일시한다. 이때 나타나는 것이 존경과 감사의 의식인 '고귀한 의식'이다. 고귀한 의식은 자신의 외부를 부정하지 않는다. 그런 점에서 고귀한 의식이 신실성의 이상과 공통점을 갖고 있다고 보는 것이다. 그러나 이 조화로운 관계가 파괴되면 정신의 본성인 자유를 추구하면서 외적이고 사회적인 힘과 대립하는 의식이 생성되는데, 헤겔은 이를 비천한 의식이라 부르며, 다음과 같이 이를 상술한다. "이 의식은 지배 권력을 자기의 독자성에 족쇄를 채우고 억압하는 것으로 보고 지배자를 증오하는 가운데 음흉한 속셈을 안고 복종하는 척하면서 언제라도 반란에 뛰어들 태세를 갖고 있다. 그런가 하면 또 이 의식은 마음껏 여유 있는 삶을 누리도록 베풀어주는 부에 대해서도 자기의 본뜻과는 어울리지 않는 부등한 면만을 눈여겨보려고 한다. 부가 안겨주는 것은 다만 개별적인 의식과 부질없는 만족감에 지나지 않는다고 하면서 결국은 부를 사랑하거나 경멸하기도 하며, 만족감이라는 것은 본래 스쳐 지나가버리는 듯이 여기면서 자기와 부의 관계도 또한 소멸되어버리는 것으로 여기는 것이다"(Hegel, 1807b: 80-1).

비천한 의식은, 권력과 스스로를 동일시할 때 가능한 긍정적 태도인 고결성, 정직성, 우아함과 달리, 권력에 대한 경멸과 반항의식으로부터 나오는 '비열'하고 '음흉'하고 '저열'한 태도를 보여준다. 비천한 의식은 순진하지 않다. 그것은 힘의 실체, 즉 개체의 자기 정신이 완성되는 것을 방해하는 외적 강제력을 정확하게 인식하고 그것과 대결하기 위해서 이성의 간지(奸智)를 전략적으로 활용하는 자의 의식이다. 이런 점에서 헤겔은, 고귀한 정신에서 비천한 정신으로의 전환을 타락이 아니라 진보라고 파악한다. 왜냐하면, 이 전환 속에서 정신이 자신의 족쇄를 부수고 해방될 수 있는 가능성을 타진하고 있기 때문이다. 비천한 정신은, 세계와 불화하고 세계와 자신 사이의 간극을 절감하며 자신의 자유를 구속하는 세계의 실정성(Positivität)을 부정하는 오히려 한결 고양된 정신이다. 개체는 이제 전근대적 신실성 혹은 고귀한 의식의 잠으로부터 깨어난다. 신실성을 가능하게 했던 공동체의 규범과 역할의 부여는 자유로운 자아의 이상과 충돌하기 시작하며 이런 충돌과 맞서는 상처받은 영혼들의 절박한 자기실현의 세계가 "소외된 영혼의 세계"이자 근대적 교양(Bildung)의 영역인 부르주아 시민사회인 것이다(Hegel, 1807b: 69). 신실성이 불가능한 시대에 개인은 이제 교양 혹은 문화의 영역을 통과하면서, 상실된 자기 정체성을 새롭게 찾아야 한다. 그것이 바로 소설의 이념이며, 모더니티의 중요한 한 축을 구성하는 정신적 가치인 진정성의 이상이다.[5]

신실성과 진정성의 관계는 이처럼 변증법적 나선형으로 착종되어 있다. 신실성은 말하자면 즉자적인 진정성이다. 신실성 속에는 진정성의 맹아가 들어 있으나, 그것은 아직 개화하지 않은 원형질에 가깝다. 이와 반대로 진정성은 대자적 신실성이다. 달리 말해서, 신실성이 스스로 반성되어 진화한 형태가 바로 진정성인 셈이다. 신실성에서 진정성으로 나아가는 길은 그리하여 근대성의 심층적 변동과 결부되어 있다. 만일 충량(忠良)하고 순실(純實)한 전근대적 인간의 이상인 신실성을 대신하여 새로운 유형의 주체를 만들어내는 미학적·도덕적 통치의 체제로서 진정성의 이상이 등장했다면, 이런 진정성의 레짐은 외적 규범의 강제력과 싸우면서 스스로의 참된 삶을 추구하고자 하는 근대적 자아구성의 근본 기획이 존재하는 곳이라면 어디에서든 발견될 수 있는 것이다. 이런 이유로 진정성에 대한 기왕의 논의들은 질적으로 매우 상이한 근대적 사유와 문예의 흐름들을 모두 포괄하고 있다. 가령 트릴링에게 진정성이 디드로, 헤겔, 루소, 제인 오스틴, 사르트르, 조지프 콘래드, 프로이트를 관통하는 이념이었다면, 골롬(Jacob Golomb)

에게 그것은 키르케고르, 니체, 하이데거, 사르트르, 카뮈를 통과하는 정신적 태도였으며, 기농(Charles Guignon)에게 역시 진정성은 횔덜린, T. S. 엘리엇, 워즈워스, 루소, 릴케, 톨스토이와 같은 작가들의 작품을 주조해낸 도덕적 주형이었다(Golomb, 1995 ; Guignon, 2004).

그러나 이런 포괄성과 편재성에도 불구하고 진정성의 레짐이 근대성의 모든 국면에서 동일한 강도와 동일한 밀도로 구현되는 도덕적 상수가 아니라는 사실을 인지하는 것은 진정성의 역사성에 대한 정확한 이해라는 차원에서 매우 중요하다. 말하자면, 진정성이 잠재적 가능태의 상태를 벗어나 현실화되기 위해서는 특정한 사회·정치적 조건이 성숙해야 한다. 가령 미국의 1960년대에 진정성의 윤리가 정치적 자원으로 동원되어 소위 진정성 정치(politics of authenticity)를 꽃피울 수 있기 위해서는, 경제적 풍요 속에서 궁핍으로부터의 해방보다는 자아의 실현을 방해하는 부조리한 사회제도로부터의 해방을 더 중시하는 청년 세대의 등장, 당대의 시대적 화두였던 '소외'에 대한 예민한 감수성, 다양한 정체성들(대학생, 흑인, 여성, 소수자)의 인정투쟁의 가열화, 실존주의의 유행 등과 같은 사회문화적 배경이 필수적으로 요구되었다(Rossinow, 1998: 1-8; Etzioni, 1968: 617 이하; Bugental, 1965).[6] 이처럼 진정성 레짐이 현실화될 수 있기 위해서는 '진정한 나'를 추구하는 자아정치와 '진정한 사회'를 추구하는 현실정치가 결합해야 한다. 진정한 나의 추구는 충분한 개인주의의 성숙과 개인주의적 가치들에 대한 사회적 승인 혹은 그런 가치를 추구하는 사회 집단, 가령 청년들의 강력한 항의와 표현을 통해서 이루어진다. 또한 진정한 사회를 향한 열망은 부정의하고 부도덕한 현실 권력에 대한 집합적 투쟁과 운동을 통해 형성된다. 이런 의미에서 피터 버거는 다음과 같이 지적하고 있다. "수많은 뉴레프트 지식인들의 이념 속에서 진정성과 반란(insurrection)은 동일시되었다. '진정한 자아'는 외부의 부르주아적 질서나 그 내적인 억압적 상관물에 대한 극렬한 반항 속에서만 실현될 수 있다"(Berger, 1973: 83).

우리 사회의 경우 진정성과 반란성의 이런 결합, 진정한 자아와 좋은 사회에 대한 열망의 접합은 단순히 주변적 청년 문화에 머무는 대신 80년대에 진행되었던 '민주화'의 과정 속에서 사회 전체의 구조적 변동을 야기하고 집합행동과 가치의 체계로서 구조화된다. 그 대표적인 주체가 소위 '386세대'이다. '386세대'는 80년 광주 이후 급진화된 민주화 운동의 주체로 성장하면서 다른 어떤 세대보다도 적극적으로 탈(脫)인습적 가치를 내면화한 세대로 평가된다(한상진, 2007: 8-15; 한상진, 2003). 또한 경제발전의 수혜를 입어 절대빈곤을 벗어나 삶의 의미를 추구할 수 있는 여건을 갖추게 되면서 '진정한 나'를 추구하는 태도를 본격화한 세대이자, 비판적 성향과 민중에 대한 부채의식 그리고 소외집단에 대한 이해심을 공유하면서 '좋은 사회'를 만들기 위한 집합적 연대를 체계적으로 그리고 장기적으로 시도한 세대인 것으로 이해되고 있다(박재홍, 2005: 34; 정성호, 2006: 23 이후; 홍덕률, 2003: 173-4). '386세대'의 집합체험은 단순히 한 세대의 경험 지평을 넘어서 그 시대의 전형적인 태도, 가치, 규범을 형상화할 만큼 강력한 파급력을 갖고 있었다. 바로 이런 도덕적 헤게모니를 바탕으로 '386세대'를 정치적, 문화적, 도덕적 주체로서 생산해낸 진정성의 레짐은 민주화 시대를 관통하는 '규범적 우세종(normative dominant)'으로 기능하게 된다.[7] 규범적 우세종으로 진정성을 이해할 때 우리는, 그 시대 모든 구성원들이 진정성이라는 마음의 레짐에 구속되어 있었다거나, 당대에는 오직 진정성이라는 마음의 레짐만이 존재했다는 오해로부터 자유로울 수 있다. 진정성은 다양한 마음의 레짐들 중에서 가장 중요하고 현실적으로 큰 효력을 발휘했던 삶의 지향들 중의 하나였던 것이다. 그러나 진정성의 레짐하에서 모두가 진정한 삶을 살았던 것은 물론 아니며, 진정성의 이상에 동의한 것 또한 아니다. 경험적인 수준에서 말하자면 진정성은, 마치 민주화를 시대정신으로 하는 시대에 모든 이들이 민주화 운동에 투신했던 것은 아니듯이, 여전히 일부의 삶의 지향에 머문다. 그러나 소수의 운동이 사회 전체의 흐름을 유도·규정했던 것과 마찬가지로, '386세대'를 중심으로 형성된 진정성의 가치는 당대 한국 사회의 규범적 지평을 규정하는 가장 지배적인 '마음의 레짐'으로 자리잡게 된다.

2. 진정성 레짐의 구조와 주체의 형식

하나의 '레짐'이자 '장치'로서 진정성은 독특한 주체 형성 논리를 갖고 있다. 진정성을 추구하는 주체는 그 논리에 근거하여 행위와 사유의 준칙들을 조정하고 실천한다. 이를 하나의 이념형으로 묘사하자면, 진정성의 레짐은 1)그것이 형성시키는 특수한 '주체' 2)그 주체가 자기 자신과 성찰적인 관계를 정립하고 실천하는 윤리적 기관(器官)이라 할 수 있는 '내면' 3)내면적 고뇌와 모색의 결과 참된 자아를 실현하기 위해서 그가 투신하게 되는 '공적 지평'이라는 세 가지 요소들로 구성되어 있다. 이 요소들이 만들어내는 체제의 전체적인 운용 방식을 도식화하면 다음과 같다.

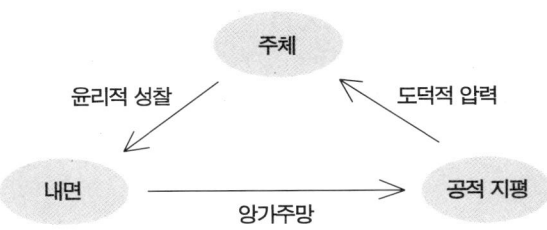

테일러가 지적한 바와 같이, 진정성은 "인간이 무엇이 옳고 그른가에 대한 직감 즉 도덕관념을 천부적으로 부여받은 존재라고 생각했던 18세기의 사유"에 뿌리내리고 있다. 진정성을 추구하는 인간은 외재적인 도덕이나 타인들의 견해 혹은 가치관을 맹목적으로 추수하는 존재가 아니라 가령 섀프츠베리나 허치슨이 강조하는 '내면의 목소리', 루소가 말하는 '존재감(sentiment de l'existence)' 혹은 헤르더의 '자기 척도(Maß)'와 같은 내적 판단의 원리에 의해 자신의 삶을 설계하고 영위하는 존재라는 것이다(Taylor, 1991 : 40-6; Taylor, 1989 : 248 이하). 그는 개체로서의 삶을 희생함으로써 더 고매한 실체와 일체를 이루는 자기 상실 혹은 자기 비움(kenosis)의 종교적이고 형이상학적인 이상을 좇지 않는다. 대신 그는 자신의 자아를 다듬고, 발견하고, 개선시키는 자신과의 내밀한 관계를 통해서 스스로를 자율적인 주체로 정립하고자 하는 충만한 욕망, 즉 '자기 소유'의 원칙에 입각하여 행동한다(Guignon, 2004 : 24-5).

위의 도식에 나타나 있는 진정성의 주체는 이런 점에서 무엇보다도 내향적인 성찰의 주체로 정립된다. 왜냐하면 참된 삶에 대한 강한 지향은 어떤 삶이 옳은 것인가에 대한 지속적 성찰을 요구하며, 도덕적 판단의 기준 또한 이에 맞추어 외적 권위에서 내적 깊이로 전이되어야 하기 때문이다. 이때 진정성의 주체가 참된 자아와의 사이에 건설하는 대화의 공간이 바로 '내면'이다(Taylor, 1991 : 28-9). 내면은 평화로운 명상이나 외적 현실과 차단되어 유아론적(唯我論的)으로 기능하는 자폐적 판타지의 기관이 아니다. 그것은, 진정성을 좇는 개체의 도덕적 이상이 객관적 현실과 충돌하여 비롯된 상처와 기억, 분노와 좌절 그리고 열망과 희망으로 구축된 갈등의 공간이다. 내면을 소유한 주체가 성찰적이라는 것은, 그의 자아와 외부 세계 사이의 이런 충돌에 기인한다. 진정성의 주체는 공동체가 부과하는 도덕률을 즉각적으로 수용하지도 기계적으로 거부하지도 않는다. 그는 도덕과 자신 사이에 성찰적 거리를 만들고 가능한 행위의 준칙들을 주체적으로 선택하기 위한 고민을 실천하는 것이다. 성찰성은 이때 내면의 공간을 향한 기약 없는 그리고 집요한 소통적 관계의 설정에 뿌리내리고 있으며, 이는 기본적으로 '윤리적' 성격을 띠게 된다.[8]

그러나 진정성의 주체가 내면적 존재라는 말은 그가 오직 자신의 내적 세계에 몰두하고 침잠해 있다는 것을 의미하지 않는다. 오히려 이런 내관(內觀)을 경유하여 주체가 도달하고자 하는 곳은 공적인 의미 지평이다. 진정성의 주체는, 마음 깊은 곳에서 명확한 긍정의 목소리가 들려오기 전에는 구체적 행위에 착수하지 않지만, 일단 그가 자신의 행위 방향을 결정한 후에는 타자들과 더불어 공유되는 사회적 삶에 참여하는 것이다. 안으로부터 밖으로, 관조적 삶(vita contemplativa)으로부터 활동적 삶(vita activa)으로, 자아로부터 공동체로, 사적 성찰에서 공공성으로의 이런 전향은 진정성이 이상화하는 삶의 구조적 요체이다. 윤평중은 이를 다음과 같이 지적하고 있다. "진정성의 이념은, 내면의 목소리에 대한 헌신성, 자율적 자유, 자아실현을 강조하는 주관적 차원과 그리고 이런 주관적 진실성과 자율성이 건강하게 발현되기 위해서 반드시 필요한 대화성(dialogicality), 역사적 의미지평에의 동참이라는 상호 주관적 차원 사이의 역동적 접합이라는 형태로 창출된다"(윤평중, 2002: 251). 찰스 테일러 역시 진정성의 이런 이원적 지향을 다음과 같이 명시하고 있다. "진정성의 윤리는 두 가지 차원을 복합적으로 내포합니다. 그 하나는 내면에 대한 충실성이 자기 규정적 자유라는 이념으로 승화되면서 도덕철학적이고 정치철학적인 방식으로 동시에 형상화된다는 것입니다. (······) 두번째로 진정성의 윤리에는 역사적 지평에 대한 실천적 책임감과 부분/전체의 유기적 통합을 지향하는 문화적 특성도 있습니다. 이를 우리는 상호 주관적 검증에 대한 책임의식, 그리고 표현적 통합에의 열망으로 축약할 수 있을 것입니다. 이런 두 차원의 진정성의 윤리 이념이 서양의 경우에 가장 명시적이고 풍부한 형태로 출현한다고 볼 수 있습니다"(Taylor, 2002: 476)[9].

진정성의 초기 형태인 낭만주의적 경향 속에서 이미 발견되는 이 공공성에의 지향은 진정성이 단순한 나르시시즘이나 자폐적 독아론(獨我論) 혹은 독백주의와는 무관하다는 사실의 방증이다(박구용, 2002: 94-5; Taylor, 1989: 369; Braman, 2008: 27; Golomb, 1995: 201). '윤리적 성찰'을 통해 구성되기 시작하는 진정성의 주체는 공적 의미지평에의 '앙가주망'을 실행함으로써 혹은 기도함으로써 집합적으로 의미 있는 행위의 실천주체로 성립되는데 이 행위가 다시 공동체의 도덕적 지평에 하나의 모형으로 정립되어 다른 주체화의 대상들에게 일정한 도덕적 압력을 행사한다. 학생, 노동 열사들, 광주에서 희생되었던 시민군, 기득권을 포기하고 노동 현장으로 투신한 운동가들의 '행위'는 모방되거나, 추종되거나, 추앙되어야 하는 '전형'의 의미를 띠게 되며, 주체는 이 전형이 행사하는 도덕적 압력 속에서 자신의 행위를 진정성을 향해 정향(定向)할 수 있는 규범적 나침반을 발견하는 것이다. 주체의 영광은 그 전범과의 유사함에서 오며, 주체의 오욕은 그 모범적 행위로부터의 유리(遊離)에서 발생한다. 진정성의 구조는 윤리적 성찰에서 시작되어 이러한 도덕적 압력에 이르러 하나의 완결된 원환으로 닫히게 된다. 진정성을 추구하는 주체는 윤리적 성찰과 도덕적 압력의 이중 동력에 의해, 성찰적인 동시에 참여적인 주체로서 형성된다. 그 이상적인 형태에 있어서 진정성의 주체는 그리하여, 자기 자신과의 관계에서는 고도의 윤리적 반성 능력을 소유하고 있다. 또한 공적 영역과의 관계를 설정함에 있어서 그는, 공공의 문제가 실천을 요구할 때 이 실천의 영역에 참여함으로써 자신의 진정한 삶의 추구를 완성시키고자 한다. 그러나 곧이어 살펴보겠지만, 이 상이한 두 가지 차원들의 접합으로 구성된 진정성의 구조는 내재적 갈등 혹은 한계를 내포하고 있다. 우리는 이를 진정성의 언어가 갖고 있는 폭력적 성격, 진정성 내부의 도덕과 윤리의 충돌, 그리고 마지막으로 진정성의 이상이 실현될 때 나타나는 특정한 삶의 형태로서의 '요절'의 문제에 집중하여 살펴보고자 한다.

IV. 진정성의 한계

1. 진정성의 폭력

원래 진정성 개념은 진품성(眞品性)의 개념에서 연원한다. 돌려 말해서, 진정성은 예술품의 진위 여부를 가리는 데 사용된 용어로서 미학적 뿌리를 갖고 있다(Trilling, 1972: 93; Taylor, 1991: 86-7). 복제된 삶, 모방된 삶, 에피고넨의 삶은 진정한 삶이 아니다. 대신 원작품으로서의 유일한 삶이 진정한 삶의 형태이다. 이런 점에서 소위 '진정한 삶'은 단순한 도덕적 우월성뿐 아니라 미적 아름다움과 긴밀하게 연결되어 있다. 이 아름다움은 진품에서만 솟아나오는 영기(靈氣)를 동반한다(Benjamin, 1936a: 47). 진품이 언제나 하나이듯이, 진정한 삶의 형식 또한 하나일 수밖에 없다는 통념, 일종의 '유일성의 신화'는 바로 여기에서 발생한다. 유일성의 위치를 확보한 것은 다른 어떤 것보다 고귀하지만 이를 제외한 나머지는 모두가 허위나 모조품으로 규정될 수밖에는 없기 때문이다. 그러나 무엇이 진품 즉 진정한 것인지를 판단할 수 있는 절대적 권위가 존재하지 않는 이상, 진정성은 실증의 대상이 아니라 주장의 대상이 되며, 과잉이 아닌 결여의 형식으로 표현될 수밖에 없다. 진정성은 언제나 타인에게 부족한 것이자, 나에게만 주어져 있는 것으로서 주장되는 까닭이 거기에 있다. 진정성을 발화하는 자는 대개 '나의 진정성'과 '타인의 비진정성'을 불균등하게 전제하고, 부재하는 것으로 설정된 타인의 진정성을 추궁하고자 한다. 이것이 진정성의 폭력적인 화용론이자 수사학이다. 진정성의 언어는 상처의 언어, 배제의 언어, 전제(專制)의 언어로 작용하는 것이다.

　그러나 진정성의 레짐은 이보다 더 근본적인 내적 모순을 갖고 있다. 이미 언급한 바와 같이 진정성은 윤리적 차원과 도덕적 차원, 사적 지평과 공적 지평, 내성(內省)과 참여와 같은 상충하는 방향성을 지닌 행위·규범의 역동적 접합으로 구조화되어 있다. 그런데 기본적으로 자기 자신과의 관계에 기초한 내성적이고 사적인 '윤리'의 계기(윤리적 진정성)와 사회와의 관계에 기초한 참여적이고 공적인 '도덕'의 계기(도덕적 진정성) 사이에는 화해하기 어려운 간극이 놓여 있다. 내성의 작업은 무한한 것이며, 참여의 요구는 내성의 시간을 허용하지 않기 때문이다. 그리하여 사실상 윤리적 성찰을 통해서 도덕적 참여의 지평으로 나아간다는 진정성의 구조적 행위 패턴은 실제로는 매우 드물게 발생하는 이상적인 형태일 뿐이다. 대신 윤리적 성찰과 도덕적 압력은 서로 상이한 논리에 근거한 채 상이한 방향에서 주체를 압박할 가능성이 있다. 그렇다면 좀더 구체적으로 양자는 어떻게 다른 것인가? 윤리적 진정성은 고도의 부정성을 내포한 행위의 지침이다. 윤리적으로 진정하다는 것은 해답이 없는 질문에 대한 기약 없는 숙고의 과정이며, 언제나 부정되어 새롭게 사유되어야 하는 진실에 대한 끝없는 접근의 열망이다.[10] 그것은 진정성에 이르는 모든 절차적 고뇌, 방황, 번민, 주저, 우유부단의 몸짓 전체를 신성화한다. 윤리적 진정성의 순수한 형태는 행위나 실천이 아니라, 행위나 실천의 극단적인 지연에 깃든다. 그것은 망설임이며, 주저이며, 때로는 실천적 무능이기도 하다. 왜냐하면, 윤리적 진정성은 결국 자신의 내부에서 은밀하게 들려오는 '내면의 참된 목소리'를 듣기 전에는 어떤 행위도 하지 않는다는 원칙에 기초한 것이기 때문이다. 이와 반대로 도덕적 계기를 통해 드러나는 진정성(도덕적 진정성)은 주체가 자신과 성찰적으로 관계 맺는 내면적 숙고를 통해 도달되는 것이 아니라, 공동체가 외적으로 부과하는 삶의 형식들에 의해 구현된다. 그것은 '진정한 삶'으로 이미 사회가 인정하고 규정한 바로 그런 행위의 패턴, 정열의 표현, 감정의 방식, 희생의 위업이 주체에게 발휘하는 도덕적 효과의 추종으로 구성된다. 도덕적 진정성은 내면적 성찰보다는 모델의 수용과 모방을 더 중시한다. 도덕적 진정성을 추구하는 자는 그리하여 자칫 성찰적 엄격함을 구비하지 못한 채, 자신이 속한 집합체의 지배적 가치와 이상을 절대시하고 이를 유연하지 못한 방식으로 추구하게 될 가능성이 있다.

이렇게 보면, 도덕적 진정성과 윤리적 진정성의 절묘한 결합으로 구축된 '진정성 레짐'은 사실 언제든지 양자의 분리로 인해서 와해될 가능성을 내포하고 있는 불안한 체제이다. 가령 도덕적 진정성과 유리된 윤리적 진정성은 공적 지평으로 나아가지 못하는 개인의 자기중심적 폐쇄로 이어질 수 있다. 아도르노가 하이데거의 실존철학과 그의 진정성(Eigentlichkeit) 개념을 비판하면서 지적했던 '유아론적 사유', 래시(Christopher Lasch)가 비판하는 '나르시시즘의 문화', 세넷(Richard Sennett)이나 블룸(Allan Bloom)이 말하는 '공공성의 붕괴', 또한 리프(Philip Rieff)가 지적하고 있는 '심리인(psychological man)'의 탄생, 그리고 페라라(Alexandro Ferrara)가 '진정성의 악(authentic evil)'이라 부른 바 있는 자아도취적 주체성과 같은 현상들은 바로 이처럼 도덕적인 압력을 극단적으로 거부한 채 오직 개인의 내면에 집중할 때 발생하는 왜곡된 주체의 형식들이다(Adorno, 1964; Lasch, 1979; Sennett, 1977; Bloom, 1987; Rieff, 1961; Ferrara, 1998: 12-

3). 반면에 윤리적 진정성과 결별한 도덕적 진정성은 시대적으로 형성된 규범적 명령들과 당위들(이념, 역사, 해방)이 발휘하는 강력한 헤게모니의 물화된 형식을 통해 행위자들을 억압하는 사회적 슈퍼에고로 군림할 공산이 크다. 이런 분열은 실제로 한국 사회에서 진정성의 레짐이 구축되는 과정에서 발생한다. 즉 80년대적 진정성은 '도덕적' 성격이 강했고 그리하여 개인의 충분한 성찰에 근거한 사회운동이라기보다는 역사적 책무나 책임의식이 선행하면서 개인들을 도덕적으로 동원하는 양상을 보여주었다. 그러나 90년대의 진정성은 오히려 '윤리적' 성격을 더 강하게 띠면서 내면의 공간, 자의식의 공간, 사(私)소설적 공간이 문화적으로 확충되어갔던 것이다(김형중, 2006: 61-4).

2. 요절

적어도 97년 체제가 본격화되기 이전까지 이런 도덕적 진정성과 윤리적 진정성은 한국 사회의 전반적 시대정신의 결속력하에서 결합되어 '진정성의 레짐'의 형식으로 존속하였다. 이런 맥락에서 말하자면 진정성의 시대는, 그 주체가 사적 성찰과 더불어 공적 참여에도 적극적인 존재로 스스로를 조형해야 하는, 가히 가혹한 규범적 압력이 행사되던 시대라고 할 수 있다. 이런 이유로 진정성은 현실 속에서는 언제나 실패할 수밖에 없는 고도로 이상적인 프로젝트라 할 수 있다. 진정성의 주체는 인생의 순간이 불꽃처럼 타오르기를 열망했던 것이며, 진정성이 실현되기 위해서는, 그것이 삶의 현세적 논리에 의해서 오염되거나 더럽혀지기 전에 가장 순수하고, 강렬하고, 진지하고, 아름다운 극점에서 운동을 멈추는 운명적인 정지(停止)가 논리적으로 요구되었던 것이다. 그것이 요절이라는 삶-죽음의 형식이다. 요절은 진정성의 레짐이 자신의 내적 논리에 의해서 '이상화'할 수밖에 없는 삶의 형태었다. 주지하듯이, 87년 체제의 전당에는 수많은 노동자, 학생, 재야 인사 그리고 의문의 죽음을 맞이한 청년들이 '열사'의 이름으로 축성(祝聖)되어 있다. 이들은 생전에 자발적으로 자신의 삶을 희생하여 대중의 도덕적 분노와 힘의 결집을 이끌어내는 정치적 실천의 수행자들이었다. 그 가장 극단적인 형태인 분신자살은 진정성의 정점에 존재하는 절대적 자기 파괴의 행위로서, 최장집에 의하면, 그것은 "변화를 추구하는 강력한 열망에도 불구하고 지배 권력의 압도적인 폭력성으로 인하여 이를 실현할 수단을 갖지 못할 때, 약자가 최대한의 도덕적 힘을 발휘할 수 있는 가장 치열한 무기"로 선택되어온 것이다(최장집, 1993: 243). 민주주의의 가치가 위기에 빠질 때마다 유령처럼 산자들의 세계에 회귀하는 이 존재들은 진정성의 시대가 상징처럼 보유하고 있는, 죽음을 통해 진압되지 않는 정치적 생명, 즉 비오스(bios)의 불멸성의 화신들이다. 비록 육신은 소멸했지만, 그 죽음은 결코 망각되지 않고 공동체에 의해서 의례적으로 기억된다.[11] 이와 같이 요절이 영생(永生)으로 전화하는 계기는 정치의 영역뿐 아니라 예술의 영역에서도 발견된다. 유재하(1962-1987), 김현식(1958-1990), 김광석(1964-1996), 기형도(1962-1989), 진이정(1959-1993), 김소진(1963-1997)의 아우라는 그들이 남긴 불멸의 작품들 속에서 더 강화되어 일종의 '진정성의 신화'를 구축한다. 그것은, 그들이 짧은 생애를 완전히 연소시켜 최상급의 열정과 심혼을 기울여 살다 갔다는 통념으로 굳어지는데, 그런 신화가 뿜어내는 조명하에서 평범한 실존과 생존은 무언가 덜 진정하고 낭비적이며 부끄러운 무엇으로 비춰진다. 진정성의 논리는 치욕적인 삶과 불후의 죽음 사이에 선택지를 강요한다. 그리고 불후의 죽음을 통한 상징적 생명의 확보를 더 가치 있는 것으로 설정한다.

이런 점에서 진정성은, 벤야민의 한 에세이 제목을 빌려 말하자면, '청춘의 형이상학'이라 할 수 있다. 진정성은 청춘의 가치이며, 청춘의 철학이며, 청춘의 삶/죽음의 형식이다. 그것은 구차한 생활의 고단하고 무가치한 반복을 알지 못하며, 밥벌이와 목구멍의 눈물겨운 절박함에 민감하지 않다. 진정성의 고고한 몸짓과 눈빛 아래에서 모든 물질적 재생산, 사소한 욕망의 추구, 목숨의 비루하지만 절박한 호소의 소중함은 저급한 것으로 타기된다. 진정성의 추구와 긴밀하게 결합되어 있는 정의(justice)의 이상은 속되고 개인적인 '행복의 추구'를 죄악시하게 된다. 변화 없고, 근본적으로 보수적이며, 바위처럼 견고한 물질적 신진대사의 차원 즉 삶의 일상성은 진정성 레짐에 내포되어 있지 않다. 일상의 부질없는 반복을 통하여 도달하게 되는 노년은, 진정성의 시각에서 보면, 더이상 지혜의 경지가 아니다. 그것은 무의미에 근접하므로 슬프고 그 슬픔들이 청년의 것이 아니어서 고통스러운 잉여의 연령인 것이다. 기형도의 「노인들」이 은유하는 슬픔과 고통이 바로 그것이다.

    감당하기 벅찬 나날들은 이미 다 지나갔다
    그 긴 겨울을 견뎌낸 나뭇가지들은
    봄빛이 닿는 곳마다 기다렸다는 듯 목을 분지르며 떨어진다

    그럴 때마다 내 나이와는 거리가 먼 슬픔들을 나는 느낀다
    그리고 그 슬픔들은 내 몫이 아니어서 고통스럽다

    그러나 부러지지 않고 죽어 있는 날렵한 가지들은 추악하다
                                                    (기형도, 1999 : 88)

    "부러지지 않고 죽어 있는 날렵한 가지"는 '청춘'을 넘겨 살아남은 자들을 축어적으로 지시하지만, 동시에 시대적 상황을 염두에 두고 생

각해보면, 그것은 90년대적 삶을 암시하고 있다. 살아남은 것은 '추악'한 것으로 인지되고 있다. 추악하지 않은 것은 죽어 이미 사라졌기 때문이다. 이런 점에서 진정성의 주체는 비극의 주인공을 닮아 있다. 비극적인 죽음을 맞이함으로써 자신의 운명을 극복·완성하는 비극의 영웅처럼, 진정성의 주체는 공동체의 운명을 실존의 어깨 위에 짊어지고 있는 것으로 스스로를 인식한다. 또한 비극의 주인공이 너무나 진지하여 먹고 마시는 몸을 갖고 있지 않은 것처럼 표상되듯이, 진정성의 주체 역시 고매한 정신과 도덕적 이상과 불굴의 투지의 소유자일뿐, 욕망의 덩어리인 육체의 자발성에 대해서는 맹목의 태도를 갖고있다. 진정성의 세계에는, 비극의 세계에서와 마찬가지로, 유머가 존재하지 않는다. 그리하여 진정성의 실천이 죄와 고독 혹은 파멸을 야기하는 항상적인 급진성을 동반하게 되며, 진정성을 추구하는 자는 세속의 입장에서 보면 일종의 '괴물'일 수밖에 없다는 것, 그리고 바로 이런 이유로 진정성의 고원한 이상을 쉽게 따를 수 없을 때 주체는 비진정성의 극단적 추구를 통해 진정성의 불가능성을 보상받고자 한다는 버먼의 지적은 타당성을 갖는다(Berman, 1970: 232, 237).

요절은 이처럼 진정성의 아름다움과 그 전제적 성격을 기묘하게 절합(節合)하고 있는 삶의 혹은 죽음의 형식이다. 따라서 진정성이 '마음의 레짐'으로서 그 헤게모니를 상실할 때 요절자의 헤게모니 또한 소실된다. 그리고 육신의 죽음으로 정치적 생명을 얻는 요절자의 자리를 차지하면서 등장하는 것은, 정치적 생명은 없으나 언제나 더 연명하며 살아남는 '생존자'의 이미지이다. 서론에서 잠시 언급했듯이 이런 현상은 IMF 외환위기 이후에 펼쳐지는 '97년 체제'에서 본격적으로 발견되기 시작한다. 97년 체제는 세 가지 생존의 형식을 보편적인 과제로 설정하였다. 첫째, 파괴적인 구조조정, 불황, 실업, 무한경쟁의 시장에서 살아남는 것을 의미하는 '경제적 생존'이 그것이다. 경제적 생존의 공격적 형태는 사회적 정의나 공공성을 훼손시키면서까지 추구되는 치부(致富)와 강박적 노동형태이다. 그것은 경제행위의 건강성이 상실된 상태에서 불안을 동력으로 추진되는 병든 노동, 가령 '일중독'으로 귀결된다. 둘째, 사회의 도덕적 존엄성이 훼손되고 파괴된 상태에서 무차별적인 과시가 지배하는 왜곡된 인정투쟁의 공간에서 살아남는 것을 의미하는 사회적 생존이 그것이다. 사회적 생존의 공격적 형태는 성공지상주의 혹은 입신출세주의 혹은 노골적인 속물주의(snobbism)라 할 수 있다. 마지막으로, 질병과 죽음을 넘어서 건강하게 오래 사는 것을 의미하는 생물학적 생존이다. 건강하고 장수하는 삶은 모두가 꿈꾸는 것이지만, 신자유주의적 생존주의는 이를 신성화하고 상품화함으로써 인간의 삶을 오직 육체적 조건으로 환원시키는 소위 '무차별적 건강주의'를 조장한다. 이 세 가지 생존의 중첩(부유, 성공, 장수)이 만들어내는 이미지가 바로 97년 체제의 한국 사회가 전시하는 영웅적 판타지의 주인공들인 '생존자'이다(김홍중, 2009).

이런 현상은 97년 체제의 한국 사회에서 '살아남는다는 것'이 그 자체로 얼마나 어렵고 긴절한 과제였던가를 아프게 역설하는 동시에, 생존을 위한 그 절박한 몸짓들이 이제 사회적 규범과 분리되어 '자연화'되고 있다는 사실, 진정성 레짐이 내적으로 통합하고 있던 사적 세계와 공적 세계, 윤리적 성찰과 도덕적 규범, 내성과 참여가 각각 분리되어 자율화되고 있음을 의미한다. 생존주의라는 새로운 '마음의 레짐' 속에서 주체는 한편으로 나르시시즘, 자폐, 탈정치화, 사사화(私事化) 등을 통하여 결국 자신의 사적 세계를 성채화(城砦化)하는 모나드로 전락하거나, 성찰성의 급격한 도구화, 탈내면화, 사회적 과시, 대중추수주의 등을 통하여 타인들의 취향, 가치, 의견을 맹목적으로 추종하는 속물로 전락한다. 전자는 도덕적 진정성과 결별한 윤리적 진정성의 심화에서 비롯되며, 후자는 윤리적 진정성을 결여한 도덕적 진정성의 강화에서 비롯된다. 어떤 경우에서건 진정성의 해체는 새로운 마음의 레짐과 새로운 주체의 형성을 촉발하였다.

V. 마음의 사회학

이상에서 우리는 80년대와 90년대 초반의 한국 사회의 정신풍경에서 중요한 심성적 게슈탈트로 작용했던 진정성의 레짐을 하나의 이념형으로 포착하여 그 기원을 밝히고 구조를 분석하였다. 우리가 시도했던 것은 특정 시대 한국 사회의 도덕적 지형에서 '규범적 우세종'으로 기능했던 '마음의 레짐'이 어떤 내적 논리와 주체 형성의 기제 그리고 구조적 모순들을 구비하고 있었는지를 분석적으로 보여주는 '이론적' 작업이다. 앞서 살펴본 것처럼, 진정성의 삶은 끝없는 자기 성찰과 각성된 시민적 의식을 포괄하는 거대 담론적인 성격을 갖는다. 거대 담론으로서 진정성은 언제나 강력한 도덕적 권능과 위광을 갖고 있지만 현실적인 그림자 또한 매우 짙다. 즉 진정성은 젊음의 열망과 순수를 지향하는 에토스이지만, 인간적 삶의 불가피한 욕됨을 감히 용납할 수 없는 가파른 정신의 낙차를 내장하고 있었다. 그리하여 이 격렬한 순수에의 열망은 그 이상을 실현할 수 있는 실제적 조건의 악화 속에서 급속하게 타락하거나 전도되었던 것이다. 진정성에 대한 이런 탐구는 마음의 '물질성'과 '제도성'에 대한 사회학적 가정에 기초하고 있다. 즉 우리가 사용한 '마음'이란 용어는 형이상학적 실체(心, 魂, 靈)가 아니며, 심리학적 기관도 아니며, 인식론적인 능력으로서의 '마인드'가 아니다. '마음'은 뒤르켐이 말하는 '사회적 사실'에 가깝다.

뒤르켐은 자신의 『사회학적 방법의 규칙들』에서 이렇게 쓴다. "여기 매우 뚜렷한 특성을 가진 사실의 범주가 있는데, 그것은 개인 외부에 있고, 또 강제적인 힘을 부여하며, 그렇기 때문에 개인을 통제하는 행위양식, 사고양식, 그리고 감정의 양식이 그것이다. 이러한 사고의 양식들은 표상과 행위로 구성되어 있기 때문에 생물학적 현상과 혼동될 수 없고, 또 개인의식 가운데서, 개인의식을 통해서만 존재하는 심리적 현상과도 혼동될 수 없다. 그러므로 그것은 새로운 종류의 현상을 만들어내며, 또 그것에 대해서는 반드시 '사회적'이라는 말이 적용되어야 한다"(Durkheim, 1895: 55). 뒤르켐이 행위, 사고, 감정 양식 중에서 특히 감정의 차원을 강조하고 있으며, 사회적 사실의 실례로 "군중의 열정적 운동, 분노, 연민"들을 들고 있다는 사실, 그리고 사회적 사실을 주체화의 양식 즉 교육과 연관시켜 논의하고 있다는 사실을 통해서 우리는 '마음'이 중요한 사회적 사실로서 다루어질 수 있는 이론적 근거를 확인할 수 있다(Durkheim, 1895: 57-8). 이렇게 이해된 '마음'은 사회적 현실에 물질적으로 육화되어 있으며, 구조화되어 개체에 선재(先在)하는 집합적이고 시대적인 감응의 양식이자 도덕적 판단의 체계로서, 주체를 그 마음의 주파수에 조정하게 하는 사회적 강제력을 갖는다. 가령, 진정성과 연관되어 있는 중요한 마음의 체험인 '분노'를 예로 들면, 그것을 우리는 개체들의 심리적 반응에서 만들어지는 감정의 형식으로 환원시킬 수 없다. 분노는 말하자면 80년대와 90년대의 사회적 삶 속에 이미 물질적으로 구조화되어 있었다. 대학생이 된다는 것은 '분노하는 법'을 배우는 것이며, '분노의 체험들'을 공유하는 것이며, '분노의 표현법'을 모색하는 것이었다. 시대의 분노는 개체의 마음속에서 솟아나기 전에 대자보의 구호 속에, 화염병의 난무 속에, 파업이나 휴업의 결의 속에, 술자리에, 탈춤을 추고 죽창을 휘두르는 판화의 영상들 속에, 민중가요를 부르는 목소리들 속에, 분신하는 몸뚱이의 충격적인 몸부림과 이를 지켜보는 경악의 눈동자들 속에, 학술적 논쟁들 속에, 농활과 엠티 속에, 집합열광의 거대한 체험 속에 이미 먼저 현실로, 물질로, 상징으로, 힘으로 구현되어 있었다. 분노를 포함하는 다양한 감정의 형태들과 도덕적 판단들의 거대한 네트워크인 진정성은 이처럼 하나의 '레짐'을 구성하며, 그 체제의 운용 속에서 특정 주체들을 생산해내는 '장치'로 기능했던 것이다.

체제이자 장치로 이해된 '마음'은 자신의 '역사'를 갖는다. 우리의 마음은 영원한 것이 아니라, 시대의 운명과 집단적 꿈의 영고성쇠의 한 함수이기 때문이다. 진정성의 소멸은 이 수많은 장치와 현장과 상황 들의 폐제(廢除) 그리고 한 시대의 영광과 상처의 조락을 의미한다. 이제 진정성을 추구하는 삶은 과거의 것이 되어버렸다. 진정성은 오직 기억과 무용담 속에 공허하게 빛나거나 아니면 표현주의적 라이프스타일로서 상업적으로 생산되어 상품으로 소비되고 있다(Meštrović, 1997: 73-100). 진정성의 소멸은 이런 점에서 역설적으로 진정성의 '상업적 보편화'와 결합되어 있다. 이제 모두가 진정한 삶에 대한 욕망을 소비할 때, 정치적 자원이자 도덕적 규범으로 기능한 과거의 진정성은 더이상 현실적인 힘을 갖지 못한다. 누군가는 진정성의 소멸을 아쉬워하거나 개탄할 수 있다. 그러나 진정성의 물적 토대가 현실적으로 가능하지 않은 시대에 진정성을 규범적으로 강조하는 것은 그 자체로서 하나의 스노비즘의 징후일 수 있다. 또한 진정성의 소멸을 환대하면서, 비진정한 삶의 반성되지 않은 질주에 스스로를 개방하는 것은 사회적 삶의 새로운 형식에 대한 모색과 고민이 요구되는 현 시점에서 매우 우려스러운 결과를 생산하는 것 또한 사실이다. 진정할 수도 없고, 진정하지 않을 수도 없는 시대, 그것이 바로 포스트-진정성 시대의 아포리아이다. 우리는 이 아포리아를 당분간 매우 침착하고 조심스러운 방식으로 대면해야 한다. 새롭게 등장하는 '마음의 레짐'을 철저하게 분석할 필요성이 대두되는 까닭이 거기에 있다. 마음은 '나'의 것이 아니다. 반대로 '나'라는 것은 집합적 마음의 레짐을 통해서 만들어지는 하나의 주체이다. 그리하여 시대의 '마음'은 언제나 '나'의 마음을 초월해 있다. 이에 대한 냉철한 인식은, 그것이 아무리 불편한 것이라 할지라도, 우리 사회의 바람직한 행로를 사유하는 데 가장 중요한 출발점이 된다. 진정성의 해체가 결정적인 것이라면, 우리는 이제 진정성을 역사적으로 '지양'해야 한다. 진정성의 윤리를 넘어서서 사회적이고 공적인 관심과 책임과 실천의 역량을 가진 주체를 생산할 수 있는 어떤 새로운 '장치'들의 형성과 발명이 이 시대의 새로운 과제로 부각되는 것은 바로 이런 맥락에서이다.

1) 빅터 프랭클(Viktor E. Frankl), 엘리 위젤(Elie Wiezel), 로베르 안텔름 (Robert Antelm), 프리모 레비(Primo Levi), 장 아메리(Jean Améry) 등의 작품을 통해서 드러난 것은, 나치의 절멸수용소로부터 살아 돌아온 생환자(Überlebender)들이 홀로 생명을 부지하여 살아남았다는 사실에 대해서 고통스런 수치와 죄책감에 사로잡혔다는 것이다(Bettleheim, 1979: 367-9; Todorov, 1994; Deleuze, 1990: 233). 그 절망적인 징후가 바로 생존자의 자살이다. 안타깝게도 나치의 수용소로부터 살아 돌아온 생존자들이 자신의 생존에 대한 죄의식과 부끄러움을 이기지 못하고 스스로 다시 목숨을 끊는 일이 빈번하게 발생하였다. 그런데 그 주된 이유는 수용소에서 곤경에 빠져 있거나 도움을 요청하는 타자들을 돕지 못했던 '인간적 연대'의 의무를 이행하지 못한 과거에 대한 치욕감 때문이었다. 후일 자신도 자살을 선택한 프리모 레비는 다음과 같이 쓴다. "인간적 연대의 각도에서 보았을 때 의무를 다하지 못했기 때문에 느끼는 자기 고발 혹은 자책이 아마도 죄책감의 동기로서 현실적인 이유일 것이다. 자기가 다른 동료에게 의도적으로 해를 끼쳐서, 그에게서 무언가를 훔쳤거나 아니면 그를 때렸기 때문에 죄책감을 느끼는 자는 거의 없다. 그렇게 했던 사람들은(죄수감독자들, 그러나 꼭 그들만은 아닌) 자기 고발 혹은 자책의 기억을 억압했다. 반대로, 거의 모든 사람들은 연대의 의무를 저버린 것에 대해서 죄책감을 느낀다. 당신 옆에 있는 누군가가 더 약하거나 헐벗었거나 나이가 들었거나 혹은 너무 어려서 도움이 요구된다는 생각, 혹은 단지 '거기에 있다'는 사실이 무언의 기도처럼 당신을 사로잡는 일은 수용소 생활의 항수(恒數)였다. 연대의 요구, 인간적 언어의 요구, 조언이나 혹은 단지 말을 들어달라는 요구는 항상적이고 일반적이었지만, 거의 충족된 바가 없다"(Levy, 1986: 76-7).

2) 브레히트(Bertolt Brecht)가 1944년에 자신의 벗들인 슈테핀(Margarete Steffin), 벤야민(Walter Benjamin) 그리고 코흐(Karl Koch)를 추모하면서 쓴 이 시는 김광규에 의해 「살아남은 자의 슬픔」으로 의역되었다.

3) 진정성의 어원은 그리스어 'authentikos'로서 'eauton(자신)'과 'theto(정립)'의 결합에서 유래하였고 '자유롭게 자신을 정립한다'는 의미를 갖는다(Ferrara, 1998: 15. 재인용. 현남숙, 2007: 165). 진정성을 철학적으로 탐구한 테일러의 『불안한 현대사회』를 번역하면서 송영배는 이를 '자기진실성'으로 풀어 쓴다(Taylor, 1991). 그러나 윤평중이 지적하고 있는 바와 같이 '자기진실성'은, '자신'을 정립하는 주체적이고 내면적인 태도와 동시에 그런 태도가 실현될 수 있는 공적 지평에 대한 관심, 즉 상호주관적 책임 의식을 내포하고 있는 'authenticity'의 일면만을 포착한 측면이 있다. 또한 주체의 진심을 강조하는 진정성(眞情性) 역시 공공성에의 참여를 내포하고 있지 않다. 이런 차원에서 윤평중은 공적 측면과 사적 측면을 모두 포괄하는 뉘앙스를 담고 있는 진정성(眞正性)을 적절한 역어로서 제안한다(윤평중, 2003: 250). 우리는 이 제안을 따른다.

4) 한국 사회의 변동을 사회심리의 차원에서 접근한 거의 유일한 실례는 송호근의 연구이다. 『한국, 무슨 일이 일어나고 있나』에서 그는 세대갈등의 문제를 '마음'이라는 개념을 중심으로 풀어내고 있으며, 집합적 사회심리의 변동을 '마음의 행로'라는 개념으로 포착하고 있다(송호근, 2003: 135 이하). 또한 그는 『한국의 평등주의, 그 마음의 습관』에서 벨라의 개념 '마음의 습관'을 원용하여, 한국 사회의 '평등주의'를 탐구한다(송호근, 2006).

5) 가령 버먼(Marshall Berman)은 진정성의 근대성에 대하여 다음과 같이 해설한다. "모든 구성원들에게 수용되는 정해진 규범과 전통에 의해서 지배되는 폐쇄적이고 정적인 사회 속에서, 진정성은 인간의 이상(理想)들을 모아놓은 사전에 자신의 자리를 발견할 수가 없다. 그런 사회에서 인간은 사회체계가 그들에게 제공하는 삶의 선택지에 만족하면서 살 뿐이다. 그들에게 최고의 선은, 뒤르켐이 명명한 것처럼, '정해진 사회적 기능의 완수'이다"(Berman, 1970: xvii).

6) 60년대의 청년 반문화(counterculture)와 진정성의 관계에 대해서는 다음을 볼 것(Pountain & Robins, 2000: 95-9; Heath & Potter, 2005: 340-3).

7) '규범적 우세종'은 제임슨(Fredric Jameson)의 '문화적 우세종' 개념의 변형이다. 문화적 우세종은 특정 사회구성체에서 공존하는 다양한 문화적 양태들 중에서 헤게모니를 갖고 있는 것을 지칭한다. 가령, 후기자본주의의 문화적 우세종은 포스트모더니즘이다(Jameson, 1984: 143-7). 이와 마찬가지로, 다양한 규범적 가능성들 중에서 특정 시대와 선택적 친화력을 갖고 있던 도덕·윤리의 체제를 '규범적 우세종'이라 부를 수 있을 것이다.

8) 도덕(morale)과 윤리(éthique)의 구분에 있어서 우리는 푸코의 입장을 취한다. 그에 의하면 도덕은 "가족, 교육기관, 교회 등과 같은 다양한 규제 체제를 통해 개인이나 그룹들에 제시되는 행동규칙과 가치들의 총체"이거나 "개인들에게 제시된 규칙과 가치들과의 관계 속에서 이 개인들의 실제적 행동"을 가리킨다(Foucault, 1984b: 41 이하). 즉 도덕은 공동체가 개체에게 외부로부터 부과하는 객관적 준칙들이다. 그러나 이처럼 객관적으로 존재하는 도덕에 대해서 개인은 다양한 태도를 취할 수 있다. 즉 그런 도덕을 무조건적으로 수용할 수도 있으며, 경우에 따라서, 도덕과의 불화나 거부의 태도를 보여줄 수 있다. 도덕은 개인의 판단, 성찰, 숙고의 영역으로 전이되면서 하나의 선택지로 변화한다. 이처럼 형성되는 개인의 판단영역이 바로 윤리의 공간이다. 요컨대, 푸코적 의미의 윤리는 자기 배려와 자기 이해를 기초로 하는 자기의 테크닉이며, 이 테크닉을 통한 자기결정과 자기 형성 그리고 자유의 기획을 포괄한다(Foucault, 1981-2; Razac, 2002: 185; 柄谷行人, 2000: 8-9). 주로 프랑스의 후기구조주의적 입장에서 새롭게 조명되는 주체의 구성과 연관되어 논의되는 이 윤리와 도덕의 구분은 헤겔에 의해서 정식화된 독일적 용법과 대립한다. 가령 헤겔에게 도덕(Moralität)은 주체가 자신의 내면에 자유로이 정립한 선(善)을 추구하는 것이며, 그가 이 도덕성의 한계를 지양하고 도달해야 한다고 보았던 인륜성(Sittlichkeit) 즉 윤리는 단순히 주관적인 것이 아닌 "객관적 타당성을 지닌 구체적 규정들"이 부여된 것이다(정미라, 1999).

9) 기눙 또한 이런 견해를 다음과 같이 제시하고 있다. "진정성의 이상에는

두 가지 구성 요소가 있다. 첫째, 진정한 자아를 갖는 과제는 우리에게 내부의 진짜 자아와 접촉할 것을 요구한다. 이 임무는 주로 내성, 반성, 묵상을 통해 이루어진다. 자신을 솔직히 평가하고 참된 자기 인식을 할 수 있을 때만 존재의 진정성에 대한 우리의 능력을 깨달을 수 있다. 둘째, 이 이상은 그 독특한 내적 특성들의 집합체를 외부 세계의 행동에서 표현할 것을 요구한다. 인간관계, 직업, 실천 행위들 안에 존재하는 방식에서, 실제로 자신 그대로가 되라고 요구한다"(Guignon, 2002: 24).

10) "진정성은 실정적으로 정의된 어떤 행위나 상태를 표시하지 않는다. 그것은 오히려 부정의 용어이다. 진정성은 진정성이 부재한다는 인식 속에, 진정성을 추구하는 행동 속에 존재한다. 진정성 추구의 기본적인 충동은 그것이 어떤 내용의, 어떤 품질의 삶이든지 간에 개인 자신에게 진실된 삶을 살려는 파토스이다. 진정성의 파토스는 개인으로 하여금 그의 삶이 사회적으로 인정된 원칙과 일치하는가가 아니라 그 자신의 자아, 감정, 신념과 일치하는가를 묻게 한다. 따라서 그것은 개인 스스로 그 자신의 삶의 방식이나 모양을 만들려는 열정을 포함한다. 진정성을 추구한다는 것은 개인의 자기 창조적 자유를 실현하는 것이다"(황종연, 2001: 31).

11) 1987년 7월 9일 연세대학교에서 있었던 이한열 열사의 장례식에서 문익환 목사는 조사(弔詞)의 형식으로 전태일로부터 이한열에 이르는 수많은 민주 열사들의 성명을 호명한다. 이 호명은 87년 체제의 정신적, 규범적, 도덕적 핵심을 드러내는 것으로서 정당성을 결여한 권력과 맞서 산화한 열사들의 상징적 생명에 부여된 진정성을 상징적으로 확정한다. 한편 80년대의 의례와 기억의 관계에 대해서는 정근식(정근식, 2006)을 볼 것.

2장

삶의 동물/속물화와
존재의 참을 수 없는 귀여움

I. 생활의 발견

　스크린에서 성공을 꿈꾸는 연극배우 경수는 캐스팅을 기다리며 무위도식중이다. 고대하던 출연이 성사되지 않았다는 전화를 받고 마음이 상한 채 제작사를 찾아간다. 그러고는 실패한 예전 영화의 출연료를, 저 베니스의 샤일록처럼 냉정하게, 계약대로 받아가고자 한다. 함께 망했는데 자기 몫만 챙기는 그의 태도를 비난하면서 경수의 선배이자 감독은 질책한다. "우리가, 인간은 못 돼도 괴물은 되지 말자". 경수는 울먹이면서 선배에게 항의하고 황망히 제작사를 떠난다. 홍상수의 『생활의 발견』(2002)의 도입부에 등장하는 장면이다. 영화의 중요한 전환점에서 농담처럼 혹은 모욕처럼 되풀이되는 위의 표현은 한국 사회에서 인간이 된다는 것, 인간 노릇을 하고 산다는 것, 인간적인 삶을 산다는 것이 결코 쉽지 않은 일이라는 상식적인 사실을 희극적으로 토로하고 있다. 그래서 정해진 상황에 마치 개그맨이 자신의 유행어를 말하듯이 저 언사가 발화되면, 관객들은 웃음을 터뜨린다. 그러나 웃음이 지나간 자리는 묘한 서글픔에 의해 곧 점령된다. 누구는 웃고 누구는 서글프겠지만, 이 두 가지 감정의 순간적인 교차를 감지하는 감수성은 분명히 386세대적인 것이다. 단순히 주인공의 연령이 386세대로 묘사되어 있기 때문만은 아니다. 그것은 위의 대사가, 386세대가 자신들의 청춘이 끝나고 도래한 새로운 시대 속에서 공통으로 체험하는 어떤 세계감정을 예리하게 건드리고 있기 때문일 것이다.

주지하듯이 홍상수의 인물들은 90년대적인 혹은 2000년대적인 '하이퍼 일상', 즉 '생활'을 산다. 그런데 그러한 일상이란 헤겔식으로 말하자면 전형적인 '보전하는 개인들'의 삶이다. 거기에는 역사가 없다. 홍상수의 인물들은 역사를 말하거나, 추억하거나, 회고하거나, 전망하지 않는다. 그들은 역사가 빠져나간 진공의 공간에서 욕망하고, 모색하고, 방황하고, 흩어진다. 이런 노골적 일상성 속에서 그들은 그다지 행복하지 않은 안색들을 하고 있는데, 그것은 개인적인 사정이나 운명에 기인한다기보다는 그들이 공통적으로 처해 있는 집합적인 역사적 상황에 기인한다. 즉 그들은, 아무도 '인간'이 될 수 없다는 사실, 어디에도 '인간'이 없다는 사실, 소통할 수 있는 '인간'이 소멸했다는 사실과 직면하고 있다. 80년대의 언젠가 한때 자신들 역시 역사와 대면했던 '인간'이었지만, 이제 다시는 그러한 '인간'이 될 수 없으며, 좀더 솔직하게 말하자면, 다시는 그런 '인간'이 되고 싶지 않다는 사실을 다소 우울하게 냉소하고 있는 것이다. '인간'이었음을 어렴풋이 기억하고 있지만 결코 '인간'을 다시 신앙할 수 없는 존재들이 발화할 수 있는 최대치의 언사가 바로 "우리 괴물은 되지 말자"이다. 괴물이 무엇이든 무슨 상관이 있으랴? 그것이 한강에 출몰한 괴수이건 무참한 복수의 화신들이건 사이보그이건 스키조이건 아나키이건 좀비이건 다세포

소녀이건 테러리스트이건, 그것은 그냥 도달할 수 없는 극점처럼 '인간'의 대극에 놓여 있는 논리적 지점과도 같은 것이다. 그리하여 인간이 될 수 없듯이 그들은 괴물이 될 수도 없다. 그들은 인간이 아니면서 인간인 척하는 위선자이거나 괴물이 못 되면서 괴물인 척하는 위악자일 뿐이다. 이러한 위선과 위악의 교점에서 스쳐나오는 포스트 87적인 주체 형식, 그것이 바로 속물이다.

자만심과 허위의식에 사로잡혀 있는 작가와 예술가들, 세속적이고 편협한 대학교수들, 순수한 척하지만 사실은 타락한 영혼을 소유하고 있는 청년들, 나르시시즘과 허영심에서 헤어나오지 못하는 여성들, 사랑과 학대 그리고 애정과 집착을 구분하지 못하는 연인들…… 홍상수의 세계에 미만한 이러한 존재들은 악인들이 아닌 매우 평범한 자들이지만, 그들의 평범함은 섬뜩한 사악함의 예각을 노출한다. 아렌트를 뒤집어 말하자면, 그들은 악의 평범함을 보여주는 것이 아니라, 평범한 것이 악이 되는 세계를 보여준다. 그 악의 근저에는 인간에 도달하는 길의 삭제라는 역사적 현실이 놓여 있다. 길이 없는데 계속 여행을 해야 하는 상황, '될 수 없는 인간'과 '되어서는 안 되는 괴물' 사이에 존재론적 지평을 건설해야 하는 상황, 홍상수적 인물들이 표상하는 포스트 80년대의 주인공인 속물들은 바로 이러한 상황 속에 던져져 있다.

II. 자폭(自爆)을 할 줄 아는 속물

우리가 '87년 체제'를 단순한 노동체제나 헌법체제로 보지 않고, 무엇보다도 특수한 규범을 규정하는 '마음의 레짐'으로 본다면, 그 핵심에는 진정성(authenticity) 개념이 자리잡고 있다.[1] 잘 알려진 바와 같이 진정성이란 외부에서 부과되는 도덕률을 따라 사는 것이 아니라,

내면으로부터 솟아나오는 목소리인 참된 자아와의 대화에 의거하여 삶의 중요한 결정을 내리는 태도를 가리킨다. 이러한 진정성의 관념은, 인간이 옳고 그름에 대한 천부적인 도덕관념을 부여받은 존재라고 생각했던 18세기적 사유에 뿌리를 내리고 있으며, 루소나 헤르더 등의 낭만주의자들이 주창했던 소위 '존재감'이나 '자기 고유의 척도'와 같은 관념에 의해 적절하게 표상되고 있다. 진정성의 관념이 강조하는 것은 무엇보다도 외재적인 도덕이 강조하는 바를 자신 고유의 내면 공간으로 이동시켜 반성하는 일이다(Taylor, 1991: 40-6).

진정성의 인간은 내면의 인간이다. 그러나 그는 자신의 사고 속에 감금된 자폐인이 아니라, 자신의 내면에 설정된 성찰적 공간 속에서 공적이고 역사적이고 집합적인 문제를 사유하는 자이다(윤평중, 2002: 251). 그리하여 마음 깊은 곳에서 명확한 긍정의 목소리가 들려오기 전에는 움직이지 않지만 일단 그 육성을 듣고 그가 뛰어드는 곳은 사회적이고 역사적인 의미의 지평인 것이다. 이러한 의미에서 보자면, 80년대의 진정성은 특정 그룹이나 특정 이념에 배타적으로 현상했던 것이 아니다. 계기로 보자면 진정성이 깃드는 모멘트는 운동의 현장보다는 오히려 운동이라는 자기 결정에 이르는 수많은 번민과 방황과 망설임의 순간들이라 할 수 있다. 같은 논리로, 80년대적 진정성이 90년대에 접어들면서 소멸했다고 보는 것은 단견이다. 오히려 그것은 90년대의 전반적인 탈이념적 상황 속에서 다양한 형태의 모색과 성찰과 우회와 방황의 공간, 즉 모세혈관들을 확장하였다.[2] 진정성은 늘 자기 배반적인 것이다. '진정한 것'이 어떻게 쉽게, 한 차례에, 특정 행위 속에, 결정적으로 주어질 수 있단 말인가? 그것은 항상적 모색이어야 하며, 부단한 변신이어야 하며, 따라서 결국에는 진정성의 실현에 실패함이어야 한다. 진정으로 진정한 것은 진정성을 향한 방향 속에 있는 것이지 그것이 실현되어 실체로서 주어진 사물이나 사태 속에 있는 것이 아니다. 진정성의 윤리 속에는 무언가 병적으로 진지하고 순결하고 폭력적인 정언명령이 숨어 있다. 따라서 진정성이 삶에 의해서 그 순도를 상실하지 않기 위해서, 진정성은 자신의 최고의 순간에 이르렀을 때 그 운동을 멈춰야 하는 것이다. 80년대적 진정성의 아우라는 정치적, 문학적, 예술적 요절자들에게 부여된 후광이었다. 그리하여 살아남았다는 사실은 그 자체로 덜 진정한 것이며 죄스러운 무엇이 된다. 진정성의 삶이란 이처럼 불가능 위에 건축된 삶이며, 그런 의미에서 그것은 자칫 자기기만적 몸짓으로 쉽게 변질할 수 있는 것이다.

  이러한 맥락에서 보자면, 앞서 말했던 홍상수적 속물들은 진정성을 추구하다가 그 고압에 찌그러진 채 진정성으로부터 맹렬히 도주한 자들에 비유할 수 있다. 그들은 다시 진정성으로 귀의할 용기도 의사도 없고, 그렇다고 새로운 가치를 온몸으로 받아들이지도 못한다. 왜냐하면 그들은, 칼비노의 소설에 등장하는 저 물고기이면서 동시에 육상동물인 어떤 진화중의 생물처럼, 2000년대적인 감각의 피하(皮下)에 아직도 진정성의 윤리를 은닉하고 있는 도덕적 하이브리드이기 때문이다. 이들에게는 퇴화한 꼬리뼈와 같은 흔적기관인 내면이 아직 존재한다. 이들은 이 내면을 통하여, 집합적으로 망각한 80년대를 '개별적으로' 그리고 '은밀하게' 회상하고 반추한다. "우리가, 인간은 못 돼도 괴물은 되지 말자"라는 언표는 이 숨겨진 내면의 외화이다. 그것은, 속물의 세계에 완전히 동화되기에는 아직도 자존심이 남아 있는 자들이 서로 간에 은밀하게 소통하는 냉소와 멸시의 상호주관적 암호이다. 모두가 속물이 되어버린 세상에서 속물은 이제 두 가지 유형으로 분화되는 것이다. 하나는 즉자적인 속물, 속물을 살되 스스로가 속물임에 문제를 제기하지 않는 속물이며 다른 하나는 자신이 속물임을 깨달은 속물, 즉 대자적인 속물이다. 위의 암호를 서로에게 던지면서 스스로가 속물임을 확인하고 인정하는 자들이 바로 대자적 속물이며, 그것이 또한 역사 이후의 삶을 살아내는 386세대의 이율배반적인 방편이다. 이들은 진정성과 속물성이 착종된 예컨대 '진정성의 속물'로서 살아간다. 속물인 자신들을 성찰함으로써, 속물로 살 수밖에 없음을 호소함으로써, 혹은 속물임을 드러내고 이를 외면화함으로써 속물이라는 범주를 벗어나고자 하는 이러한 '진정성의 속물'은 그리하여 '진정한 속물'이 아니라 '사이비 속물'이다.

이러한 의미에서 우리는 한국 근대사 최초의 '진정성의 속물'이 다름 아닌 김수영이었다는 사실에 놀랄 필요가 없다. 4·19의 실패가 열어놓은 60년대적 비루함을 활강했던 대표적 시인 김수영의 삶의 궤적에는, 80년대적인 것의 소멸 공간을 가로지르는 386세대적인 체험을 선취하는 무언가가 존재하기 때문이다. 타계를 일 년 앞둔 1967년 5월에 『동서춘추』에 실은 짧은 에세이 「이 거룩한 속물들」에서 그는 쓴다. "이 내가 되는 일, 진짜 속물이 되는 일, 말로 하기는 쉽지만 이 수업도 사실은 여간 어렵지 않다. 속물이 안 되려고 발버둥질을 치는 생활만큼 어렵다. 그리고 그만큼 고독하다 (……) 고급속물은 반드시 고독의 자기의식을 갖고 있어야 할 것이다. 이런 식으로 규정을 하면 내가 말하는 고급속물이란 자폭(自爆)을 할 줄 아는 속물, 즉 진정한 의미에서는 속물이 아니라는 말이 된다"(김수영, 1967: 242-3). 메시지는 명료하다. 자신이 속물임을 아는 한에서 그는 고급속물이라는 것이며, 고급속물은 스스로를 부정함으로써 속물임을 벗어난다는 것이다. 그러나 이러한 생각을 나타내기 위해서 그가 사용한 '자폭을 할 줄 아는 속물'이라는 표현은 묘한 울림을 던진다. 가령, 김수영의 속물론이 나온 지 3년 후인 1970년 11월 25일 일본 육상 자위대 총감부에서 자위대 부활을 호소하며 할복자살한 미시마 유키오(三島由紀夫)는 어떠한가? 그는 천박한 우익 속물인가 아니면 최후의 진정성의 인간인가? 김수영의 표현을 축자적으로 따르자면, 미시마야말로, 속물성의 극단에서 스스로에 대한 인식을 통하여 그것을 부정하는 고급속물일 것이다. 과연 그럴까? 저 유명한『헤겔강의입문』의 한 각주에서 역사 이후를 사는 두 가지의 대표적인 존재형식으로서 미국적인 '동물'과 일본적인 '속물'을 분석하면서, 후자의 실례로서 '무상(無償)의 자살자'를 들고 있는 코제브(Alexandre Kojève)에게 위의 질문이 던져졌다면? 그는 아마도 미시마야말로 헤겔적 탈역사의 공간에서 발견되는 전형적인 일본식 속물, 그의 표현을 직접 원용하자면, '순수상태의 속물성(le sno-bisme à l'état pur)'의 화신이라 평가했을 것이다(Kojève, 1947/1968: 437).

III. 동물+속물

1938년부터 39년 사이에 진행된 헤겔에 대한 콘퍼런스에서 코제브는 역사와 인간의 종언을 행위의 종언으로 풀어 설명한다. 행위의 종언이란 구체적으로 말하자면 유혈적 전쟁과 혁명의 종언을 의미하며, 이와 더불어 세계와 자기의 이해로서의 (사변적) 철학의 사라짐을 가리킨다. 이러한 마르크스-헤겔적인 역사의 종언이 실현되었다는 사실을 코제브는 1948년에 미국을 여행하면서 확인한다. 거기에서 그는, 이미 '계급 없는 사회'에 도달하여 그 구성원들이 필요 이상의 노동을 하지 않으면서도 그들이 원하는 물질적 풍요를 충분히 스스로에게 제공할 수 있는 사회를 목도한다. 1948년에서 58년 사이에 사회주의 국가인 소련과 중국을 여행하면서 그는 미국에 대한 이러한 견해를 다시 한 번 확인한다. 코제브에 의하면 소련과 중국은 근본적으로 미국과 다른 체제라기보다는 덜 발전된 미국, 아직 가난한 미국이다. 그들이 빠르게 발전하면서 선택하게 될 삶의 양태 역시 미국의 그것과 다르지 않을 터, '역사'가 끝난 이후에 가능한 삶의 형식은 결국 평범한 미국인들의 삶의 방식인 '동물로 회귀한 삶'일 것이다. 이를 그는 다음과 같이 묘사한다. "역사가 끝난 이후 인간은 새가 둥지를 틀고 거미가 거미줄을 치듯이 건축물과 작품들을 만들 것이고, 개구리와 메뚜기가 그러하듯이 음악을 연주할 것이며, 어린 짐승처럼 놀고 다 자란 동물처럼 사랑에 빠질 것이다. 그러나 그 누구도 이러한 행위들이 인간을 '행복하게' 해줄 수 있다고 말할 수는 없다. 대신 이렇게 말해야 한다. 풍요와 충분한 안전 속에서 삶을 영위하게 될 호모 사피엔스의 역사 이후의 동물들은 그들의 예술적, 성애적, 유희적 행동들을 통해서 만족을 느낄 것이다"(Kojève, 1947/1968: 436).

코제브가 미국에서 본 '동물적인 삶'이란 1950년대의 대량생산, 대량소비의 사회 속에서 형성되는 그리고 리스먼이 『고독한 군중』에서 말한 바 있는, 소위 '타인지향적인 삶'을 가리키는 것이다(Riesman, 1961; 柄谷行人, 2005: 70-3). 타인지향적인 삶은 성찰적 내면이 결여된 삶이다. 타인의 욕망에 의해 주체의 욕망이 계획되고, 추동되고, 소비되는, 오직 타인의 욕망만이 지배하는 그러한 유형의 자아는, 타자와의 대립과 투쟁 속에서 자신의 존재근거를 정립하는 헤겔적인 주체와는 매우 다른 것이다. 이러한 탈역사적 '동물'은 고통이나 불행의 변증법적인 힘을 알지 못하며, 오직 그러한 반대항을 경유해야만 소위 '행복'이 가능하다는 것을 모른다. 대신 그들은 안락과 편리가 주어진 육괴적(肉塊的) 생존에 대한 '만족'만을 느낄 뿐이다. 그러한 '동물'이 영위하는 삶은 비오스(bios)가 파괴된 순수한 조에(zoē)로서의 삶이다.[3] 조에로 축소된 삶 혹은, 아감벤(Giorgio Agamben)이 말하는 벌거벗은 삶(la nuda vita, sheer life)의 궁극적인 목표는 구원이나 불멸이 아니라 단순한 생존이다. 그것이 바로 아우슈비츠에 수감되었던 유대인들의 상태이며 사실은 탈역사적 '동물'의 상태이기도 하다. 전자에게 비오스의 가능성이 폭력적으로 파괴되었다면, 후자는 가령 미국에서 시작된 몸만들기(physical fitness)에서 볼 수 있듯이 스스로의 몸을 조형하고, 성형하고, 개조함으로써 자신의 존재를 자발적으로 조에로 축소시킨다. 이러한 '동물적' 삶의 궁극적 텔로스는 그리하여 젊음 혹은 생명을 가능한 한 연장하는 것, 살아남는 것이다.

그런데 코제브는 1956년에 일본을 방문하고서 이러한 동물로서의 삶과 또다른 포스트 히스토리의 삶의 유형을 목격한다. "탈역사의 일본 문명은 '미국적 생활양식'과는 반대의 길을 걸었다. 아마 일본에는 '유럽적' 혹은 '역사적' 의미의 종교, 도덕, 정치는 존재하지 않았을 것이다. 그러나 거기에서는 순수한 상태의 속물주의가 '자연적'이거나 '동물적'인 소여를 부정하는 규율을 만들어내고 있었는데, 이러한 규율들은 전쟁과 혁명의 투쟁이나 강제노동에서 태어난, 즉 일본과 다른 나라에서 '역사적' 행위를 통하여 태어난 규율들보다 훨씬 더 효과적인 것들이었다. 노가쿠(能樂)나 다도(茶道)나 꽃꽂이 등이 보여주는 일본 특유의(이에 필적한 것은 어디에도 없다) 속물주의의 정점은 상층 계급의 전유물이었고 지금도 그러하다. 그러나 집요한 사회·경제적 불평등에도 불구하고, 일본인은 예외 없이 철저하게 형식화된 가치에 기초하여, 즉 '역사적' 의미에서 '인간적'인 내용을 완벽하게 박탈당한 그러한 가치에 기초하여 현재를 살아간다(Kojève, 1947/1968: 437).

일본적 속물은 일견 미국적 동물과는 매우 구별되는 존재로 보인다.[4] 그러나 양자의 차이는 그들의 공통점에 비춰보자면 사소한 것으로 판별된다. 즉 속물은 동물과 마찬가지로 타인지향적인 삶의 구조에 종속되어 있다. 왜냐하면 속물에게는 자신의 모든 것이 오직 전시의 대상이 되기 때문이다. 깊이나 내면은 표면으로 호출되어 노출된다. 그것은 과시이며, 형식이며, 게임이다. 그리하여 순수한 속물의 세계는 키치의 세계이다. 가령 차를 마실 때에 중요한 것은 자신이 느끼는 고유한 풍미가 아니다. 속물에게 중요한 것은, 그 차가 얼마나 좋은 차로 평판이 나 있는가. 어떤 자세로 그 차를 마시고, 감탄사는 어떻게 발화해야 하는가 등을 규정하는 형식 즉 다도일 뿐이다. 속물에게는 실존이 없다. 고통도 쾌락도 행복도 불행도 모두가 타인의 시선에 의해 매개된 것이기 때문이다. 그리하여, 속물의 몸짓이 아무리 격조 있다 할지라도 그것은 정해진 연극의 몸짓이요(노가쿠), 속물이 완상하는 자연이 아무리 아름답게 보여도 그것은 인위적으로 조정된 자연(꽃꽂이)인 것이다. 또한 결정적으로 속물의 자살이 아무리 진정한 자기파괴처럼 보여도 그것은 사실상 타인지향적인 그리하여 비어 있는 퍼포먼스(할복)에 불과한 것이다. 코제브는 말한다. "그리하여 극단적으로 말하자면 어떤 일본인도 원칙적으로는 이 순수한 속물주의에 의해서 무상의 자살을 행할 수 있다(고전 시대 사무라이의 칼은 어뢰나 비행기로 바뀔 수 있다). 이러한 자살은 사회적이거나 정치적인 내용을 갖고 있는 '역사적' 가치에 기초하여 수행되는 투쟁 속에서 맞이하는 생명의 위기와는 무관한 것이다"(Kojève, 1947/1968: 437). 이러한 타인지향성이 미시마의 할복에 숨어 있는 문명사적 의미였다. 그리고 그것을 간파한 것은 일본 최후의 역사적 인간들이라 칭할 수 있을 동경대 전공투(全共鬪)였다.

IV. 게임과 유희

1969년 5월 13일 동경대학의 교양학부 900번 교실에서 미시마는 혈혈단신 800명의 전공투와 만나 난상의 논쟁을 벌인다. 이념적으로는 공유하는 것이 전무하지만, "일본의 권력 구조, 체제의 눈 속에서 불안을 보고" 싶다는 점에서 상통하는 이 두 상대는 드디어 해방구의 의미에 대하여 본격적으로 논의하기 시작한다. 그때, 후일 극단 '코마바'를 결성하고 연극인의 삶을 살아갈 전공투 소속의 아쿠타 마사히코(芥正彥)가 게임과 유희의 차이에 대한 논변을 펼치기 시작한다. 그에 의하면, 역사가 끝난 이후에 모든 것은 단순한 '게임'이 되어버린다. 미시마가 주재하던 '방패의 모임'과 같은 것, 그의 극우적 행태나 사변 들은 모두 게임에 불과하다. 미시마 유키오는 그의 발언이 끝나기가 무섭게 다음과 같이 날카롭게 되묻는다.

미 시 마 내가 게임이라면 당신들은 게임이 아닌가? 저 해방구란 것도 게임이지 않은가? 내가 말하고 싶은 것은……

전공투 C (아쿠타 마사히코) 그건 유희입니다.

미 시 마 유희지. (웃음)

전공투 C 유희와 게임은 전혀 다릅니다. (박수)

미 시 마 아, 그래. 게임은 영어고 유희는 일본어, 그런 이야기지.

전공투 C 유희의 경우 모든 소관과 소유를 포기한 지점에서, 거기에 구조적으로 쫙 입체화되는 거죠.

미 시 마 유희는 쫙 입체화되고, 게임은 쫙 입체화되지 않는……

전공투 C 당신의 경우 하나의 지향이 있죠? 유희의 경우 타자 지향이 생겨나지 않는 행동입니다. 게임의 경우 적어도 타자 지향이 어느 정도 있죠. 당신은 게임을 데마고그로 바꾸려 하지만 일본이 없다면 존재할 수 없는 인간.

(……)

전공투 C 견딜 수 없다는 겁니다. 시간한테 당해버리니까, 쪽팔린 거 감추려고 담배 피우는 거잖아요? 당신은 타자 지향이 강하니까.

미 시 마 응? 당신은 아까 타자 지향은 당신 쪽이 강하다고 말했잖아.

전공투 C　네?

미 시 마　당신은 타자 지향을 갖고 행동하지만, 나한테는 타자 지향이
　　　　　없다고 말했는데, 그게 아니야?

전공투 C　아니, 나한테 없다고 말한 겁니다.

미 시 마　당신한테 없다고 그런 겁니까? 아, 잘못 들었습니다. 죄송합
　　　　　니다.

(三島由紀夫 · 木村修 외, 2000 : 43)

　　위의 대화를 살펴보면 미시마 유키오가 게임과 유희의 차이를 명확
하게 간파하지 못하고 있음을 알 수 있다. 그는 '타인 지향'의 의미가
무엇인지, 왜 진정한 혁명공간은 타인과는 무관하게 순수하게 주체적
인 지향 속에서만 '유희적으로' 가능한 것인지를 깨닫지 못하고 있다.
전공투에게는 너무나 확실하고 자명했던 유희의 실감, 즉 사물 그 자
체와 인간 사이에 형성되는, 일종의 무도(舞蹈)의 몸짓이 그리는 궤적
으로 이해될 수 있는 해방구라는 감각을 미시마는 가질 수가 없었다.
왜냐하면 이러한 감각은 그야말로 진정성의 체험이기 때문이다. 그것
은 누구를 위한 것도 아니고 누구에게 보여주고자 하는 것도 아니다.
거기에 타자 즉 관객은 끼어들 틈이 없다. 사물과 유희자의 순수한 만
남이 있을 뿐이다. 그래서 그것은 지속할 수 없다. "시간의 중지"에서
체험되는 "해방구라는 공간의 열림"이다. 전공투 C는 말한다. "저는 사
물 그 자체와의 만남, 즉 사물의 개체성이 갖는 여타의 관계성이 모두
사상(捨象)되고, 사물 그 자체로 자기와 만나는 것, 그러한 순간에 느
낄 수 있는 유희의 감각, 이런 것만을 목적으로 삼는 것, 아마 이런 일
이 혁명으로 이어지리라 생각합니다"(三島由紀夫 · 木村修 외, 2000 :
47). 미시마 유키오가 '타인 지향'의 의미를 제대로 파악하지 못했다는
것은 그가 스스로의 '타자 지향성' 즉 속물성을 문제 삼지 않고 있다는

것을 의미한다. 관객이 없으면 단 한 순간도 존재할 수 없는 존재인 그의 궁극적인 관객은 천황으로 표상되는 일본 정신이었다. 결국 그가 행한 할복의 스펙터클은 이러한 타자의 시선하에서만 의미를 갖는 '게임'이었을 뿐, 지속되는 시간이 파괴되고 드러난 사물과의 소통 공간 속에서 행해지는 진정한 의미의 '유희'가 아니었다. 그러한 의미에서 그는 코제브가 말하는 순수속물이다. 전공투와 미시마는 당시에 동일한 동경대의 강당에서 동일한 일본어로 장황하게 소통하고 있었지만 같은 역사적 시간을 살고 있었던 것이 아니다. 전자에게 역사와 인간은 그 '사막과 같은 관념어' 즉 철학과 더불어 남아 있었다(三島由紀夫·木村修 외, 2000: 102-3). 그러나 후자에게 역사와 인간은 세련된 감각과 미학 속으로 녹아 소멸했으며, 가면의 끝없는 연쇄 뒤로 이름 없는, 형체 없는, 규정될 수 없는 얼굴로서 후퇴해버린 것이다. 전자는 역사의 끝을, 후자는 포스트 히스토리의 시작을 살고 있다. 양자의 대화는 사실상 커뮤니케이션이 아닌 심오한 오해일 수밖에 없었다. 그리하여 미시마는 사과한다. "아 잘못 들었습니다. 죄송합니다."

이와 동일한 맥락에서 주목을 요하는 것은, 미시마 유키오가 어린 시절의 허약을 검도와 헬스 등을 통하여 극복한 소위 원조 '몸짱', '얼짱'이었다는 사실이다. 미시마는 전공투 학생들과의 대화에서 그런 '육체성의 체험'을 다음과 같이 토로하고 있다. "정신은 육체 밖으로 인간이 나올 수 없다는 사실을 한 번이라도 자각한 일이 있을까, 이것은 내가 항상 생각해온 것입니다. 왜냐하면 우리들은 자기 육체 밖으로 1밀리터도 나오지 못하니까요. 이런 불합리한 일이 또 있을까? 우리 육체 밖으로 나오는 것은 하품이라든가 기침이라든가 침이라든가 배설물이라든가, 몸에 필요 없게 된 것뿐입니다. 그리고 나 자신의 존재는 자기 육체의 피부 밖으로 단 1밀리터라도 자아를 확장할 수 없습니다. (……) 육체란 그렇게 존재 자체 이외와는 관계를 맺지 않는 것이며 존재 외부의 것은 아무것도 터치하지 않습니다. 그래서 육체의 '모서리'에는 도대체 무엇이 있는 것일까? 나는 그 보더 라인(border line), 바운더리(boundary)에 강한 흥미를 느꼈습니다"(三島由紀夫·芥正彥 외, 2000: 25-6). 육체의 외부로 정신이 한 걸음도 나올 수 없다는 것, 나의 육체는 세계와 나 사이에 존재하는 난공불락의 국경선이라는 것, 그리하여 자아 혹은 영혼이란 결국 그와 같은 완고한 물질적 경계에 감금되어 있는 존재라는 것. 이 명쾌하지만 갑갑한 논리는 미시마 유키오의 세계관의 한 중핵을 은밀히 드러내고 있다. 그것은 타자와의 근원적 단절감이다. 미시마의 '인간'은 육신의 모나드, 피부의 모나드이다. 그 '인간'이 외부와 교섭하는 창문은 존재하지 않는다. 존재한다면 그것은 오직 땀구멍과 구강, 항문 따위의 생리적 기관들일 뿐이다. 말하는 입, 얼굴, 눈빛 따위는 미시마적 '인간'에게 결여되어 있다. 한 편으로는 안타깝고 다른 한편으로는 말할 나위 없이 절망적인 이 육체의 경계에 대한 미시마 유키오의 단언 속에서 우리는 파시즘적 세계관을 특징짓는 '생물학적 육신의 패권주의'와 조우하게 된다. 1934년의 논문 「히틀러주의라는 철학에 대한 몇 가지 성찰」에서 레비나스(Emmanuel Levinas)는, 히틀러의 파시스트적 사유체계의 본질이 그 논리, 독트린, 개념, 이미지, 혹은 수사에 있는 것이 아니라 사유의 체계가 뿌리내리고 있는 어떤 감각 혹은 정조(Stimmung)에 토대를 두고 있다는 주장을 전개한다. 그 감각은 한마디로 요약하면 "생물학적 육체에 못 박힌 존재(être-rivé)"로서의 인간에 대한 이해이다(Levinas, 1934: 7). '못 박힌 존재'라는 극단적 표현은, 인간의 존재가 자신의 생물학적 육신의 사슬, 나치의 언어를 빌려 말하자면 '피와 대지(Blut und Boden)'의 사슬에 묶여 있는 상태를 암시한다. '못 박힌 존재'는 그의 인간적 자유의 가능성이 육체의 한계에 의해 좌절되어 있고 더 나아가 그런 좌절을 자연스런 것으로서 수용하는 마음의 레짐에 속박

되어 있는 존재이다. 이런 점에서 히틀러주의는 단순한 광기의 독트린이 아니다. 그것은 세계와 자아에 대한 이와 같은 확고한 감각성의 논리적 정당화 체계이다. 미시마 유키오 역시 단순한 광인이 아니다. 그는 조에의 바운더리에 운명적 권능을 부여함으로써 육체성이 영혼을 완벽하게 가두어버린 어떤 시대를 불길하게 예표(豫表)하고 있다.

미시마는 죽고 전공투는 살아남았지만 사실 그가 보여준 저 도저한 동물성+속물성은 시대를 앞서간 면모가 있다. 살아남은 전공투는 가령 무라카미 하루키적인 멜랑콜리의 세계로 침잠함으로써 '진정성의 속물'이 될 운명을 맞이한다. 대타자의 소멸이 가져온 텔로스의 돌연한 소실을 살아가기 위해서는 진정성의 얼굴 위에 속물의 가면을 써야 했기 때문이다. 그러나 죽은 미시마는 자신을 닮은 수많은 순수속물들로 환생한다. 이러한 순수속물들에게는 소멸한 대타자가 없으며, 그리하여 애도할 상실도 없고, 써야 할 가면도 없으며, 가려야 할 진정성의 얼굴도 없다. 미시마의 첫 소설 『가면의 고백』의 제사(題詞)를 빌려 말하자면, 그들은 "욕구가 넘치면서도 욕구가 없는 듯이 행동하는 윤리적인 인간의 정반대쪽에" 있는 존재들이다(三島由紀夫, 1949: 9). 즉 이들은 아무런 욕구도 사상도 없으면서 사실은 (이데올로기적, 사상적, 종교적) 욕구가 있는 듯이 행동하는 몰(沒) 윤리적인 인간들인 것이다.

V. 최후의 인간과 수치의 상실

중국과 러시아는 미국화(동물화)하고 있으며, 러시아를 포함한 서구는 일본화(속물화)하고 있다는 코제브의 예언은 현금에 이르러 많은 부분 실현된 듯이 보이며, 이는 한국 사회의 경우에도 적용될 수 있는 타당성과 설득력을 갖고 있다(Kojève, 1947/1968: 437). 87년 민주화 대항쟁에서 정점에 이르렀던 진정성의 에토스는 90년대를 거쳐 1997년의 IMF 체제의 성립 이후에 노골적으로 진행되는 신자유주의적 세계화 속에서 등장하는 새로운 삶의 태도, 즉 한편으로는 동물적(미국적)이면서 다른 한편으로 속물적(일본적)인 에토스에 의해서 결정적으로 붕괴한 듯이 보인다. 이제 진정성의 에토스를 전경으로 하는 삶은 낡고, 효율적이지 않으며, 안쓰럽고, 심지어 역겨운 것으로 비춰진다. 남아 있는 유일한 진정성은 386세대적인 냉소와 멜랑콜리의 가면 뒤로 숨었다. 그리고 도래한 세계는 속물과 동물 들의 세계, 몰렴(沒廉) 혹은 무치(無恥)의 에토스에 의해서 지배되는 세계이다. 무치는 단순한 무례나 실례가 아니라 부끄러움의 실질적인 마비에 기초한다. 그것은 포스트 87년 체제의 한국 사회를 지배하는 뻔뻔한 당당함이다. 치부와 성공과 장수, 한마디로 웰-빙을 위해서 수단을 가리지 않는 삶의 피상성과 천박성을 있는 그대로 긍정하는 몰염치는 단순한 뻔뻔함이 아니라 신념에 충만한 당당함이며 과시적인 파렴치이다. 수치에 대한 사회적 감각이 이렇게 마비되고 있다는 것은, 진정성의 에토스가 기능하기 위해서 전제되어야 했던 성찰성·내면성·주체성의 성좌 즉 근대적 '인간'이 해체되고 있다는 것을 의미한다. 왜냐하면 스스로를 성찰하는 내면을 가진 주체로서의 인간은 무엇보다도 '수치심'을 통하여 구성되는 인간이기 때문이다.

레비나스에 의하면, 수치심이란 도덕적 과오가 야기하는 감정 상태가 아니라 '우리가 감추고 싶어하지만 은폐할 수 없는 모든 것' 앞에서 우리가 느끼는 감정이다(Levinas, 1935: 111 이후). 왜 특별히 나체나 구토 혹은 뱃속에서 갑자기 들려오는 꼬르륵 소리 등이 부끄러운가? 그것은 수치가, 우리 자신이 오직 우리 자신으로서 혹은 우리의 몸으로서 환하게 비춰지는 그 생리적 현현의 순간에 발생하는 감정이기 때문이다. 수치 속에서 나는 그저 나의 몸일 뿐이다. 나는 나의 정신이 아니며, 나의 염원이나 이상도 아니며 단지 위장과 성기와 머리칼을 갖고 있는 생리에 불과하다(Levinas, 1935: 114). 이 분석을 뒤집으면, 수치심은 오직 자신의 동물성을 자각하는 인간, 스스로의 동물적 한계와 대면하는 '인간'이 느끼는 감정이라는 사실이 도출된다. 그리하여 에덴에서 추방당하는 아담과 하와가 자신들의 벗은 몸을 보고 느낀 최초의 감정은 죄책감이 아니라 수치심이다. 수치는 마치 하나의 징표처럼 혹은 낙인처럼, 상상계를 떠나서 상징계에 진입한 인간, 자연을 떠나서 문화의 질서에 입성하는 인간의 얼굴을 붉게 물들인다. 인간이 낙원을 떠나서 유한성의 세계인 '인간' 고유의 공간으로 들어오기 위해서는 자신의 동물적 전제를 부끄러워할 줄 알아야 하는 것이다. 돌려 말하면, 부끄러움을 통하여 인간은 스스로의 비인간성과 대면하고 이 관계를 인간적으로 성찰하는 주체 즉 개인으로 성립하는 것이다 (Agamben, 1998: 114; Giddens, 1991: 125-133). 니체가 수치심을 "개체화의 원리에 바쳐야 하는 공물"로 정의하는 것은 바로 이러한 의미에서이다(Nietzsche, 1869-1872: 244).

최초의 인간이 성찰적 수치심으로 스스로를 동물과 구분하면서 등장했다면, 수치심과 성찰적 내면이 소멸된 채 등장하는 존재들은 니체가 말하는 '최후의 인간(letzte Menschen)'들이다. 니체는 특유의 과장과 묵시론적 어조를 활용하여 이렇게 조소한다. "너희들에게 말하거니와, 춤추는 별을 탄생시키기 위해 사람은 자신들 속에 혼돈을 지니고 있어야 한다. 너희들에게 말하거니와, 너희들은 아직 그러한 혼돈을 지니고 있다. 슬픈 일이다! 머지않아 사람이 더이상 별을 탄생시킬 수 없게 될 때가 올 것이니. 슬픈 일이다! 머지않아 자기 자신을 더이상 경멸할 줄 모르는, 그리하여 경멸스럽기 짝이 없는 자의 시대가 올 것이니. 보라! 나 너희들에게 최후의 인간(정동호의 번역으로는 '비천하기 짝이 없는 인간')을 보여주겠다. '사랑이란 무엇인가? 창조는? 동경은? 별은?' 최후의 인간은 이렇게 묻고는 눈을 깜박인다. 대지는 작아졌으며 그 위에서 모든 것을 작게 만드는 저 최후의 인간이 날뛰고 있다. 이 종족은 벼룩과도 같아서 근절되지 않는다. 최후의 인간이 누구보다도 오래 산다. '우리는 행복을 찾아냈다.' 최후의 인간은 이렇게 말하고는 눈을 깜박인다"(Nietzsche, 1883-5: 24-5). 역사철학적 의미에서 말하자면 최초의 비(非)인간에 다름 아닌 이 최후의 인간은, 동물과 속물이 수치를 모르듯이, 부끄러움을 알지 못한다. 가라타니 고진의 표현을 빌려 말하자면 그들은 수치를 생산하는 기관인 내면 대신, 타인들의 평가에 대한 강한 관심 즉 자의식만을 갖고 있다(柄谷行人, 2005: 73).

그들의 내면은, 고뇌나 상처가 담겨 발효되어 숙성되는 내밀 공간이 아니라, 블로그나 디지털카메라나 핸드폰의 문자스크린에 탈장(脫腸)되어 공유되는 공적 미디어로 변모한다. 따라서 이들은 기억의 무게, 역사의 무게, 공동체의 무게로부터 비교적 자유롭다. 이러한 가벼움은, 그것이 의도적인 것이건 아니면 생래적인 것이건 간에, 이 최후의 인간들을 낙관적이고 해맑고 충족된 존재로 구성한다. 그들은 단순하며 직설적이고 투명하다. 그들은 신파, 정한, 애수, 허무를 알지 못한다. 그들은 원한의 감정, 즉 누군가를 부정하면서 반드시 이루어야 할 무언가가 없다. 그런 면에서 그들은 노예가 아니다. 그러나 주인 또한 아니다. 그들은 주인과 노예의 변증법적 관계의 외부에 자리잡고 있다. 이들에게 부정성이 왜 존재하지 않겠는가? 그들도 부정성의 최종 형식인 죽음을 기다리고 있는 존재인 한에서. 그러나 그 부정성은, 코제브의 나이 많은 제자였던 바타유(Georges Bataille)가 1937년에 그에게 보낸 한 편지에서 적고 있듯이 '용도가 파기된 부정성(négativité sans emploi)'이다(Bataille, 1973: 369). 부정성은 변증법의 잉여공간에 잔재로 유폐되어 더이상 역사에 복무하지 못한다. 그것은 이제 오직 섹스, 웃음, 스포츠, 게임, 오락, 범죄라는 비역사적 행동들에 봉사할 뿐이다(이것이 바로 87년 광장과 2002년 광장의 차이이다). 부정성의 활동인 문학과 예술은 바로 이와 동일한 맥락에서 용도 파기된 부정성의 활동인 '엔터테인먼트'에 자리를 내어준다(柄谷行人, 2005: 43 이후: 황종연, 2006). 이들은 세계와 대립하지 않는다. 그들은 세계에 무관심하다. 왜냐하면 그들은 판타지 속에 머무르면서 성숙을 거부하는 일종의 키덜트(kidult)들이기 때문이다. 성장과 성숙을 알지 못하는, 영원한 유아에 머무르는 이 최후의 인간들은 세계를 일종의 만화로 변모시키며, 만화처럼 단순화되고 캐릭터화된 세계 속에서 그들은 스스로를 보살핌의 대상으로 유지시킨다. 그것이 신세대이건, 386세대이건 혹은 어떤 세대이건 간에 무치의 에토스는 진정성의 인간이라는 규범적 범주를 해체하고 그들을 '최후의 인간'이라는 새로운 범주로 재구성한다. 니체가 말하는 '가련한 안락' 이외에는 삶에서 아무런 야망도 소망도 없는 이 포스트 히스토리의 지배적인 삶의 유형, 최후의 인간들이 영위하는 삶의 유형, 그것이 바로 귀여운 삶이다.

VI. 귀여움의 시대

귀여움이란 전형적으로 강자가 약자에 대해서 느끼는 감정이다. 그것은 성인이 아동에게, 부모가 자식에게, 그리고 인간이 (특정) 동물에게 느끼는 감정이다. 귀여움을 주는 대상들은 육체적으로는 작고, 앙증맞고, 뒤뚱거리는, 가령 포유류의 새끼로 대표되는 '유아적인 것들'이며, 정신적으로는 자신보다 어리며, 적절하게 의존적이며, 또한 호감어린 애교나 교태를 보여주는 그런 존재들이다. 그리하여 귀여움의 감정은 그 대상을 돌봐주고, 먹여주고, 사랑해주고, 보듬어주고 싶은 마음을 촉발시킨다. 매우 과감한 인류학적 상상력을 발휘해보면, 귀여움의 감정은 어쩌면 억압된 공격성의 변형일 수도 있다. 귀여움의 전형적인 대상인 포유류의 새끼들은 사실 수렵이나 채취 경제 시절의 인류에게는 매우 손쉽게 얻을 수 있는 먹이였을 것이다. 먹이를 탈취하여 섭취하고자 하는 공격적 욕망은 어쩌면 문명화 과정을 통하여 억압되어 '귀여움'이라는 대척적인 감정 형식으로 변형되었을지도 모른다. 이러한 의미에서 귀여움의 대극에서 우리는 공포 혹은 징그러움을 발견한다. 남성의 언어로 말하자면, 숭고나 공포를 주는 여성은 아름답거나 치명적이다. 그러나 남성의 욕망의 질서 속에 깊이 편입된, 그리하여 남성에게 '안전한' 쾌미를 주는 여성은 '귀엽다'. 야생의 사자는 두렵지만 서커스의 사자는 귀엽다. 우리에게 징그러움의 감각을 유발하는 '아브젝트(abject)'(절개된 상처, 인체의 내부, 쏟아진 피, 형체가 파괴된 것, 축축한 것, 점착성이 있는 것)는 대개 내부/외부, 액체/고체, 형상의 존재/부재, 지상/육상에 모두 걸쳐 있어서 상징적 질서에 쉽게 포섭되지 않는, 어떤 잉여의 범주이다. 귀여움이 손 안에 이미 걸려든 사물들에 대해서 느끼는 감정이라면 그것의 대극에는 포착불가능성, 모호성, 통제불가능이 존재한다.

　이런 관점에서 보면 귀여운 존재와 귀여워하는 존재 사이에는 어떤 힘의 불균형이 개입하고 있음을 알 수 있다. 강한 자의 상징적·물질적 권력에 의해 포섭된 것, 지배된 것, 길들여지거나 사육된 것 혹은 정복된 것들은 귀엽다. 그렇게 되지 못하는 것(그 대표적인 것이 뱀이다)은 가장 '덜 귀엽다'. 정식화하면, 귀여움의 감정이 구성하는 관계는 본질적으로 권력적인 것이다. 귀여운 자는 권력의 시선에 붙들린 자이며, 권력의 슬하에서 재롱을 떠는 자이다. 그런데 이 권력은 뺏고 때리는 권력이 아니라, 소위 푸코가 말하는 생명권력(bio-pouvoir)에 매우 가깝다. 주지하듯이 생명권력은 죽이거나 살게 놔두는(faire mourir, laisser vivre) 주권권력과는 달리 기본적으로 살아남게 하는(faire sur-vivre) 권력이다(Agamben, 1998: 169)[5]. 그것은 근대적 기술과 의학과 과학을 통하여 조에(zoē)로 환원된 '벗은 삶'을 관리하는 권력이며, 강제하고 억압하는 것이 아니라 양육하고 사육하는 권력 즉 '케어(care)'하는 사목적(司牧的) 권력이다. 생명권력에는 모성적 차원이 있다. 규제하고 박탈하는 아버지의 권력이 아니라 기르고 감싸고 그리하여 귀엽게 만드는, 귀여움의 대상으로, 아이로, 연약한 새끼로 변화시키는 어머니의 권력이다. 이 권력의 주체가 국가이건, 기업이건, 과학이건, 의학이건 생명권력은 그 대상을 '토털 케어'의 관리 속에 포섭하며 그 대상의 삶을 조에로 축소시킨다. 조에로 축소된 삶은 그러나 '케어'의 대가로 존재론적 안전감을 확보한다. 이러한 생명권력의 복합적 그물망을 인정하고 그 힘에 의해서 양육되는 것을 스스로에게 허용한 자들은 애완동물이나 어린아이처럼 귀여운 존재로 변모한다.[6]

한국 사회가 넓게는 90년대에 그리고 좁게는 IMF 외환위기 이후에 겪게 되는 에토스의 구조적 변동은 사실 이러한 권력형식의 전위와 긴밀한 연관을 갖고 있다. 80년대의 억압적 권력은 자신의 대상을 전투적이고, 진지하고, 진정한 존재로 구성하였다. 그러나 민주화 이후의 일상공간을 관통하는 미세한 생명권력들은 자신의 대상을 귀엽고, 어리고, 칭얼대는 존재론적 유아들로 구성한다. 푸코가 지적하고 있듯이 이러한 생명권력은 자유주의적 통치성과 더불어 형성된 것이며, 신자유주의적 통치성과 당연히도 긴밀한 연관을 갖고 있다(Foucault, 1978-9: 221 이후).[7] 신자유주의적 삶의 환경은 시장에 산포된 생명권력의 모세혈관적 망상조직에 자발적으로 투항하지 않으면 살아남을 수 없는 재앙적 압력을 행사한다. 이 압력의 내부로 진입한 자들은 오직 생존을 위한 육성과 배양의 대상이 되면서 존재의 꺼풀들을 하나씩

벗는다. 이것이 바로 현재 우리가 목도하는 탈숭고, 탈내향, 탈사회, 탈정치, 탈정신적 문화변동의 핵심 메커니즘이다. 이 모든 벗음의 과정의 끝에 나타나는 무치(無恥)의 나신(裸身), 그것이 저 천진난만하고 해맑고 온순하고 무해하고 앙증맞고 사랑스럽고 귀여운 동물+속물들인 것이다. '아버지'도 '어머니'도 '지식인'도 '노인'들도 '대학생'도 '군인'도 '조폭'도 이종격투기의 '챔피언'도 '성직자'도 심지어는 '귀신'도 이제는 모두 귀여울 뿐이다. 모두가 적당히 모범적이며, 적당한 두려움을 갖고 있으며, 적당한 선에서 타협할 줄 안다. 모두가 알고 있는 것이다. 괴롭게 살지 말자. 쉬운 길이 있다. 그것은 나쁜 것이 아니다. 잘 먹고 잘 살 수 있으면 속물이면 어떻고 동물이면 어떤가? 부끄러울 것 없다. 인생 뭐 있는가? 뭉쳤다 풀어지는 먼지. 그게 삶이다. 황지우의 「살찐 소파에 대한 일기」에는 바로 이처럼 '럭셔리한 아우슈비츠'로 변화하고 있는 포스트 히스토리의 한국 사회를 살아가는, 속물이 되고 동물이 되고 심지어 식물이 된 자의 독백이 등장한다.

> 하마터면 피아니스트가 될 뻔했던 아내가 출장 레슨 나가기 전에
> 그에게 와서 나를 어루만져줄 때가 나는 좋다.
> 나는, 아내가, 소파에 앉아 있는 그의 머리카락을 커트해줄 때,
> 낮잠 자고 있는 그에게 가만히 다가와 나의 발톱을 잘라줄 때,
> 혹은 그를 자기 무릎에 눕혀놓고 내 귀지를 파줄 때, 좋다
> 아침마다 그에게 녹즙을 갖다주고, 입가에 묻은 초록색을 닦아주자
> 나는 그녀를 보면서 방그레 웃었다.
> 나는, 아내가 그를 일으켜주고 목욕시켜주고 나에게 밥도 떠먹여주고
> 똥도 받아주고, 했으면 좋겠다.
> 나는 그의 남은 생을, 그녀에게 몽땅 떠맡기고 싶다.
> 코로 숨만 쉴 뿐, 꼼짝도 않고 똥그란 눈으로 뭔가 간절히 바라고 있

으면

　　그녀가 다 알아서 해주는 식물인간이고 싶다.

　　가끔 햇빛을 보고 싶어하므로 창문을 열어줄 필요만 있을 뿐,

　　동정할 수는 있어도 책임을 물을 수는 없는 이 幸運木; 나는

　　이 病室에서 나가고 싶지 않다.

(황지우, 1998: 97-8)

　위의 시에 등장하는 시적 화자인 '나'는 "소리를 내지 않고 하악을 이빠이 벌려서/눈이 흉하게 감기는 동물원 짐승처럼" 하품을 하는 동물이며, 번역극 무대 같은 거실에 세잔 풍 정물화, TV 세트, "폼으로 갖다놓고 읽지도 않는" 카를 마르크스『자본론』양장본 3권, 끊임없이 부글거리는 수족관을 '교양'이랍시고 가져다놓은 속물이다(황지우, 1998: 96-7). 이와 같은 동물+속물이 거주하는 공간인 "비참할 정도로 편한" 병실 즉, "동물원"이자 "수족관"이자 "번역극 무대"인 이 살찐 소파의 공간은 진정성의 에토스를 포기한 자들을 포획하면서 등장하는 21세기 한국 사회를 가장 성공적으로 예표하는 알레고리이다. 그곳은 편리가 비참이 되는 곳이지만, 존재의 비참이 안락에 의해 상쇄되는 곳이기도 하다. 이런 '완전한 사육(飼育)'은 이제 탈역사의 유토피아적 상상력의 정점을 구성한다. 그곳은 해방구는 아니지만 낙원이다. 이 낙원은 인간이 동물로서 속물로서 그리고 더 나아가서 식물 혹은 사물로서 양육되는 삶이다. 이처럼 '토털 케어'의 삶이 전개되는 시간의 역사철학적 모호함은, 코제브-헤겔적인 관점에서 해석된 포스트 87년 체제가 역사의 논리적 종언(Ziel)과 물리적 종말(Ende) 사이에 펼쳐진 '중간적' 시간 위에 구축된 것이라는 사실에서 비롯된다. 역사는 완수되었지만 세계의 종말은 아직 도래하지 않았다. 그 시간은 모호하다. 그것은 얼핏 사도 바울의 시간을 연상시킨다. 메시아는 '이미' 도

래하여 구원을 완수했다. 그러나 세계는 '사실적으로' 구원되지 않았다. 그러기 위해서 메시아는 다시 와야 한다는 것. '이미 옴'과 '아직 오지 않음' 사이의 이 시간은 가장 어둡고 가장 밝은 시간이며, 가장 길고 가장 짧은 시간이다. 이 모호한 시간을 가령 벤야민이나 아렌트는 카이로스 즉 질적 가능성으로 충만한 메시아적 기회로 보았지만, 그것이 기회인 까닭은 역설적으로 그 시간이 그만큼 어둡기 때문이다.

VII. '인간'의 운명

이런 시대적 어둠 속에서 우리에게 제기되는 피할 수 없는 질문은 바로 '인간이란 무엇인가?'라는 문제이다. 사실, 휴머니즘과 계몽주의의 적자인 근대 민주사회의 시민들에게 '인간'은 자명하게 주어진 '인간성'의 구현자로서 파괴될 수 없는 독자성과 신성을 갖고 있는 실체이다. 그러나 이 인간의 실체성은 이제 더이상 자명한 전제가 아니다. 푸코에 의하면 '인간'은 근대적 지식구성체의 고유한 배치 속에서 등장한 하나의 '개념적 구성물'이다. 근대적 에피스테메에 의해서 형성된 이 '인간'은 하나의 생물이며(생물학), 생산수단이자(경제학), 자신에 선행하는 언어구조의 운반자(언어학)라는 요소들의 역사적 구성을 통해서 형성된 것이다. 근본적으로 유한한 존재로 이해되는 이런 '인간'은 스스로의 유한성을 분석함으로써 선험적인 것과 경험적인 것 사이에, 코기토와 사유되지 않은 것 사이에 그리고 후퇴한 기원과 회귀하는 기원 사이에 스스로의 존재공간을 건설한다(Foucaul, 1966b: 314 이하). 환언하면, 푸코가 보는 인간은 실체가 아니라, '인간이 무엇이며, 그가 무엇을 알 수 있으며, 그가 무엇을 원하며, 그는 어디에서 왔는가' 등의 질문으로 구성된 일종의 '공간'이다. '인간이라는 것'은 그리하여 언제나 현실의 인간에 미달되거나 그것을 초과한다. 좀 더 정확하게 말하면, '인간'은 실체가 아니라 인간이라는 개념과 현실의 인간 사이에 존재하는 간극 속에서 벌어지는 갈등, 모순, 변동, 의문의 파노라마이다.

　이러한 점에서 푸코의 관점은 코제브의 그것과 매우 흡사하다. 코제브 역시 인간을 생물학적으로 정의된 종(種)이나 선험적으로 주어진 실체로 파악하지 않았다. 그 또한 인간을 일종의 "변증법적인 긴장의 공간"으로 파악했으며, 그 긴장의 공간 속에서 인간의 인간성은 인간의 동물성과 매우 격렬한 경합을 벌이고 있는 것으로 파악했다. 그 경합의 공간, 그 변증법적 운동의 공간이 역사라면, 역사 속에서 '인간'은 그가 자신의 존재 조건으로서 억압하고 있는 동물성을 초월하거나 통제하는 한에서, 헤겔식으로 말하자면, 부정할 수 있는 한에서 '인간'으로 성립한다고 본 것이다(Agamben, 2002: 24-5). 20세기 후반에 세계적인 규모로, 그리고 특히 97년 이후의 한국 사회에서 본격화되고 있는 소위 '인간의 죽음'이라는 문제는 그리하여, 인간이 스스로에게 던지는 질문과 해답의 공간, 인간이 인간이 되기 위해서 스스로의 비인간과 투쟁하는 공간, 인간의 인간됨에 대한 싸움의 공간이 약화되고 있다는 사실을 의미한다. 이 투쟁이 소멸하는 과정에서 드러나는 종언 이후의 새로운 인간의 모습이 바로 동물과 속물이다. 동물과 속물은 포스트-진정성 체제(post-authentic regime)의 문제적 형상들이다. 우리는 그들의 '마음'을 어떻게 읽어야 하며, 그 '마음의 레짐'을 어떻게 판단해야 하는가? 인간이라는 공간의 운명을 우리는 어떻게 사유해야 하는가?

주

1) '87년 체제'라는 용어는 노중기, 임영일 등의 노동연구자들이 사용했던 '87년 노동정치체제' 혹은 '87년 노동체제'라는 용어를 그 기원으로 한다 (노중기, 1997; 임영일, 2004). 비교적 한정된 영역을 지칭하던 이 용어는 2003년에 『당대비평』이 겨울호 특집으로 "87년 체제라는 희망의 덫"을 기획하면서 보다 포괄적인 의미를 부여받게 된다. 한편 『창작과비평』은 2005년 3월에 「새로운 동아시아 질서와 87년체제」라는 제목으로 김종엽, 박형준, 정태인, 한홍구 등이 참가한 좌담을 개최한 데 이어서 2005년 겨울호에 「87년 체제의 극복을 위하여」라는 제목의 특집을 구성하면서, '87년 체제'라는 개념의 공론성을 인준한다.

2) 「위반의 진정성」(신수정, 1999)이나 「진정할 수 없는 시대의 진정성」(김형중, 2005)과 같은 표현들은 진정성의 에토스가 갖고 있는 이러한 탄력성을 여실히 보여준다. 90년대 문학의 진정성에 대한 논의로서 다음을 볼 것 (서영채, 2005: 104-150).

3) 비오스와 조에는 고대 그리스에서 삶을 의미하는 두 용어인데, 전자는 사회, 정치, 문화의 맥락 속에서 규정되는 삶의 형식과 양식을 가리키는 것이며, 후자는 단순히 살아 있다는 생물학적 사실, 즉 생명을 의미한다 (Agamben, 1995a: 13). 부연하자면 비오스는 폴리스를 배경으로 하여 이루어지는 공적이고 정치적인 행위를 통하여 얻게 되는 불멸의 삶이고, 조에는 오이코스 즉 가정에서 이루어지는 사적이고 물질적인 재생산과 생존의 삶이다. 이들 용어는 현재 biology나 zoology 같은 단어에 흔적을 남기는데, 그 본래의 의미가 많이 왜곡되었음을 알 수 있다.

4) 속물과 동물의 차이는 일본식 포르노와 미국식 포르노의 차이와 유사하다. 가령 미국식 포르노에서 우리는 쾌락의 최종지점인 오르가슴을 향해서 그야말로 '동물적으로' 돌진하는 두 마리 혹은 여러 마리 암컷과 수컷

의 유사 교미의 장면을 본다. 반면에 일본식 포르노에서 우리가 발견하게 되는 것은 무수하게 미세한 단위로 쪼개진 의례적인 성애의 디테일들이다. 거기에는 수많은 엽기적 도구들이 등장하고 도구들이 공략하는 육체의 부위가 페티시화되어 있으며 신음이나 표정과 같은 성애의 부대효과들이 가식적으로 보일 만큼 연극화되어 있다. 미국식 포르노가 성교를 '동물화'한다면, 일본식 포르노는 성교를 '속물화'한다.

5) 푸코와 아감벤의 생명권력, 생명정치의 개념에 대한 비교는 진태원(진태원, 2006), 양창렬(양창렬, 2006)을 참조할 것.

6) 대처와 레이건의 신자유주의가 맹위를 떨치던 80년대 중반, 소피 마르소와 함께 청순한 미모로 인기를 끌던 피비 케이츠가 출연한 SF 영화 중에서 〈그렘린Gremlin〉(1984)이라는 영화가 있었다. 그 영화에는 고양이와 강아지와 난쟁이를 섞어놓은 것 같은 매우 귀엽고 앙증맞은 가상의 애완동물인 '모과이'가 등장한다. 그런데 그를 제대로 키우기 위해서는 몇 가지 금기를 지켜야 한다. 예컨대 모과이에 물이 닿으면 안 된다는 것. 그런데 주인공이 어느 날 실수로 그의 몸에 물방울을 떨어뜨리는 사건이 발생한다. 기즈모는 분열하여 수많은 기즈모들로 변하고, 이들이 밤에 음식을 훔쳐 먹고는 괴물인 '그렘린들'로 다시 변신한다. 귀여움의 대상이 공포의 대상으로 전환하는 이 순간의 함축적 의미는 사실 매우 모호하다. 권력의 입장에서 보면, 그저 귀여운 애완물이던 작은 동물이 사악하고 공포스런 괴물로 변화하여 통제불가능한 상태를 야기하는 것은 전형적인 저항의 메타포이다. 그것은 생명권력의 구멍이다. 귀여움을 통해 생명체를 사육하는 생명권력의 한계에 대한 상상이다. 그러나 다른 입장에서 보면, 모과이에서 그렘린으로의 변신은 매우 불길한 파시즘적 메타포를 내포하고 있다. 파시즘이란 결국 생명권력에 의해 벗겨진 삶으로 축소된 귀여운 존재들을, 대타자의 이름하에 다시 호명하여 하나의 괴물로 재생시키는 정치공학이 아닌가? 저항과 파시즘이 이처럼 모호한 회색지대를 구성하는 것, 이 또한 97년 체제 신자유주의 시대에 발견되는 독특한 정치사회학적 현상이라 할 수 있다.

7) 푸코는 1979년 10월 스탠퍼드 대학의 강연에서 '인간의 동물화'를 근대

국가가 개인을 관리하기 위해서 발전시킨 통치성(governmentalité)의 차원에서 지적한 바 있다. "국가가 자신의 본성과 목적을 갖고 있다는 생각으로부터 인간이 국가 권력의 참된 대상이라는 생각까지, 인간이 잉여의 힘을 생산하는 한에서, 그가 또한 살고, 노동하고, 말하는 존재인 한에서, 그가 사회를 구성하는 한에서, 그리고 그가 환경 속에서 인구에 속하는 한에서 우리는 개인의 삶에 대한 국가의 점증하는 간섭을 목도한다. 정치권력의 이런 문제에 대해서 생명의 중요성이 커져가는 것이다. 이로부터 가장 교묘한 정치 테크닉을 통한 인간의 동물화가 비롯된다. 인간과학과 사회과학의 가능성이 발전하고 삶을 보호하는 가능성과 홀로코스트의 가능성이 동시에 역사적으로 등장하게 된다"(재인용, Drefus·Rabinow, 1982: 147). 그러나 푸코의 생명권력론을 확장시킨다면, 우리는 신자유주의적 통치성의 내부에서 어떻게 인간의 동물화가 발생하는지를 어렵지 않게 추론할 수 있다.

3장

스노비즘과 윤리

I. 스노보크라시(snobocracy)

2000년대 한국의 대형서점의 서가는 소위 자기계발서, 처세술서적, 재테크지침서, 각종의 마케팅·리더십·성공학 담론들에 의해 성공적으로 점령되었다. 스티븐 코비의『성공하는 사람들의 7가지 습관』, 스펜서 존슨의『누가 내 치즈를 옮겼을까』, 엘렌 싱어와 호아킴 데 포사다의『마시멜로 이야기』, 앤서니 라빈스의『네 안에 잠든 거인을 깨워라』등은 스테디셀러로 확고하게 자리잡은 책들이며, 2004년에 출간된 사이쇼 히로시(稅所弘)의『아침형 인간』은 단순한 베스트셀러가 아니라 사회적 현상으로까지 확장되어 '아침형 인간'이란 형상을 둘러싼 기사, 인터뷰, 논쟁, TV 프로그램 등의 다양한 파생담론들이 생산된 바 있다(Cf. 서동진, 2005). 이들 서적들은, 고대의 수신서 혹은 종교적 수양서처럼, 세속화된 독자들의 현대적 삶 속에 그들의 사회적 성공을 보장해줄 수 있는 좋은 습관, 품성, 매너, 처세술을 명령한다. 예를 들어 『성공하는 사람들의 7가지 습관』은 무엇을 명령하는가? '주도적이 되어라', '끝을 생각하며 시작하라', '소중한 것을 먼저 하라', '승(勝)-승(勝)을 생각하라', '먼저 이해하고 다음에 이해시켜라', '시너지를 내라', '끊임없이 쇄신하라' 운운(Covey, 1989)[1].

그런데 이들 중에서 자못 흥미로운 것이 하나 있으니, 20대와 30대 여성들을 대상으로 하는 소위 칙릿(chick-lit) 처세서, 『여자의 모든 인생은 20대에 결정된다』에 등장하는 '속물이 되라'는 명령이다. "눈앞에 놓인 모든 문제의 선택에 있어서 후회가 적은 쪽을 택하게 하는 것이 '속물 마인드'다. 스스로 철저히 속물이 되자 다짐하고 나면 현실적으로 확실한 선택을 하는 데 갈등이 없어진다. 뿐만 아니라 웬만한 사소한 일로 심정을 그르치는 일도 줄어든다. (……) '나는 여우 같은 속물'이다. 이 다짐 한 마디가 그 기다림에 힘을 실어줄 것이다. 한 가지. 내가 속물이라고 남에게 광고하고 다니지는 마라. 누구나 갖고 있는 본성에 솔직해지는 것뿐인데 굳이 모르는 사람들이 나를 색안경 끼고 보게 만들 필요는 없기 때문이다"(남인숙, 2004: 32-6) 저자는 말한다. "속물을 인정하면 인생의 해법이 보인다." 또한 "세상의 주인이 되려면 속물이 돼야 한다." 그러나 값싼 속물, 천박한 속물은 해답이 아니다. 명령은 좀더 단호하다. '고급 속물'이 되라는 것이다. 2006년에 동일한 저자가 동일한 제목으로 펴낸 책의 서문에서 '속물에의 명령'은 다음과 같이 구체화되어 있다. "이 책은 '고급한 속물'이 되는 법을 가르쳐주는 책이다. '고급한 속물'이란 환상과 이데올로기에 사로잡히지 않고 현실을 자기 편으로 만들며 사는 여자를 뜻한다. 그녀들은 꼴사납게 이기적이지 않고도, 그리고 비루하게 돈에 매달리지 않고도 현실을 향유할 줄 안다. 세상은 즐거운 곳이라는 생각으로 신나게 살려면 종류와 정도의 차이는 있으나 누구나 '고급한 속물'이 되어야 한다"(남

인숙, 2006 : 6)

스놉이 되어라. 이 명령은 수많은 자기계발서의 다양한 명령들을 모두 함축하고 있는 일종의 메타 모토이다. 아무리 근사한 치장을 하고 있다 해도, 모든 계발서는 최종적으로 '세속적 성공' 혹은 '공격적 생존'에 적합한 '스놉'의 주체성 형성을 기도하고 있다. 인간관계에서, 사회생활에서, 치부(致富)에서, 노후생활에서 성공하기 위해서는 스놉이 되어야 한다. 이것이 자기계발서가 실제로 우리에게 던지는 메시지가 아닌가? 이런 점에서 보면, 스놉은 이제 더이상 음흉하고, 시기심 많고, 위선적이며, 부도덕한 자가 아니다. 반대로 그것은 건설적이고 도전적이고 생산적인 주체의 프로젝트이며, 노력과 공을 들여 빚어내야 하는 자기의 테크닉이다. 아무나 스놉이 될 수 있는 것이 아니다. '스놉'이란 명칭은 자신과의 고통스런 싸움에서 승리한 자의 이마에 씌워지는 사회적 승인의 월계관이다. 스놉은 이제 지배자이다. 스놉은 자신의 실용적 철학으로, 무용하고 허황된 달변과 수사와 심오를 해체한다. 이런 스놉이 선망되고, 모방되고, 그의 성공담이 모범으로 읽히고 그 삶의 형식이 훈련되는 사회, 이 사회가 스놉지배 즉 스노보크라시의 사회이다. 스노보크라시는 이중의 지배체제이다. 첫째로 그것은 일군의 스놉들, 스노비즘으로 무장한 도구적 성찰성의 주체들이 한국사회의 확고한 지배층으로 부상하는 과정을 가리킨다. 지배자는 스놉이며, 스놉이 되지 않으면 그는 지배할 수 없다. 둘째, 스노보크라시는 이와 같은 거시적 통치성뿐 아니라 자아의 통치와 연관되어 있는 개념이다. 그것은 포스트-진정성 에토스의 시대를 사는 행위자가 스스로의 자아를 관리, 배려, 육성하는 '자기의 테크닉'에 있어서 철저히 스노비즘에 근거하는 시대가 열렸다는 사실을 가리킨다. 이런 점에서 스놉은 그야말로, 선택지가 아니라 생존의 필수 방법이 된다. 스놉이 되지 않으면, 스스로가 도구적 성찰성을 극대화하고, 윤리적 성찰성의 혼돈과 불안을 종식시켜, 직능성 수월성을 극대화시키지 않는다면, 생존할 수 없다는 절박한 현실인식이 이 자아통치의 새로운 시스템 속에 숨어 있다. 이런 점에서 스노보크라시는 대중을 스놉으로 구성한다. 양자의 결합 손에서 등장하는 스노보크라시는 그리하여 스놉의 통치이자, 스놉들의 대중독재이다. 스노보크라시는 스놉에 의한 스놉의 통치이며, 속물적 초자아에 의한 속물적 자아의 관리와 통제이다.[2]

한국 사회가 87년 체제에서 97년 체제로 전환되는 과정에서 진정성 에토스가 해체되고 포스트-진정성의 에토스가 새로이 등장했다면 이 새로운 시대의 세계상을 구성하는 중요한 축이 바로 스놉이라는 주체의 형식이다. 스놉이 더이상 멸시받지 않고 도리어 사회의 선망을 획득함으로써 존재론적 정당성을 확보하게 되는 사회의 이름이 스노보크라시이지만, 이에 대한 세인(世人)들의 감정은 양가적이다. 그들은 자신들의 속물적 욕망에 시대의 면죄부가 부여되었다는 점에서 해방감을 느끼는 동시에 모두가 속물적인 욕망을 분출하는 파렴치의 만연에 대하여 도덕적 불안감을 느낀다. 스노보크라시의 시대는 이 양가성 위에 건축되어 있으며, 새롭게 열리는 스놉의 시대는 민(民)의 소망인 동시에 악몽이라 할 수 있다. 민은 자신 또한 스놉이 되어 세속적 성공의 풍요를 누리기를 욕망하지만, 그 욕망은 자발적인 것이라기보다는 오히려 생존을 위하여 자신들의 근본적인 도덕감정과 싸워가면서 강박적으로 획득된 것이라 보는 편이 더 사실에 부합할 것이다. 민중의 스노비즘은 처절하다. 이 처절함은, 스놉이 되지 않으면 '서바이벌' 할 수 없기 때문에 스놉이 되어야 한다는, 그들의 절박한 현실 인식에서 비롯된다. 스노비즘은 거대서사가 조락하고 이제 삶의 방식을 지휘하는 의미 있는 이야기가 부재하는 듯이 보이는 당대 한국 사회에서 거의 유일하게, 매력적인 동기를 부여하고, 특정한 효과를 발휘하고 또한 주체의 형식을 주조하는 '최후의 이데올로기'로 기능하고 있다. 이런 점에서 스노비즘의 판타지는 비판적으로 응시되어야 한다. 그 응시의 한 가능한 지점을 우리는 '윤리'라 부른다. 요컨대 스노비즘의 반대편에 존재할 수 있는 하나의 대안적인 가능성으로 우리는 윤리적 삶을 생각해볼 수 있다. 그러나 윤리적 삶을 절대 준거로 하여 스노비즘을 비판하고자 하는 경솔한 충동은 경계되어야 한다. 그것은 불가능할 뿐아니라 그 자체가 또다른 스노비즘, 즉 역(逆)-스노비즘을 만들어낼 수 있다(Epstein, 2002: 10-11). 스노비즘이 현실태라면 윤리적 삶은 언제나, 영원히, 가능태로 머문다. 가능태에 비추어 현실태를 비판하는 것은 어리석은 일이다. 비판은 내재적이어야 한다. 윤리적 삶은 하나의 소실점이다. 도달되지 않는다. 스노비즘을 보는 눈이 '육안'이라면 윤리적 삶을 보는 것은 '망원경'을 통해서이다. 이 두 상이한 시계(視界)의 콘트라스트 속에서 우리는 최소한 스노비즘에 대한 생경함과 낯선 거리를 취할 수 있을 뿐이다. 비판은 그렇게 시작되었으면 한다.

II. 고전적 스놉의 초상

스놉은 근대의 산물이다(장은주, 2008: 17-22). 위계적 신분질서가 파괴되고 자유경쟁과 평등의 원리로 재구성되는 시민사회에서, 인정투쟁을 왜곡된 방식으로 이해하고 이를 실천하는 존재가 바로 스놉이다. 주지하듯이 근대 시민사회는, 자기의식의 주체인 '내'가 또다른 자기의식의 주체인 '타자'와 대면하고 그로부터 '인정'을 받음으로써만 진정한 '나'를 확립할 수 있는 그런 공간이다. 자기의식의 주체들이 벌이는 이 인정투쟁에서 승리하는 자는 주인이 되고 패배한 자가 노예가 된다고 헤겔은 말한다. 스놉은 이런 인정투쟁에서 승리하고자 자신의 모든 것을 건다. 그는 과시하고, 위장하고, 구애하고, 기만한다. 진정한 스놉은 상승의 노동을 결코 쉬지 않는다. 그는 표리부동한 야심가이며 뛰어난 전술가이다. 그러나 이런 과정에서 스놉은 인정투쟁의 최종적 목표인 '자기의식의 완성' 혹은 '자기의식의 자립'을 망각한다.

스놉은 인정을 열망하다가 인정의 목적을 잊는다. 이것이 스놉의 아이러니이다. 그는 '주체'가 없다. 자신이 갖고 있는 자원과 자신 그 자체를 혼동한다. 그리고 이와 동일한 방식으로 타인들을 평가하고 파악한다. 스놉은 타인을 타인 그 자체로 보지 못하고 그가 가진 지위나 돈 혹은 문화적 자본으로 그를 판단한다(Boton, 2004: 29). 이런 맥락에서 스놉은 언제나 실패자이다. 아무도 그를 존경하지 않으며, 아무도 그를 사랑하지 않는다. 인정하지도 않는다. 스놉의 행태가 가증스럽다거나 경멸스럽다 할지라도 우리가 그의 모습을 응시하면서 결국에는 모종의 안쓰러움에 사로잡히는 까닭이 바로 그 때문이다. 스놉은 허약한 실존이며, 인간적 약자이다. 가족 로망스의 언어로 말하자면, 스놉의 자리는 차남이나 차녀의 자리이다. 게임의 장(場)에서 패를 적게 갖고 시작한 자들이 스놉이 되는 경우가 많다. 그가 강자가 되기 위해서는 자신을 사로잡고 있는 '인정에의 맹목적 욕망'을 스스로 청산해야 한다. 그것이 이루어지기 전까지 스놉은 '주체'가 아니라 욕망의 '자동기계'로 남는다.

스노비즘이 비판적 사유의 진지한 대결대상이 될 수 없었던 이유가 여기에 있다. 그것은 세계관이라 하기에는 너무 산만하고 파편적이며, 이념이라 하기에는 지나치게 투명하고 보잘것없는 것이었다. 그것은 하나의 에토스지만, 도덕적 정당성을 내적으로 확보하지 못했기 때문에 은폐되고 부인되어온 비루한 에토스였다. 스놉 혹은 스노비즘은 사상의 적수가 아니었으며, 예술 중에서 특히 '희극'의 형식이 스놉에 대한 담론을 독점하였다.[3] 날카로운 모럴리스트들은 스놉을 풍자했으며 몰리에르적인 코미디의 B급 악역의 자리에서 우리는 늘 위선자, 허영꾼, 야심자, 졸부 즉 스놉의 변형태들을 발견한다. 그리하여 그의 얼굴은 사실주의적 초상이 아닌 풍자화(caricature)풍의 이미지로 우리에게 각인되어 있다. 타인에 대한 모방으로 정형화된 행위양식, 개성을 결여한 저속한 취향, 오직 세속적인 목적을 달성하기 위한 빤히 보이는 계산으로 가득 차 있는 편협한 정신, 시기심에 눈 끝이 가늘게 떨리며 허세의 가면 뒤에 불안한 내심을 숨기고 있는 짐짓 태연한 안색, 그 안색 뒤에 숨기고 있는 음란성과 황당한 야심—이것이 바로 프루스트로부터 우디 앨런까지, 새커리(William M. Thackeray)로부터 피츠제럴드까지, 베블런의 『유한계급론』에서 패커드(Vance Packard)의 『지위추구자들』까지 그리고 매슈 아널드의 『교양과 무질서』에서 알랭 드 보통의 『불안』에 이르기까지, 속물성에 대한 다양한 고전적 담론의 풍경 속에서 등장하는 스놉의 전형적 인상이다. 그는 악(evil)의 화신이라기보다는 악덕(vice)의 소유자이며, 그가 결여하고 있는 것은 선(good)이 아니라 덕성(virtue)일 뿐이었다. 악덕의 더께 아래 숨어 있는 그의 선한 본성을 일깨우는 것, 이것이 시민사회가 스놉이라는 열등한 존재에 대한 처방했던 치유법이었다.

III. 욕망의 삼각형

스노비즘에 대한 사유의 무관심 혹은 방관을 고려한다면, 이에 대한 가장 탁월한 통찰이 철학이나 사회과학이 아닌 문학평론의 영역에서 나온 것은 그리하여 놀랄 만한 일은 아니다. 프랑스의 문학평론가 지라르(René Girard)는 1961년에 출판된 『낭만적 거짓과 소설적 진실』에서 스노비즘의 정신역동에 대한 가장 탁월한 분석 중의 하나를 제출한다. 우선 저자는 이 책에서 헤겔의 욕망 개념을 도식화하여 근대 유럽의 대표적 결작 소설들의 의미구조를 분석하는 도구를 창안한다. 그것이 그 유명한 '욕망의 삼각형'이다. 헤겔을 원용하면서 지라르는 욕망(désir)과 욕구(besoin)를 구분한다. 욕구의 주체는 대상과 직접적인 관계를 갖는다. 가령, '나'는 갈증 속에서 '물'을 매개 없이 욕구한다. 물을 마시면 내 욕구는 바로 충족된다. 그러나 욕망은 이런 ⟨주체→대상⟩의 구조가 아니라 ⟨주체→매개자→대상⟩의 삼각형적 구조를 갖는다. 이에 의하면, '나'는 언제나 '매개자'가 욕망하는 것을 '욕망'한다. 내 욕망은 그리하여 욕망의 대상과 직접 관계하지 못하고, 언제나 매개자의 중계를 통해서만 대상과 접촉한다. 지라르가 보기에, 세르반테스, 스탕달, 플로베르, 프루스트 그리고 도스토옙스키의 소설들의 공통점은, 그 주인공들이 모두 이 욕망의 삼각형에 포박되어 있다는 사실이다. 이상적인 기사도를 종신 추구했던 돈키호테는 사실, 자신이 이미 읽었던 무수한 모험소설에 등장하는 전설적인 기사 아마디스를 모방하고 있었다. ⟨돈키호테→아마디스→진정한 기사도⟩의 도식이 여기에서 그려진다. 또한 파리의 사교계를 열망한 마담 보바리 또한 알고 보면, 유년기에 읽었던 삼류소설에 등장하는 여주인공들의 삶을 모방하고 있었다. 마담 보바리 역시 ⟨보바리→소설의 여주인공들→파리의 사교계⟩라는 욕망의 삼각형에 포섭되어 있다(Girard, 1961: 39-101).

단순하지만 설득력 있는 이 도식을 통하여 지라르는 서구 근대의 간판 소설들에 숨어 있는 공통의 의미구조인 '소외된 정신의 자기회복'의 과정을 포착한다. 돈키호테라는 망상가, 쥘리앵 소렐이라는 야심가, 마담 보바리라는 허영심의 주체, 그리고 프루스트가 묘사하고 있는 스놉들, 도스토옙스키의 격정적인 이데올로그들—이 소설의 주인공들이 바로 타자의 욕망을 욕망하면서 그 사실을 알지 못하고 환상에 사로잡혀 있는 자들이다. 이를 지라르는 일종의 광기로 파악한다. 그런데 이들의 광기는 행위의 과격함이나 사유의 기괴함에 있는 것이 아니라 자신들의 욕망구조에 대한 무지에 뿌리내리고 있다는 사실이 중요한 것이다. 이들은 '자신이 무엇을 원하는지 모르는 자들'이다. 그런데 이런 광기의 종식을 가능케 하는 공통된 소설적 장치가 있으니 그것이 주인공의 죽음이다. 죽음의 순간, 주인공들은 자신의 삶 전체가 기만이자 허상이었다는 사실을 깨닫고 욕망의 삼각형을 처음이자 마지막으로 이탈한다. 이 깨달음의 순간을 지라르는 회심(conversion)이라 부른다. 죽음인 동시에 구원인 이 회심을 통해서 주인공은, 헤겔이 "목숨을 건 싸움"이라 부른 인정투쟁의 공간을 비로소 벗어난다 (Hegel, 1807a : 224-6; Girard, 1961 : 381-3). 죽음은 구원이고, 회심이자, 각성이자, 회상이다. 주인공들은 자기 자신이 된다. 그리고 시민사회에서 퇴장한다.

지라르의 이런 분석 속에서 우리는 스놉에 대한 새로운 인상학을 발견한다. 스놉의 본질은 그 외적 태도의 천박성이 아니라 그가 종속되어 있는 욕망의 메커니즘에서 찾아져야 한다는 것. 그는 과도하게 타자의 욕망을 욕망하는데, 자신이 무엇을 욕망하는지 알지 못한다는 것. 그것을 알지 못하는 한에서 그의 욕망은 삼각형 속에 전적으로 갇혀 있으며, 삼각형의 욕망이 부과하는 쾌락과 고통에 자신의 실존을 방기하고 있다는 것이다. 그는 스스로의 욕망에 들린 자이다. 스노비즘은 단순한 어리석음이 아니라 일종의 광기이다. 그것은 '정상적인 광기' 즉 극도의 정상성과 범용함 그리고 평범함의 융합 속에 은닉되어 있는 잠재적 광기, 19세기 근대 시민사회가 감추고 싶어했던 그런 광기이다. 광기로서의 스노비즘은 이제 단순히 희극적이지만은 않다. 그것은 매우 공포스러운 것으로 돌변한다. 이를 가장 적나라하게 보여주는 것이 가령 카프카의 소설이다.

그의 소설들은 더이상 19세기의 소설들처럼 스놉의 외부, 광기의 외부, 무지의 외부로 회심하여 초월할 수 있는 가능성을 암시하지 않는다. 성(城)과 법원과 은행에서 근무하는 하급관료들, 법관들 그리고 클론처럼 늘 두 명이 함께 다니는 권력의 하수인들, 기계나 곤충 그리고 동물로 우의(寓意)되는, 사유의 기능이 마비된 것처럼 보이는 존재들—카프카 소설에 자주 등장하는 이 익명의 형상들은 모두가 스놉의 가장 중요한 특징인 평범하고 진부한 성격(banality)을 공유하고 있다. 아무런 독창성도 개성도 없이 오직 자신에게 주어진 직능에 대한 충실성만을 갖고 있는 스놉들이 거리와 사무실을 모두 채우고 있는 공포스런 상황이 바로 카프카적 세계이다. 스놉 고유의 희극성이 이들에게는 부조리의 수준까지 실현되어 있다. 우리가 웃기 전에, 카프카의 인물들은, 자신들이 먼저 손뼉을 치며 웃는다. 그들의 웃음에는 '정상성의 과도함'이 유발하는 공포가 녹아 있다. 카프카의 소설을 통해, 스노비즘은 그로테스크와 창조적으로 결합한다. 고전적 스놉에게 부여되었던 희극적인 인상은 이로 인해 충격적으로 파괴되고, 스놉은 악마성과 결부되어 새로운 형상으로 등장하게 된다. 스피노자에 의하면, 악마는 모든 피조물들 중에서 가장 약하고 신으로부터 가장 멀리 떨어진 존재이며, 바로 그러한 무능력한 존재로서 우리의 도움과 기도를 필요로 하는 존재이다. 스피노자가 말하는 이런 '약한 악마성'이 구현된 세계가 바로 카프카의 소설세계이다(Agamben, 1990: 37). 악마는 무서운 힘을 갖고 인간을 파괴시키는 괴물이 아니라 지극히 평범하고 일상적이고 진부한 '스놉'이라는 형상 속에 구현되는 것이다. 카프카의 악마 즉 스놉은 욕망의 발신자 즉 유혹자가 아니라 욕망의 수신자 즉 유혹에 걸려드는 자이다. 조직의 명령과 타자의 시선 그리고 평판에 두려워 떠는 자이다. 모두가 스놉인 세상에 던져졌을 때, 스노비즘의 외부가 더이상 존재하지 않을 때 죽음 또한 각성의 모멘트를 주지 못한다.

그것은 '개처럼' 죽는, 『소송』에 등장하는 K의 처참한 종생(終生)이거나 아니면 죽음의 순간에도 어떤 회심이나 깨어남과도 무관한, 스노비즘의 스펙터클을 보여준 저 예루살렘의 아이히만의 '상투적인 죽음'일 뿐이다.

IV. 악의 속물성

나치 전범 아이히만(Otto Adolf Eichman)은, 1960년 5월 11일 저녁 부에노스아이레스 교외에서 체포되어 9일 후 이스라엘로 압송된다. 1961년 4월 11일에 예루살렘 지방 법원으로 재판받기 위해서 이송된 뒤, 그는 15가지 죄목으로 기소된다. 『뉴요커』는 아렌트에게 이 재판을 취재할 것을 요청하였고, 이를 수락한 아렌트의 결과보고서가 바로 『예루살렘의 아이히만』이다. 책의 결말에서 아렌트는, 1962년 5월 31일 자정이 되기 직전에 거행된 아이히만의 사형장면을 다음과 같이 묘사하고 있다.

아돌프 아이히만은 아주 근엄한 태도로 교수대로 걸어갔다. 그는 붉은 포도주 한 병을 요구했고 그 절반을 마셨다. 그는 그에게 성서를 읽어주겠다고 제안한 개신교 목사 윌리엄 헐 목사의 도움을 거절했다. 그는 두 시간밖에 더 살 수 없기 때문에 '낭비할 시간'이 없다고 했다. (……) 그는 자신을 완전히 통제하고 있었다. 아니 그 이상이었다. 그는 완전한 자신의 모습을 하고 있었다. 그의 마지막 말로 남긴 기괴한 어리석음보다도 이 점을 더 분명히 증명할 수 있는 것은 없을 것이다. 그는 자신이 신을 믿는 자라고 분명히 진술하면서 자기는 기독교인이 아니며 죽음 이후의 삶을 믿지 않는다는 점을 일반적인 나치스 식으로 표현하기 시작했다. 그러고는 그는 "잠시 후면, 여러분, 우리는 모두 다시 만날 것입니다. 이것이 모든 사람의 운명입니다. 독일 만세, 아르헨티나 만세, 오스트리아 만세. 나는 이들을 잊지 않을 것입니다"고 말했다. 죽음을 앞두고 그는 장례 연설에서 사용되는 상투어를 생각해냈다. (……) 이는 마치 이 마지막 순간에 그가 인간의 연약함 속에서 이루어진 이 오랜 과정이 우리에게 가르쳐준 교훈을 요약하고 있는 듯했다. 두려운 교훈, 즉 말과 사고를 허용하지 않는 악의 평범성(banality of evil)을. (Arendt, 1965: 349)

이 장면에서 가장 인상적인 것은 아이히만의 평정과 자기 통제력이다. 아이히만은 죽음을 불과 두 시간여 앞두고서, 보기 드문 강인함과 침착함을 보여주고 있다. 외면적으로만 평가하자면, 그는 이미 생사를 초월한 마음의 초연함을 획득한 사람처럼 행동하는 데 성공하고 있다. 시계로 계산할 수 없는, 죽음 이전의 압축된 시간을 냉정하게 헤아리면서 '낭비할 시간'이 없다고 말하는 저 아이히만에게서 아렌트는 당혹감을 넘어선 공포를 느꼈을 법하다. 사실 사형수가 특정 신념을 가지고 죽음의 공포에 굴복되지 않은 채로 호소력 있는 진실을 발화할 때, 그 언어는 법정과 형 집행의 과정 전체의 정당성을 뒤흔드는 파괴력을 갖는다. 한 마디의 유머, 한 마디의 절규 혹은 한 마디의 냉철하고 벼락 같은 비판이 그것이다. 그러나 아이히만의 유언은, 장례 연설에서 사용되는 상투어구(cliché)였다. 요사이 우리에게 친숙한 말로 하자면, 그것은 일종의 광고카피나 개그맨의 유행어 혹은 공익 캠페인의 표어와 비교할 수 있으리라. 그는 죽음의 순간에 나치의 언어, 세인(世人)의 언어, 타자의 언어, 당(黨)의 언어를 빌려온다. 회심은 일어나지 않았고 그는 여전히 타자의 욕망을 욕망하고 있다. 즉 나치의 욕망인 결연한 태도, 죽음 앞의 엄숙을 욕망하고 그것을 실현한다. 아렌트가 진정으로 경악한 것은 바로 이 순간이다. 아이히만은 '주체'도 '코기토'도 '자아'도 아닌 하나의 '자동인형'처럼 행동하고 말하고 있다. 그가 보여준 의연함과 초연함 역시 그렇다면 죽음의 공포를 극복한 진정한 초탈에서 비롯된 것이 아니라, 일종의 마비이자 속물적 과시행위에 불과했던 것이다.

코제브가 분석했듯이, 포스트 히스토리의 대표적 주체형식 중의 하나인 스놉은, 현실에는 이미 존재하지 않는 부정의 계기들을 형식화하여 '가상적으로 세계와 불화'하는 자이다(Kojève, 1947/1968: 437). 코제브가 예를 들고 있는 것은 할복자이다. 그는 이제 더이상 존재하지 않는 무사도 정신에 대한 '형식적' 추종을 극단으로 밀고 감으로써 텅 빈 형식을 스스로의 목숨으로 채운다. 이미 죽은 '고전적' 문학 혹은 예술의 제스처만을 물신화하여 이를 과시하고 자원화하는 과정을 통해서 문학과 예술의 진정성을 보유하고 있다고 스스로 착각하는 자는 스놉이다. 스스로 이미 속물적인 삶에 깊이 뿌리내리고 있으면서 80년대적 진정성을 규범화하여 이를 통해 새로운 세대의 삶을 부정함으로써 스스로의 속물적 삶을 은폐하는 자들 또한 스놉이다. 이런 스놉은 대타자의 죽음을 부정하면서 상징계에 고착되어 있다. 자신이 단한 번도 대타자에게 존재 전체를 바친 적이 없기 때문에 자신 있게 그것을 청산하지 못한 자들은 대타자를 일종의 유령 상태로 생존시키고, 그 유령의 시선 앞에서 교태를 부리고 인정을 받아 스스로의 존재 의미를 확보하고자 한다. 그는, 이미 사라져 현실에 존재하지 않음에도 불구하고, 상징계의 원칙과 법칙을 물화하고 물신화하여 그것에 대한 형식적 숭배를 지속하는 것이다.

아렌트는 발견한다. 전쟁, 학살, 감금, 절멸, 박해, 나치스가 행한 이 모든 절대적인 악의 근원에는 괴물성이나 마성이 있었던 것이 아니었다. 악의 근원에는 아이히만이 보여주고 있는 저 사유의 범용(凡庸),

지독한 평범함과 진부함, 나치라는 대타자의 언어와 법에 대한 고착에 다름 아닌 '파시스트적' 스노비즘이 있었던 것이다. 악은 평범하다. 악은 악에 대한 의지나 열정이 아니라, 죽음의 순간에도 자신의 의식으로 사유할 수 있는 능력의 결여, 즉 아렌트가 '순전한 무사유(sheer thoughtlessness)'라 명명하게 되는, 그런 능력의 결여에 깃들어 있었던 것이다(Arendt, 1965: 106, 391). 아이히만은 최후의 순간까지 나치라는 대타자의 선한 종이었다. 하여, 상부의 명령을 받고 예수를 채찍으로 치는 로마의 병정처럼, 지라르가 분석한 스놉들처럼, 자신이 무엇을 하고 있는지 알지 못했다. "아이히만은 이아고도 맥베스도 아니었고, 또한 리처드 3세처럼 '악인임을 입증하기로' 결심하는 것은 그의 마음과는 전혀 동떨어져 있는 일이었다. 자신의 개인적인 발전을 도모하는 데 각별히 근면한 것을 제외하고는 그는 어떠한 동기도 갖고 있지 않았다. 그리고 이러한 근면성 자체는 결코 범죄적인 것이 아니다. 그는 상관을 죽여 그의 자리를 차지하려고 살인을 범하려 하지는 않았을 것이다. (……) 그는 자기가 무엇을 하고 있는지 결코 깨닫지 못한 것이다"(Arendt, 1965: 391).

흥미로운 것은 나치의 캠프가 두 가지 무사유성을 낳았다는 사실이다. 그 하나가 우리가 살핀 아이히만의 경우라면, 다른 무사유성은 캠프에 수용된 유대인들 중에서 '무슬림(Muselmänner)'이라 불리는 자들에게서 발견되는 사유불능이었다.[4] 무슬림은 캠프에 감금된 유대인들 중에서 그 환경에 나름의 방식으로 적응하고 생존을 위해서 분투하던 사람들과는 달리, 힘없고 무능력하고 삶의 희망과 의지를 상실한 또 한 부류의 사람들을 가리킨다(Agamben, 1998: 43-93). 아우슈비츠 생존 작가인 레비(Primo Levy)는 이 무슬림을 다음과 같이 묘사한다. "그들은 끊임없이 교체되면서도 늘 똑같은, 침묵 속에 행진하고 힘들게 노동하는 익명의 군중, 비인간들이다. 신성한 불꽃은 이미 그들의 내부에서 꺼져버렸고 안이 텅 비어서 진실로 고통스러워할 수도 없다. 그들을 살아 있다고 부르기가 망설여진다. 죽음을 이해하기에는 너무 지쳐 있기 때문에 죽음을 두려워하지 않는 그들 앞에서, 그들의 죽음을 죽음이라고 부르기조차 망설여진다. 얼굴 없는 그들의 존재가 내 기억 속을 가득 채우고 있다. 우리 시대의 모든 악을 하나의 이미지로 형상화할 수 있다면, 나는 내게 친근한 이 이미지를 고를 것이다. 고개를 숙이고 어깨를 구부정하게 구부린, 뼈만 앙상한 한 남자의 이미지이다. 그의 얼굴과 눈에서는 생각의 흔적을 찾을 수 없다"(Levy, 1958: 136). "생각의 흔적"을 찾을 수 없는 무슬림과 "순전한 무사유성"에 빠진 아이히만은 동일한 절멸캠프에 함께 있었던 두 종류의 결손 인간이다. 그 하나는 나치라는 대타자의 법에 완전히 종속된 '스놉'이었다면, 다른 하나는 나치에 의해 생산된 '살아 있는 시체'였다. 아렌트가 아이히만에게서 악의 이미지를 보았다면, 프리모 레비 역시 무슬림에게서 악의 이미지를 보았다. 양자는 모두 19세기와는 다른 20세기의 새로운 악의 형식을 선명하게 보여준다. 악은 평범하고 속물적이며, 이제 사유의 불능과의 깊은 연관 속에서 스스로를 드러내는 것이다.[5]

V. 도구적 성찰성

그러나 우리는 이 두 유형의 무사유성을 명확하게 구별해야 한다. 무슬림의 무사유성은 사유를 포함하고 있는 생명 그 자체의 절대적 사보타주에서 비롯된 것이다. 무슬림은 '서바이벌 게임'의 자발적 낙오자이다. 그는 생물학적 죽음보다도 먼저 생산된 상징적 죽음 그 자체 즉 하나의 시체이다. 무슬림의 대척에서 우리는 좀비를 발견한다. 좀비는 '죽었으나 살아 있는 육신'이다. 좀비의 알레고리적 지시물은, 로

메로(George A. Romero)의 영화에서 흔히 볼 수 있듯이, 대량소비사회의 무뇌적(無腦的) 소비대중, 고도관리사회의 '일차원적' 욕망의 대중들이다. 무슬림은 반대로 '살아 있지만 죽은 영혼'이다. 호모 사케르(Homo Sacer) 중에서도 가장 적나라하게 파괴된 존재에 다름 아닌 이 무슬림의 형상이 불길한 것은, 그것이 바로 우리 시대의 수많은, 사회적으로 배제된 자들, 정확하게 말하면, 배제됨으로써만 사회에 통합될 수 있는 그런 예외적 존재들을 상기시키기 때문이다. 그들은 저항의 의지도 삶의 의지도 심지어 절망의 의지도 없다. 그리하여 당연히 사유의 능력도 갖고 있지 못하다(Agamben, 1995b: 81 이하). 무슬림은 신자유주의적 가치가 지배하는 사회가 생산하는 폐인들의 선조이다.

　그러나 아이히만의 무사유성은 이와는 다르다. 아렌트의 텍스트에서 보았듯이, 아이히만은 죽음을 앞두고도 놀라운 집중력으로 자신을 통제하고 있다. 그는 성찰성(reflexivity)을 갖고 있다. 성찰성이란 무엇인가? 그것은 자신의 신체, 정념, 욕망에 대한 지속적 '모니터링'을 수행할 수 있는 인식과 실천의 능력이다(Giddens, 1984: 46). 성찰적인 주체(I)는 스스로를 마치 타인처럼 하나의 대상(me)으로 변환시켜 객관적이고 무사심한 판단의 거리 속에서 자신을 바라보고 통제하고 관리하고 계발할 수 있는 권능을 갖고 있다. 이런 의미에서 성찰성은 '자기의 테크닉' 전반과 연관된다. 아이히만이 보여주는 무사유성의 특이함은, 그것이 사유능력의 전면적 폐기가 아니라, 고도의 성찰적 능력 즉 자기 통제, 자기 연출의 능력과 결합되어 있다는 점에 기인한다. 그렇다면 문제는 어디에 있는가? 문제는 그의 성찰이 성찰의 목표 그 자체에 대해서는 성찰하고 있지 않다는 점, 즉 그의 성찰성이 특정 지점에서 정지해 있다는 사실에 있다. 그는 왜 그가 스스로를 통제하고, 관리하고, 양육하고, 계발하는가는 결코 질문하지 않는다. 그는 충실하고 능력 있는 명령의 수행자로서 자신을 잘 관리하고 있지만 성찰(관리, 통제, 계발)의 궁극적인 목적 그 자체는 성찰하지 않는다. 그 목적의 정당성을 침묵 속에서 독점하고 있는 것이 나치라는 대타자이다. 대타자는 아이히만의 초자아로 기능하면서 그의 정신적 근거를 쥐고 있는데, 그는 그 근거를 제외한 모든 부분을 스스로가 통제하고 있는 듯한 환상에 빠져 있다. 여기에서 다시 우리는 지라르가 분석한 스노비즘의 본질, 그리고 스노보크라시의 시대를 지배하는 자기계발 담론의 본질과 만난다. 즉 스놉의 문제는 이런 면에서 보면, 단순한 성찰성의 마비가 아니다. 그의 성찰성은 마비되기는커녕 오히려 극단적으로 발달되어 있다. 그는 바보가 아니라 지나치게 영악한 자이다. 그는 놀라운 명령 수행능력을 갖고 있다. 그러나 그 명령의 원천을 문제 삼지 않는다. 문제는 성찰성의 도구화, 즉 도구적 성찰성의 전횡이다. 스놉은 성찰성을 도구화한다. 요컨대 그는 성찰 그 자체를 성찰하지 않는다.

자기계발 담론이 명령하는 도구화된 성찰성은, 미학적 삶의 영역에서 키치(Kitsch)에 상응한다(서영채, 1996: 100). 아도르노에 의하면 키치의 본질은, 추(醜)와의 변증법적 관계를 상실한 허구적인 아름다움이다(Adorno, 1970: 85). 아름다움이 진정한 아름다움이 되기 위해서 요구되는 추와의 대결, 추와의 결투가 키치에 없듯이, 도구화된 성찰성은 자기 성찰, 자기 관리, 자기계발의 근본적 목적에 대한, 그 규정할 수 없고 해답이 존재하지 않는 근원적 질문에 대한 모색을 결여하고 있다. 성공에 대한 강한 속물적 열망은 성공 그 자체를 하나의 키치로 만들어버린다. "존재에 대한 정언적 동의의 미학"으로 키치를 정의하는 쿤데라는 그리하여 이렇게 쓴다. "전적인 키치의 제국에서는 대답은 처음부터 주어져 있다. 그래서 그것은 모든 질문을 배제하고 있다. 여기에서 우리는 전적인 키치의 본래적인 적은 질문하는 사람이라는 것을 추론할 수 있다"(Kundera, 1984: 311) 키치 미학이 질문을 거부하듯이, 도구적 성찰성은 성찰의 목적에 대한 성찰을 거부한다. 그러나 이 목적에 대한 성찰, 성찰에 대한 성찰이 시작되는 순간, 성찰성의 도구적 성격은 내파하고, 거대한 의문의 영역, 부정의 영역, 어둠의 영역, 모호함의 영역, 끝없는 모색의, 탐구의 가능성이 열린다. 그 가능성의 이름이 바로 윤리이다. 윤리란 무엇인가?

VI. 윤리적 삶

『성의 역사』 제2권에서 푸코는 모럴과 윤리를 구별한다. 그에 의하면, 모럴은 "가족, 교육기관, 교회 등과 같은 다양한 규제체제를 통해 개인이나 그룹들에 저시되는 행동규칙과 가치들의 총체"이다. 그것은 외부에서 주어지는 공동체의 준칙들, 즉 명령들이다. 그러나 윤리란 그런 규범에 대한 자신 고유의 판단과 성찰과 행위 양식을 의미한다 (Foucault, 1984b: 41-6; 柄谷行人, 2000: 8-9). 모럴은 공동체의 상징계 즉 법이다. 모럴의 목적은 특정한 선험적 원칙에 기초하여 "대타자를, 상징적 체계를, 사회적 구성물의 장을 조화롭고 통합된 전체로 복원하는 것"이라 할 수 있다(Stavrakakis, 1999: 314). 모럴의 목적은 선악을 판단하는 기준을 확립하는 것이다. 그러나 윤리는 선험적으로 주어지는 이 대타자의 상징계를 의심하고 거부하는 데서 시작된다. 윤리는 타인과의 관계가 아니라 자기와 자신이 맺는 관계에서 성립된다. 자기를 규정하는 수많은 상징체계들, 정체성과 역할의 규칙들, 지식들, 영향들, 관계들 이전에 존재하는 불확정적이고 혼돈스러운 '나 자신'으로의 복귀이다. "윤리적 해결책은 자신에게로 되돌아가는 것, 자기 고유의 본질, 자기 고유의 방법, 자기 고유의 목적이 되도록 자신을 돌아보는 것이다. 이렇게 자기 자신에게 돌아간다는 것은 순수하고 진정한 본성으로 돌아가는 것이 아니라, 스스로 자신을 조직하는 불확정의 힘으로 돌아가는 것을 의미한다. 윤리적 개인은 눈을 외부로부터 돌려 자기 자신에 집중한다"(Razac, 2002: 185)[6].

이런 의미에서 윤리적 삶에 주어지는 두 가지 대표적인 명령은 '너 자신을 알라'와 '너 자신을 배려하라'이다. 자신에 대한 인식은, 상징계가 부여한 어떤 정체성으로도 환원되지 않는 나의 '실재'에 대한 인식을 촉구하는 것이며, 자신에 대한 배려는 자신이 외부의 힘에 의해서 형성될 때 발생하는 종속과 중독 그리고 의존으로부터 자유로워지라는 의미이다. 윤리의 목적은 자유이다. 자유를 위해서 윤리적 인간은, 실재와 타자와 보편으로 가는 길을 자기 자신과의 관계 속에서 발견하고자 한다. 이런 과정에서 그는 언제나 '문제적인 인물'로 나타난다. 그것은 타락한 세상에서 타락한 방식으로 구원을 추구하는 소설 주인공들의 삶이거나(루카치), 크레온의 법에 대항하여 자신의 욕망을 끝까지 추구했던 소포클레스 비극에 등장하는 안티고네의 삶이다(라캉).[7] 도구적 성찰성에 의해서 질서 잡힌 삶, 정돈되고, 계획이 세워지고, 규칙에 포섭된 삶을 윤리적 성찰은 다시 무궁한 혼돈에 빠뜨린다. 윤리의 영역에서는, 공동체의 모럴이 제공하는 확고한 해답(성공)이 의심되고 부정된다. 윤리적 성찰이 듣고 싶어하는 내면의 목소리 즉 양심은 "오직 침묵하면서 부를 뿐이다"(Heiddeger, 1927: 395).

'통(桶) 속의 철학자'이자, 대낮에 등불을 들고 '인간'을 찾아 외치던 행위예술가이자, 평생 누더기와 겉옷 한 벌과 죽장을 하나 갖고 살았던, 자유로운 윤리적 인간의 원형 디오게네스. 플라톤이 '미친 소크라테스'라 불렀을 만큼 통념과 위선 그리고 야심에 대하여 통렬한 조롱과 야유를 퍼부었던 디오게네스에게도 자신이 칭송하는 사람들이 있었다. 그들은 누구였을까? 그것은, "막 결혼을 하려다가 결혼하지 않은 사람들, 여행을 떠날 참에 떠나지 않은 사람들, 정치를 하려던 순간

정치를 하지 않은 사람들, 아이들을 기르려던 차에 아이들을 기르지 않은 사람들" 그리고 "군주들과 함께 살고자 했지만 그들에게 접근하지조차 않았던 사람들"이었다(Laërce, 1999: 710). 놀랍게도 윤리적 삶의 핵심에는 이와 같은 망설임, 주저, 행위의 중단과 같은 어떤 수동성이 자리잡고 있다. 정치를 한다는 사실 혹은 정치를 떠나 있다는 사실 그 자체는 윤리적 삶과는 무관하다. 아무리 청산의 심산유곡에서 음풍농월하여도 그의 가슴속에 권력과 명예에 대한 과잉된 욕망이 남아 있다면 그는 스놉이다. 즉 모럴의 노예이다. 윤리적 인간은 청산과 시장 사이에서, 독신과 결혼 사이에서, 여행과 정주 사이에서, 고독과 사랑 사이에서 해리(解離)된 인간이다. 그 해리를 성찰하는 인간이다. 이런 분열이, 가족, 부족, 민족, 인종 등의 정체성이 그에게 자동적으로 부여되는 것을 막는다. 역설적으로 이런 의미에서 윤리적 주체는 오직 스스로를 가장 보편적인 세계 혹은 우주에 귀속된 존재로만 이해할 수 있도록 한다. 누군가 디오게네스에게 어디 출신이냐 물었을 때, 그는 "나는 세계시민이요"라고 대답했다는 일화가 전해진다(Laërce, 1999: 733). 달리 말하면, 그는 '세계'를 제외한 어떤 집합체에도 스스로를 귀속시키기를 거부한 것이다.

이런 맥락에서 기독교를 보편종교, 즉 세계종교의 반열로 끌어올린 사도 바울의 다음과 같은 말에서 역시 디오게네스적인 윤리성을 발견하게 되는 것은 어쩌면 당연한 일이다. 그는 「고린도전서」에서 메시아의 도래와 재림 사이의 급박한 시간에 어떻게 살아야 하는지를 묻는 신도들의 질문에 대해서 다음과 같은 구체적인 삶의 방식을 제안하고 있다. "형제들아 내가 이 말을 하노니 때가 단축하여진 고로, 이후부터 아내 있는 자들은 없는 자 같이 하며, 우는 자들은 울지 않는 자 같이 하며, 기쁜 자들은 기쁘지 않은 자 같이 하며, 매매하는 자들은 없는 자 같이 하며, 세상 물건을 쓰는 자들은 다 쓰지 못하는 자 같이 하라.

이 세상의 형적은 지나감이니라. 너희가 염려 없기를 원하노라"(고린도전서, 7: 29-32). 바울의 이 명령들은 특이하다. 그는 가령 진정한 신앙을 위해서 이제 세속적 삶을 모두 떠나라거나 비유대인의 경우에 할례를 받으라고 하지 않는다. 그는 어떤 정체성을 도덕률을 부과하지 않는다. 대신, 좋은 삶의 형식으로서 그가 요구하는 것은, 현 상태의 내부에 부정성의 균열을 내라는 것이다. 결혼한 자는 결혼하지 않은 것처럼(hōs mē) 하라는 것. 바로 여기에 바울의 윤리학이 있는 것이다. 그 역시 디오게네스처럼 주체 내부의 불일치를 활성화시킨다. 만약 가족을 가진 '아버지'가 바울의 조언을 따른다면 어떻게 될까? 그는 '아버지'이되 '아버지'로 환원되지 않는 자신을 깨울 것이다. 그는 자기 자식의 '아버지'에 고착되는 것이 아니라, 가족 외부의 타자들 즉 세계와의 관계를 사유의 대상으로 삼게 될 것이다. 공동체의 모럴에 의해서 선험적으로 주어졌던 소임은 성찰적으로 괄호에 묶인다. 그리고 가족구성원으로서 부여되었던 정체성이 이처럼 균열되는 과정에서, 그것을 넘어서는 보다 공적인 주체성의 가능성이 움트게 된다 (Agamben, 2000: 37 이하).

2008년의 한국 사회가 스스로에게 다시 속삭여야 하는 것, 망각하고 있던 것, 상실했던 것, 그것이 사실은 바로 이 희박한 윤리적 가능성이다. 그것이 무엇이든, 또다른 모럴을 강조하고 계몽하고 설득하는 것은 무용할 뿐 아니라 이제는 불가능하다. 모럴은 도처에 포화상태에 있다. 스노보크라시의 시대는 모럴 부재의 시대가 아니다. 그 과잉의 시대이다. 부재하는 것은 윤리이다. 윤리 부재의 시대에 비판이란 무엇인가? 비판은 어떻게 '윤리적' 체위를 다시 획득할 수 있는가? 그것은 윤리적 삶의 가능성의 '희박함'을 긍정하면서 그 희박함에 '희박한' 희망을 겲으로써 가능하다. 거대서사의 죽음을 받아들이고 그 시체에서 사리를 주워 새로운 성좌(星座)를 만드는 것이다. 앞서 말한 주저의 몸짓들, 연약함의 징후들, 결단 직전의 흔들림들, 우유부단과 패배한 자들의 한숨들, 성공한 자들의 허무, 자기와 자기 사이의 이반(離反), 규범으로부터의 일탈, 도덕과의 투쟁, 정지한 시간 혹은 권태, 낭비와 폐허, 스놉의 얼굴에 올리는 따귀, 스스로의 얼굴에 올리는 따귀, 청춘의 시(詩)와 농성과 옛날 트로트와 감상적 구토, 자살자들과 중독자들, 룸펜, 백수, 퀴어, 오타쿠와 노마드—이 모든 부질없는 행위들과 주체들을 윤리의 공간으로 부르는 것. 불러 그들의 새로운 배치가 힘으로 전화될 수 있는 접촉, 결합, 몽타주를 실험하는 것. 그들의 침묵/수다를 미학적으로 청취하고 정치적으로 증폭시켜 발화하는 것. 스노비즘의 내부에 균열을 내는 것. 스노비즘의 비속물적 실재를 드러내도록 유도하는 것. 이것이 비판의 '윤리적' 기획일 수 있다. 하지만 이를 위해서 가장 중요한 것이 있다. 그것은, 비판의 주체 그 스스로가 무엇보다도 윤리적이어야 한다는 것. 그것이 무엇인가? 바울에게 묻는다면 아마도 이렇게 답하지 않을까? "오오, 사랑하는 나의 형제들아, 때가 단축하여진 고로 이후부터, 비판하는 자는 비판하지 않는 자처럼 하라. 이 세상의 형적은 지나감이니 너희들은 두려움 없기를 원하노라."

1) 외적으로 부과되는 계명(誡命)과 달리 주체의 몸과 마음에 새겨져 행위의 문법으로 기능하기를 요구하는 이런 명령들은 사실 계몽의 발명품이다. 칸트에 의하면 계몽이란 "과감히 알려고 하라"는 명령에 다름 아니다. 스스로 자신의 지성을 사용하라는 이 명령은 정신적 후견으로부터의 자유를 촉구한다. 그것이 교회이건, 군주이건, 선생이건, 부모이건, 그로부터 성인다운 독립성을 획득하라는 것이다. 그리하여 한마디로 말하자면 계몽은 자유에 대한 명령이다(Kant, 1784: 13-4). 그러나 이러한 계몽적 명령의 문법은, 나폴레온 힐과 데일 카네기에 의해 집대성되는 소위 근대적 '성공학'의 전형적 화용법으로 전유되면서 노골적으로 도구화된다(Cf. 정해윤, 2004: 37-44). 계몽이 발화하는 자유의 명령은 정언명령이다. 즉 자신 이외의 목적을 갖지 않는다. 그러나 성공학의 명령은 '성공'을 목적으로 하는 수단들의 확보에 대한 명령이다. 이런 차이는 '실천(praxis)'과 '생산(poiesis)'에 대한 아리스토텔레스의 구분을 상기시킨다. 그는 『니코마코스 윤리학』에서 다음과 같이 쓴다. "생산은 그 자체가 아닌 다른 어떤 목적을 가지고 있는 데 반하여 실천은 그럴 수 없기 때문이다. 좋은 실천은 그 자체가 목적이다"(Aristotle, 1984: 179). 이에 의하면 특정 목적을 위해서 무언가를 제작하는 것을 의미하는 생산과는 달리, 실천은 특정한 목적이 없다. 그것은 그냥 하는 것이며, 끝이 없는 것이며, 그 자체가 목적인 행위이다. 계몽의 명령이 실천의 명령이었다면, 성공학의 명령은 생산의 그것이다. 자기계발 담론은 이런 의미에서 (내용적으로는) 반(反)-계몽인 동시에 (형식적으로는) 반(半)-계몽이다.

2) 이명박 정권은 이명박이라는 스놉의 형상과 그의 도덕적 분신들이라 할 수 있는 관료와 내각으로 구성된 스노보크라시의 시대를 연다. 문제는 이명박 정권을 선택한 한국의 민(民) 역시 스노비즘으로부터 자유롭지 못하

다는 사실이다. 민(民)은 소위 좌파적 도덕정치를 버리고 스노보크라시를 선택했다. 정권의 수준에서 포착되는 스노보크라시는 민이 스스로의 주체성을 형성시키는 '자아의 통치성'의 수준에서 포착되는 스노보크라시에 깊이 뿌리를 내리고 있다. 이 두 차원의 스노보크라시는 2000년대 한국 사회를 지배하는 매우 강력한 이데올로기적·헤게모니적 '마음의 레짐'을 구성하고 있는 것으로 파악된다.

3) 벤야민의 용어를 빌려 말하자면, 스놉은 과오를 저지름으로써 신화적 법을 위반하고 이에 대한 치명적 처벌인 죽음을 맞이하는 비극적 '운명'의 소유자가 아니라, 일반적으로 공유될 수 있는 속성들의 집합인 '성격'의 소유자, 즉 하나의 캐릭터일 뿐이다. 비극적 운명이 개체성을 형성한다면, 성격 즉 캐릭터는 개체성을 형성하지 못하고, 희극의 대상이 된다(Benjamin, 1921a: 205-9).

4) 이처럼 '살아 있는 시체'들을 지칭하는 용어로서 '무슬림'뿐 아니라 '천치(Kretiner)', '병신(Krüppel)', '헤엄치는 사람(Schwimmer)', '낙타(Kamele)' 등의 용어들도 함께 사용된다. 그러나 무슬림이라는 용어가 가장 보편적이었는데, 그것은 아마도, 이 극도의 신체적 허약상태에 도달한 자들의 웅크리고 굽은 자세가 기도하는 무슬림처럼 보였기 때문이라는 추측이 있다. 또한 이들의 정신적 상태가 신적 의지 앞에서 체념한 이슬람교도들의 운명주의를 연상케 했다는 지적도 있다(Agamben, 1998: 46-7).

5) 1949년에 출간된 『알렙』에 실린 「독일진혼곡」에서 보르헤스는, 나치의 고문기술자이자 암살자로 체포되어 사형을 앞두고 있는 오토 디트리히 주르린데라는 가상적 인물의 고백을 그리고 있다. 이 인물은 풍부한 인문적 교양의 소유자이자 음악과 형이상학의 애호가로 등장한다. 그는 브람스와 쇼펜하우어, 셰익스피어에 심취한 청춘을 보냈고, 니체와 슈펭글러를 읽었으며, 도스토옙스키가 제기한 문제를 고민한다. 그러나 이런 풍요로운 교양은 그가 극렬한 나치 신봉자가 되는 것을 가로막지 못하고 오히려, 그의 이념을 강화시키는 질료로 활용된다. 이 인물 역시 아이히만처럼, 그 외면적인 박식과 풍부한 교양과 삶에 대한 진지한 태도와는 무관하게, 자신의 신념과 믿음에 대한 절대적인 무사유성에 노출되어 있었다. 이를 암

시하는 장면이 소설의 마지막에 다음과 같은 독백으로 등장한다. "나는 내가 누구인지를 알기 위해, 죽음을 앞두고 있는 내가 앞으로의 몇 시간 동안 어떻게 행동할 것인지 헤아려보기 위해 거울에 내 얼굴을 비춰본다. 나의 육체는 두려움을 가질 수 있다. 그러나 나는 그렇지 않다"(Borges, 1949: 126). 죽음의 순간 주인공은 스스로의 얼굴을 거울에 비춰보는 성찰적 제스처를 취하고 있다. 그러나 회심은 거기에도 없다. 그는 성찰의 몸짓을 했을 뿐 사실은 아무것도 성찰하지 않았다. 왜냐하면 진정한 성찰은 명확한 결단으로 주체를 이끌기 이전에, 망설임과 불확실성, 회의와 번민의 우회로를 먼저 제시하기 때문이다. 그런 주저의 변증법적 과정 없이 도출되는 확실성은 대부분 허구이다. 이런 의미에서, 성찰의 몸짓이 두려움 없는 '나'를 전혀 흔들지 못하고 있는 위의 고백 속에서 우리는, 아이히만의 강고한 태도 속에 숨어 있는 것과 동일한 무사유성을 발견한다.

6) 스놉은 '도덕적이지만 비윤리적인 존재'의 전형이다. 스놉은 상징계를 벗어나고자 하지 않는다. 스놉은 언제나 그 자신으로 머물며, 실재와 타자와 균열을 부인한다. 지젝은, 윤리와 모럴의 이런 구분을 그레마스의 기호학적 구획으로 연장시키고 이로부터 네 가지 유형을 추출한다. 첫째 윤리적이면서 도덕적인 성인(saint), 둘째 윤리적이지도 도덕적이지도 않은 악당(scoundrel), 셋째 윤리적이지만 비도덕적인 영웅(hero), 그리고 마지막으로 도덕적이지만 비윤리적인 초자아(superego)이다(Žižek, 1994: 138). 초자아의 자리에 우리는 '스놉'이 더 적합하다고 생각한다. 그러나 양자는 사실 일맥상통한다. 도구적 성찰성의 맥락에서 보자면, 스놉은 초자아의 명령을 있는 그대로 수행하는 자이다. 환언하면, 스놉은 사실상 초자아의 화신이라 할 수 있다.

7) 소포클레스의 비극 『안티고네』에서 오이디푸스 딸 안티고네는 오빠 폴리니케스의 시신을 매장하지 못하도록 한 크레온의 법을 거역하고 죽음을 선택한다. 이는 그녀의 여동생 이스메네의 태도와는 상반된다. 상냥하고 부드럽고 합리적인 이스메네는 크레온의 법 앞에 굴복한다. 안티고네는 '자기 자신의 고유한 욕망을 포기하지 말라'는 정신분석학적 윤리의 흥미로운 사례로 자주 거론된다(Cf. Lacan, 1986; Žižek, 1989: 114-7).

I. 위기에서 종언으로

'문학의 위기'는 90년대 이후 한국 지성계에 끊임없이 출몰하던 대
표적인 의제 중 하나였다. 신문의 칼럼, 각종 문학잡지들의 특별기획,
그리고 학술적 논의 등 광범위한 담론적 스펙트럼을 횡단하면서, 문학
의 위기에 대한 분석과 처방 혹은 분개와 낙망의 언술들이 생산되어온
바 있다. 위기의 원인에 대한 진단은 매우 다양하여, 가령 구텐베르크
은하계로 대표되는 문자문명의 소실이라는 거시 문명사적 차원의 성
찰에서부터, 영상과 디지털 테크놀로지를 기초로 한 대중문화의 압도
적 헤게모니에 대한 우려, 그리고 문학제도·문학시장·문단문화의 내
적 모순에 대한 자성적 인식을 내포하고 있었다(Kernan, 1990; 김욱
동, 1993). 위기가 감지되고 논의되는 한에서 90년대 이후 문학장(場)
은 문학적 가치와 정신의 부흥이라는 어떤 모호한 가능성을 견지하고

있었던 셈이다. 왜냐하면 위기란 그람시가 정의한 것처럼 "낡은 것은 죽어가고 있는데 새것은 태어날 수 없다는 사실", 즉 낡은 것의 소멸적인 현존과 새것의 잠정적인 부재 사이 어딘가에 뿌리를 내리고 있기 때문이다(Gramsci, 1986: 294). 그런데 만일 새것의 부재가 잠정적인 것이 아니라 결정적인 것으로 입증되거나 합의된다면, 위기는 곧바로 '종언'의 수사학에 자리를 내줄 수밖에 없다.

2000년대에 접어들어 한국 문학에 대한 담론의 공간에서 발생했던 의제의 이행 혹은 지배적 담론의 전환이 바로 '위기'로부터 '종언'으로의 이행이며 그 결정적인 계기가 된 것이 일본의 저명한 문예비평가인 가라타니 고진(이하에서 가라타니로 통일)의 저서 『근대문학의 종언』이다. 가라타니는 2000년 9월에 대산문화재단 주최로 세종문화회관에서 열린 2000년 서울국제문학포럼에 참석하여 '문학의 종언'을 주제로 한국의 언론과 인터뷰를 갖는다. 3년 후인 2003년 10월에 가라타니는 동일한 테마를 가지고 긴키(近畿) 대학의 국제인문과학연구소 부설 오사카 칼리지에서 연속강연을 한다. 그리고 그 기록을 가필하여 쓴 「근대문학의 종말」을 2004년 『문학동네』 겨울호에 게재하는데, 이 글에서 가라타니는 문학종언론의 보편적 타당성을 증빙하는 한 사례로서 한국 문학을 언급하고 있다(柄谷行人, 2004: 435-6). 같은 글이 2006년에 『근대문학의 종언』이라는 제목으로 국내에 번역·출간되어 커다란 파장을 불러온다. 이는, 90년대 이후의 '문학위기론'과는 그 진폭과 심도가 사뭇 다른 것으로서 한국의 문학장(場)에 가해진 일종의 전방위적 충격이라 할 수 있다.

가라타니의 언명과 책의 출판 이후 근대문학의 종언론은, 그에 대한 찬동의 견해이건 혹은 거부의 견해이건 비판의 입장이건 혹은 입증의 일환이건 간에, 다양한 방식으로 문학적 담론에 깊은 그늘을 드리운다. 그것은 위기 담론의 전개 속에서 유지할 수 있던 나름의 '거리'가

삭제된 매우 절박하고 긴박한, 근대문학의 운명에 대한 '문학적' 고민이라 할 수 있다.[1] 그러나 가라타니의 '근대문학 종언론'을 우리는 단순히 제도로서의 문학, 문학 장르 혹은 문단의 운명에 대한 언명으로 읽어야 하는 것일까? 그리하여 문학의 죽음에 대한 긍정이나 부정의 대답을 추궁하는, '문학적 열정'에 대한 고급 심문으로 받아들여야 하는 것일까? 물론, 문학평론가의 입장에서 그리고 문학에 대한 애정과 우려의 파토스 속에서 제출된 가라타니의 테제들은 우선적으로 '문학의 미래'에 대한 직접적인 언급임에 틀림이 없다. 그러나 '문학'이 언제나 '사회' 속에서 특수한 기능과 효과와 의미를 발휘하는 사회적 현상이라는 사실을 고려할 때, 문학의 운명이 맞이하는 변전은, 그 문학을 품고 있는 모태인 해당 사회의 구조적 변동과 긴밀하게 연결되어 있음은 자명한 것이다. 실제로, 가라타니는 문학-제도의 문제뿐 아니라, 근대문학이 뿌리내리고 있던 '사회적 토대', '집합심리' 그리고 '역사적 상황'에 대한 거시적이고 구조적인 인식을 보여주고 있다. 소멸하고 있는 것은 제도화된 실천의 양태로 이해되는 협소한 의미의 '문학'인 동시에 근대문학이 표상하고 또한 내포하고 있는 어떤 특수한 정신이기도 하며, 그런 시대가 소중한 것으로 받아들인 가치, 삶의 형식, 사회성의 형식이기도 한 것이다.

이 글은 가라타니의 테제를 '문학적' 관점에서 비판적으로 재평가하는 작업과 더불어 그 테제가 갖고 있는 '사회학적' 함의를 본격적으로 통찰하는 작업을 시도한다. 이는 문학의 죽음에 대한 규범적인 입장을 괄호에 묶고, 문학의 운명을 우리 시대의 중대한 변화를 진단할 때 반드시 고려해야 하는 일종의 '징후'로 파악하고, 이를 해독하는 작업이다. 우리는 다음과 같은 두 가지 작업을 진행한다. 첫째, 가라타니의 종언론을 구성하는 일련의 테제들을 근대문예의 종말에 대한 전통적 담론들과의 대면 속에서 새로운 방식으로 검토한다. 이는 근대문학의 종언과 기원에 대한 새로운 시각을 제공함으로써, 종언론 자체를 일정한 방식으로 해체하는 효과를 갖게 될 것이다. 이어서 우리는 근대문학을 하나의 장치(dispositif), 즉 특수한 주체를 생산하는 담론적·비담론적 메커니즘으로 파악하는 관점을 채택하여, 근대문학의 종언을 그것이 뿌리내리고 있던 진정성의 종언으로 재해석할 것이다. 우리는 어떤 점에서, 문학의 죽음이 단지 문학–제도의 소멸이나 약화가 아니라 성찰적이고 참여적인 주체를 구성하는 장치로서의 진정성이 소멸되는 사회변동의 한 징후인지를 보여주고자 한다.

II. 가라타니의 주요 테제들

가라타니의 종언론은 시나 희곡이 아닌 '소설'의 소멸에 기초하고 있다. 그런데 유의할 것은 그가 말하는 소설이 단순히 문학의 한 하위 갈래를 의미하지 않는다는 사실이다. 가령 그가 염두에 두고 있는 대표적인 '소설가'는 조이스나 프루스트나 토마스 만이나 보르헤스가 아니라 우리에게 실존주의 철학자로 잘 알려진 사르트르이다(柄谷行人, 2005: 45). 이는, 가라타니가 파악하는 근대문학의 본질이 특정 작품의 미적 가치가 아니라 그것의 사상적, 철학적, 정치적 '이념'이라는 사실을 방증한다. 주지하듯이 사르트르는 자신의 『문학이란 무엇인가?』(1948)의 3장 「누구를 위하여 쓰는가?」에서 "문학은 본질적으로 영구혁명 중에 있는 사회의 주관성"이라는 테제를 제출하고 있다(Sartre, 1948: 213; 柄谷行人, 2005: 45). 참여문학론의 본질을 응축하고 있는 이 정의에서 문학은 혁명과 사회와 주관성과 동시에 연결되어 있는 숭고한 지적 기획의 수준으로 격상되어 있다. 환언하면 문학은 단순한 글쓰기, 창작, 오락, 여흥이 아니다. 그것은 사회의 변혁을 지속적으로 수행하려는 의지이며 그런 의지의 집합적 기관이다. 혁명적 사유, 열망, 실천의 가능성들을 결집하고 있는 문학은 근본적으로 행동이며 참여이지, 순수한 미학적 유희가 아니라는 것이다. 이렇게 본다면, 가라타니의 종언론이 죽음을 선고하는 문학은 '제도'라기보다는 오히려 사회적 변혁을 빚어내는 '정신'에 가까운 것이며 그런 변화에 적극적으로 동참하는 '운동', 즉 사르트르적인 의미의 '앙가주망'과 분리할 수 없는 도덕적이고 윤리적인 가치 그 자체이다(柄谷行人, 2005: 48-9).

그렇다면 이처럼 일종의 시대정신으로서의 권위를 구가하던 문학은 어떠한 사회적 기능을 수행했던 것일까? 가라타니는 이를 다음과 같은 두 가지로 나누어 제시한다. 첫째, 근대문학(리얼리즘 소설)은 객관적 재현 장치인 원근법, 언문일치, 묵독(默讀) 등을 발전시킴으로써, 외적 세계와 내면 공간을 성찰적으로 재구성할 수 있는 '내면적' 주체를 형성시키는 역할을 수행했다(柄谷行人, 1980; 柄谷行人, 2005: 56 이하). 둘째로 근대문학은, 지적 능력과 감성적 능력을 매개하는 상상력의 힘을 적극적으로 활용하여 타자들과의 공감 능력을 훈련시킴으로써 '상상된 공동체'인 네이션(nation)의 형성에 결정적인 기여를 하게 된다(柄谷行人, 2005: 50-56).

가라타니가 말하는 문학의 죽음은 그리하여 '영구혁명 중인 사회의 주관성'인 거대 서사로서의 위상이 실추하면서, 문학이 1) 개인 주체의 윤리적 지향과 삶의 형식을 설정하는 주체형성의 기제로, 2) 더 나아가서 근대적 네이션을 형성하기 위해서 요구되는 감수성을 훈련시키는 장치로도 기능하지 못하는 시대의 도래와 긴밀하게 연관되어 있다. 가령, 소설의 고전적 독자의 이상형이라 할 수 있는 내면적이고 성찰적인 주체는, 소비사회의 심화 속에서 리스먼(David Riesman)이 『고독한 군중』에서 말하는 '타인지향형 성격' 즉, 자신의 독자적 판단, 취향, 규범, 성찰 대신에 타인들의 기준에 스스로를 순응시키는 태도로 특징지어지는 인간 유형으로 빠르게 변화한다. 이런 과정에서 문학은 더이상 주체화의 장치로 기능하지 못하고, '일차원적 인간'(마르쿠제) 혹은 '동물/속물'의 즉물적 욕구를 충족시키는 엔터테인먼트로 조락하게 된다(Riesman, 1961; Kojève, 1947/1968: 436-7; 柄谷行人, 2005: 70-3). 또한 국민-국가라는 상상된 공동체를 구성하는 시대적 임무는 이제 더이상 '소설'의 전유가 아니다. 텔레비전이나 비디오, 영화 혹은 애니메이션과 같은 영상매체가 더 효과적인 방식으로 새로운 상상의 공동체들을 구성하는 매체로 기능하고 있다. 이런 점들을 고려할 때 가라타니는 문학의 점진적 종결이 1950년대에 시작되어 2000년경에 이르러 전(全) 세계적으로 완수된 것으로 결론짓는다.

문학이 죽었다면 사회변혁의 의지와 열정 또한 죽은 것인가? 가라타니의 대답은 부정적이다. 죽은 것은 문학일 뿐이다. 문학의 외부에서 새로운 사회를 향한 운동과 실천은 지속될 수 있다. 그렇다면, 남은 일은 엔터테인먼트로 전락한 근대문학=소설에게 더이상 희망을 품지 않고 그 영역을 단호히 떠나는 일이다. 그는 이렇게 쓴다. "마지막으로 말하지만, 오늘날의 상황에서 문학(소설)이 일찍이 가졌던 것과 같은 역할을 다하는 일은 있을 수 없다고 생각합니다. 다만 근대문학이 끝났다고 해도 우리를 움직이고 있는 자본주의와 국가의 운동은 끝난 것이 아닙니다. 그것은 모든 인간적 환경을 파괴하더라도 계속될 것입니다. 우리는 그 한복판에서 대항해갈 필요가 있습니다. 그러나 그 점에 관해 나는 더이상 문학에 아무것도 기대하고 있지 않습니다"(柄谷行人, 2005: 86). 문학으로부터의 희망을 철회한 가라타니는 실제로, 자신이 인용하고 있는 『녹색평론』의 김종철이나 인도의 아룬다티 로이(Arundhati Roy)처럼 문학의 외부에서 현실을 비평하고 움직이는 운동인 신연합주의운동(New Associationist Movement)에 투신한다(柄

谷行人, 2001: 23; 柄谷行人 외, 2002).

III. 근대문학의 부정성

　가라타니의 종언론이 한국의 문단에 가져온 충격에도 불구하고 우리는 사실 수많은 종언론들이 이미 근대적 문학·예술의 공간을 다양한 방식으로 가로지르고 있다는 사실에 주목해야 한다. 말하자면, 가라타니의 종언론은 근대적 문학·예술의 묵시론적 전사(前史)에 대한 고고학적 관점에 입각하여 새롭게 접근되어야 한다. 이런 관점의 결여는 가라타니의 종언론에 대한 규범적이고 명분론적인 찬반의 소모적 논증을 유도하기 때문이다. 서구의 근대화가 전개되는 과정에서 문학과 예술의 존재·기능·역할을 재규정하는 구조적 변동이 진행되었으며, 일련의 종언론은 문학·예술의 사회적 배치가 달라지는 객관적 변화에 대한 담론적 대응이었다고 볼 수 있다. 이런 맥락에서 우리는 헤겔의 예술종언론과 보들레르의 모더니티에 대한 정의 그리고 더 나아가서 가라타니의 종언론이 언급하지 않고 있는, 그러나 근대문학의 중요한 이념을 사르트르와 동시대적으로 전개했던 블랑쇼의 근대문학론을 차례로 살펴봄으로써 근대문학이 어떤 의미에서 그리고 어떤 방식으로 이미 자신의 죽음을 주요한 테마로 사유하고 있었는지를 보여주고자 한다.

1. 헤겔과 보들레르

　『미학강의』서문에서 헤겔은, 종교·철학과 함께 '절대정신'을 실현하는 한 계기였던 예술이 19세기 초반에 이르면 더이상 "진리를 현존재로 드러내 주는 최고의 방식"으로 군림하지 못한다는 진단을 제기한다. 예술의 숭고함과 성스러움이 여전히 우리를 감동시킬지는 모르지만 그렇다고 해서 과거처럼 예술작품 앞에서 우리가 무릎을 꿇고 그것을 경배하는 일은 이제 불가능하다는 것이다(Hegel, 1835-42a: 160-1). 헤겔의 이런 진단은 "사상과 반성이 예술을 능가"하며, 주관적 내면성이 모든 것을 지배하는 낭만주의 시대를 그 역사적 배경으로 하고 있다. 낭만주의 미학에서 예술작품은 창조자의 성찰적 개입, 아이러니 그리고 비평적 관심과의 긴밀한 관련 속에서만 존재 가능한 것이다. 즉, 작품은 언제나 해석과 개념과 사유에 의해 매개되어 존재한다(Benjamin, 1920). 헤겔이 보기에 이런 상황 속에서 이제 '예술적인 것'은 예술작품 그 자체가 아니라 오히려 예술에 대한 학문, 즉 담론의 영역으로 이동한다. 과거의 예술이 존재 그 자체로서 스스로를 증명할 수 있었다면, 종언에 처한 예술은 예술작품이 표현하는 감각적 소여 그 자체로서 스스로의 진리를 드러내지 못하고, 반드시 어떤 언술의 지원 속에서만 자신의 진리와 생명을 보장받을 수 있기 때문이다(Payot, 1999-2000: 189).[2] 이제 예술은 직접적인 자명성을 상실하고 비평적 담론에 의해서 설명되어야 비로소 관객에게 소통될 수 있는 기호학적 수수께끼로 변모한다. 이런 과정에서 자연스럽게 이상적 예술가의 모델 또한 변화한다. 이제 훌륭한 예술가는 현실을 충실히 '재현'하는 기술을 소유하는 자가 아니라, 자신의 작품을 효과적으로 개념화할 수 있고 그것을 철학적으로 성찰하여 비평적으로 구성할 수 있는 존재로 여겨진다. 예술은 고도의 반성적 능력을 통한 자기 반영적(self-reflexive) 성격을 띠게 되며, 이런 자기 반영성을 결여한 채 현실을 순진하게 모방·재현하는 예술작품은 그 이후로 아마추어의 전유물로 전락한다. 19세기 중후반 이후에 전개되는 자율적이면서 동시에 실험적인 예술의 만개, 아방가르드의 속출, 예술과 대중의 유리(遊離)와 같은 현상들은 모두 이런 역사·미학적 상황 속에서 발생한 것이다.

헤겔이 선포하는 예술의 종언은 그리하여, 19세기 초반 이후로는 어떤 예술행위도 불가능하며, 더이상 누구도 작품 활동을 하지 않을 것이라는, 그런 메시지와는 무관한 것이다. 예술의 종언은 고전적인 의미에서 이해된 예술 '개념'이 더이상 유효하지 않은 미학적·역사적 상황의 도래에 대한 인식의 표명이며, 그런 전환점에 선 근대예술의 이념에 발생한 예술 개념의 변용(Verklärung)에 대한 언명이다(Hofstadter, 1974: 68). 예술은 '종언' 이후에도 여전히 생산되며, 유통되고, 향수될 것이다. 다만 그 의미와 가치와 내용이 질적으로 변화할 뿐인 것이다. 이 변화의 수사적 표현이 '종언'이다. 헤겔은 자신이 선포하는 예술의 종언 이후에 도래할 예술의 전형적인 양태 중의 하나로서 렘브란트, 할스, 메취, 얀 스텐, 베르메르 등에 의해서 성립된 17세기 네덜란드 풍속화를 들고 있다. 주지하듯이 네덜란드 풍속화는 평범하고 속된 물질적 삶의 공간에 미만한 하찮은 사물들과 인간의 세계를 때로는 정겹게 때로는 익살스럽게 그리고 있다. 헤겔은 이에 관해서 다음과 같이 쓴다.

그러나 이런 일상적인 것과 관련해서 가장 놀랄 만한 예술표현을 우리는 후기 네덜란드인의 장르회화에서 볼 수 있다. (……) 한 그루의 나무, 하나의 풍경은 그 자체 이미 뭔가 확고하게 지속되는 것이다. 그러나 금속의 반짝거림, 햇빛을 받아 반짝이는 포도의 빛깔, 달이나 해의 사라지는 모습, 웃음, 재빨리 스쳐 지나가는 심정에서 나온 표정, 우스꽝스러운 움직임, 자세, 얼굴표정—이러한 일시적이고 순간적으로 스쳐 지나가는 것을 포착하고 이를 생생한 모습으로 완벽하고 지속적인 것으로 우리 눈앞에 보여주는 것, 그것이 바로 이 예술단계에서 성취해야 할 가장 어려운 과제이다. 고전적 예술은 이상 속에 있는 본질적이고 실체적인 것만을 형태화했다면 여기 낭만적 예술에서 우리들에게 보이는 것은 변하는 자연의 재빨리 스쳐가는 모습에서, 물의 흐름이나 폭포, 솟구치는 바다의 파도, 유리잔이나 접시 따위의 우연히 반짝거리는 정물, 특수한 상황 속에 있는 정신이 외화되는 형태, 등잔 밑에서 바늘에 실을 꿰는 여자, 우연히 움직이는 강도들의 모습을 포착한 것, 바뀌는 순간적인 동작, 어느 농부가 씩 하고 웃는 것을 고정시킨 모습 등이다. (……) 그러한 묘사는 무상한 것에 대한 예술의 승리이며, 그 안에서 실체적인 것은 곧 우연한 것과 일시적인 것에 대해 지녔던 그 우월성을 상실하고 만다(Hegel, 1935-42b: 413-5).

종언 이후의 예술은 고전예술과 같이 선험적으로 설정된 본질을 형상화하는 것이 아니라, 우연하고 덧없는 속세의 사물들과 현상들을 질료로 하여 그 속에서 불변의 실체를 인출(引出)해야 한다. 바로 이런 점에서 약 반 세기 후에 보들레르가 종언 이후의 예술에 부과된 임무를 '모더니티'라는 개념으로 재구성하는 것은 우연이 아니다. 1863년에 피가로지(誌)에 실린 「근대적 삶의 화가」에서 보들레르는 기(Constantin Guys)의 화풍, 스타일, 작품을 소개하는 과정에서 그가 새로이 제안하는 '모더니티'의 개념을 다음과 같이 정의한다. "그(기―필자)는 모든 곳에서 현재의 삶 속에 존재하는 덧없고 일시적인 미를 탐구했는데, 독자들이 이렇게 말하는 것을 허락한다면, 우리는 그것의 특징을 모더니티라고 부를 수 있을 것이다. (……) 그가 추구하는 것은 오늘날의 유행에서 역사적인 것 속에 담긴 시적인 것을 건져내고, 일시적인 것에서 영원한 것을 추출하는 것이다"(Baudelaire, 1961: 1163). '역사적인 것' 혹은 '일시적인 것'은 근대적 일상의 비루하고 무상한 양상이다. 고전미학의 시각에서 보면 그것은 예술이 다루어야 하는 소재나 테마가 될 수 없는 무가치한 것이다. 그러나 종언 이후의 예술은 바로 그 덧없음의 영역에 깃든다. '모더니티의 시인' 보들레르가 패션, 옷자락, 여성의 화장술, 액세서리, 대도시의 풍속, 군중과 같은 근대적 삶의 파편적 현상들에 천착한 것은 바로 그런 이유에서였다 (Baudelaire, 1961: 1154). 왜냐하면 모더니티는 "일시적인 것, 덧없는 것, 우연한 것"과 "영원한 것과 변하지 않는 것"의 합금으로 나타나기 때문이다(Baudelaire, 1961: 1163). 보들레르의 모더니티는 근대사회의 파편적이고 무의미한 삶의 분망(奔忙) 속에서, 그리고 오직 그 속에서만 이상, 영원, 아름다움을 길어올리려는 아이러니한 예술적 의지이다. 보들레르가 파악하는 "현재의 삶 속에 존재하는 덧없고 일시적인 미"와 헤겔이 말하는 "무상한 것에 대한 예술의 승리", "일시적이고 순간적으로 스쳐 지나가는 것의 포착"은 역사철학적으로 동일한 근거에 기초하고 있다. 그 근거가 바로 '예술의 죽음'이다.

그리하여 보들레르 이후의 근대문학·예술은 '죽음' 이후의 예술이라는 일종의 자의식을 갖고 출발한다. 이 자의식은 긍정적인 의식과 부정적인 의식 두 가지로 구성된 양가적인 성격을 띤다. 우선, 종언 이후의 예술이 과거의 영광과 권위를 갖고 있지 못하다는 점에서, 근대의 예술가는 스스로를 '시대와 불화하는 자', '시대에 뒤처진 자', 혹은 '무능한 자'로 인식하게 된다. 그는 자신의 쓸모를 정당화하지 못하고 사회의 잉여자 혹은 기생자로서의 위치를 자각한다. 그러나 이와 같은 자기 모멸적 인식은 동시에 오만하고 절대적인 예술의 자율성에 대한 긍지, 믿음, 자부심과 은밀하게 결합한다. 예술의 종언은 예술의 쇠락인 동시에 예술이 이제 종교나 형이상학의 과제로부터 해방되어 예술가의 창조적 주관성의 영역으로 이전됨으로써 획득하게 된 자율성의 징표이기 때문이다(Hegel, 1835-42b: 423; Danto, 1999: 21-3; Danto, 1997: 242-3). 이는 예술가가 처하게 되는 경제적·사회적 상황과 긴밀하게 연결되어 있다. 과거의 후원을 상실하고 자본주의적 시장에 던져진 근대의 예술가는, 상품 생산자로 전락함과 동시에 자율적 존재로 해방된 이중적인 위치를 차지하게 된다. 그가 창작하는 것은 시장에서 팔리는 상품인 동시에 경제적 가치를 초월한 작품(oeuvre)이다. 근대 문학과 예술을 구조적으로 결정하는 이 양가성에 대해서 크게 세 가지 상이한 태도가 존재한다. 첫째는 예술생산품의 작품성을 포기하고 상품성에 투항하는 '상업주의적' 태도가 있다. 둘째는 예술생산품을 상품으로 파악하기를 거부하면서 작품성을 끝까지 고수하고자 분투하는 이른바 '순수문학적' 혹은 '순수예술적' 태도가 있다. 마지막으로 양자 모두와 다른 방식으로 예술생산품의 작품성을 구원하고자 하는 '제3의' 태도가 있다. 우리는 이를 보들레르의 '예술을 위한 예술'론에서 발견한다.

보들레르는 1855년에 열린 파리 만국박람회를 관람하면서 근대적 상품 세계의 매혹을 체험하지만, 그와 동시에 자본주의의 상품 세계가 그 외부를 허용하지 않는 완결된 우주로 변모하였음을 절감한다 (Baudelaire, 1961: 953-960). 그는 자신이 쓰는 시가 이제 하나의 상품이 되어 팔릴 수밖에 없는 시대의 도래를 환멸적으로 간파한 것이다. 그렇다면 어떻게 할 것인가? 그의 전략은 자신의 시를 일종의 절대상품으로 변모시키는 전략이었다. 절대상품이란 그 사용가치와 교환가치가 물질적으로 통합된 상품, 즉 물신(物神)을 의미한다. 그 대표적인 형태가 바로 만국박람회에 진열되어, 팔릴 수도 만질 수도 살 수도 없는 특제품(specialité)이었다(Benjamin, 1939a: 121-2). 진열된 상품의 사용가치는 그것의 전시가치(교환가치)에 모두 흡수되어 있으며 그 전시가치(교환가치) 또한 그것의 사용가치와 분리할 수 없다. 즉, 실제로 접촉하여 효용을 발생시킬 수 없는 진열된 상품의 유일한 효용은 그것의 전시적·표현적 가치인 것이다. 이런 상품은 사실상 무용하며, 무용한 한에서 그것은 물신 고유의 환상적 권능을 발휘한다. 보들레르가 시를 절대상품으로 이해한 것은 바로 이런 논리에서이다. 시가 그 자신 이외의 어떤 가치도 갖지 않는다는 보들레르적인 유미주의는 사실 시의 아름다움에 대한 선언, 시의 순수성에 대한 선언이 아니다. 그것은 시를 전적으로 무용한 동시에 그 무용성에 기초한 물신으로 만듦으로써, 근대적 예술작품을 차라리 최상의 상품으로 만들어서 일반적 교환의 관계에서 제외시켜버리는 급진적 전략이다(Agamben, 1981: 80-2).

말하자면 시는 아무 데도 쓸모가 없지만, 그것을 소유(이해)하기 위해서는 극단적인 대가(삶 전체, 운명, 열정, 광기)를 지불해야 하는 '최상의 상품'이다. 최상의 상품을 생산하는 문학의 활동은 그리하여 최고의 자율성을 구비한 절대무비의 심급으로 격상된다. 근대문학·예술의 자율성은 이와 같이 시장적 상황에 던져진 근대문학이 시장과의 싸움 속에서 획득한 존귀한 가치이며, 이런 자율성을 얻기 위해서 문학은 자신의 유용성을 희생해야만 했던 것이다. 아도르노가 말하고 있듯이, "예술 작품이 어떤 사회적 기능을 지닌다고 단언할 수 있다면 그것은 작품의 무기능성인 것이다"(Adorno, 1970: 351). '무용성-자율성'의 이 분리할 수 없는 근대문예의 속성은 '종언-해방'이라는 근대문예의 운명에서 비롯된다. 무용하지만 자율적인 것, 아무 데에도 쓸모가 없지만 목숨보다 더 소중한 무엇으로 군림하는 근대문학과 예술의 이런 모순적 존재양태는 19세기 초중반 이후에 문학·예술적 활동이 체험하게 되는 구조적 사회변동의 결과로 주어진 것이다.

2. 죽음이라는 테마

이런 시각에서 보자면, 헤겔이 고한 예술의 '종언'은 결과적으로 19세기 후반 이후에 전개되는 근대예술의 '시작'에 대한 선언이기도 한 셈이었다. 넓은 의미의 모더니즘 문학과 예술은 이런 의미에서 '예술의 죽음'을 이미 자신의 탄생 조건으로 하여 발생한다. 즉, 죽음 이후에 어떤 새로운 예술(문학)이 어떤 새로운 문학이 가능할 것인가라는 문제가 사실, 낭만주의 이후 모든 중요한 사조들을 사로잡고 있던 본질적인 질문이었다(Blanchot, 1959: 317). 이런 맥락에서 정식화하면, 근대문예의 가장 중요한 테마는 자신의 몰락(Untergang)이다. 죽음은 근대문예의 '끝'을 규정하는 우발적 사건이 아니라, 그 시작을 표시하는 구조적 필수요인인 것이다.

가라타니 종언론은 이처럼 '몰락으로서의 근대문학'이라는 관점을 결여하고 있다는 점에서 그 맹점을 노정한다. 이는, 가라타니가 근대문학을 대표하는 존재로서 제시하는 사르트르 문학론의 한계이기도 하다. 앞서 언급한 바와 같이, 가라타니는 사르트르가 20세기 후반의 프랑스 철학자들(가령 들뢰즈)에게 가장 중요한 영향력을 행사했다고 판단하면서 근대문학 정신의 대변자로서 사르트르를 배타적으로 언급하고 있다(柄谷行人, 2005: 45-6). 그러나 60년대 이후 사르트르적 실존주의와 주체철학이 프랑스의 구조주의, 해체주의, 포스트구조주의 등의 새로운 사유에 의해 발본적인 도전을 받게 되는 과정에서 등장한 기라성 같은 사상가들(푸코, 바타유, 바르트, 데리다, 레비나스, 낭시, 라쿠–라바르트 등)에게 결정적인 영향을 행사한 '작가'는 사실 사르트르라기보다는 오히려 블랑쇼(Maurice Blanchot)였다고 보는 것이 더 정확하다(Foucault, 1966a; Levinas, 1975; Derrida, 2003; Nancy, 2001; 박준상, 2006: 16-7; 김현, 1981: 218 이하)[3]. 블랑쇼는, 헤겔의 '종언론' 이후에 어떻게 문학과 예술이 가능한가라는 문제를 중심적 화두로 독보적인 비평 텍스트들을 저술하였고 또한 (사르트르처럼) 독특한 소설 작품들을 창작했다. 만일 블랑쇼의 문학론을 가라타니가 심층적으로 참조했다면, 그의 종언론은 근본적으로 불가능한 시도로 남았을 것이다. 블랑쇼적인 의미로 이해되는 근대문학(Littérature)은 이미 그 자체로 자신의 소멸에 대한 응시, 자신의 불가능성에 대한 성찰이기 때문이다.

사르트르가 『문학이란 무엇인가?』에 실린 글들을 『현대』에 연재하던 바로 1947년에 블랑쇼는 「문학과 죽음에의 권리」라는 묵시론적 에세이를 저술한다. 이 글에서 그는, 근대문학을 프랑스 혁명의 공포정치(Terreur)의 상황 그리고 언어의 본질과 긴밀하게 연관시킨다. 문학, 혁명, 언어가 공유하고 있는 것은 무엇인가? 그것이 '죽음'의 테마이다. 그에 의하면 혁명의 정점에서 모든 시민들은 '삶에의 권리'가 아니라 일종의 '죽음의 권리'를 체험한다. 혁명적 상황에서 '나'의 죽음은, 공동체의 절대적 자유를 획득하는 데 기여하는 고귀한 행위이자, 자신이 공화국의 시민이라는 사실을 증명하기 위해서 스스로의 삶을 정지시킬 수 있는 자발적 능력의 산물이자, 사생활과 비밀스런 삶을 모두 버리고 순수하게 공적인 행위에 자신을 투신할 수 있는 권리로 이해되었다는 것이다(Blanchot, 1949: 309). '사적 삶'의 죽음이 변증법적인 과정을 통해서 공동체의 자유로 재생되는 이런 체험은 혁명의 가장 본질적인 부분에 속한다. 즉 혁명은 죽음이 삶으로 지양되는 변증법적 과정의 집합적인 체험이었던 것이다.[4]

블랑쇼는 이와 동일한 운동을 언어에서 발견한다. 혁명이 개체의 삶을 죽이고 전체의 자유 속에서 그 죽음을 다시 살리듯이, 언어는 사물을 죽이고 그 사물을 언어라는 상징 속에서 보존시킨다. 블랑쇼가 참조하는 것은 헤겔의 『정신현상학』 1장 「감각적 확신, '이념'과 '사념'」이다. 여기에서 헤겔은 언어가 사물과 맺는 매우 특수한 변증법적 관계를 '감각적 확실성(die sinnliche Gewissheit)'의 한계를 논하는 과정에서 상술하고 있다(Hegel, 1807a: 133-147). 언어는 구체적 현실을 지칭하는 듯이 보인다. 가령 '지금', '여기', '이것'과 같이 현존하는 대상을 가장 구체적으로 가리키는 지시대명사를 사용할 때 우리는 이런 언어를 통해서 확실한 감각적 대상들이 우리에게 자명하게 주어진다고 생각한다. 그러나 헤겔은 날카롭게도, 위와 같이 가장 명백해 보이는 경우에 있어서조차 언어는 언제나 자신이 가리키는 사물과 본질적인 괴리를 갖고 있음을 보여준다. "'지금이란 무엇인가?'라는 물음에 대하여 이를테면 우리는 '지금은 밤이다'라고 대답한다. (······) 그런데 '지금이 낮'이 됐을 떠 바로 전에 써 놓았던 진리를 다시 들여다보면 그것은 알맹이 없는 진리가 되어버리는 것이다. 밤으로서의 지금은 보존되어 지금이라고 불리는 존재로 취급된다고 하지만, 그 지금은 더이상 존재하지 않는 것이 되고 말았다. '지금' 그 자체는 분명히 지속되고 있지만 지속되고 있는 지금은 더이상 밤은 아니다. 마찬가지로 지금이 낮이 되었을 때 밤으로서의 지금은 낮이 아닌, 그에 부정적인 것으로 지속되고 있다"(Hegel, 1807a: 136). '지금'이라는 지시대명사조차도 그 외면적 직접성에도 불구하고 구체적인 상황을 결코 고정적으로 재현하지 못한다. 그것은 수많은 시각(時刻)들을 내포하고 있는 하나의 '보편적 존재(ein Allgemeines)'인 '지금'이라는 언어에 불과하다 (Hegel, 1807a: 137). 언제나 미끄러지는 시간을 가리킬 수밖에 없는 '지금'처럼 '이것' 또한 언제나 변화하고 사라지는 사물을 가리킬 수밖에 없다. 방금 지시된 '이것'은 다른 지시물을 가리키기 위해서 사용된 '이것' 속에는 부재한다. '이것'은 이런 의미에서 '이것'이 가리키는 사물을 '지양(Aufheben)', 즉 부정하는 동시에 보존한다(Hegel, 1807a: 151).

언어는 감각적 대상을 배제하고 그것을 상징화시켜 소통의 도구로 변모시킨다. 이것이 헤겔이 발견한 언어의 아이러니이다. 우리가 흔히 믿는 바와 반대로, 언어는 사물을 직접적으로 재현할 수 없다. 언어는 오직 '상징적 살해'를 통해서만 사물을 제시할 수 있다. '꽃'이라는 단어가 우리에게 가져다주는 것은, 붉은 빛을 지닌 아름답고 향기로운 암술과 수술로 구성된 꽃 그 자체가 아니다. 꽃은 자신의 물질성이 '꽃'이라는 언어에 의해서 제거／살해된 이후에 하나의 '기호'로서 우리의 상징적 소통의 '매체'로 구성될 때 비로소 언어에 포섭된다. 꽃은 죽음으로써 '꽃'이 되고, '꽃'이라는 언어 속에 보존된다. 이것이 헤겔이 말하는 죽음／보존으로서의 지양이다(Hegel, 1807a: 151)[5].

개체의 죽음을 집합체의 삶으로 지양하는 혁명의 상황처럼, 지시체의 죽음을 상징으로 지양하는 언어의 작용처럼, 근대문학은 자명한 현실에 대한 자명한 재현이 아니라, 스스로의 가능성과 불가능성에 대한 메타적 성찰을 통해서 구성되는 특수한 언어적 실천의 역사적 형성물로 구성된다(Blanchot, 1949: 311-4). 근대문학은 스스로의 죽음, 불가능성, 부재와 같은 부정성(Negativität)에 대한 끝없는 탐구의 특권적인 형식으로 출현한다(Blanchot, 1949: 293). 이런 맥락에서 푸코는 근대문학을 "부단한 자기반성을 통해 자신에게로 회귀"함을 지적하고 있으며, 보르헤스 역시 "문학은 자신이 벙어리가 되는 시간을 예언할 수 있는 기술이며, 자신의 해체에 매혹되는 기술이며, 자신의 종말을 유혹하는 기술"이라고 말한다(Foucault, 1966b: 347-8; Borgès, 1989: 56). 글쓰기 자체에 대한 고민과 반성으로 구성되는 '백색의 글쓰기'나 '영도(零度)의 글쓰기'를 강조하는 바르트는 이를 다음과 같이 정리하고 있다. "백 년 전부터 플로베르, 말라르메, 랭보, 공쿠르 형제, 초현실주의자들, 사르트르, 블랑쇼 혹은 카뮈는 문학적 언어의 동화, 파열 혹은 순화의 어떤 길들을 그려왔고─아직도 그리고 있다. 그러나 그 목적은 형태의 어떤 모험도 아니고, 수사학적 작업의 성공도 아니며, 어휘의 과감한 도전도 아니다. 작가가 낱말들의 어떤 콤플렉스를 그릴 때마다 문제가 되는 것은 문학의 존재 그 자체이다. 근대성이 그것의 다양한 글쓰기들 속에서 읽을거리로 제공하는 것은 그것 자체의 역사의 막다른 골목이다"(Barthes, 1953: 38).

이렇게 본다면, 근대문학의 역사적 소멸, 즉 죽음은 근대문학의 진행의 끝에 주어지는 하나의 '사건'이 아니라 오히려 근대문학의 공간 전체를 가로지르면서 근대문학을 구성하고 있는 일종의 생성적 '구조'로 파악되어야 한다. 종언은 근대문학을 종결짓는 사건이 아니라 오히려 근대문학을 가능하게 하는 발생론적 구조이다. 가라타니의 착오는 종언의 구조적 성격을 엄폐하고 이를 단순한 사건적 차원으로 오인한 데에 있다. 이런 관점에서 보면 가라타니의 종언론은 일종의 과잉진술 (overstatement)이다. 그는 근대문학의 기원에서 발견되는 부정성과의 필연적 관계를 정당하게 고려하지 않고 있으며 그리하여 결과적으로 이미 '죽음'에 침윤되어 있는 근대문학에 다시 '죽음'을 선고하고 있다. 결과적으로 그의 종언론은 성찰적 근대문학이 자신의 종언에 대한 응시 속에서 실험해온 글쓰기의 형식들, 감수성의 조직, 윤리적 엄격성, 미학적 혁명성 등에 내포되어 있는 '정치적·윤리적 가능성'을 부인하는 결과를 초래한다. 가라타니는 블랑쇼적인 문학의 존재를 언급하지 않음으로써 '사르트르적 문학'의 불가능성 앞에서 근대문학 전체를 포기하는 몸짓을 취할 수밖에는 없었던 것이다. 그러나 이처럼 문학을 포기하고 문학 외부에서 정치적 가능성을 찾을 수 있다는 가라타니의 희망은, 문학과 정치가 '감각적인 것(sensible)'의 차원에서 동일한 기원을 갖고 있다는 사실을 망각하는 것으로서, 정치적 변혁의 가능성을 피상적인 수준에 축소시키는 결과를 초래한다(서동진, 2007: 278-282; Rancière, 2004).

IV. 근대문학과 주체

문학의 종언론에 대한 고고학적 접근이, 그것이 상정하는 근대문학의 숨겨진 기원을 드러내어 종언론의 기본 가정과 전제를 해체하는 작업이었다면, 문학적 주체에 대한 계보학적 접근은 가라타니의 논의를 좀더 급진적으로 진전시키고 확장함으로써 문학, 주체, 권력에 대한 사회학적 탐구의 영역으로 이를 이전시키는 것을 목적으로 하고 있다. 이와 같은 관점에서 보면, 근대문학 종언론이 제기하는 가장 본질적인 문제는 문학 그 자체의 운명이라기보다는 문학이 만들어내는 내면적·사회적 주체성의 형식이며, 더 나아가서는 그런 주체성을 규정하는 정신, 이념, 윤리의 총체로 이해되는 근대문학 고유의 가치의 미래라 할 수 있다. 문학이 죽었다는 것은 문학적 활동을 통하여 형성되어온 인간의 특정 유형과 그런 유형이 공유하는 삶의 형식이 이제 사라지고 있다는 사실을 의미한다. 우리는 이를 '진정성'의 개념으로 포착하고자 한다. 진정성의 시각에서 가라타니의 종언론을 다시 검토해보면, 그의 주장은 문학의 죽음뿐 아니라 20세기 후반 이후 세계적인 수준에서 진행되는 정치의 퇴조, 신자유주의의 확산, 소비문화의 심화 속에서 민주주의, 사회과학, 인문학, 예술 등이 맞이하고 있는 공통적인 위기 혹은 종언의 체험과 깊이 연관되어 있다고 할 수 있다. 이처럼 포괄적인 수준에서 근대문학의 종언론을 재구성하기 위해서 우리는 무엇보다도 문학과 주체의 문제를 좀더 깊게 탐구해야 한다.

1. 문학이라는 장치(dispositif)

1977년의 한 인터뷰에서 푸코가 제시하는 바에 의하면, '장치'는 담론적·비담론적 요소들로 구성된 이질적 네트워크로서, 요소들 간의 다양한 접합을 통해서 구성되며, 특정한 역사적 상황에서 부여되는 급박한 임무를 수행하는 과정에서 권력-지식과 긴밀하게 연관되어 특수한 주체를 생산하는 구조이다(Foucault, 1977: 299-300). '장치' 개념에서 가장 핵심적인 것은 주체가 생산되는 양식 그리고 이런 생산의 원천에 존재하는 지식과 권력의 '구조적' 작용에 대한 관심이다. 장치는 권력과 지식의 교차점에서 단순한 생명을 '주체'로 전환시키는 주체화(assujetissement)의 기제이다. 장치를 통하여 단순한 생명체는 사회적 주체, 정치적 주체, 문화적 주체, 성적 주체의 특수한 형태로 변환된다. 아감벤은 푸코의 '장치' 개념을 더 간명하게 다음과 같이 재구성한다. "장치란 생명체의 몸짓, 행태, 의견, 담론을 포착, 정향, 결정, 찬탈, 유형화, 통제, 확증하는 모든 것이다. 감옥뿐 아니라, 요양소, 파놉티콘, 학교, 고해, 공장, 규율, 법적 조치들과 같이 권력과의 결합이 명백한 것들이 또한 장치이며, 만년필, 글쓰기, 문학, 철학, 농업, 담배, 내비게이션, 컴퓨터, 핸드폰, 그리고 언어 자체 또한 장치이다. (……) 따라서 두 가지 상이한 부류가 존재한다. 생명체(실체)와 장치. 양자 사이에는 제삼자로서 주체가 존재한다. 주체란 생명체와 장치의 육체적 관계에서 생산된 산물이라 할 수 있다"(Agamben, 2006: 31-2).

가라타니는 '장치' 개념을 명시적으로 사용하고 있지는 않다. 그러나 그가 근대문학의 두 가지 기능을 설명할 때 그것은 명백하게 푸코나 아감벤이 말하는 주체화의 '장치'로서 설정되고 있다. 가라타니가 파악하는 근대문학은 첫째 반성적(내면적) 주체를, 둘째 네이션의 구성원들을 형성하는 힘을 갖고 있다. 그렇다면, 어떻게 근대문학은 이와 같은 이중적 주체화를 수행할 수 있었던 것인가? 즉 장치로서의 근대문학의 구체적 메커니즘은 무엇인가? 이 질문에 대한 해답으로서 가라타니는 두 가지 개념을 제시한다. 우선, 내면적 주체를 형성하는 장치로 근대문학이 기능할 때 그것은 '원근법'이라는 객관화의 기법과 결합하며, 네이션의 구성원을 형성하는 장치로 기능할 때 그것은 '상상력 (Einbildungskraft)'이라는 근대 인식론적 권능과 결합한다는 것이다.

첫번째 기능과 관련하여 가라타니가 강조하는 것은 근대소설의 중요한 기법으로 파악되는 소위 '기하학적인 원근법'이다. 주지하듯이 르네상스기에 창안된 원근법은, 특정 대상을 회화적으로 표상함에 있어서, 소실점을 중심으로 펼쳐지는 양화되고 동질화된 공간의 구획을 가능하게 하는 탁월한 시각적 테크닉이다. 근대소설은, 마치 근대회화가 원근법을 통해서 세계를 객관적 사물들의 관계로 표상하듯이, 재현의 대상을 하나의 풍경(風景)으로 드러낸다. 그런데 이런 원근법의 시각 그리고 객관화의 시도는 단지 외적 자연을 대상으로만 진행되었던 것이 아니라 주체의 내부에 존재하는 '마음'에도 적용된다. 그런 과정에서 나타나는 것이 바로 근대문학이 포착하는 '원근법적으로 조망된 마음'을 의미하는 '내면'이다. 내면은 근대적 자아가 스스로의 삶을 성찰하게 되는 과정에서 형성되는 '윤리적' 공간이 제도화된 것이다(柄谷行人, 1980: 83). 제도로서의 '내면'은 '묵독(默讀)', '언문일치', '고백' 등과 같은 근대문학 고유의 테크닉들에 의해서 형성된다. 소리를 내지 않고 마음속으로 책을 읽기 시작하는 근대적 독서 행위 속에서 독서는 본질적으로 공동체와 분리된 고독한 주체가 되는 시간이 된다(柄谷行人, 2005: 57). 묵독하는 자는 기본적으로 '내면'으로 침잠하는 존재인 셈이다. 그러나 근대문학의 내면성은 단순히 독서행위의 차원에 국한되지 않는다. 그것은 언문일치와 같은 문학사적 제도화의 차원에서 이미 시작된다. 언문일치란 말하는 자가 '나'로서 말할 수 있게 만드는 것, 즉 언어적 주체성의 확립을 가능하게 한 언술 제도이다. 그것은 당위나 소망의 표명이 아니라, 원근법적 사실을 표기할 때 사용되는 어미인 '-이다'에 기초한다. 근대적 언문일치가 존재해야 비로소 주체는 자신의 마음을 도덕적으로 장악하고 있던 중세적 형이상학의 진리로부터 벗어나, 흔들리고, 방황하며, 길 잃은 자신의 현존재 그 자체를 '문학적으로' 포착할 수 있게 된다(柄谷行人, 1980: 98-100).

근대소설이 주체화의 장치로서 생산하는 두번째 주체 유형은 집합적이고 사회적인 수준에서 형성되는 근대적 네이션의 구성원이다. 앤더슨(Benedict Anderson)이 보여준 바와 같이, 근대적 네이션은 실제로 경험되고 접촉될 수 있는 인간 그룹이 아니라, 특정한 기술적 수단과 커뮤니케이션의 머커니즘을 통하여 상상되는 공동체이다. 네이션을 상상하도록 하는 기술적 수단과 커뮤니케이션으로 활용된 대표적인 두 매체가 신문과 소설이다. 신문과 소설은 모두 동질적이고 공유되는 시공간을 전제한다. 가령, 아무리 잡다한 인물 군상(群像), 행위, 가치관, 지역, 언어 등이 소설 내부에 이질적으로 공존한다 할지라도, 근대소설은 이런 다양성의 잡다(雜多)를 동질적 시공간 위에 자리잡은 사회적 유기체(네이션)의 한계 내부에 일원적으로 수렴시킨다. 환언하면 근대소설은 독자들의 의식 속에서 이와 같은 수렴과 동일화가 이루어지도록 하는 장치로 기능하는 것이다(Anderson, 1991: 48 이하).[6] 그런데 이와 같이 다양성의 잡다(das Mannigfaltige)를 고정된 형상으로 포섭할 수 있는 인간의 지적 능력을 칸트 철학은 '상상력'이라는 개념으로 파악하고 있다. 상상력은 직관에 포착되는 현상의 다양(多樣)을 선험적 도식을 통하여 종합하는 능력이다(Kant, 1781/7: 335-8). 감성에 주어지는 복잡다기한 감각적 소여들은 상상력의 도식화를 통해서 특정한 도식(Schema)으로 축약·포섭되고, 오성은 이를 개념의 힘을 빌려 인식으로 전환시키는 것이다(Kant, 1781/7: 378-385). 상상력은 감성과 지성 사이의 특수한 매개적 역할을 수행하고 있다. 상상력은 분열된 것들을 통합시키는 힘이자 이질적인 것들의 유사성과 공통성을 추출하여 종합적 형상을 만들어낼 수 있는 힘이다. 이런 점에서 상상력은 공감, 연민, 동정과 같은 사회적 연대의 감정적 기초와 긴밀하게 연관된다. 어떤 타자를 자신과 같은 존재로 상상할 수 있다는 것은, 그 타자의 입장에 서서 사유하는 것이며, 그 타자에게 도래하는 고통을 자신의 것으로 대리적으로 체험할 수 있다는 것, 즉 그의 고통을 공감하고 연민할 수 있다는 것을 의미한다(차미령, 2009 : 339-341).

『세계공화국으로』에서 가라타니는 근대인식론의 세 가지 권능들(오성, 감성, 상상력)을 당대의 현실적 제도들(국가, 시민사회, 네이션)과 등치시키고 있다. 즉 인식론에서의 오성은 국가에, 감성은 시민사회에, 상상력은 네이션에 조응한다. 상상력이 네이션에 조응한다는 것은, 상상력이 감성의 다양성을 도식으로 포섭하여 오성의 범주에 제공하는 것과 마찬가지로, 시민사회의 다양성이 '상상된 공동체'의 형태 즉 네이션의 형태로 종합되어 국가에 포섭된다는 사실을 의미한다. 이것이 근대의 국민-국가이다(柄谷行人, 2006: 179). 가라타니의 논의는 일견 지나치게 대담한 듯이 보이지만, 근대미학의 역사를 살펴볼 때 사실 매우 상식적인 지적이라고 볼 수 있다. 근대시민사회는 개명된 부르주아들의 개별적 이해관계의 복잡한 갈등으로 구성된 욕망의 공간이다. 소유적 개인주의는 시민을 사적 공간으로 산포시키는데, 이때 이들을 어떻게 하나의 공동체로 만들어낼 수 있는가라는 사회학 고유의 질문이 형성된다. 절대주의에서와 같은 강압, 억압, 압제를 통한 통합이 더이상 불가능한 근대적 시민사회를 저변으로부터 하나로 통일시켜주는 연대의 원리는 지성이 아니라 감성의 영역으로부터 가능한 것으로 인지된다. 즉 사회적 통합의 기초는 근대미학이 제공하는 연민과 공감의 정서에 의해서 제공되는 것이다. 이후로 '미적인 것'은 '사회적인 것'의 핵심에 자리잡게 된다(Eagleton, 1990: 1-15).

미학(소설)과 윤리(공감)학 그리고 정치학(네이션)은 이와 같이 긴밀하게 연관되어 있었던 바, 근대문학은 단순한 오락거리가 아니라 파편화된 근대적 주체들에게 공통의 집합체를 구성해주어야 하는 '사회적' 사명을 떠안고 있었던 것이다. 가라타니의 다음 진술은 이 점을 명확하게 지적하고 있다. "다른 관점에서 보자면 이것은 이제까지 감성적 오락을 위한 단순한 읽을거리였던 '소설'에서, 철학이나 종교와는 다르지만, 보다 인식적이고 실로 도덕적인 가능성이 발견되었다는 것이기도 합니다. 소설은 '공감'의 공동체, 즉 상상의 공동체인 네이션의 기반이 됩니다. 소설이 지식인과 대중 또는 다양한 사회적 계층을 '공감'을 통해 하나로 만들어 네이션을 형성하는 것입니다. 그 결과, 그때까지만 해도 낮기만 했던 소설의 지위가 상승합니다. 그러나 그것에 대한 짐(負荷)도 큽니다. 왜냐하면 그것이 단지 '감성'적 쾌(快)에 지나지 않는다면 미학적이지 않게 되기 때문입니다"(柄谷行人, 2005: 51)

가라타니는 앤더슨의 논의에 기초하여, 근대문학과 근대적 민족주의의 강한 관계를 지속적으로 강조하고 있다. 이는 결국, 근대적 국민-국가가 해체되거나 약화되는 20세기 후반의 세계적 상황 속에서, 국민-국가의 문화적 형성에 큰 기여를 했던 근대문학의 역할 또한 소멸하고 있다는 논리로 귀결된다(柄谷行人, 2005: 62). 그러나 사실 근대문학이 창출했던 집합의 형식이 반드시 '네이션'일 필요는 없으며, 모든 문학작품이 민족주의를 이념적 모태로 하고 있는 것 또한 아니다.[7] 그것은 상상력이 가능하게 하는 공감의 공동체가 언제나 네이션을 범람할 수 있기 때문이다. 가령, 우리의 상상력은 연민과 동정의 대상이 놓이는 범위를 '인간'이나 '자연', '세계' 혹은 '생명'의 수준에까지 확장시킬 수 있다. 그가 비록 나와 같은 민족이 아니라 할지라도 그가 인간인 한에서 그의 고통을 상상할 수 있을 때, 바로 그런 '세계시민적 입장'에 입각한 문학은 네이션과 민족주의에의 복무를 초과하는 효과를 가져올 수 있다.[8] 중요한 것은 '상상력'이라는 인식론적 권능과 미학적이고 윤리적인 연대의 형식들(공감력)의 결합 속에서 근대문학은 타인들과의 연대를 상상적으로 획득할 수 있는 주체와 그런 주체들이 구성하는 공동체를 형성하는 장치의 역할을 수행했다는 사실이다.

2. 진정성의 종언

이처럼 근대문학이 형성시킨 주체는, 자기 자신과의 관계에 있어서는 '내면'을 매개로 한 성찰의 능력을 갖고 있으며, 타인들과의 사회적 관계에 있어서는 '공감력(상상력)'을 매개로 한 공동체의 구성능력을 갖고 있는 존재이다. 그는 고독한 관조자로서 내면적, 외면적 풍경을 건축하고 응시한다. 하지만 이와 동시에 그는 뜨거운 참여자로서 공적인 의미의 지평에 스스로의 존재를 투기한다. 근대문학의 주체는 응답 없는 내면과의 집요하고 무한한 대화에 몰두하는 극도로 내향적인 존재인 동시에, 자신과 무관한 또다른 인간 존재의 고통과 문제를 자신의 것처럼 동감하면서 그 해결을 위해 적극적인 행위를 실천하는 행동가이기도 하다. 요컨대, 근대문학의 주체는 성찰과 참여, 내관(內觀)과 실천, 이성과 정념, 고독과 연대와 같이 서로 대립되는 가치를 역동적으로 결합시키는 인간 유형, 한마디로 요약하자면, '진정성'을 추구하는 주체이다. 황종연이 지적하듯이 근대문학(소설)은 진정성과 발생론적인 차원에서 긴밀한 연관을 맺고 있다.

"루소적인 의미에서 진정성의 추구는 소설에서도 일반적인 주제이다. 동서양의 가장 보편적인 소설 유형 가운데 하나인 교양소설과 그 친족들은 진정성을 그 공안(公案)으로 삼고 있다 해도 과언이 아니다. 생각해보면, 소설은 다른 어떤 문학, 예술 형식보다도 진정성 추구를 다루는 데에 적합하다. 우선 진정한 자아가 욕망되고 생성되는 장소인 개인의 내면을 소설보다 효과적으로 그려낼 수 있는 매체는 없다. 이른바 '투명한 마음'을 보여주는 서술기법을 다양하게 갖추어 갖고 있는 소설은 진정한 삶의 경험에 특권적으로 다가간다. 진위, 선악, 미추의 관습적 이분법에 구애될 필요가 없는 가공의 이야기라는 점에서 소설이 갖는 장점도 있다. 소설의 허구는 진정성이 요구하는 개인적 진실과의 계약을 성실히 이행하게 해준다. 더욱이 소설은 형식상으로 개방적이어서 개인의 자기표현을 폭넓게 수용한다는 특성이 있다. 진정한 자아 표현에 걸맞은 창조적인 담론의 가능성은 반규범적 장르로서의 소설에 풍부하게 열려 있다"(황종연, 2001: 261-2).

진정성은 전근대적 도덕의 이상인 신실성(sincerity)과는 달리, 외적으로 주어지는 규범에 순응하거나 순종하지 않고 스스로 옳다고 판단하는 진실한 삶의 형식을 자신과의 내적 대화를 통해서 찾아나가는 근대적인 삶의 태도이자 도덕적 이상이다(Trilling, 1972). 진정성의 윤리는 무엇보다도 내면적이고 성찰적인 주체의 능력을 강조한다. 그러나 진정성을 추구하는 주체가 단순히 내향적인 관조자에 머무는 것은 아니다. 개인의 진정성은 언제나 특정 공동체의 정치적 프로그램과 분리할 수 없는 연관성을 갖는다. 따라서 진정성을 추구하는 주체는 다른 존재들과의 사회적 관계, 그들이 함께 살아가는 공동체의 미래에 대한 근심, 보다 진정한 삶을 가능하게 해줄 수 있는 삶의 공공적 형태를 위한 운동에 깊은 관심을 갖게 된다(박구용, 2002: 94-5). 환언하면 진정성은 '자아정치'인 동시에 '현실정치'이며, 개별 주체의 '행위(action)'인 동시에 진정성을 추구하는 주체들 간의 '상호작용(interaction)'인 것이다. 이런 이유로 진정성은 언제나 '저항(insurrection)'의 다른 이름으로 인식되었던 것이다(Berman, 1970: 188; Berger, 1973: 83)[9].

성찰성과 저항의 이런 결합 속에서 형성되는 주체가 사르트르에게서 전형적으로 발견된다는 사실 그리고 사르트르가 말하는 소위 '반항(révolt)'이라는 공적 덕목은 존재에 선행하는 인간 실존의 '진정성'이라는 사적 태도에 기초하고 있다는 사실은 결국, 가라타니가 종언을 고하는 근대문학이 성찰적·참여적 주체화의 장치인 '진정성'을 가리키고 있다는 사실을 암시하고 있다(Golomb, 1995: 128 이하). 바로 이 점에서 근대문학의 종언은 근대소설의 죽음을 넘어서, 근대소설을 가능하게 하는 어떤 가치, 정신, 태도의 사회적 구조인 진정성의 윤리 그 자체의 죽음을 지시하고 있다. 진정성의 종언은 진정성에 기초하는 다양한 행위유형, 주체의 형식, 지식의 양태 들의 동시적인 종언을 내포하고 있다. 문학은 아마도 그중의 하나일 것이다. 가라타니의 근대문학 종언론은 이런 점에서 보면 '진정성'이라는 시대정신의 종언을 소설의 종언으로 축소하고 있다는 점에서 일종의 '과소진술(understatement)'이다. 죽은 것은 문학이 아니라 문학을 가능하게 하는 윤리적 장치(진정성이라는 마음의 레짐)인 동시에 그 장치가 형성하는 특수한 인간의 형상이기 때문이다. 바로 이런 점에서 가라타니의 논의는 '문학'의 운명에 대한 논의에서 '사회'의 운명에 대한 논의로 연계되었어야 했다. 궁극적으로 문학의 미래는 결국 문학을 감싸는 사회의 운명이며, 그것은 문학의 영역을 초과하기 때문이다. 과소진술의 한계는 바로 여기에 존재한다. 담론의 형식으로 논구되어야 할 바로 이 문제를 가라타니는 실천의 영역에 이전시킨다. 이 이전을 정당화하는 수사학이 바로 '근대문학 종언론'이었던 것이다.

V. 포스트-진정성의 체제

이상에서 우리는 가라타니의 '근대문학 종언론'을 두 가지 상이한 시각에서 비판해보았다. 첫째, 우리는 그의 종언론이, 이미 죽음의 문제를 자신 고유의 영역으로 설정하고 있는 근대문학의 또다른 기원을

(의식적 혹은 무의식적으로) 삭제하고 있으며, 바로 이런 의미에서 그의 종언론은 일종의 과잉진술임을 보였다. 과잉진술인 한에서 근대문학 종언론은 근대문학에 내재하고 있는 강력한 부정성을 차폐하는 효과를 갖는다. 사르트르적인 근대문학과 대비되는 블랑쇼적 근대문학은 이미 언어의 심층적 수준에서 작용하는 부정의 힘에 천착하는 '죽음의 문학'이다. 그것은 문학이 더이상 삶의 지배적 권력이 되지 못하는 근대 자본주의 사회 속에서 문학 스스로 상품의 힘에 저항하면서 존재할 수 있는 자율적 활동의 가능성을 모색하는 움직임이다. 바로 이런 점에서 블랑쇼적 근대문학은 가라타니의 문제제기를 약 반 세기 전에 선취하고 있다. 둘째, 우리는 가라타니의 종언론이 말하는 근대문학을 푸코의 '장치' 개념을 도구로 분석함으로써, 문학이 생산하는 주체(성찰적 주체＋상상적 연대의 주체)가 근본적으로 진정성이 생산하는 주체의 한 하위 범주임을 보였다. 바로 이 점에서 가라타니의 종언론은 '과소진술'임이 드러난다. 왜냐하면 20세기 후반에 세계적인 수준에서 소멸하는 것은 비판적·내면적·성찰적인 주체, 사회적 연대의 공적 체험의 능력을 갖고 있는 '인간'을 형성시키는 '진정성'이라는 보다 심층적인 시대정신이기 때문이다.

이런 맥락에서 근대문학의 종언은 진정성이라는 '마음의 레짐'의 근본적 변화의 징후로 파악되어야 한다. 낭만주의 이후 주체성을 형성시키는 규범적 동력으로 기능해온 진정성의 종언은, 진정성의 윤리에 기초하는 사회운동과 정치적 동력의 소실, 청년문화의 저항적인 에너지의 고갈, 사회학·철학·인문학과 같은 비판적 지식체계가 누리던 권위와 실력의 소멸을 동시에 의미한다. 이런 시각에서 보면, 가라타니의 근대문학 종언론이 제기하는 본질적인 문제는 진정성의 시대에서 소위 포스트–진정성의 체제(post-authentic regime)로 이행하는 집합정신의 변동과정에서 사라지는 주체의 형식들과 새롭게 등장하는 주체의 형식들에 대한 탐구와 성찰의 필요성이다(심보선·김홍중, 2008: 378-386; 김홍중, 2009: 180-191). 문학이 진정성을 상실했다고 판단하고 여전히 어딘가(정치)에 남아 있을 것으로 희망되는 진정성을 찾아서 문학 공간과 이별하는 가라타니의 몸짓이 허망한 이유는 문학의 외부에 이미 그런 의미의 진정성은 과거와 같은 방식으로 잔존해 있지 않기 때문이다. 중요한 것은 포스트−진정성 시대의 도래 속에서 과거의 진정성 모델과 다른 종류의 미학·정치적 실험, 탐구, 실천을 어떻게 수행할 수 있는지를 모색하는 것이다. 가라타니의 논의는 이런 점에서 이 시대의 근본적 모순에 대한 '해답'이 아닌 '질문'으로 이해되어야 한다. 즉, 그의 종언론은 문학과의 결별을 촉구하는 언명이 아니라 '문학이 불가능한 시대에 어떤 방식으로 문학의 정신과 윤리와 열정을 갱신하고 유지할 수 있는가'라는 질문으로 번역되어야 한다. 이 질문을 통해서 문학의 운명은 이제 문학의 영역을 벗어나 비판적 관심과 지향을 갖고 있는 다양한 담론의 영역으로 진입한다. 문학과 비판적 지식체계는 운명을 같이하고 있기 때문이다. 이 운명 공동체의 한 성원이 바로 사회학이다. 문학의 종언을 인정할 수밖에 없는 사회변동의 격류 속에서 사회학은 어떻게 자신의 운명을 성찰하고 타개할 것인가? 이 물음을 우리는 문학으로부터 되돌려 받는다.

주

1) 2006년에 황종연은 『현대문학』 8월호에 「문학의 묵시록 이후」라는 글을 전재함으로써 가라타니발(發) 종언론에 대한 본격적 검증을 시도한다(황종연, 2006). 다음해 10월 한겨레신문은 '우리시대 지식논쟁'에서 각각 조영일("이젠 '그들만의 문학 … 근대문학은 끝났다"), 최원식("근대문학 종언론은 상상 혹은 소동일 뿐"), 권성우("종언 '위기'를 근대문학의 기회로")의 세 상이한 시각을 소개하면서 문학종언론을 검토하고 있다. 같은 해 『문학과경계』 겨울호에서 고인환, 박판식, 이도흠 등은 가라타니의 테제를 집중 점검한다. 또한 문학잡지 『너머』는 창간호에서 「근대문학과 근대문학 이후」라는 특집을 기획하고 종언론을 비판하는 허병식의 글과 종언론을 옹호하는 조영일의 글을 싣는다. 영미문학잡지 『안과밖』의 통권 22호는 「'근대문학의 종언'론 어떻게 볼 것인가」라는 특집을 기획하여 송창섭과 권성우의 글을 싣는다. 가라타니의 텍스트를 다수 번역한 조영일은 그의 종언론을 다각적으로 해설·심화시킨 글들을 묶어서 『가라타니 고진과 한국문학』이라는 책을 펴낸다(조영일, 2008). 이처럼 가라타니의 선언에 대한 한국 문학장의 반응은 집중적이고, 전방위적이며 또한 다양하였다. 일부 평자들은 근대문학 고유의 가능성이 아직 실존하고 있음을 강변하면서 가라타니의 견해를 전적으로 일축하고자 한다. 문학은 죽지 않으며, 종언론은 '망발'이라는 것이다. 그러나 대다수의 평자들은 가라타니의 종언론을 현대사회의 '구조적 변동'의 수준에서 수긍하고 인정한다. 즉, 문학의 헤게모니가 이제 조락했다는 사실을 인정하면서, 가라타니가 냉정하게 선고하는 문학과의 '결별 논리'를 극복할 수 있는 가능성에 대한 진지한 숙고를 시도하는 것이다.

2) "이런 모든 점을 고려하고, 예술을 그 최고의 규정의 견지에서 바라볼 때, 우리에게 예술은 사실 이미 지나간 과거의 것이고, 과거적인 것으로 남아

있다. 이렇게 해서 예술은 또한 우리에게 그 참된 진리와 생동성을 상실했으며, 옛날처럼 현실 속에서 그 필연성을 고수하고 그 최고의 지위를 지키기보다는 이제는 오히려 우리 표상의 대상이 되어버렸다"(Hegel, 1835-42a: 40-1).

3) 사실, 가라타니가 사르트르를 20세기 프랑스의 대표적 지성이자, 문학의 표징으로 읽는 것은, 가라타니가 일본의 파시즘 문제와 관련해서 '책임'을 강조하는 정치적 입장을 갖고 있다는 사실에 기인한다. 가라타니에게 사르트르는 책임의 윤리를 인간 주체에게 부여한 거의 유일한 프랑스의 지식인이었다. 잘 알려진 것처럼 프랑스의 20세기 지성은 사르트르를 우회하여 급격하게 '구조주의'로 경사되었다. 구조주의적 사유 속에서 '주체'는 구조의 한 효과이다. 역사적 악행이나 부정 혹은 살해의 주체는, 이런 입장에서는 근본적인 책임이 없다. 그 자리에 다른 자가 있었어도 행위는 동일한 방식으로 일어났을 것이기 때문이다. 그것이 구조의 힘이다. 그러나 사르트르적인 입장(휴머니즘)은 주체의 의지와 책임을 강조한다. 실제로 사르트르는 프랑스 식민주의를 비판한 매우 드문 프랑스 지식인의 한 사람이었다. 가라타니가 일본의 파시즘, 전쟁 등의 문제를 깊게 천착하면서 부딪힌 문제란 결국, 일본 사회의 '주체'의 부재, 책임의 부재, 윤리의 부재였으며, 바로 이런 점에서 그에게 사르트르의 주체론은 단순한 철학적 사변이 아니라 가장 중요한 정치적 진정성의 언설이었다(柄谷行人, 2000: 204). 사르트르에 대한 가라타니의 평가를 우리는 가령 다음과 같은 문장에서 읽을 수 있다. "스스로를 피해자로서가 아니라 가해자로 보는 사상가는 프랑스에서는 사르트르뿐이었다. 때문에 전전·전쟁 세대에게 사르트르가 달갑지 않은 존재였음은 당연하다. 그것은 그들에게 '정치적 책임'을 상기시키기 때문이다. 구세대에게는 하이데거의 존재론이든, 레비스트로스의 인류학이든, 라캉의 정신분석이든 '인간은 주체가 아니다, 책임 따위는 질 수 없는 존재다'라는 말을 해주는 사상이 고마웠던 것이다"(柄谷行人, 2000: 172).

4) 헤겔은 프랑스 혁명의 공포정치적 상황을 『정신현상학』 4부 '정신' 편에서 언급하면서 다음과 같이 적고 있다. "이렇듯 공동체와 개체가 관계할

경우, 양자는 각기 서로가 불가분의 절대적 독자성을 띠는 가운데 서로를 결합하는 어떤 매개에도 동참하는 일이라곤 없다. 있는 것이라곤 아무 거침없는 직접적이고 순수한 부정의 행위와 나아가서는 공동체를 등에 업고 현존하는 개인을 부정하는 그러한 행위뿐이다. 이렇게 되면 공동체의 자유가 이루어낼 유일한 작업과 행위란 '죽음'에서나 찾아질 수 있거니와 더욱이 그것은 어떠한 내면의 넓이도, 내실도 지니지 않은 그러한 죽음이다. 이때 부정되는 것은 절대적으로 자유로운, 내실 없는 점과 같은 자기로서, 그의 죽음이란 배추 꽁다리를 잘라내거나 물 한 모금 꿀꺽 들이켜는 정도의 의미밖에 없는 더없이 냉혹하고 미련 없는 죽음이다"(Hegel, 1807b: 163).

5) 블랑쇼가 이처럼 헤겔을 참조하여 언어의 부정성에 대한 인식을 섬세하게 발전시키고 있었던 것에 비해서 사르트르는 『문학이란 무엇인가?』에서 시적언어와 산문의 언어를 구분하면서, 특히 후자를 일종의 '도구'로 파악하는 단순한 관점을 보여주고 있다(Sartre, 1948: 11 이하).

6) 소설의 경우에 그 대표적인 실례가 가령 『인간극』이라 명명된 발자크의 전집 계획이다. 1828년부터 1850년까지 약 20년이 넘는 시간 동안에 씌어진 90편의 장, 단편으로 구성된 이 전집은 그야말로 각종의 다양한 이야기와 주인공들이 엮어내는 일종의 거대한 우주를 당대의 프랑스, 특히 파리에 집약하고 있다. 발자크의 특정 소설에 나오는 인물(가령 A)과 다른 소설에 나오는 인물(가령 B)이 비록 소설 속에서는 한 번도 만날 수도 사귈 수도 없지만, 발자크를 읽는 독자의 의식 속에서 양자는 프랑스 공화국의 동일한 두 국민으로 '상상'되는 것이다(Anderson, 1991: 49-50).

7) 황종연은 데리다의 한 텍스트를 인용하면서, 문학이 단순한 제도가 아니라 "제도에 대항하는 제도"라는 점을 강조한다. 즉 근대문학은 근대적 네이션과 민족주의에 기계적으로 복무한 것이 아니라, 그런 정치적 제도화에 대한 "불신, 비판, 해체"의 수행을 보여준 것으로 파악할 수도 있다는 것이다(황종연, 2006: 213; Derrida, 1992: 37, 58). 이와 흡사한 맥락에서 듀링(Simon During) 또한, 근대소설이 민족주의와 국가의 형성에 봉사했다기보다는, 그가 시민적 상상계(civil imaginary)라 부르는, 풍속, 취미,

화법, 매너 등의 '사회적 공간'의 창출에 더 기여했음을 밝히고 있다 (During, 1990: 138-9). 듀링의 논의에 대한 비판적 접근으로서 김우창(김우창, 2000: 297-303)을 참조할 것.

8) 칸트적 상상력과 세계시민사회의 관계에 관해서 아렌트는 다음과 같이 쓴다. "비판적 사고는 분명 고립 속에서 진행되기는 하지만, 상상력의 힘에 의하여 타자들을 등장시킴으로써 잠재적으로 공적이며 모든 입장에 공개된 공간으로 들어가게 된다. 다른 말로 하자면, 그것은 칸트가 말하는 세계시민의 입장을 채택하는 것이다. 확장된 정신으로 생각한다는 것은 자신의 상상력을 통해 다른 곳을 방문하러 가도록 스스로 훈련시키는 것을 의미한다"(Arendt, 1982: 93).

9) 가라타니의 표현을 빌려 말하자면, 진정성의 주체는 특수성(particularity)이 아닌 단독성(singularity)을 체현하는 주체, 즉 어떤 사회적 범주나 집합체(일반성)로 환원되지 않는 고유의 품성, 특질, 특성을 내면적으로 소유하는 동시에, 바로 그런 고도의 개체성을 바탕으로 다른 존재들과 윤리적으로 연대할 수 있는 보편성을 또한 지니고 있는 주체이다. 특수성과 단독성의 차이에 대한 설명으로는 다음을 참조할 것(柄谷行人, 1989a: 11-20; 柄谷行人, 1989b: 339-361; 柄谷行人, 2001: 169-188).

제2부

마음의 풍경
― 문화적 모더니티

아직 전기조명이 가설되지 않았던 시절, 가스등과 석유램프가 휘황한 빛을 뿜으며 마치 `요정들이 사는 동굴'처럼 빛나던 이 제정기(帝政期)의 아케이드는 20세기 초에 이르러 급격히 낙후되어간다. 다다(Dada)와 초현실주의는, 이처럼 순간적으로 촌스럽게 되어버린, 그러나 가까운 과거의 흔적이 풍기는 묘한 향수와 정겨움을 환기시키는 아케이드에서 태어났다. 벤야민이 이 건축형식을 통해 모더니티의 전체상을 조망할 수 있는 영감을 준 텍스트가 바로 초현실주의자 루이 아라공의 『파리의 농부』(1926)였다는 사실은 놀랄 만한 일이 아니다. 시인 아라공은 벤야민에 약간 앞서, 특유의 예술적 감수성으로, 아케이드의 역사적 성격을 포착하고 이를 하나의 전형적인 풍경으로 창출하였다. 유리와 철로 되어 있는 수용적 공간이라는 점에서 아케이드는 `인간수족관'에 비유되고, 이제는 낡은 것들이 숨죽인 채 빠르게 변화하는 시간을 우회하고 있다는 점에서 `근대적 신화의 보관소'라 불린다.

5장

다니엘의 해석학

— 풍경에 대한 사회학적 사유의 가능성

I. 왜 풍경인가?

시간적 변수를 중심으로 세계이해의 틀을 구성했던 19세기 근대 유럽의 인문 사회과학에서 공간, 장소, 거소 등의 토포스적 차원은 소위 학문적 망각 상태로 남겨졌다. 그러나 이렇게 차폐되었던 공간과 그 상징적 재현에 대한 관심이 증가하면서, 20세기 중후반의 예술사, 문학사, 문화분석, 신문화지리학 등의 다양한 분과에서 중요한 테마로 부각한 대상이 하나 있으니, 그것이 바로 풍경이다(Mitchell, 1994; Warnke, 1997; Barrel, 1980). 이 분과들은 공히 풍경의 탄생과 성립을, 일상적 체험의 수준으로부터 예술적 규범에 이르는 방대한 영역에서 진행되었던 시지각적 재현체제 혹은 근대적 시각체제(scopic regime)의 구조적 변동이라는 관점에서 파악하며, 풍경의 역사적 형성에 은닉되어 있는 정치적, 이념적, 권력적, 인종적, 계급적 함의를 다각도로 분석한다(Jay, 1988). 이때 풍경이란 단순한 미학적 완상의 대상이 아니라 그것을 통해서 풍경의 향수자가 세계를 해석하고 이해하고 구성하는 일종의 '제도적 세계상'이다. 제도인 한에서 풍경은, 지각과 경험을 조직하는 객관적이고 사회적인 원리이며 또한 세계상인 한에서 풍경은 언어로 구성된 세계관과 상이한 영상적 구축물이다. 풍경에 대한 관심과 연구로부터 파생되는 이러한 인식을 사회학의 지평으로 전유할 수 있는 가능성을 우리는 다음과 같은 두 가지 차원에서 모색할 수 있다.

우선, 사회학의 '대상'으로서의 풍경이다. 사실 문학사회학, 예술사회학 그리고 지식사회학을 방계 분과로 포괄하는 넓은 의미의 문화사회학 고유의 연구로서 풍경에 대한 접근은 비교적 드문 편이다. 이는 아마도 문화현상에 대한 기존의 사회학적 논의들이 마르크스, 만하임, 루카치, 그람시, 아도르노, 알튀세, 하버마스, 푸코 등에 대한 비판적 검토와 해석을 통해서 이데올로기, 지식인, 세계관 등의 거시적 논구와 논쟁에 주력함으로써, 다양한 문화현상들에 대한 경험적 연구에 소홀했던 결과일 것이다. 풍경을 대상으로 하는 '사회학적' 연구가 이렇게 빈곤하다보니, 사회학 외부에서 풍경을 다룬 연구의 성과들을 일괄적으로 열람할 필요를 느끼는 것은 당연하지만, 우리는 기왕의 연구들을 단순히 정리하고 유형화하는 대신에, 풍경을 연구의 대상으로 성립시키는 구조적 특성을 보다 체계적으로 살펴보고자 한다. 우선 지적되어야 하는 것은 풍경의 역사성이다. 풍경이 역사성을 갖는다는 것은, 풍경이 늘 거기에 존재하는 물리적 상수가 아니라 특정한 시점에 특정한 변동을 통하여 지각되고 감지되는 역사의 구성물임을 의미한다. 이를 위하여, 풍경화의 발생에 대한 소략한 통사(通史)를 바탕으로 이러한 풍경을 자연과 문화의 상징적 종합으로 철학적인 수준에서 정립한 칸트의 숭고론에 기대어, 재현된 자연으로서의 풍경 개념의 미학적 함의를 살펴보겠다. 또한 이러한 인식을 기반으로 풍경이 미학의 영역을 벗어나 하나의 제도적 세계상으로서 확장·적용되는 최근의 사회과학적 경향을 추상하여, 이러한 방식으로 이해되는 풍경의 세 가지 존재론적 특성을 선험성, 제도성, 영상성의 분석적 측면으로 구분하여 이를 각각 서술해보고자 한다.

둘째, 우리는 '개념'으로서의 풍경을 사회학에 수용하여 이론화하는 가능성을 탐색한다. 하지만 이런 시도에는 늘 다음과 같은 질문들이 정당하게 선행한다. 비유적인 인상을 강하게 풍기는 '풍경'이라는 개념을 새롭게 사회학적 개념의 목록에 첨가시켜야 하는 이론적 필연성은 무엇인가? 기왕에 존재하는 다른 용어나 개념이 수행할 수 없는, 풍경 개념의 특수한 기능이란 무엇인가? 간략히 대답하자면, 풍경 개념은 지식사회학의 기본적 비유인 토대와 상부구조의 문제에 대한 이론적 성찰이라는 맥락에서 요청된다. 주지하듯이, 역사유물론의 관점에서 지배적인 것은 설명항(explicans)인 하부구조와 피설명항(explicandum)인 상부구조가 건축학적으로 구조화되어 있으며, 양자의 관계는 늘 결정적인 수준에서 인과적 연관성으로 수렴된다는 사실이다. 이 비유의 문제점은 고도의 추상성과 상징성 혹은 예술성을 갖고 있는 대상들은 인과적 관계설정에 조소적(嘲笑的)으로 저항한다는 사실이다. 이를 해결하기 위해서 존재의 변수들을 다양화시키거나 혹은 존재와 의식 사이에 복잡한 매개를 설정하려는 시도가 행해지지만, 이는 종국적으로 다시 인과성의 틀을 확장시킴으로써 대상의 내적 세계를 보다 현학적으로 고갈시키는 결과를 가져오는 경우가 많았던 것이 사실이다.

풍경의 개념화를 통해 우리는 일종의 발상의 전환을 꾀하는데, 우리가 제시하는 가능성은 다음의 두 가지로 집약된다. 첫째, 기왕의 지식사회학적 접근에서 주로 사용되어온 토대−상부구조의 비유에서 토대를 생산력과 생산관계라는 경제적 차원에 국한시키지 않고 풍토, 풍경, 환경으로 구성되는 본원적 체험의 공간으로 확장하는 것. 이를 위해서 우리는 철학적 사유의 영상적 환경을 탐구하기 위해서 들뢰즈가 사용했던 '사유의 이미지(image de la pensée)'라는 개념을 풍경이라는 개념으로 대체할 수 있는 가능성을 고찰한다. 둘째, 의식과 존재의 연관을 인과성이 아닌 표현성으로 사유하는 것. 이를 위해서 '토대-상부구조'의 연관을 표현(Ausdruck)이라는 새로운 관점에서 비판적으로 재검토함으로써 특정한 지식체계의 내부에서 고도로 압축적인 영상적 질서를 발견하고자 했던 발터 벤야민의 지식이론을 고찰하고자 한다.

II. 대상으로서의 풍경

1. 풍경의 탄생

농부는 자신의 농토를 풍경으로 지각하지 못한다. 무심한 여행자의 낭만적인 눈길에 그토록 서정적이고 다감하게 비춰지는 금빛 들녘은 그것을 평생 경작하는 농부에게는 고된 생활세계의 일부일 뿐이다. "넓은 벌 동쪽 끝으로 옛이야기 지즐대는 실개천이 휘돌아 나가고, 얼룩백이 황소가 해설피 금빛 게으른 울음을 우는 곳"이라는 절창을 지용이 읊었을 때, 그는 충청도 옥천의 농군이 아니라 "남달리 손이 히여서" 슬픈 지식인이며, "집 떠나 배운 노래를 집 차저 오는 밤 논ㅅ둑 길에서" 부르고 있는, 귀향길에 눈이 새로운 유학생인 것이다(정지용, 2003: 49, 16, 32). 시의 제목이 시사하듯이, 재현의 대상인 고향은 단지 향수 속의 고향이었을 뿐, 지용 스스로가 밟고 노동했던 생활의 장이 아니었다. 이러한 의미에서, 풍경을 바라보는 자는 이미 자신의 눈과 세계 사이에 일종의 절연을 체험하고 있는 근대인이다.

이효덕이 『표상공간의 근대』에서 인용하는 카토우 노리히로(加藤典洋)의 공식을 빌려 말하자면, 풍경은 전형적으로 '여행자의 심미적 태도'가 '생활적 경관'을 만남으로써 발생하는 것이다(이효덕, 1996: 46-7). 생활의 권역이 아닌 탐승적 풍광을 대상으로 풍경이 구성된다 할지라도, 이때 자연은 이미 그 원초적이고 물질적이며 때로는 파괴적인 권능을 박탈당한 일종의 문화적 가공물 즉 명소이며, 관찰자는 이미 특정한 의미발생의 지평 속에서 이 공간을 바라본다. 따라서 풍경은 산수가 아니다. 풍경과 산수의 지시체는 모두 자연적 경관임에 틀림없으나 그 역사적 맥락을 고려하여 살펴보면 양자의 공통분모는 단지 피상적 인식의 소산임이 드러난다. 요컨대, 산수가 동아시아의 전통적 인문교양의 총화로서 천지산천과의 친화적이고 이상적인 세계관을 표상한다면, 풍경은 서구 근대의 시각적 재현양식의 축도로서, 근대적 세계를 규정하는 가장 근원적인 사건인 자연과 문화의 문명사적 분리를 함축한다(서유리, 2002: 87).

서구 회화사에서 풍경화가 하나의 독자적인 장르로서 탄생하게 되는 과정을 살펴보면, 이러한 분리의 과정이 분명하게 드러난다. 풍경은 원래 성서나 신화의 이야기를 재현한 그림들 속에서 인물과 이야기가 펼쳐지는 배경으로 등장한다. 그런데, 15세기 중반 이래, 원경에 불과하던 이 차원은 재현된 이야기와 무관한 독자적인 장면으로 화면에서 서서히 분리되기 시작한다(Roger, 1997: 75). 풍경화의 이러한 독립 현상은 인물화, 정물화, 풍속화 등의 동시다발적인 독립과 그 맥을 같이하는 것으로서, 전통적 회화의 부속물들이 자율성을 확보하는 회화공간의 근대화의 한 국면으로 이해될 수 있다(Todorov, 1993: 10). 이미 15세기 플랑드르 회화에서 맹아적으로 확립된 풍경화는 17세기의 네덜란드 회화에 이르러, 상승하는 부르주아의 내밀한 사적 공간의 풍속도와 발맞추어 이들의 패기 넘치는 시선에 의해 조직된 거친 자연을 재현한다. 18세기와 19세기의 영국회화는 이를 제도화하고, 19세기 프랑스에서는 바르비종파를 필두로 인상주의의 친숙한 풍경이 등장한다(Roger, 1997: 65). 대략 15세기부터 시작된 풍경화의 독립현상의 배후에는 이탈리아 피렌체에서 최초로 실험·창안되고 이론적으로 정립된 원근법(perspective)적 시각양식의 성립과 이로부터 파생된 '공간의 합리화' 그리고 '보는 주체의 구성'이라는 시각장의 근대적 변동이 존재한다(주은우, 1988: 95 이하). 그러나 풍경화의 역사적 형성을 보다 심층적으로 이해하기 위해서는 시각적 규범화를 넘어서는 또다른 차원을 언급해야 한다. 그것은 바로 자연에 대한 형이상학적 태도의 변화이다.

기독교적 세계관으로 해석되는 중세의 자연은 결코 미적 향수의 대상이 아니었다. 자연은 실낙원 이후의 몰락과 타락 상태에 함몰된 공간으로 이해되었으며, 교회가 대표하는 섭리적 공간과 대립하는 혼돈을 표상했다. 이를 예시하는 가장 전형적인 사례는 14세기 인문주의자인 페트라르카의 일화이다. 1336년 4월 26일, 디오니지(Francesco Dionigi de'Roberti)에게 보낸 서한에서 이 '최초의 근대인'은 방투 산(Mont Ventoux)의 정상에서 자신이 느낀 격렬하고 모호한 감정을 전하고 있다. "처음에 나는 거의 마비된 상태로 거기 서 있었다네. 전에는 전혀 체험하지 못한 돌풍을 맞으며, 비상하게 넓고 툭 트인 광경에 압도된 채 말일세. 나는 주변을 둘러보았네. 발아래 구름들이 몰려오고 (……). 자네에게 이 점을 고백해야 하겠네. 나는 이탈리아의 공기가 그리웠다네. 이탈리아의 공기는 내 눈보다 내 정신을 더 움직이곤 했었지. 친구들과 고향을 보고 싶다는, 믿을 수 없을 만큼 강한 욕망이 나를 엄습했다네"(Petrarca, 1336: 41-2). 페트라르카는 눈앞에 펼쳐지는 전대미문의 광경을 카오스로 파악하고 이로부터 회피하여 친숙하고 편안한 고향의 풍경을 그리워하고 있다. 결국 그는 고산지대가 펼쳐놓은 이 광대무변의 공간감에 굴복한 채, 마치 중세적 질서 속으로 다시 침잠하려는 듯이 그리고 외적 세계에 현혹되어 진정한 내적 세계를 방기하고는 이를 후회하며 다시 명상적 내면으로 복귀하는 참회자를 연상시키는 태도로, 성부 아우구스티누스의 『고백록』을 읽는다 (Petrarca, 1336: 44).

자연의 압도적인 면목을 미학적으로 처리할 수 있게 되기까지 유럽인들은 약 4세기를 더 기다려야 했다. 18세기에 이르면, 유럽의 고지대 산악지역은 알피니스트-여행객들의 방문지 목록에 편입되고, 몽블랑(Mont Blanc) 산과 몽테귀유(Mont Aiguille) 산 등의 험준한 지형 또한 호기로운 부르주아들의 여행지로 발명된다(Joutard, 1996; Lesage, 1992). 프리드리히(Caspar D. Friedrich, 1774-1840)의 일련의 풍경화들이 보여주듯이, 자연의 비장하고 장대한 풍경(구름과 만년설을 굽어보는 산정, 파도가 몰아치는 바다, 아스라한 협곡) 앞에서 인간은 더이상 비소하고 불안한 존재가 아니라, 고독하지만 낭만주의적 이상을 가지고 자연과 대면하는 오만한 개인으로 묘사된다(Montandon, 1977: 86-7). 인간의 감각에 즐거움이 아닌 불안과 불편을 주던 저 자연이 어떻게 미학적 대상의 목록에 기재될 수 있었는가? 바로 여기에 풍경이 갖고 있는 문명사적 함의가 존재한다. 근대적 의미의 풍경, 즉 중세적 자연의 문화적 변용 혹은 인간화는 아이러니하게도, 쾨니히스베르크를 생애 단 한 번도 떠나보지 못한 고독한 산책자이자 정주인의 전형인 칸트에 의해서 최종적으로 철학적 인준을 받게 된다. 자연이 문화의 질서로 편입되는 중요한 계기를 구성하는 개념의 창안, 그것은 바로 아름다움과 엄밀하게 준별되는 미학적 범주로서의 숭고의 정초이다.[1]

아름다움과 숭고를 구분하는 근거는 우선 양자의 속성이 다르다는 사실에서 비롯된다. 개념에 의한 매개 없이 즉각적으로 감각의 쾌미를 가져다주는 아름다움과는 달리, 숭고는 "절대적으로 거대한 것" "모든 비교를 넘어서서 거대한 것" "그것과 비교하면 나머지는 모두 작은 것" "감각을 초월하여 있는 것" 등으로 정의된다(Kant, 1790: 123-7). 주체의 표상능력을 초월할 만큼 강력하고 절대적인 자연의 숭고함이란 이러한 의미에서, 중세적 심성이 자연을 바라볼 때 동반했던 종교적 외경심의 흔적을 여전히 간직한 유사–신학적 뉘앙스를 풍기고 있다(Kant, 1790: 144 °하). 그러나 사실 여기에는 이보다 훨씬 더 중요한 문제가 하나 존재한다. 그것은 아름다움과 숭고의 구별에 대해서 칸트가 명기한 다음의 문장에서 드러난다. "자연의 아름다움에 관해서라면 우리는, 우리의 밖에서 그 원칙을 찾아야만 한다. 그러나 자연의 숭고에 관해서라면, 우리는 우리의 안에서 그 원칙을 찾아야 하는데, 그 원칙이란 자연의 재현 속에 숭고를 이끌어들이는 사유의 방식으로서의 원칙이다"(Kant, 1790: 121). 만일, 자연이 아름다움의 범주에 의해서 체험된다면, 아름다움은 자연 속에 내재해 있는 것이다. 그러나 자연이 갖고 있는 초인간적 역동성의 표상인 숭고는 자연에 내재하는 것이 아니라 인간 주체가 자연과의 교섭 속에서 구성하는 선험적(transcendantal) 원칙으로부터 오는 것이다. 칸트는 이 점을 반복해서 강조하는데 우리는 이를 주의 깊게 살펴볼 필요가 있다. 즉, 숭고는 "자연의 사물(in den Dingen der Natur)에서는 찾아질 수 없는 것이며, 단지 우리의 관념에서만(allein in unseren Ideen) 찾아질 수 있는" 어떤 것이다(Kant, 1790: 126). 요컨대 숭고한 것은 자연 그 자체가 아니다. 숭고는 인간의 인식이 자연을 만날 때 그 관념 속에서만 발생하는 무엇이다. 이제 페트라르카에게 방투 산이 불러일으켰던 거대한 감정의 원천인, 상상 불가능하며 인간의 표상능력을 와해시키는 절대적인 것으로 표현되는 공간의 자연성은 칸트가 수행하는 코페르니쿠스적 전환 속에서 인식론적 주체의 세계 구성적 능력에 의해 인간화되고 있는 것이다.

투안(Yi-Fu Tuan)이 '우주에서 풍경으로의 이행(from cosmos to landscape)'으로 요약하는 서구 정신사의 중대한 변환은 이처럼 수직적 위계로 이해되었던 전근대적 세계(우주)가 수평적 인간질서와 조우하면서, 양자의 접점에서 새로운 질서(숭고한 풍경)가 성립하는 현상이다(Tuan, 1974: 129 이하). 주체와 세계의 이러한 종합적 혼융 속에서, 풍경은 문화에 의해 번역된 자연, 인간에 의해 재현된 숭고한 자연이라는 위상을 획득한다. "폭풍 치듯이 구름이 몰려들어 천둥, 번개 속에 흘러가는 하늘에 마치 위협하듯이 돌출하는 괴암들, 모든 것을 휩쓸어버릴 듯한 괴력을 발산하는 화산들, 파괴를 동반하는 벼락들, 공포에 휩싸인 거대한 대양, 강력한 강물이 떨어져내리는 폭포들"(Kant, 1790: 142). 칸트가 열거하는 이러한 자연의 역동적 양상이 숭고의 범주로서 이해되는 순간, 풍경에 대한 모든 이론적 성찰은 그 철학적 근거를 획득한다. 즉, 풍경은 자연 그 자체가 아니라 그것의 재현적 구성이며, 인간의 인식론적 기능이 자연이라는 다양하고 혼돈스런 감각대상을 '포섭(Subsumtion)'함으로써 성립하는 자연과 인간의 상징적 종합이다.

이러한 종합적·포섭적 성격은 풍경에 내재하는 이중성의 요체를 이룬다. 그것이 종합인 이상, 풍경은 인간에 의한 자연의 재현인 동시에 이러한 재현 속에서 인간이 자연을 바라보는 관점을 역으로 규정하는 격자(格子)이기도 하다. 니콜라 푸생과 함께 17세기 프랑스 고전주의를 대표하는 풍경화가인 클로드 로랭의 작품들에 대하여 곰브리치가 논평하는 다음의 사실(史實)은 이를 증명한다. "자연의 숭고한 아름다움에 대해 처음으로 사람들의 눈을 일깨워준 화가는 바로 클로드 로랭이었다. 그가 죽은 지 거의 100년 가까이 되었을 때에야 여행자들은 클로드의 기준에 따라 실제의 풍경들을 판단해보기 시작했다. 만약 풍경들이 클로드가 그려 보여준 시각세계를 상기시키기만 하면 그들은 그 풍경을 아름답다고 찬미하며 거기에 소풍을 가 즐기곤 했다. 부유한 영국인들은 더 나아가 클로드의 아름다움에 대한 갖가지 꿈들을 바탕으로 그들의 공원이나 저택에 자기들 전용의 인공적인 소자연(小自然)을 꾸며놓으려고 마음먹기까지 했다"(Gombrich, 1971 : 386-7). 클로드 로랭의 풍경과 그것의 사회적 효과에 대한 위의 에피소드에 비추어보면, '풍경이 먼저 거기 있고 그것에 대한 재현이 있는가' 아니면 '재현이 먼저 있고 그것이 풍경을 창출하는 결과를 낳는가?'라는 질문은 우문에 불과한데, 그 까닭은 양자가 구조적으로 분리 불가능한 일체를 이루고 있기 때문이다.

2. 선험적, 제도적, 영상적인 인식의 틀

풍경의 이중성에 대한 인식은 자연스럽게 풍경 개념의 확장을 가져온다. 이제 풍경은 풍경화라는 미술사의 고유대상보다 훨씬 더 넓은 의미에서 파악되기 시작하고, 풍경이 그 향수자에게 행사하는 영향력이 본격적인 관심의 대상이 된다. 가라타니 고진은 풍경이라는 용어의 함의를 대담하고도 유효한 방식으로 확장시켜 단순히 재현된 풍경화가 아닌 인식의 틀이자 제도로서의 풍경이라는 개념을 창출한다. 그의 논의가 갖는 독창성은, 풍경을 문학사의 차원으로 도입하여 풍경의 탄생을 내면의 탄생과 동시적인 것으로 파악하고, 이를 통해서 근대 일본 리얼리즘 문학의 성립(메이지 20년대) 과정을 '풍경의 발견'이라는 보다 광범위한 역사적 맥락 속에서 설득력 있게 설명하고 있다는 점이다. 가령, 일본의 자연주의 소설가인 구니키다 돗포(國木田獨步, 1871-1908)의 『무사시노武藏野』(1897), 혹은 『잊을 수 없는 사람들』(1898)

에서 확인할 수 있는 것은, 소설의 화자가, 자신이 묘사하는 공간을 하나의 풍경으로 정립함으로써, 서술의 대상과 객관적인 거리를 유지하는 하나의 시선으로 등장하고 있다는 사실이다(柄谷行人, 1980: 32-6). 그런데, 이러한 거리로부터 야기되는 것은, 외적 풍경의 대척점을 구성하는 내면적 고백의 공간이다. 환언하자면, 소위 심리학적 내면이라 부를 수 있는 근대문학 고유의 탐구 영역은 역설적이게도 외부 세계를 풍경적으로 구성할 수 있는 원근법적 시선의 확립과 동시적으로 발견되었다는 것이다. 근대적 내면이란, 무질서하게 흘러가는 상념들의 다발이나 망상, 번뇌, 희망, 기억 따위의 방만한 유출이 아니라, 그것들을 삶과 체험의 구조 속에서 일목요연하게 파악하는 객관적 관점(perspective)에 의해서만 조직되는 공간이다. 근대적 내면은 시각의 중립적 지점을 확보하여 시계 속에 산포되어 존재하는 모든 사물들을 일률적으로 재현하는 풍경화와 동일한 원칙하에서 창출된다. 내적 자연과 외적 자연이 동일한 방법에 의해서 지각되고, 파악되어, 제시된다고 할 때, 이 두 가지 자연을 인간적 언어로 번역하는 원리에 대해 가라타니는 '인식틀로서의 풍경'이라는 이름을 부여하고 있다. 인식틀로서의 풍경은 그 안에서 인식의 주체와 대상을 규정하는 객관적 장(場)을 형성한다. 그는 이렇게 쓴다. "풍경이 일단 성립되면 그 기원은 잊혀져버린다. 그것은 처음부터 외부에 존재하는 객관물(object)처럼 보인다. 그러나 객관물이라고 불리는 존재는 거꾸로 풍경 안에서 성립한 것이다. 주관 또는 자기 자신 역시 마찬가지다. 주관(주체)/객관(객체)라는 인식론적 공간은 '풍경'에 의해 성립된 것이다. 즉 처음부터 존재한 것이 아니라 '풍경'에서 파생한 것이다"(柄谷行人, 1980: 48).

그렇다면 풍경의 성립에서 외적 자연의 구획기법으로 정립된 원근법에 조응하는 내적 자연의 재현 기법은 무엇인가? 가라타니는 메이지 20년 전후에 성립된 언문일치 제도를 지적한다(柄谷行人, 1980: 62 이하). 언문일치란 글(écriture)로서의 언어와 말(parole)로서의 언어가 결합하는 것이며, 글쓰기의 규준을 구성하던 한문적인 세계관에서 벗어나, 있는 그대로의 자신을 관찰한 것을 사실적으로 제시할 수 있게 하는 기법이다. 서구 문학의 경우, 객관적 글쓰기를 제도적으로 뒷받침하는 문학적 장치로 거론되는 것은 삼인칭 시점(서술적 삼인칭)과 단순과거의 확립이다(Barthes, 1953: 31-40). 예컨대, 1911년 2월 19일에 자신의 일기에서 카프카는 "그가 창문을 통해 바라다보고 있었다"라는 문장을 쓰고 나서, 이 문장을 쓸 수 있었다는 사실로부터 작가로서의 희망의 근거를 발견하고는 자신이 이제 "모든 것을 할 수 있다"라고 들떠 말하고 있다(Kafka, 1984: 27). '그'의 창출은 거리의 창출이며, 또한 중립적 시각의 창출이기도 하다. '나'의 체험이 가상적인 '그'의 시선에 포착되는 허구적 구성 속에서 모든 언명들이 역사적 사실이나 물리학적 사실들을 표현하는 '-이(었)다'로 제시되는 순간, 마치 원근법을 통하여 자연이 풍경으로 변모하듯이, '나'의 마음이라는 형이상학적 공간은 보편적 내면으로 탈바꿈하여 가시화되는 것이다. 이러한 방식으로 이해되는 풍경, 즉 인식틀로서의 위상을 확보하고 있는 풍경을 단순한 풍경화로서의 풍경과 구별시켜주는 다음의 세 가지 특성을 명료하게 이해해야 한다. 그것은 선험성, 제도성, 영상성이다. 이를 상술하면 다음과 같다.

첫째, 인식틀로 이해되는 풍경은 주체의 경험의 차원을 초월한다. 그것은 마치 푸코가 담론이 생산되는 특정한 구조를 지칭하기 위해서 사용했던 에피스테메(épistème)처럼 역사적 아프리오리(a priori historique)인 동시에 가능성들의 조건들(condition de possibilités)을 구성한다(Foucault, 1966b: 7-16; Foucault, 1969: 166-173). 풍경의 선험성에 대하여 기존의 예술사는 이미 적절한 언급을 하고 있다. 예를 들자면, 1915년에 파노프스키는 선배 예술사가인 하인리히 뵐플린

(Heinrich Wöfflin)의 양식(style) 개념을 보완할 목적으로 발표한 한 논문에서 다음과 같은 인상적인 명제를 제출한다. "그렇다면 시각에 의해서 획득된 현실을 형상화한다는 것은 무엇을 의미하는가? 아직 형태를 갖고 있지 않은 시각적 소여를 미학적 차원에서, 형식적이고 예술적인 도식에 적합하게 해석하는 주체는 무엇인가? 여기에는 단 하나의 대답밖에 없을 것 같다: 그것은 영혼이다. (……) 요컨대, '시각적 태도'란, 엄밀히 말하자면, 시각적인 장에 대한 지적인 태도이며, '눈이 세계와 맺는 관계(Verhältnis des Auges zur Welt)'는 사실상 '영혼이 눈의 세계와 맺는 관계(Verhältnis der Seele zur Welt des Auges)'이다"(Panofsky, 1915: 188). 파노프스키에 의하면 눈은 세계를 지각하는 육체적 기관이지만, 사실상 눈이 세계의 무차별적인 소여를 정리하여 파악할 수 있기 위해서는, 눈이 보는 것에 선험적인 틀을 부여하는 '영혼'이 존재해야 한다는 것이다. 파노프스키가 카시러(Ernst Cassirer)의 영향하에서 '상징적 형식'으로서의 원근법 연구에 초석을 정초했다는 사실, 그리고 상징적 형식이란 칸트의 '선험적 도식'에 대한 카시러적 확장이라는 사실, 또한 이러한 개념들의 핵심이 바로 감각적 세계의 다양성(자연)을 상징적으로 통합하게 해주는(숭고) 인식론적 모형(풍경)에 대한 성찰에 있다는 사실은 모두, 육안과 세계의 경험적 관계를 넘어서는 육안의 선험적 규칙으로서의 영혼이라는 통찰과 부합한다.[2]

둘째, 바로 이러한 의미에서 풍경은 주관적이고 가변적인 체험이 아니라 체험의 조건으로 기능하는 하나의 '제도'이다. 칸트의 선험적 도식, 카시러의 상징적 형식 그리고 파노프스키의 영혼으로 표상되는 풍경의 사회학적 번역어는 바로 제도로서의 풍경이다. 그러나 제도로 이해되는 풍경은 단순히 인식론적인 선험성의 영역에 머무는 것이 아니라, 그것의 실제적 존재양식인 물질적 토대를 포함하게 된다. 이효덕은 저서『표상공간의 근대』에서 풍경이라는 제도를 물질적으로 뒷받침하는 수많은 하위제도들에 대한 체계적이고 포괄적인 분석을 보여주고 있다. 그는 이미 가라타니 고진이 밑그림을 그린 선험적 풍경과 내면 발견의 동시성이라는 테제로부터 시작하지만, 그 논의가 경험적 제도들의 차원에서 충분히 규명되지 못했음을 지적하고, '풍경과 내면을 동시에 성립시키는 기구'에 대한 연구의 부재를 다음과 같이 지적한다. "'풍경의 발견'과 '내면의 발견'이 메이지기 근대문학의 성립과정에서 궤를 같이하여 발생했다는 가라타니의 주장을 따른다면, 선험적인 '장(場)' 즉 표현과 인식의 구조를 규정하는 가능적 경험의 지평이 지금까지와는 다른 '장(서구근대)'으로 이행할 경우, '풍경'과 '내면'은 형식적으로 성립되는 것으로 귀결되기 때문이다. (……) 결국, 선험적인 '장'의 변화가 초월성에 의해 규정되는 '경험'의 가능성을 변경시켰다 해도, 그 초월성이 확보되는 것은 정확히 그 '경험'의 지평에서 일 수밖에 없는 이상, 그 초월성의 변화를 가능케 한 '경험'의 핵심, 즉 '표현'의 변용이야말로 문제 삼아야 할 대상이다"(이효덕, 1996: 94). 이러한 입장에서 그는 속기술, 출판기구, 양장형식, 박람회, 파노라마, 교육의 근대화, 교통수단 등 풍경의 제도적 기구(미디어)들을 상세히 분석하고, 근대적 풍경의 확립 현상의 배후에 근대국가 일본의 '경계'가 형성되고 그 내부 공간이 풍경적으로 균질화되는 과정이 존재함을 보여준다(이효덕, 1996: 249 이하). 이러한 연구들은, 사회과학이 풍경의 선험성을 물질화하는 다양한 제도적 차원에 대해서 얼마나 효과적으로 접근할 수 있는지를 보여주며 또한 이들이 규정하는 풍경이 제도적 차원에 현실적으로 뿌리내리고 있다는 사실을 증거한다.

셋째, 이처럼 제도죄이며 선험적인 인식틀인 풍경은 언어적·논리적 질서가 아닌 영상적 질서로 구성되어 있다. 바로 이 때문에 풍경은 인식틀의 실례로 일반적으로 열거되는 에피스테메, 세계관, 패러다임,

혹은 이데올로기 등과 구별되는 독자성을 갖는다. 가령, 골드만이 정의하는 세계관은 "한 그룹(대부분의 경우 사회계급)의 구성원들을 결합시키고 그들을 다른 그룹과 대립시키는 소망, 감정, 사상의 총체"(Goldmann, 1959: 26)이다. 전형적인 인식틀의 하나로 제시되는 골드만의 세계관 개념은 서구의 철학적 전통이 고수하는 삼분법적 위계를 집결시키고 있다. 즉, 사유하는 힘으로서 사상과, 의지하는 힘으로서의 소망과 느끼는 힘으로서의 감정이 그것이다(Heidegger, 1929-1930: 104). 그러나 사유와 의지와 기분이라는 세 가지 축의 로고스를 중심으로 구축된 골드만의 세계관에는 영상적 차원이 결여되어 있다. 사실, 유대-기독교적 전통과 희랍적 전통 양자에서 모두 이미지는 늘 그보다 훨씬 더 본질적인 차원(이데아, 로고스, 텍스트)에 종속되어왔다. 이때 이미지의 기능은 전통적으로 '유혹하고 설득하는' 수사학의 기능과 크게 다르지 않았으며, 19세기 후반에 이르러서야 비로소 이미지는 자체의 독자성과 자율성을 가진 실체로서 파악되기 시작한다(Christin, 1998: 85). 이런 맥락에서 풍경의 발견은 매우 획기적인 사건에 속한다. 왜냐하면 풍경은 세계관과 거의 흡사하지만, 결코 로고스로 환원되지 않는 형상적 질서이기 때문이다. 칸트의 선험적 도식론에서, 도식이 상상력의 산물임은 시사하는 바가 크다. 풍경을 포착할 수 있는 인식론적 기능은 추론하는 이성도 아니고 판단하는 오성도 아닌 상(象)을 지어내는 힘 즉 구상력이며, 이러한 의미에서 세계인식의 영상적 구조는 언어적 모델의 우위와 로고스 중심주의를 벗어날 수 없는 사유구조에서는 하나의 공백으로 남겨질 수밖에는 없다.

선험성, 제도성, 영상성은 사실 분리할 수 없는 일체를 이루는 풍경의 상이한 측면들이다. 선험적인 풍경은 늘 제도 속에서 활성화되고 또한 여타의 인식틀과는 구분되는 '시각적'이고 '상상적'인 질서를 구현한다. 이 세 가지 특성의 중첩과 결합이 바로 사회과학이 풍경을 풍경으로 지각하고 탐구할 수 있는 인식론적 기초를.이루는 것이다. 이러한 제도적 세계상으로서의 풍경은 돌려 말하면 근대적 주체의 '마음의 풍경'이기도 하다. '마음'은 언제나 나의 것이 아니다. 나의 것으로 여겨지는 '마음'은 사실, 이미 거기에 하나의 구조로서 가동되는 인식의 격자, 그리하여 제도적 장치로 기능하는 시선의 방식, 그리고 그런 구조의 산물로 우리에게 주어지는 수많은 영상들의 함수일 뿐이다. 내가 보는 것이, 언제나 나의 눈 속에 있는 '사회적' 영혼이 보는 것이라는 파노프스키의 진단은 사회학적 관점에서 풍경을 접근할 때, 그것이 언제나 집합적이고 시대적인 '마음의 풍경'이라는 사실을 암시하고 있는 것이다. 마음은 선험적이고, 제도적이고 영상적이다. 그런 마음의 문명사적 조직이 바로 풍경의 등장이었고, 그런 풍경의 구성을 우리가 살펴본 사회과학은 다양한 방식으로 탐구했던 것이다.

III. 풍경의 개념화

1. 사유의 이미지

이상에서 우리는 '대상'으로서 풍경의 문제에 접근하는 두 가지 가능성(자연의 재현으로서의 풍경화, 인식의 선험적·제도적·영상적 조건으로서의 풍경)을 살펴보았다. 우리는 이로부터 한 걸음 더 나아가서, 풍경을 사회학의 중요한 개념으로 설정할 수 있는 가능성을 논구하고자 한다. 이러한 과제는, 상부구조적 현상에 대한 사회과학적 연구가 전통적으로 전제하는 방법론 일반에 대한 성찰을 요청한다. 주지하듯이, 사회과학적 문화분석의 초석적 명제는 마르크스가 제출한 '존재가 의식을 결정한다'이다. 이 간명한 명제에서 '의식'의 외연과 내포는 비교적 명료하게 규정된다. 그것은 사회구성체의 지적, 예술적, 문화적, 이념적 차원이다. 그렇다면 '존재'란 무엇을 지칭하는가?

일반적으로 지식사회학이 말하는 '존재'는 정신적 활동과 그 결과를 가능하게 해주는 물적 조건을 지칭한다. 그런데 이 조건은 지식사회학이 태동하는 19세기 서유럽의 지적 경향 속에서 역사적으로 합의된 의미와 한계를 내포하고 있다. 이미 계몽주의가 그 씨앗을 뿌렸고 낭만주의에 의해서 확증된 시간적 역동성에 대한 가치 평가를 바탕으로 근대적 지식 공간은 사물과 현상의 생성과 소멸을 역사·사회적 문맥에 준하여 설명하는 패러다임을 채택한다. 이런 과정에서 자연이 갖고 있는 풍토적 특수성은 시간과 공간이라는 균질적 척도로 환치되고, '존재'는 이런 시공간적 모델에 의해 형성된 사회구성체의 물질적 하부구조를 가리키게 된다. 자연이 갖고 있는 풍토적 특수성은 시간(연대기)과 공간(지도)이라는 균질적 척도로 환치된다. 그러나 괄호에 묶인 자연과 그 상징적 권능은 19세기 후반에 이르면 지식의 공간에 다시 복귀할 조짐을 보인다. 그것은 인간의 개별적, 집합적 의식이 심층의 차원을 갖고 있으며 사유와 상상력의 이런 심층은 표면적으로는 소멸한 듯이 보이는 자연적 변수들의 영향과 간섭에 의해서 주형된다는 통찰에 기초한 것이다.

예컨대 종교적 신앙체계라는 장기지속적인 구조 속에서, 과학이 소거한 질적 공간은 단순히 형식적으로 잔존할 뿐 아니라 실제적 수준에서 그 영향력을 행사한다. 가령, 신앙인에게 세계는 신성한 것과 세속적인 것의 범주로 변별되며, 중심축(Axis mundi)을 바탕으로 구성되는 하나의 이미지(Imago mundi)로 파악된다(Eliade, 1957: 25-62). 인식, 상상, 그리고 신앙의 주체로서 인간은 신화적이고 자연적인 보다 원천적인 콘텍스트에 끊임없이 자신의 근거를 조회한다. 니체는 적절하게도 이를 '풍경'이라 불렀다. "영상적인 형식화—예수는 오직 유대적 풍경에서만 가능한 것이다. 야훼의 분노를 실은, 어둡고 숭고한 격풍을 예고하는 구름들이 무겁게 내리누르는 그러한 풍경. 오직 그곳에서만 무시무시한 야음(夜陰)과 끈질긴 대낮을 뚫고 마치 사랑의 기적처럼, 분에 넘치는 은총처럼 떨어져내리는 한 줄기의 빛을 인간은 느낄 수 있었으리라. 그곳에서만 그리스도는 자신의 무지개, 즉 신이 인간에게 하강하는 천상의 사다리를 꿈꿀 수 있었으리라. 다른 곳에서라면, 맑은 날씨와 햇빛은 너무나 일상적인 현상이었을 것이기 때문이다"(Nietzsche, 1882: 185). 기독교적 세계관을 발생시킨 결정적 콘텍스트로서 니체는 세계의 상징적 축도로 기능하는 구름 낀 사막의 풍경을 제시한다. 초월, 사랑 혹은 은총이라는 관념들의 발생은 이렇듯이 기독교적 인간의 내면세계를 규정하는 상징적 환경을 배경으로 설정했을 때 좀더 구체적으로 이해될 수 있다. 이는 비단 기독교뿐 아니라, 여타의 종교적 상징체계에도 적용될 수 있는바, 가령 불자가 붓다의 언어를 명상할 때, 그는 연대기와 지도를 훌쩍 뛰어넘어 늘 거기에 상상적으로 존재하는 룸비니 동산이나 보리수의 숲 혹은 영산회상(靈山會相)의 장소였던 영취산에 스스로를 위치시키는 것이다. 결국 인간이 사유하고 상상하고 신앙하기 위해서는, 항상 그 자신의 실존적 상황이 경전의 보편적 상황과 조우할 수 있는 영상적 환경, 즉 풍경을 요구하는 것이다. 농토 혹은 산악, 사막 혹은 정글, 해안 혹은 강변, 지하 혹은 창공—세계는 궁극적인 차원에서 이러한 풍경들의 하나로 표상되고, 이들은 다시 그 세계에 부합하는 관념 체계의 상징적 기원으로 기능한다.

　근대의 역사주의적 마인드가 방법론적으로 배제한 이 본원적인 '존재'의 차원을 가령 들뢰즈는 '사유의 이미지'라는 개념을 사용하면서 복원시키고 있다. 그가 말하는 '사유의 이미지'는 상이한 두 가지 의미소를 동시에 내포한다. 우선 그것은 사유한다는 것이 무엇인가를 형상으로 표현한다는 의미에서 사유의 이미지이다(Deleuze, Guattari, 1991: 39-40). 그러나 이와 동시에 사유의 이미지란 사유가 그 안에서 이루어지는 전(前)-개념적, 전(前)-철학적, 전(前)-언어적 영상공간, 즉 사유가 뿌리내리고 있는 풍경을 가리키기도 한다. "철학적 공리들이란 철학자가 그것의 정당성을 대중에게 요청하는 그런 명제들이 아니라 암묵적으로 존재하는 명제들의 테마이며, 이미 전(前)-철학적 수준에서 이해된 것들이다. 이러한 의미에서, 개념적 사유는 그 암묵적인 전제로서, 사유의 이미지(Image de la pensée)를 갖고 있는데, 이는 전-철학적이거나 자연적인 것이며, 상식의 순수한 요소에서 차용한 것들이다. 이 이미지에 근거해서, 사유는 진리와 관계를 맺게 되며, 진리를 형식적으로 소유하고, 물질적으로 요구한다"(Deleuze, 1968a: 172: Deleuze, 1964: 115-124). 바로 이러한 '사유의 이미지'를 바탕으로, 들뢰즈는 소크라테스 이전의 그리스 자연철학과 플라톤주의 그리고 스토아학파라는 세 가지 상이한 철학적 체계를 변별적으로 이해하는 기준을 설립한다. 자연(Phusis)의 근원적 실체 속으로 하강하는 정신의 운동을 표상하는 소크라테스 이전의 자연철학은 '동굴'이라는 풍경을, 동굴 외부로의 상승의 운동을 표상하는 플라톤 철학은 '하늘'이라는 풍경을, 깊이도 높이도 아닌 표면의 사유를 지향하는 스토아철학은 '지표'라는 풍경을 전제로 하고 있다(Deleuze, 1969: 152-8). 페르낭 브로델의 『지중해와 필리프 2세 시대의 지중해세계』(1942)에서 영감을 받은 들뢰즈의 이러한 사유는 철학이라는 가장 추상적인 지식 구성체의 콘텍스트로서 상징적 풍경을 제시함으로써, 사유가 그 근원적 기반으로 삼고 있는 영상적이고 물질적이며 동시에 자연적인 차원을 효과적으로 드러내고 있다(Deleuze, Guattari, 1991: 91-2). 사유의 이미지란 단순히 특정 사유에 대한 기술적·묘사적 접근이 아니라, 그 사유의 발생론적 토대를 언급하는 매우 결정적인 개념이다. 왜냐하면,

풍경은 근대적 의미에서 기하학적이고 균질적이며 수학적 공간(space)이 아니라 그 하부에 잠재적으로 존재하면서 감각과 감정의 원초적 활력을 환기시키는 질적 공간, 즉 장소(place)이기 때문이다. 체험의 원초적 직접성을 보장하는 이러한 장소(Tuan, 1977: 23-38; Bachelard, 1990)로서 이해되는 풍경은 사유와 상상력의 기원적 영상으로 기능한다. 특정 사유의 핵심적 의미구조는 그 사유가 발생한 특정 풍경의 영향을 받으며, 반대로 특정 풍경은 특정한 사유와 상상력을 유도하는 권능을 갖는다.[3]

바로 이러한 점에서 풍경은 특정 사유의 발생을 규정하는 '존재'의 특수한 형식이며 정통적인 지식사회학의 토대–상부구조의 위상학과는 다른 방식으로 이해되어야 한다. 가령 지식사회학의 토대–상부구조의 위상학에서 상부구조는 토대 '위에' 놓인다. 상부구조는 토대에 비하여 시간적으로 후발적이고 구조적으로 부대적(附帶的)이며 인과적으로는 종속적인 것으로 여겨진다. 그러나, 상부구조-하부구조를 텍스트–콘텍스트로 치환하면 양자의 위상학적 배열은 수직적 결정관계가 아닌 수평적인 포함관계가 된다. 풍경은 경제적 하부구조가 그러하듯이 자신이 산출하는 대상의 원인으로 기능하는 것이 아니라, 그것의 상징적 환경으로서 대상을 둘러싸는 가능성의 지평이다. 또한 독자적이고 경험적인 실체로 대상과 무관한 차원에 독립적으로 존재하는 '하부'구조가 아니라 대상의 내부에 상징적으로 내포된 일종의 '내부'구조이다. 예컨대 들뢰즈가 플라톤 철학의 풍경으로 설정한 '이성의 햇빛이 사물을 나려쬐이는 창공'이라는 풍경은, 플라톤 철학의 핵심적 개념인 이데아의 직관이 가능한 이상적 환경이다. 헤브라이적 로고스가 구름으로 뒤덮인 하늘에서 돌연 쏟아지는 한 줄기의 빛이라면, 희랍적 로고스는 청명한 하늘의 풍경 아래 펼쳐지는 사물들의 본질계인 셈이다. 그런데 이 동일한 풍경은 경험적이며 사실적인 하부구조가 아니다. 이 풍경은 오직 플라톤 철학의 내부, 정확하게 말하자면『국가』의 '동굴의 비유'에 등장하는, 철학자의 영도하에 동굴의 수인들이 발견해야 하는 동굴 밖의 광명 세계라는 이미지에만 압축되어 있다(Platon, 1989: 144-155).

이 우화가 플라톤 진리론의 모든 것을 담고 있는 중핵이라는 점을 상기한다면, 플라톤 철학의 의미를 발생시킨 풍경이 다시 텍스트의 내부에 육화되는 과정은 '존재'로서의 풍경과 '의식'으로서의 철학 체계 사이에 일방적인 결정이 아닌 상호 침투의 변증법적 역학이 존재함을 방증한다(Heidegger, 1940: 449-50). 요컨대 의식을 결정하는 상징적 '존재'로서의 풍경은, 마르크스주의적 위상학의 토대와는 달리, 특정 사유의 발생 맥락을 규정하는 상징적 풍토와 사유내부에 구현된 사유의 이미지라는 이중적 구조를 갖는다. 브로델의 지리학적 역사학이 자본주의라는 경제적 하부구조의 하부에서 '지중해'라는 공간(풍경)을 발견했듯이, 들뢰즈의 '사유의 이미지'라는 개념 역시, 지식사회학이 최종적 하부구조로 설정한 경제적 하부구조의 기저에서 더 심층적인 차원, 즉 하나의 풍경을 발견한다. 이는 사유를 촉발하고 형성하는 '존재'의 차원을 심화시키는 작업인 동시에 의식과 변증법적 침투 관계를 맺는 풍경이라는 '존재'에 대한 새로운 사고의 가능성을 시사한다.

2. 표현의 패러다임

들뢰즈의 '사유의 이미지'를 통해 재구성한 풍경 개념이 '존재'의 차원을 심화시키는 상징적 질서의 복원을 가능하게 해줌에도 불구하고, 풍경(존재)과 그 풍경이 발생시킨 사유(의식)가 맺는 연관의 본질을 정의해야 하는 이론적 과제는 여전히 미해결로 남아 있다. 풍경이 상징적 토대라면 그리고 이런 풍경적 토대가 경제적 토대와 구별되는 것이라면 토대와 상부구조, 존재와 의식의 관계는 좀더 구체적으로 어떻게 정의될 수 있는가? 이 질문에 대한 해답으로서 우리는 벤야민의 독창적인 역사적 유물론에 대한 해석을 참조하고자 한다.

들뢰즈의 '사유의 이미지' 개념이 결과적으로 '존재'의 영역을 확장시키는 효과를 가져왔다면, 벤야민은 의식과 존재의 연관을 사유함에 있어서 풍경 개념의 가능성을 전략적으로 타진하고 있었다. 그는 특정 상부구조의 발생을 결정한 토대의 요소들을 찾아내고 양자의 관계를 인과적으로 설정하려는 대신 연구 대상의 기원, 형성, 전개를 압축적으로 표상하는 특정한 영상적 질서를 포착하고자 했다. 이러한 영상에 이론적 자율성을 부여하기 위해서는 경제적 토대의 존재론적 우위를 비판적으로 점검하는 동시에 의식과 존재의 관계를 새롭게 사유할 필요가 있었다. 사실, 의식과 존재의 연관에 대해서는 반영(réflexion), 결정(détermination), 조건화(conditionnement), 상동(homologie), 유비(analogie) 등 수많은 입장들이 존재한다. 논점의 차이에도 불구하고 이들을 하나의 관점으로 수렴하게끔 하는 암묵적 전제는 존재와 의식이 인과적 관계를 맺는다는 공리이며, 이 인과성의 기호학적 번역어는 다름 아닌 재현(Vorstellung)이라 할 수 있다. 상부구조가 하부구조를 재현하는 한에서 상부구조적 현상들의 최종적 원인(causa prima)은 하부구조에서 찾아져야 한다. 따라서 토대–상부구조의 인과적 연관을 비판적으로 성찰하기 위해서는 우선 재현의 패러다임을 고찰해야 하는데, 벤야민은 이를 위해서 표현(Ausdruck)이라는 개념을 제출하였다.

1928년에 출판되었지만, 불운하게도 프랑크푸르트 대학의 하빌리타치온 학위 논문으로 승인받지 못했던 『독일 바로크드라마의 기원』의 「인식-비평 서문」에서 벤야민은 이미 표현의 문제를 체계적으로 다루었으나 아직 이를 개념적인 언어로 표명하지는 않았다.[4] 그러나 1930년대 이후 역사 유물론의 거부할 수 없는 영향하에서 본격적으로 지식사회학적 방법을 사유하면서 토대–상부구조의 연관형식을 고민할 때, 그는 이 양자의 관계를 보다 명시적으로 '표현적 연관'으로 규정하고 있다. "이데올로기적 상부구조라는 독트린에 대해서: 무엇보다도 마르크스는 여기에서 상부구조와 하부구조 사이의 인과관계를 설정하고자 한 듯이 보인다. (……) 그러나 사실 문제는 이것이다. 만일 하부구조가 체험과 사유의 재료를 통해서 일정정도 상부구조를 결정한다면, 그리고 결정(Bestimmung)이 단순한 반영(Abspiegel)을 의미하는 것이 아니라고 한다면, 그것은 무엇일까? 나는 이를 표현으로 파악한다. 상부구조는 하부구조의 표현이다. 사회적 존재를 결정하는 경제적 조건들은, 상부구조 속에서 자신의 표현을 발견한다. 이는 마치, 배부른 사람의 꿈속에서, 그의 포만이 자신의 표현을 발견하는 것과 같다"(Benjamin, 1927-40: 409-410).

　자칫 무심히 받아들이기 쉬운 이 방법론적 테제에는 20세기 초반 유럽 지성사에서 공통적으로 발견되는 표현적 시각의 태동이 숨어 있다.[5] 이를 이해하기 위해 우리는 기호(대상)에 대한 해석학적 접근의 상이한 두 관점인 재현적 패러다임과 표현적 패러다임의 차이를 이해해야 한다.[6] 우선 재현은 재현되는 것과 재현하는 것의 매개적 결합으로 이해할 수 있다. 매개의 양식은 매우 다양하여 유사성, 모방, 재생산, 유비 혹은 반영 등이 이에 속한다. 예를 들어, 한 마리의 새를 재현한 그림에서, 재현된 것(그려진 새)은 시각적 유사성을 매개로 하여 그것의 원천(실제의 새)과 결합함으로써만 그 의미를 발생시킬 수 있다. 그러나 표현의 경우는 이와는 상이한 방식으로 의미가 생산된다. 가령 뭉크의『절규』에 나타나는, 공포에 질린 얼굴을 생각해보자. 여기에서 표현하는 차원은 뒤틀린 얼굴, 커다랗게 치뜬 눈, 그리고 벌린 입일 것이다. 이를 통하여 표현되는 공포는 어디에 있는가? 그것은 그 공포에 질린 표정 '속에' 내장(enveloppé) 혹은 내포(impliqué)되어 있다. 공포와 그것의 표현을 매개하는 것은 없다. 공포는 그 표현 속에 시각적으로 제시되어 있을 뿐이다(Deleuze, 1968a: 334). 재현과의 차이는 결정적으로 여기에 있다. 그려진 새가 재현하는 것을 이해하기 위해서 우리의 의식은, 그 연필 자국이 유사성을 통해 가리키고 있는 그림 밖의 실체를 찾아낼 줄 알아야 한다. 그러나 표현 속에서, 표현되는 차원은 표현하는 차원의 내부에 포함되어 있으므로, 그 외부의 또다른 차원을 찾아내어 양자를 매개하는 운동은 발생하지 않는다. 대신, 공포에 질린 얼굴 속에서 공포를 발견하는 일은, 그 얼굴에 내포된 것을 열어 발견하고(développer), 거기에 내장된 것을 밖으로 추출하는 (expliquer) 일종의 해석적 노동이다. 동일한 기호를 두고서, 우리는 이 두 가지의 상이한 접근법을 사용할 수 있다. 재현의 시각은, 재현체가 자신의 외부에서 원인으로 기능하는 확고한 지시체를 갖고 있다는 의미에서 안정적이다. 그러나, 대상에 대한 구체적 관찰이 미흡하다 할지라도 재현의 의미를 생산하는 기호 외적 지시체와의 매개적 관계가 명료하다면 거기에서 해석이 종결된다는 점에서, 기호 그 자체의 형상적 가치를 무시할 가능성을 갖고 있다. 표현의 시각은 이와는 반대로 기호에 내재적인 의미를 발견하려 한다. 따라서, 해석 대상의 자율성을 최대한 보장하며 그 표현적 형식들(영상적 차원)에 대한 관심을 절대적으로 요구한다. 결국, 표현의 시각에서 보는 해석대상은, 그 대상을 배태하고 있는 다양한 맥락을 이미 내장하고 있는 일종의 소우주이며, 자립적으로 완성되어 있는, 그러나 은폐되어 있는 총체성의 표징이다.

벤야민이 토대-상부구조의 연관을 표현으로 파악한다는 점에서 그는 프랑크푸르트학파 특히 아도르노의 전통적 역사유물론의 관점과 결정적인 상위(相違)를 보여준다. 1938년 11월 10일에 아도르노는 벤야민의 에세이 「보들레르에게 있어서의 제2제정기의 파리」(1938)에 대한 혹평을 실은 편지를 보낸다. 이 편지에서 그가 벤야민의 방법을 비판하는 가장 중요한 근거는, 벤야민의 연구에서는 19세기 중후반의 프랑스 경제구조(토대)와 보들레르(문화현상) 사이에, 변증법의 핵심적 장치인 '매개'의 차원이 설정되지 않았다는 이유였다(Benjamin, 1929-40: 267-274). 그러나 사실 1927년부터 벤야민이 기획했던 모더니티의 고고학(Das Passagen-Werk)이 대상으로 삼고 있는 파리의 아케이드는 이미, 자본주의를 포함한 모든 하부구조의 '풍경적' 표현물, 즉 어떤 매개도 필요로 하지 않는 근대 전체의 모나드였고, 따라서 아도르노가 요구한 매개는 이론적으로 불가능한 것이었다.

아케이드는, 원래의 불어 단어 'passage'가 의미하듯이, 한 공간(거리)에서 다른 공간(거리)으로 연결된 일종의 통로인데, 대부분의 경우 그 지붕이 철조 격자와 유리창으로 되어 있는 매우 특이한 공간이다. 1822년 이후에 약 15년 동안에 파리에 집중적으로 건설되었고, 그 내부에는 사치품을 파는 상점들이 집중되어, 후일 백화점의 맹아가 된다(Benjamin, 1939a: 48-9). 아직 전기조명이 가설되지 않았던 시절, 가스등과 석유램프가 휘황한 빛을 뿜으며 마치 '요정들이 사는 동굴'처럼 빛나던 이 제정기(帝政期)의 아케이드는 20세기 초에 이르러 급격히 낙후되어간다(Benjamin, 1927-40: 581). 다다(Dada)와 초현실주의는, 이처럼 순간적으로 촌스럽게 되어버린, 그러나 가까운 과거의 흔적이 풍기는 묘한 향수와 정겨움을 환기시키는 아케이드에서 태어났다(Benjamin, 1927-40: 109 이하). 벤야민이 이 건축형식을 통해 모더니티의 전체상을 조망할 수 있는 영감을 준 텍스트가 바로 초현실주의자 루이 아라공의 『파리의 농부』(1926)였다는 사실은 놀랄 만한 일이 아니다. 시인 아라공은 벤야민에 약간 앞서, 특유의 예술적 감수성으로, 아케이드의 역사적 성격을 포착하고 이를 하나의 전형적인 풍경으로 창출하였다. 유리와 철로 되어 있는 수용적 공간이라는 점에서 아케이드는 '인간수족관'에 비유되고, 이제는 낡은 것들이 숨죽인 채 빠르게 변화하는 시간을 우회하고 있다는 점에서 '근대적 신화의 보관소'라 불린다. 아라공은 바로 그런 연유로, 보들레르적인 의미의 모더니티, 즉 '덧없는 것을 숭배하는 성역'을 그곳에서 발견하며, 결국은 "어제는 우리가 이해할 수 없었고 내일은 우리가 알아볼 수 없을, 모든 저주받은 쾌락과 직업들의 환상적인 풍경"으로 아케이드를 규정한다 (Aragon, 1926: 21).

  이러한 점에서 아케이드는, 마치 클뤼니 수도원의 유대관에 전시되어 있는, 이스라엘 부족의 모든 역사와 삶의 체험을 축약하고 있는 두 알의 곡식 낟알처럼, 19세기 후반과 20세기 초반의 유럽사 전체를 압축적으로 내장하고 있는 특권적인 대상이었다(Arendt, 1974: 259). 바부르크(Aby Warburg)가 자신의 독창적 방법론의 제사로 사용했던 "신은 세부에 거주한다(God is in details)"라는 유명한 문장을 원용하자면, 벤야민에게 있어서 아케이드는, 모더니티와 이를 가능하게 해준 근대 서유럽 자본주의(신)가 그 스스로를 표현하고 있는 파편들의 만화경(세부)이었던 것이다. 문화적 현상을 경제적 하부구조와 매개적으로 조응시켜야 한다고 본 아도르노의 오해와 비판을 무릅쓰고, 벤야민은 아케이드를 둘러싸고 진행되던 모든 삶의 양식과, 문학적·예술적 운동들과 현상들을, 마치 화가가 그림을 그리듯이, 영사기가 필름을 상영하듯이 보여준다. 아케이드라는 해석대상이 표현하고 있는 하부구조를 방대하고 다각적으로 제시하는 그의 작업을 통해서 우리는 해석의 대상이 하나의 '풍경'으로 제시되는 독특한 광경을 목도한다. "이 작업의 방법: 문학적 몽타주(literarische Montage). 나는 아무것도 할 말이 없다. 다만 보여줄 뿐이다. (……) 나는 누더기들과 버려진 것들의 목록을 만드는 것이 아니라, 그들의 정당한 권리를 얻게 만들고자 할 뿐이다. 즉, 나는 그들을 사용한다"(Benjamin, 1927-40: 476). 에이젠슈타인이 몽타주 기법을 정립하던 이 시기, 이미 큐비즘에 의해 콜라주와 공간해체가 시도되었고, 제임스 조이스나 엘리엇 그리고 에즈라 파운드 등이 혼성적이고 조합적인 텍스트 구성의 가능성을 시연했던 것과 동시적으로, 벤야민은 표현의 관점에서 규정된 연구의 대상에 대한 몽타주적 제시를 방법론으로서 확립시키고 있다. 그것이 표현인 한, 전제된 이론적 매개관개를 동원하여 대상을 조작적으로 파악하려는 의도는 그 표현성을 억압하는 기제로서 포기된다. 선험적 이론지평이 포기된 이상, 벤야민은 아케이드와 연관된 모든 자료들을 위계적 가치판단 없이 수집하고, 이 누더기와 버려진 것들, 즉 파편적 자료들을 해체·재구성함으로써, 파리의 아케이드를 모자이크처럼 조직된 역사의 얼굴로 우리에게 제시한다.

벤야민의 이러한 전략은 기왕에 존재하는 지식사회학적 방법의 치명적 결락을 여실히 보여준다. 환언하면, 그가 표현이라는 개념을 동원하여 수행하고 있는 이 모든 작업은 결국 대상을 유물론적으로 설명하려는 의도 속에서 억압된 대상의 역사적 조형성을 복원하려는 시도이며, 그 형상적 가치를 의미의 해석과 동일한 평면에 위치시킴으로써 대상에 대한 이해를 극대화하려는 방법론적 전환을 겨냥하고 있는 것이다. 상부구조와 하부구조의 '표현적 연관'을 사유함으로써, 상부구조의 특정 현상이 하부구조의 역동적 결정력을 '조형적으로(plastisch)' 표현하는 차원이 경험적으로 접근 가능해지며, 이러한 영상적 상호연관을 지식사회학의 지평에 도입함으로써 연구대상이 함장하고 있는 상징적 의미공간, 요컨대 풍경에 대한 감각과 관심이 촉발되는 것이다. 풍경은 의식의 내부에 깃들인 존재의 표현형식이다. 구체적으로 말하자면, 특정 사회구성체의 하부구조는 그 상부구조의 내부에 '풍경'의 형식으로 표현되어 있다. 파리의 아케이드라는 풍경은 19세기 후반과 20세기 초반의 자본주의적 발전 양상을 형상적으로 표현한다. 바로 이러한 풍경적 차원에 대한 인식이 전제되지 않는 한, 초현실주의, 다다이즘, 모더니즘, 큐비즘, 미래파, 서사극 등의 20세기 초반의 예술형식들이 사회학적으로 접근되는 길은 매우 어렵거나 혹은 공소해질 것이다. 얼마나 많은 조악한 사회학적 연구 속에서, 하나의 예술형식 혹은 문학형식이 자본주의의 발전 양태를 추상적으로 지칭하는 용어로 환원되었는가? 또한 이 기계성의 천박함에 대한 항의의 차원에서 또한 얼마나 많은 이론들이 하부구조를 해석에서 배제하고 있는가? 이러한 이중의 난점은 바로 재현 패러다임에 대한 비판적 성찰의 결여에서 비롯되며, 표현 패러다임이 가능하게 해주는 '이미지의 차원', 즉 풍경에 대한 이해부족에서 비롯된다. 해석의 근원적 토대인 역사 공간 그 자체를 해석학적으로 구제하는 동시에, 그것이 갖고 있는 환원주의를 피할 수 있는 방법론적 혁신의 근원에는, 재현의 패러다임을 표현의 패러다임으로 전환한 벤야민의 잘 알려지지 않은 공헌이 숨어 있다.

IV. 다니엘의 해석학

우리는 이제까지 풍경의 사회학의 가능성을, 대상과 개념의 분석적 차원에서 고찰해보았다. 풍경은 지식사회학이 좀더 탄력적으로 접근해야 하는 미개척지임에 이론의 여지가 없으며, 이미 사회학 외부의 많은 분과는 풍경에 대한 독창적인 연구들을 집적해왔다. 몰리에르의 희곡에 등장하는 한 주인공이 산문을 쓰고 있다는 사실을 모르면서 산문 형식으로 글을 쓰듯이, 이러한 비사회학적인 연구들은 근원적인 의미에서 이미 '사회학적'인 정향을 갖고 있다. 풍경을 역사적 산물로 보는 인식의 태도가 그러하고, 선험성, 제도성 그리고 영상성에 바탕하여 이를 하나의 인식틀로서 이해하고 있다는 점 또한 그러하다. 이러한 사실은 풍경의 문제에 기실 둔감했던 지식사회학의 태만과 무기력을 방증하는 듯이 보이기도 하지만, 뒤집어 생각해보자면, 지식사회학적 시선의 효율성과 깊이를 역설하는 것이기도 하다. 그러나 대상에 대한 소유권을 논하기에 앞서 지적되어야 하는 사실은 다음과 같은 것이다. 그것이 지식사회학이건 혹은 여타의 다른 분과이건, 영상적 가치를 갖고 있는 대상들을 다루기 위해서는, 로고스의 권능을 일정 정도 포기해야 한다는 것. 모든 것을 남김 없이 분석하거나 또는 해석하려는 욕망 앞에서 영상은 영상 고유의 진실을 보여주지 않기 때문이다. 플로베르가 말하는 '결론을 내리려는 강박적 집착'을 피하는 것은 비단 예술가에게만 해당되는 요청사항이 아니라, 풍경을 다루고자 하는 연구자에게도 요구되는 매우 어려운 과제이다. 그것은 풍경이 비단 사회학적 차원뿐 아니라, 인류학적이고 역사학적이고 더 나아가 우주론적 차원을 포괄하는 표상과 상징의 영역에 속하기 때문이다. 번쇄함을 무릅쓰고 본고에서 우리가 풍경현상과 연관되어 있는 철학적인 문제들을 거론했던 까닭은 바로 여기에 있다.

한편 개념으로서 풍경을 정립하려는 시도는 이에 비하자면 약간 낯선 시도이다. 그러나 들뢰즈와 벤야민의 실례를 통해서 살펴보았듯이, 20세기 유럽의 지성사에는 이미지를 중심에 놓고 사유와 상상력의 산물들을 바라보려는 특정 관심이 산발적으로 존재하고 있다. 들뢰즈를 통해서 우리는 특정 텍스트의 근본적 발생 조건을 구성하는 전-이론적인 차원을 풍경으로 개념화할 수 있는 가능성, 즉 '의식'이 뿌리내리는 '존재'의 상징적 차원을 풍경이라는 개념으로 복원할 수 있는 가능성을 보았다. 또한 우리는 벤야민을 통해서 토대-상부구조의 메타포를 유지하는 동시에 이 양자의 관계를 표현의 개념으로 새롭게 재구성할 수 있는 가능성을 고찰했다. 양자의 이러한 접근은 사회학의 방법론에 커다란 변화를 가져올 수 있다. 그것은 들뢰즈와 벤야민이 서로 직접적인 영향 없이 개별적으로 천착했던 '표현의 문제틀'의 특수성 때문이다. 이들은 공히, 대상을 모나드, 즉 창문 없는 단자이지만 그 내부에 이미 모든 우주를 내포하고 있는, 자율적인 동시에 총체적인 실체로 파악한다. 풍경이란 이렇듯 모나드로서의 대상이 내재적으로 함장(含藏)하는 세계의 이미지이다. 재현의 문제틀이 대상을 대상 외부의 어떤 실체(원인)로 환원시키는 해석학적 운동으로 성립된다면, 표현의 문제틀은 대상 외부의 실체가 대상 내부에 상징적으로 함축되는 과정을 역으로 풀어내려는 해석적 방법을 유도한다. 그리하여, 지식사회학적 연구의 일반적 패턴, 즉 어떤 대상의 발생과 소멸을 결정한 토대의 논리에 입각하여 그것의 의미를 설명하는 방식은, 표현의 문제틀에서는 불가능한 것이다. 대상과 토대, 텍스트와 콘텍스트 사이의 인과관계는 기각되고, 그들의 포함관계, 표현의 양식이 전면에 부각하는 것이다. 벤야민의 연구에서, 19세기 자본주의는 아케이드라는 건축형식을 인과적으로 결정하는 토대로 파악되지 않고, 반대로 건축재료(철과 유리), 백화점, 철도, 증권거래소, 문학양식 등에 분산되어 표현되어 있는 무엇으로 설정되어 있다.

중요한 방법론적 문제가 하나 등장한다. 그것은 설명 혹은 해석에 앞서 선행되어야 하는 제시(Darstellung)의 문제이다. 만일, 토대가 대상 속에 풍경적으로 표현되어 있다면, 대상을 해석하기 위해서는 우선 대상 속에 은닉된 풍경을 보여주고, 묘사하고, 제시해야 한다. 벤야민이 제시의 문제를 거의 최초로 인식론의 주요한 테마로 상정했던 까닭은 그가 문학비평가라는 자의식 속에서 문학적 글쓰기를 지향했기 때문이기도 하지만, 좀더 근본적으로 말하자면, 그의 인식론이 제시의 문제를 방법론적 성찰로서 요구하고 있었기 때문이다(Benjamin,

1928a : 28 이하). 해석 대상은 그에게 마치 우주 전체를 내포하는 하나의 물방울처럼, 특정 시대의 역사성 전체를 풍경(영상)의 형식으로 함축하는 일종의 암호였기 때문이다. 대상으로서 풍경을 다룰 때, 우리는 앞서 말했듯이 로고스, 해석의 열망, 투명성에 대한 갈망 등을 절제해야 한다. 이와 마찬가지로, 개념으로서의 풍경을 가지고 어떤 텍스트를 바라볼 때 우리는 도식적 관념으로 그 텍스트를 해부하기에 앞서 그것이 내포하고 있는 영상적 차원을 '묘사적'으로 제시해야 한다는 사실을 기억해야 한다. 이러한 맥락에서, 우리는 인과적 연관이 아닌 표현적 연관을 통해서 텍스트의 의미를 추출하는 방법을 '다니엘의 해석학'이라 부를 수 있지 않을까?

구약의 「다니엘서」에는 고대 히브리의 프로이트라 부를 수 있는 다니엘이 등장한다. 다니엘은 바빌론의 왕인 느부갓네살에게 포로로 잡혀 옥살이를 하게 된다. 그러던 어느날 느부갓네살은 이상한 꿈을 꾼다. 꿈에 번민하던 그는, 바빌론의 상징전문가들(점성술사, 마법사, 무당)을 불러 자신의 꿈을 해독하라고 명령한다. 당연히 이들은 왕에게 무슨 꿈을 꾸었느냐고 묻는다. 그러나 왕의 주문은 이러하였다. "내 명령이다. 너희는 내가 꾼 꿈을 말하고 해몽하라. 그러지 않으면 내가 너희 몸을 갈기갈기 찢고 너의 집을 잿더미로 만들어버릴 것이다. 그러나 만일 너희가 그 꿈을 나에게 말하고 해몽하면 내가 너희에게 많은 선물과 상을 주고 큰 영예를 주겠다. 그러니 내 꿈과 뜻을 말하라"(다니엘, 2: 5-6). 부재하는 대상을 해석하라는 부조리한 명령 앞에서 바빌론의 상징전문가들은 모두 실패하고, 신의 권능이 비호하던 다니엘이 등장, 왕의 꿈을 말하고 그 꿈을 성공적으로 해석한다. 꿈의 의미를 꿈에 대한 진술과 분리시킬 수 없다는 사실, 대상이 대상을 구성하는 언어와 구별될 수 없다는 사실, 언어화되기 이전의 대상(이미지로서만 존재하는 꿈의 영상)을 제시하는 순간 이미 그것이 해석의 시작이라는 사실을 폭군은 알고 있다. 이러한 의미에서 느부갓네살은 텍스트의 알레고리이며, 다니엘은 이상적인 해석가의 알레고리이다. 왕이 자신의 꿈을 먼저 말하기를 요구했듯이, 문화적 산물은 의미화 작용의 이전에 존재하는 전-의미적, 전-언어적, 전-이론적 차원인 자신의 '풍경'을 먼저 제시해주기를 요구한다. 대상의 영상적 표현가치를 고려하는 문화적 산물의 해석자는 다니엘의 그것과 흡사한 상황 속에 있다. 다니엘이 우선 왕의 꿈을 말해야 했듯이, 풍경의 해석자는 우선 대상의 내부에 표현되어 있는 문맥 혹은 토대의 풍경을 제시해야 한다. 그리고 이러한 제시는 일반적인 사회과학담론이 구성되는 원칙, 즉 '왜'라는 질문과 이에 대한 해답으로 귀결되지 않는다. '왜'라는 질문이 요구하는 인과성이 이미 여기에는 존재하지 않기 때문이다. 텍스트 혹은 대상의 풍경을 제시하는 것, 이것이 바로 텍스트의 원인을 설명하는 것을 대체한다.

다니엘의 해석학이 갖고 있는 가장 큰 약점 혹은 궁지는 여기에서 비롯된다. 다니엘의 해석학, 즉 표현의 관점으로 대상을 이해하려는 시도는 궁극적인 차원에서 과학적 설명의 불가능성 또는 한계를 내포하고 있다. 아마도 바로 이러한 이유 때문에, 벤야민의 아케이드 프로젝트는 끝끝내 미완성으로 남게 되었는지도 모른다. 미완성으로 남겨진 그 폐허의 글쓰기, 체계를 부여하지 못하는 파편과 잔해의 수집물, 가장 세밀한 풍경의 요소들을 보여주지만 결코 그것을 몇 개의 화살표와 도형으로 환원하지 못한 학문적 과실. 그러나 이 모든 결함들은 역설적으로, 보다 잘 보여주기 위해서는 보다 덜 설명해야 한다는 제시적 방법의 모순을 고스란히 드러내준다. 사회학이 풍경을 개념화한다는 것은 단지 그 이론의 목록에 '풍경'이라는 단어를 하나 더 첨가하는 일을 의미하지 않는다. 그것은 오히려, 자신의 이론적 지평에 자기 성찰적인 한계를 설정하고 이를 수용하는 학문적 태도의 변화까지를 내포한다. 풍경의 사유, 이것은 바로 불가능을 사유함이며, 불가능의 전제 위에서 실패를 내포한 사유의 모험이다. 과연 사회학은 계몽주의 이래 자신에게 주어진 초월적 발화주체의 권좌를 포기하고, 지식의 원론적인 도전, 즉 느부갓네살의 꿈을 말하는 제시의 문법을 실험할 수 있는가? 이 질문이 바로 사회학의 개념의 목록에 등재되고자 하는 풍경이라는 단어가 우리에게 던지는 근본적인 물음이다.

주

1) 가라타니 고진은 이 점을 정확하게 이해하고 있었다. 그는 일본 근대문학에서 풍경이 메이지 20년에 발견된 것이라 주장하며 그 전형적인 징후를 구니키다 돗포(國木田獨步, 1871-1908)의 『소라치강가』(1894)에서 찾는다. 문제는 이 소설에서 풍경창출의 공간은 일본본토가 아니라 홋카이도라는 점인데, 이에 관해서 가라타니 고진은 다음과 같이 쓴다. "중요한 것은 칸트의 '미와 숭고(sublime)' 개념에 근거해 말하자면 '풍경의 발견'이란 '미'가 아니라 '숭고'의 발견이었다는 점이다. 일본 본토처럼 역사적으로 관리되어 문학적 텍스트가 그 의미를 덧칠해버린 장소와는 달리 홋카이도가 거대하고 원시적이어서 사람들에게 경외감을 품게 하는 장소였기 때문이다"(柄谷行人, 1980: 56-7, 88-94).

2) 칸트가 구상하는 인식주체는, 외부의 다양한 감각적 소여(현상)를 경험론적으로 추상하는 존재가 아니라, 선험적으로 존재하는 특정한 틀, 즉 개념(범주)으로 파악하는 종합능력을 갖춘 존재이다. 그 종합이 바로 인식이다. 현상은, 마치 자연이 그러하듯이 무질서하고, 무한하며, 다양하다. 그러나 인간 지성의 기능은 그의 감성직관이 갖고 있는 이 다양성을 개념의 범주 아래로 포섭하여 사유하는 것이다. 대상의 개념을 통한 포섭은 그렇다면 어떻게 가능한가? 어떻게 해서 범주가 현상에 적용될 수 있는가? 칸트는 현상 즉, 표상의 감각적 차원과 개념 즉, 범주의 지성적 차원 사이에 '동종적 포섭'의 관계를 설정하고, 그 포섭을 담당하는 제삼의 매개항을 선험적 도식(transzendentales Schema)이라고 불렀다. "그렇다면 한편으로는 범주와, 또다른 한편으로는 현상과 동종적인, 그래서 전자가 후자에게 적용될 수 있게 하는 제삼자가 있어야 할 것이 분명하다. 이 매개적인 표상은 순수(모든 경험적인 것이 없이)해야만 되며, 한편으로는 지성적이고 또 한편으로는 감성적이어야 한다. 이런 것이 바로 선험적 도식이다"

(Kant, 1781/1787: 379). 감성과 지성을 매개하는 이 선험적 도식은 상상력(Einbildungskraft)의 산물이며, 우리가 지각하는 개별적 사물과 그 사물에 대한 개념을 매개하는 합자(合字, Monogram)이다(Kant, 1781/1787: 381). 상상력이 선험적 도식을 갖고 있음으로 인해, 감각의 세계는 지성의 세계와 동종적으로 종합되고, 이를 통해서 결국, 칸트의 인식주체는 세계를 인식한다. 풍경이 자연과 인간의 종합적 구성이라고 말할 때, 풍경이란 결국 자연과 인간에 공통된 도식이라는 논리적 구조를 갖는다. 칸트의 이러한 도식론은 도상학(Iconologie), 즉 상(image)과 이성(Logos)의 종합을 시도했던 파노프스키의 인식론에서도 크게 다르지 않은 방식으로 발견된다. 실제로, 파노프스키의 이러한 인식론은 칸트의 선험적 도식론과 이를 바탕으로 하여 문화 전반에 대한 거대이론을 펼쳤던 에른스트 카시러의 상징론에 크게 영향받은 바 있다. 이에 관한 해설과 비판에 대해서는 다음을 볼 것(Didi-Huberman, 1990: 107 이하).

3) 뒤랑은 융과 바슐라르의 이미지론을 자신의 사회학적 방법론에 적용하여, 서구적 사유체계의 몇 가지 유형들을 그들의 풍토적 콘텍스트에 배치시키고, 그 경계와 삼투를 분석한다. 이 경계도를 뒤랑은 상상적인 지리학(géographie imaiginaire)이라 명명한다. 이러한 관점에 의하면, 기독교라는 동일한 신념의 체계는, 그 일신교적인 독트린이나 복음의 전파라는 차원보다도 더 심층적인 경계도(境界圖)를 갖고 있는데, 그것이 바로 풍토의 체계이다. 유대적 풍토, 헬레니즘적 풍토, 서유럽적 풍토, 슬라브적 풍토, 게르만의 풍토, 이베리아 반도의 풍토 등은 모두가 독자적인 지리적·문화적·상징적 공간들, 즉 풍경을 통하여 기독교를 상이하게 수용, 체계화한다(진형준, 1992: 133-6).

4) 그는 연구의 대상인 독일 바로크 드라마(Trauerspiel)를 플라톤적인 의미에서 이데아로 규정한다. 그런데, 중요한 점은 플라톤의 이데아가 현상들을 초월하는 존재론적 우월성을 갖고 있다면, 벤야민은 이를 라이프니츠의 단자론과 연결시키면서, 역사적 대상에 대한 접근법으로서 재정초(再定礎)하고 있다는 사실이다(Benjamin, 1928a: 46). 그는 이데아가 역사 속에서 어떠한 방식으로 나타나며, 이데아가 현상과의 관계 속에서 어떠

한 기능을 하는가를 묻는다. 벤야민의 해답은 "이데아는 현상을 구원한다"는 명제로 집약된다. 그는 이를 다음과 같은 행성의 비유를 들어 거론하고 있다. "이데아와 현상의 관계는 성좌와 별들의 관계와 같다. (……) 이데아는 영원한 성좌이며, 별들이 점의 형태로 성좌 속에서 파악되듯이, 현상은(이데아 속에서—필자) 분산된 채 구원된다"(Benjamin, 1928a : 31). 베버의 이념형을 연상시키기도 하는 벤야민의 이데아론의 핵심은 사회과학의 연구 대상이 실제로는 다양한 현상들을 내포하고 있고, 이러한 분산성에도 불구하고 그 대상들을 '조형적으로' 통일시키는 특정한 상징적 수준에 대한 관심에 있다. 바로크 드라마라는 장르는 실체가 아니라, 그 장르를 구성하는 수많은 작품들의 성좌이다. 작품들은, 마치 일곱 개의 별들이 큰곰자리 속에 들어 있듯이, 바로크 드라마라는 이데아 속에 내포되어 있다. 바로크 드라마를 연구한다는 것은, 이 작품들(현상들)에 공통적으로 표현되는 몇 가지의 테마를 묶어, 대상의 뼈대를 이루는 구조를 묘사하고 제시하는 것이다. 이러한 제시를 통해서 벤야민은 바로크 드라마라는 극형식 속에 암호처럼 숨어 있는 바로크 시대의 이미지, 즉 카오스이자 폐허인 바로크적 풍경을 도출해낸다. 이러한 접근은 "이데아가 세계상을 내포하고 있다"(Benjamin, 1928a : 46)는 방법론적 전제에서 가능해진 것인데, 벤야민이 후에 '표현'이라 부르는 상부구조와 하부구조의 관계는 이미 독일 바로크 드라마 분석에서 이데아와 세계상의 관계를 규정하는 방식에 이미 예시되어 있다.

5) 벤야민이 표현의 문제를 제시하기 위해서 꿈의 비유를 드는 것은 외삽적인 것이 아니다. 미셸 푸코는 1954년에, 현존재분석(Daseinsanalyse)이라는 새로운 정신분석학 패러다임을 실험했던 루트비히 빈스방거(Ludwig Binswanger, 1881-1961)가 1930년에 쓴 「꿈과 실존」의 불어판 번역에, 원문보다 훨씬 더 긴, ㄱˊ념비적인 서문을 쓴다. 현존재분석이란, 정신분석학과 현상학을 이론적, 임상적으로 결합하려는 시도였는데, 그 가장 독창적인 통찰은, 인간의 정신적 활동들이 무의식적 원망의 재현인 동시에, 하이데거적 의미의 현존재(Dasein)의 표현이라는 사실이었다(Binswanger, 1970 ; Binswanger, 1971). 푸코가 빈스방거의 이 도전적인 시도에서 가장

높게 평가하는 부분이 바로, 기존의 프로이트 정신분석학과 후설의 현상학이, 양자 모두 기호의 '영상적이고 상상적인 차원'에 대한 성찰을 간과하고 있다는 점이다(Foucault, 1954: 98). 이러한 맥락에서, 푸코는 자신의 첫 중요 저술에서 이미, 현상학과 정신분석학이 의미(sens)의 우위를 통해서 표현(expression)의 차원을 억압하는 경향을 비판하면서, 표현의 철학을 주창한다. 그리고 그 가능성을 바로 빈스방거의 현존재분석에서 찾고 있다(Foucault, 1954: 106). 그런데 여기에는 단순히 삽화적이라고만 볼 수는 없는 한 가지 재미있는 사연이 숨어 있다. 빈스방거는 스위스의 크로이츠링엔(Kreuzlingen)에 벨뷰(Bellevue)라 불리는 자신의 요양소를 갖고 있었다. 이 요양소는 마치 토마스 만의 『마의 산』에 나오는 폐병 요양소처럼, 그리고 그 이름이 의미하듯이, 자연경관이 아름다운 곳에 자리잡고 있는 고급 의료시설로서, 주요 고객들은 당대의 저명한 학자, 예술가, 시인 등이었다―이미 빈스방거의 삼촌인 오토 루트비히 빈스방거는 1889년에 토리노의 한 거리에서 실성하여 쓰러진 니체를 1900년까지 치료한 바 있다―흥미로운 것은 이 요양소의 주된 환자들 대부분이 재현적 패러다임의 직·간접적인 공격자들이었다는 사실이다. 이들을 열거하면 다음과 같다. 화학자 아돌프 베르너(Adolf Werner), 소쉬르의 편집자이면서 제자였던 언어학자 샤를 발리(Charles Bally), 시인 레온하르트 프랑크(Leonhard Frank), 프로이트의 피분석자로 흔히 안나 오(Anna O.)로 알려져 있으나 사실은 저명한 페미니스트였던 베르타 파펜하임(Berta Pappenheim), 표현주의 화가였던 키르히너(Kirchner), 현대무용의 중요한 인물인 니진스키(Nijinski), 그리고 마지막으로 현대 도상학의 초석을 정립하고, 이미지의 해석에 있어서 그 정서적 표현성을 자신의 이론적 화두로 삼았던 아비 바부르크(Aby Warburg). 이 일군의 탁월한 지식인, 예술가 들의 정신적 문제와 씨름하면서, 빈스방거는 서구 지성사에 나타나는 일종의 균열, 즉 재현의 구조로 환원되지 않는 새로운 차원, 즉 표현성의 발견을 자신의 이론적 원천으로 활용하고 있었던 것이다.

6) 사유의 이미지라는 개념을 가지고 철학의 풍경을 고찰했던 들뢰즈가 '표현'의 문제를 자신의 철학적 사변의 중요한 테마로 삼고 있었다는 점은 재

미있는 사실이다. 들뢰즈의 지식이론이 토대-상부구조의 이분법을 우회하여, 텍스트 의미 발생의 이중운동의 모태로서의 풍경을 사유할 수 있었던 것은, 명시적이지는 않지만, 그가 재현의 패러다임을 넘어설 수 있는 또다른 사유의 모델로서, 라이프니츠, 스피노자 등 17세기 바로크 철학자들의 사유 속에서 '표현'의 문제를 발견했기 때문일 것이다(Deleuze, 1988). 그는 『스피노자와 표현의 문제』(Deleuze, 1968b)에서 표현 패러다임의 철학적 기초를 정초한다. 들뢰즈와 벤야민의 연관은 명시적이지 않다. 다만, 벤야민의 프랑스어 번역자들 중의 중요한 인물인 강디악(Maurice de Gandillac)이 들뢰즈의 고교 철학교사였다는 사실이 양자 사이의 거의 유일한 지적 매개일 뿐이다. 그럼에도 불구하고 특히 들뢰즈의 '사유의 이미지'라는 개념은 벤야민이 사용하는 '이미지-사유(Bilddenken)' 혹은 '사유이미지(Denkbild)' 등의 용어로부터 왔을 가능성이 있다.

6장

파상력이란 무엇인가?

I. 파괴적 성격

　모든 사유는 그 사유를 육화하여 체현하는 인물을 자신의 체계에 내포하고 있다. 그 인물은 사유를 구축한 철학자 혹은 사상가의 전기적 분신(分身)일 수도 있으며, 사유의 시스템 속에서 발화할 수 있는 특권적 권한을 부여받은 주체일 수도 있으며, 또한 사유를 구성하는 특정 개념들의 알레고리일 수도 있을 것이다. 사유 전체를 짊어지는 것은 종종 이처럼 한 인간의 형상이며, 그의 이미지와 아우라이다. 들뢰즈와 가타리는 이러한 맥락에서 '개념적 인물(personnage conceptuel)'이라는 용어로써 사유와 인물의 긴밀한 상관을 지적한다. 이들에 의하면 플라톤 사유는 소크라테스라는 개념적 인물의 삶과 언행으로 구축된 체계이며, 데카르트 철학은 자명한 감각적 소여마저 의심할 수 있는 백치(白痴)라는 형상에 기초하고 있으며, 니체 철학의 개념적 인물은 바로 디오니소스이다(Deleuze-Guattari, 1991: 60 이하).

사유의 시스템과 개념적 인물의 이러한 관계를 고려하면서 벤야민의 이론체계를 고찰할 때 은밀하게 상기되는 존재가 있다. 그것은 바로 1931년 11월 20일에 프랑크푸르트신문에 실린 짧은 에세이 「파괴적 성격destruktiver Charakter」에 등장하는 파괴자의 이미지이다. 벤야민의 소묘에 의하면 '파괴적 성격'의 소유자는 과거의 모든 사물, 가치, 장애물, 유습 등을 파괴함으로써 앞으로 나아갈 수 있는 새로운 공간을 창출하는 자이다. 그는 젊고, 쾌활하고, 신속하며, 순간의 진실만을 중시하는 활동가지만, "인생이 살 가치가 있어서라기보다는 자살이 가치가 없다는 감정으로 사는" 비관주의자이기도 하다. 이러한 파괴적 성격의 변증법적 대척점에는 19세기에 기원을 둔 부르주아적 인간, 즉 흔적과 사물 들을 자신의 사적 공간에 집적하는 소위 갑인(匣人, homme en étui)이 있다. 모든 것을 모으고 축적하는 이 실내의 인간과는 달리, 파괴적 성격은 사물들을 파괴하여 파편을 만들며 그 파편들을 통하여 길을 낸다(Benjamin, 1931a: 330-2). 파괴적 성격은 반(反)부르주아적이며, 혁명적인 아방가르드이자 아나키스트의 풍모를 보인다. 그는, 재담으로 운명과 법과 국가의 질서를 붕괴시키는 상징적 유머리스트인 동시에, 벼락으로 대상을 절멸시키는 절대적 폭력 즉 '신적 폭력'의 주체를 닮아 있다(Benjamin, 1927a: 17; Benjamin, 1920-1: 238). 파괴자는 벤야민 저작의 곳곳에서 활동하는 숨겨진 주인공으로서, 그것이 비평이건 번역이건 해석이건 인용이건 역사서술이건 혹은 혁명의 설계이건, 기왕에 존재하는 체계와 가치를 와해시키고 무화(無化)시킨다.

이러한 맥락에서 파괴적 성격이 갖고 있는 권능은 이성이나 오성 또는 상상력이라기보다는 오히려 이미지(像)를 부수는(破) 힘(力)이라는 의미에서 우리가 제안하고자 하는 신조어인 파상력(破像力)으로 규정될 수 있다. 파상력은 부재하는 대상을 현존시키는 힘인 상상력과는 반대로, 현존하는 대상의 비실체성 혹은 환각성을 깨닫는 힘이다. 파상력은 또한 인식 주체의 내적 표상능력을 의미하는 상상력과는 달리, 현실 세계에 존재하는 실제적인 영상들의 이데올로기적 효과를 파괴하는 우상 파괴적 권능을 내포한다. 상상력이 미래의 청사진을 그려내는 유토피아적 힘이라면, 파상력은 미래에 대한 어떠한 영상적 투기도 금지하면서 모든 집합적 역량을 지금 이 순간에 집결시키는 메시아적 구원사상을 정초한다. 요컨대 파상력은 '파괴적 성격'의 인식론적 권능이자, 윤리적 에토스이자, 정치적 강령으로 기능하는 벤야민적 사유의 역능이라 할 수 있다.[1] 이 글은 이처럼 벤야민 사유체계의 의미구조를 구성하는 핵심적 열쇠로 판단되는 파상력의 함의를 다음과 같은 순서로 복원하고자 한다. 우선, 벤야민의 방법론을 체계적으로 살펴본다. 둘째, 벤야민적 방법의 이론적 기원으로서 유대 신비주의 사상의 티쿤 개념과 현대 아방가르드 예술의 몽타주 기법의 논리와 구조를 밝힌다. 셋째, '파상력' 개념을 이론적으로 논구한다. 넷째, 파상 전략의 두 실례로서 '알레고리적 의도'와 '소실점 구원'의 사유를 소개한다. 마지막으로 파상력과 근대성의 일반적인 관계를 고찰한다.

II. 파괴, 폐허, 구축

벤야민의 작업은 대상을 파괴함으로써 시작되어, 파괴의 결과로 형성된 잔해 즉 폐허를 다시 구축하여 새로운 질서를 창출함으로써 종결된다. 파괴에서 구축에 이르는 이 연속적인 과정을 거치면서 파괴자는 때로는 파편의 수집가가 되기도 하며, 결정적인 국면에서는 요소들의 구성자로 등장한다.

벤야민의 모든 인식들을 한 곳으로 집약하는 볼록 렌즈라 할 수 있는 문학 비평의 영역에서 파괴자는, 작품을 연소시켜 그 불꽃과 재를 취하는 방화자–연금술사의 이미지로 등장한다(Bolz·Reijen, 1991 : 28). 벤야민의 견해에 의하면, 진정한 비평은 작품을 하나의 유기적 통일체 즉 생명으로 취급하지 않는다. 진정한 비평은 그와는 반대로 작품을 살해한다. 비평가는, 사체를 소각시켜 사리를 얻어내듯이, 작품의 진리내용(Wahrheitsgehalt)과 물질적 내용(Sachgehalt)을 구분하여 후자를 과감히 태워 없애고 잔존하는 진리를 구출한다. 그것은 파괴와 구제의 변증법적 과정이다. 벤야민은 이렇게 쓴다. "비평적인 마술이 등장하는 곳에서 모든 위조품은 그 빛에 접촉하여 붕괴한다. 진정한 것은 살아남는데, 이것이 바로 그 재인 것이다"(Benjamin, 1910-28: 122). 이와 동일한 파괴와 구제의 변증법은 인용의 테크닉에서도 발견된다. 인용한다는 것은 무엇인가? 그것은 인용문이 본래 속해 있는 텍스트의 허위적 객관성 즉 문맥을 폭파하는 작업을 전제로 한다. 인용은 일종의 절도이다. 그것은 원래의 문맥으로부터 인용의 대상이 되는 문장을 폭력적으로 절취하는 행위이다. 그 과정에서 인용된 문장이 원래 속해 있던 문맥은 손상되고, 그 문맥이 생성시키던 의미구조도 파손된다. 벤야민은 이러한 의미에서 문장의 인용자를, 길 위에 갑자기 등장하여 한가로운 산책자를 강탈하는 노상강도에 비유하고 있다(Benjamin, 1928b: 177). 그러나 인용이 이러한 파괴적 작업만으로 구성된 것은 물론 아니다. 왜냐하면 강제적으로 문장을 탈취하는 것만이 인용의 전부가 아니기 때문이다. 인용자는 그렇게 강제로 축출된 문장을 새롭게 창조된 문맥 속으로 다시 기입하는 작업까지를 완수해야 한다. 좋은 인용자는 그리하여 옛 문맥으로부터 벗어난 문장의 진정한 의미를 회복시킬 수 있는 새로운 의미의 틀을 창출하여, 그 틀에 인용분을 재기입시킴으로써 인용문을 회생시키는 창조적 구성자이기도 한 것이다(Benjamin, 1931b: 267-8).

　이러한 비평과 인용의 방법을 통한 글쓰기의 과정에서 〈파괴-폐허-구축〉으로 이어지는 벤야민 특유의 작업공정이 실현된다. 가령 벤야민의 주요한 글쓰기 형식은 논고(Traktat), 단상, 에세이, 테제와 같이 글의 단락들이 일의적(一義的) 질서에 묶여 일목요연한 시스템을 만드는 대신 그들 각각이 독자적인 세계를 표현하는, 이질성의 병렬적 배치로 구성되는 글쓰기 형식이다. 이들은 모두 파편들의 조합이라는 특성을 갖고 있다. 즉, 처음부터 끝까지 일관적으로 글을 이끄는 하나의 긴 호흡은 존재하지 않는다. 거기에는 대신, 늘 새롭게 시작하고 새롭게 끝나며, 사유의 급격한 전환을 빠른 템포로 속사(速射)하는, 돌발적이고 파열적인 속도로 나열되고 배치된 문장들의 연쇄가 있을 뿐이다.[2] 벤야민은 이러한 모자이크적이고 논고적인 글쓰기를 철학적 관조와 연결시키면서, 양자 모두 분리되고 이질적인 요소들의 잡다(雜多)를 재구성하는 방식을 통해서 소위 비약적인 초월의 체험을 제공한다고 보았다(Benjamin, 1928a: 24-5). 이러한 글쓰기 방식은 벤야민 역사철학의 중심 테마인 역사 서술과 인식의 문제에 깊이 연관되어 있다. 벤야민의 유물론적 역사기술은 "역사의 대상을 역사적 흐름의 연속성으로부터 떼어내는 작업"이다. 그것은 역사의 "서사시적 요소"를 포기하고 연구의 대상이 되는 시대를 "물화된 역사의 연속성"으로부터 분리시키고, "시대의 균질성을 폭파"한다. 그에게 "구성은 파괴를 전제하며" 그 역도 또한 진실이다(Benjamin, 1927-40: 493, 492, 487). 이러한 파괴의 작업이 왜 필요한 것인가? 그 이유는, 사료가 언제나 특정한 역사철학적 전제들에 의해 이미 전유되어 있기 때문이다. 이 선행하는 구조를 해체하지 않는다면, 역사를 인식하고 서술한다는 것은 늘 역사에서 승리한 자들의 시선과 논리로 이미 구축된 역사 이해를 강화하는 것에 다름 아니다. 혁명적 역사서술은 이러한 연속성의 외관을 파괴하여 역사적 사물들을 역사철학적 전제들로부터 탈환하고, 해방된 사료를 새롭게 해석하고 배치함으로써 지나간 사건들을 역사적 지금(Jetzt)의 정치적 맥락에서 재구성하고자 한다.

요컨대 벤야민의 작업을 하나의 절차로 본다면, 그것은 파괴로부터 시작하여 파괴의 결과인 폐허를 생산하고 그 폐허에 다시 질서를 부여하는 구축의 과정으로 종결된다. 파괴는 연구 대상의 유기적 총체성에 대한 조직적이고 계획적인 폭력의 행사를 의미한다. 폭력이 가해진 대상은, 그것이 무엇이든 간에, 파편으로 분산되어 폐허를 구성한다. 폐허는 기왕의 시스템에 의해 감금되어 있던 수많은 질료적 부스러기들이 해방되어 더미로 쌓여 있는, 파괴와 보존의 변증법적 경합이 이루어지는 공간이다. 폐허를 산책하면서 선별의 가치가 존재하는 조각들을 찾는 자가 바로 벤야민적 산보자-수집가이며, 이러한 파편들을 재료로 새로운 배치(Konfiguration) 혹은 성좌(Konstellation)를 구축하는 자가 벤야민적 편집가, 즉 몽타주의 주체이다. 파괴에서 시작된 시스템의 죽음과 소생은 성좌의 구축에서 종결되지만, 이는 영구적으로 온존할 새로운 시스템의 창출이 아니라, 늘 다른 폭력과 변화를 받아들여 허물어지고 부서짐으로써 새로운 배치나 성좌에 열려 있는 만화경적 구축으로 귀결된다. 최종적 구축은 무한히 연기된다. 또한 구축의 결과로 제시되는 시스템이 중요한 것이 아니라 구축의 매 과정이 방출하는 새로움의 해방적 가능성이 오히려 구원의 모티프로서 부각된다.[3] 이것이 바로 벤야민적 사유의 근본 풍경이며, 이 풍경의 주인공이 바로 우리가 서론에서 언급했던 벤야민 사유체계의 개념적 인물인 파괴적 성격이다. 그런데 이러한 벤야민의 방법은 두 가지 상이한 기원을 갖고 있다. 그 하나는 당대 유럽의 아방가르드와 초현실주의자들이 즐겨 사용했던 몽타주의 방법이며(Bloch, 1935: 340-3; Rochlitz, 1992: 275-289; Arendt, 1974: 302), 다른 하나는 유대신비주의 전통에 기원을 둔 티쿤의 개념이다. 이와 같은 두 가지 상이한 방법을 살핌으로써 우리는 벤야민의 파상력에 대한 좀더 심층적인 이해를 시도할 수 있다.

III. 파상력의 두 기원

1. 이삭 루리아의 티쿤(tikkun)

숄렘의 증언에 의하면, 1928년에서 29년 사이에 벤야민은 히브리어를 배워 숄렘과 함께 예루살렘 대학에서 교원으로 일할 계획을 세운다. 이 계획은 벤야민에 의해 수차례 연기되었고 결국 수포로 돌아갔다(Scholem, 1975: 255-276). 이 이후로부터 1940년에 포르-부(Port-Bou)에서 자살로 생을 마감하기까지, 벤야민은 히브리어가 상징하는 유대적 전통과의 명시적인 관계를 끝내 설립하지 못한다. 그의 지적 나침반은 바로 이 시기에 아샤 라시스(Asja Lacis)와 브레히트의 영향 하에서, 마르크스주의 쪽으로 빠르게 기울어갔다. 그러나 유대적 사유, 유대적 전통 그리고 유대적 에토스는 초기부터 후기에 이르기까지 벤야민 사유와 방법의 중추로 기능하고 있었던 것이 사실이다. 1916년 3월 4일에 마르틴 부버에게 보낸 편지에서 벤야민이 고백한 것처럼 "유대정신의 문제"는 벤야민 사유의 "가장 중요하고 가장 어려운 대상 중의 하나"로 남아 있었던 것이다(Benjamin, 1910-1928: 116). 이러한 의미에서 벤야민에게 유대적 정신성은, 아렌트의 표현을 빌려 말하자면, '숨겨진 전통(Die verborgene Tradition)'으로 기능하고 있었던 것이며, 이는 벤야민의 방법이 본질적으로 카발라의 중심적 개념인 티쿤과 구조적으로 상동적이라는 사실로 입증된다(Arendt, 1987: 178-

220).

'티쿤'은 16세기의 유대신비주의의 한 갈래인 사페드(Safed) 학파의 이삭 루리아(Isaac Luria, 1534-1572)의 우주론적 신화를 구성하는 주요 개념으로서, 그 자의(字意)적 의미는 '기원적 총체의 복구' 또는 '복원'이다. 1492년에 있었던 스페인에서의 유대인 추방과 그 이후의 집단적 망명에 대한 신학적 반응으로 평가되는 루리아의 카발라적 교의는 축소(Zimzum), 부서진 그릇(Schebira) 그리고 복원(Tikkun)이라는 매우 독특한 세 가지의 신화적 모티프들로 구성되어 있다 (Scholem, 1966: 128; Scholem, 1974: 219-240).

우선, 축소의 신화는 세계 창조의 순간을 신적인 것의 확장과 방사(放射)로서의 창조가 아닌, 신적인 것의 축소와 퇴각 그리고 은거(隱居)로서 극화하는 창즈신화이다. 유출과는 반대 방향으로 진행되는 이 축소의 과정 속에서 신은 테히루(Tehiru)라 불리는 하나의 점 속으로 응축해 들어간다. 여타의 창조신화와는 달리 이삭 루리아의 신화에서는 창조주가 태초부터 추방 상태에 던져져 있으며, 이를 극복하고 다시 복귀해야 하는 '숨은 신'으로 표상된다는 것이 특이한 점으로 주목된다(Scholem, 1941: 261-282).

둘째, 부서진 그릇의 신화 역시 총체적인 질서의 창출이 아니라, 오히려 그러한 질서가 파괴되고 파편화되는 창조의 순간을 극화한다. 이에 의하면, 축소의 과정이 창출한 원초적 공간(Pleroma)에 최초의 인간인 아담 카드몬(Adam Kadmon)이 탄생한다. 아담 카드몬의 눈, 귀, 코, 입을 통하여 빛이 방출되는데, 이 과정에서, 모든 존재자들의 완벽한 창조를 위해서 이 빛을 받도록 만들어진 그릇들이 충격을 이기지 못하고 부서져버린다(Scholem, 1966: 129). '부서진 그릇'은 이처럼 창조의 과정에서 발생한 총체성의 붕괴를 상징하며, 따라서 이 원초적 파괴를 겪은 모든 존재자들은 치명적인 결함을 지니고 있는 것으로 표상된다. 신의 망명과 총체성의 와해라는 원초적 파국상태로부터 티쿤의 필연성이 대두된다.

그 신화의 세번째 주요 모티프를 구성하는 티쿤은 이산(離散)된 사물들의 불완전한 총체성의 회복을 의미하며, 형상적인 차원에서 말하자면 깨진 그릇의 파편들이 다시 복원되는 모멘트를 구성한다. 티쿤은 기원의 회복이다. 티쿤은 그리하여 구원이다. 숄렘은 이를 다음과 같이 해설한다. "루리아에게 메시아의 도래는 복원의 점진적인 과정의 최종 귀결 즉 티쿤에 다름 아니다. (……) 이스라엘의 구원은 모든 사물들의 구원이다. 왜냐하면 구원이란 모든 것들이 제자리에 놓였다는 것, 모든 흠결이 삭제되었음을 의미하기 때문이다. 티쿤의 세계는 그리하여 메시아적 행위의 세계이다. 메시아의 도래란 티쿤의 세계가 그 최종적 형태에 도달했다는 것을 의미한다"(Scholem, 1941: 292). 상실된 것, 불완전한 것, 분열된 것은 티쿤의 과정을 통하여 제자리를 찾아간다. 덧붙여지는 것도 덜어내어지는 것도 없다. 오직 배열의 이동과 조합의 끝없는 변전이 있을 뿐이다(Bensussan, 2001: 50).

티쿤은 상실된 기원의 회복을 염원하는 사유이다. 그러나 이는 단순한 실낙원의 회복에 대한 소망과는 그 의미가 크게 다르다. 그것은 티쿤이라는 개념이 전통(기원)과의 단절을 극단적으로 체험했던 유대인들의 역사적 배경으로 발생한 카발라에 연원을 두고 있기 때문이다. 우아크닌(M.A. Ouaknin)에 의하면, 히브리어에서 전통을 의미하는 단어는 두 가지가 있다. 하나는 마소레(Massorèt)이며 다른 하나가 카발라이다. 전자는 확립된 텍스트들의 공인된 전승과 연관된 것으로서 글자들의 철자법, 문장들의 정확한 기입과 해석 등을 포함하는 권위 있는 전통의 전승을 의미한다. 이에 반해서 '수용'의 의미를 강하게 내포하는 카발라는 전승된 전통이 수용자들에 의해서 변용되는 과정을 내포한다(Ouaknin, 1991: 13). 따라서 카발라와 전통의 관계는 역설적인 형식을 띤다. 즉 변화된 지평에서 새롭게 해석되는 전통의 체험을 중시하는 카발라의 관점에서 보자면, 전통은 '원래부터 존재해온 그것'이 아니라 지금의 세대에게 받아들여지고 해석되어 재조정된, 늘 새로운 무엇이다(Scholem, 1966: 45). 수잔 벅-모스는 이를 좀더 과격하게 표현한다. 즉 카발라가 전통에 관심을 가진 것은 그것을 보존하기 위해서가 아니라 변형하기 위해서이며, 카발라는 과거와 단절하기 위해 과거를 존중하는 것이라는 주장이다(Buck-Morss, 1989: 301-2). 그러나 사실 이는 반대로 해석되는 것이 더 진실에 가깝다. 즉, 카발라는 과거와 단절함으로써 과거를 다시 복원하고, 전통을 변형함으로써 전통이 갖고 있는 힘을 되살리려는 변증법적 의도를 갖고 있다. 그리고 바로 이러한 점에서 티쿤이 지향하는 '부서진 그릇의 복원'은 과거의 형상 그대로의 기원을 회복하고자 함이 아니라, 완전하게 새로운 것의 창조로서 기원을 복원하고자 하는 몸짓이다. 티쿤은 이러한 의미에서 유기적 총체성의 파괴, 폐허에서의 수집 그리고 만화경적 구축으로 구성된 벤야민적 방법의 핵심적 구조와 주목할 만한 상동성을 보여주는 동시에, 굳건한 토대의 감각을 상실하고 '모든 것들이 무너져내려 허공에 부유하는' 시대이자, 현실이라는 견고했던 구조가 파쇄되고 그 총체성이 해체되어 넝마와 누더기로 산포된 상태에서, 이러한 파편들을 다시 재구성하는 몽타주의 방법에 철학적 희망을 걸어야 하는 시대였던 20세기 초반 유럽의 지적이고 미학적인 상황과도 매우 실질적인 친화력을 갖고 있다(Bloch, 1935: 208, 257, 352-3).

2. 몽타주

20세기 초반의 유럽의 문화적 무대에 등장하는 몽타주 기법은 회화로부터 영화에 이르기까지 그 폭과 범위가 매우 넓은 근대예술의 간판 테크닉이라 할 수 있다. 그 전형적인 실례들을 몇 가지 살펴보면 다음과 같다. 콜라주의 전신이라 평가받는 쇠라의 점묘법. 브라크와 피카소의 콜라주. 독일 표현주의자들이 즐겨 사용한 몽타주 기법들. 뒤샹이 「계단을 내려오는 누드」에서 선보인 운동 모멘트들의 몽타주. 에이젠슈타인과 푸도프킨 등에 의해 실험된 소비에트 영화에서의 몽타주 (Eisenstein, 1929). 하트필드와 로트첸코 등의 포토몽타주(Heartfield, 1930-8; Aragon, 1965: 63-72). 에이젠슈타인이 그로부터 큰 영향을 받았다고 고백하는 그로츠(George Grosz)의 '이미지 상점'(Eisenstein, 1923: 16). 벤야민을 매혹시켰던 블로스펠트(Karl Blossfeldt)의 작품집 『예술의 기원현상 *Urformen der Kunst*』(1928)에서 시도된 꽃의 확대사진들의 만화경적 이미지들(Benjamin, 1926: 69-73). 소설작품으로는 조이스의 『율리시스』(1922)와 되블린의 『베를린 알렉산더 광장』 (1929)이 주목할 만하며(Benjamin, 1930: 192), 브레히트의 서사극역시 전형적인 몽타주 기법을 활용한다. 조각의 분야에서는 1900년의 만국박람회에 출품된 로댕의 〈지옥문〉(1880-1917)을 빼놓을 수가 없다. '생각하는 사람'으로 알려진 사색자가 문의 정상에 위치하여 턱을 손에 괸 채 내려다보는 저 아래 펼쳐지는 지옥도는 다수의 형상들이 절단된 채 뒤집히고 중첩되어 난마처럼 뒤엉킨, 토르소와 파편과 사지들과 조각난 육체들의 거대한 몽타주이다. 그런데 이처럼 근대적 문화공간을 관류하는 수많은 몽타주들 중에서 특별히 벤야민에게 커다란 영감을 준 것은 다름 아닌, 1889년의 만국박람회를 기념하여 파리에 세워진 에펠탑이었다.

에펠탑은 바닥부터 정상까지 1만 2000개의 철골 조각들을 250만 개의 못으로 한 편(片) 한 편 조립한 "장난감 같은" 건축물로서, 기디온 (Sigfried Giedion)의 표현을 빌려서 말하자면 "현대 건축의 미학과 관련된 근본적인 체험"을 제공하는 모더니티의 기념탑인 동시에 '몽타주의 원리(Prinzip der Montage)'가 완벽하게 실현된 건축물이었다 (Benjamin, 1927-40: 184, 475, 182). 벤야민은 기디온의 테제, 즉 "몽 타주의 원리가 19세기에는 무의식의 역할을 했다"를 자신의 『파사젠베 르크』의 집필원칙으로 설정한다(Benjamin, 1927-40: 408). 그리고 자 신의 작업이 서술되는 방법의 한 모범적 사례로서 바로 에펠탑의 건축 법을 언급하고 있다. "이 프로젝트는 어떻게 씌어졌는가. 우연하게 발 을 디딜 수 있는 좁은 발판이 주어지면 그것을 한 단(段) 그리고 또 한 단씩(Sprosse für Sprosse) 올라가면서, 그리고 위험한 높은 곳에 올라 가면서 현기증을 일으키지 않기 위해서 (또한 주위에 펼쳐지는 파노라 마를 완벽하게 완상하는 것을 맨 뒤로 미루어놓기 위해서) 한 순간도 주위를 둘러보지 말아야 하는 사람처럼"(Benjamin, 1927-40: 477). 그 는 에펠탑이 철골 조각을 한 조각씩 잇고 붙임으로써 파리 전체를 조 망하는 높이로 설립되는 것과 마찬가지로, 파리의 아케이드와 연관된 자료와 기록과 주석 들을 하나씩 병렬 배열함으로써 모더니티의 기원 에 대한 일목요연한 파노라마를 제시할 수 있는 시점을 확보하고자 하 였다. "이 작업은 인용부호 없이 인용하는 기술을 고도로 전개시켜야 한다. 이러한 기예의 이론은 몽타주(Montage)의 이론과 깊은 연관을 맺고 있다. (……) 이 작업의 방법은 문학적 몽타주이다. 말로 할 건 하나도 없다. 그저 보여줄 뿐. 가치 있는 것만 발췌하거나 재기발랄한 표현을 자기 것으로 만드는 일은 하지 않을 것이다. 누더기와 쓰레기 들을 목록으로 정리하는 대신 유일하게 가능한 방법으로 그것들이 정 당한 권리를 찾도록 해줄 것이다. 즉, 그것들을 재인용하는 것이다" (Benjamin, 1927-40: 474, 476). 결국 미완성으로 남은 일종의 재공품 (在工品, work in progress)으로서의 『파사젠베르크』는 그리하여, 예 술사가 아비 바부르크(Aby Warburg)가 1927년부터 29년까지 2만 5천 개의 사진들을 몽타주하여 만든 독일 문화학의 기념비적 업적인 〈빌더

아틀라스 므네모치네Bilderatlas Mnemosyne〉그리고 바타유가 1929년에서 1930년에 잡지 『도큐망Document』을 통해서 실험했던 초현실주의 몽타주와 동시대적으로 구축된, 학문적 몽타주의 전형적 실례를 이룬다.[4]

이처럼 몽타주와 티쿤은 모두 유기적 총체성의 파괴, 폐허에서의 수집 그리고 만화경적 구축이라는 벤야민적 작업 원리를 구현하고 있다. 루리아의 신화에서 창조된 세계가 '깨어진 그릇'으로 비유되듯이, 그리고 벤야민적 방법이 파괴와 폐허의 생산으로 시작하듯이 몽타주는 요소들의 파열적 분해를 전제로 한다. 환언하자면 몽타주의 대상이 되는 질료는 파괴의 충격에 의해 이미 쪼개지고 부서진 것들이다. 그것은 온전한 사물이 아니라 들뢰즈가 말하는 '가상적 오브제(objet virtuel)', 즉 "누더기, 파편, 유해"로 존재하는 균열된 사물과 유사하다 (Deleuze, 1968a: 133-6). 더 나아가서 티쿤을 통해 깨어진 그릇을 복원하려는 시도나 요소들의 새로운 배열을 통하여 새로운 의미를 생성시키려는 벤야민적 구축작업과 매한가지로, 몽타주는 총체성을 상실한 단편들을 '조합'의 원리에 근거하여 배열한다. 이런 점에서 몽타주와 티쿤은 거의 동일한 작업의 원리와 방식을 공유하고 있다고 할 수 있다.

IV. 각성의 테크닉

파상력은, 상(像)을 지어내거나 그것을 변형하는 힘으로 이해되어 온 상상력과는 달리, 기본적으로 상을 파괴하는 힘이다. 좀더 정확하게 말하자면 파상력은 일체의 가상(Schein)이 가상임을 꿰뚫고 그 가상이 행사하는 환영적 위력을 분쇄함으로써 엄폐되어 있던 진상(眞相)

을 간취할 수 있는 능력이다. 이는 『금강경』의 「여리실견분如理實見分」에 나오는, 다음과 같은 유명한 구절을 연상시킨다.

凡所有相　　　　무릇 모든 곳에 상이 있되
皆是虛忘　　　　그 상이 다 허망한 것이니
若見諸相非相　　만일 모든 상이 상이 아님을 보면
則見如來　　　　그 즉시 여래를 보리라[5]

　이미지는 현혹이며, 유혹이며, 미혹이다. 모든 곳에 있는 형상들은 세계의 참된 실상을 가리는 베일에 다름 아니다. 그러나 그러한 이미지들을 순간적으로 와해시키면서 벽력처럼 나타나는 성현(聖現)으로서의 이미지는 구원의 징표이다. 한편에는 환상들의, 가상들의, 몽상들의 꺼짐이 있고 다른 한편에는 그 꺼진 자리의 잔해를 뚫고 나타나는 새로운 영상의 밝힘이 있다. 환(幻)으로서의 이미지를 파괴하는 것은 여래로 상징되는 세계의 진면목을 '보는 것'과 결합되어 있다. 파상의 과정이 이처럼 상의 파괴와 출현의 동시적 집약이라는 사실은 이미지 자체에 내포되어 있는 이중성에 기인한다. 아감벤은 이를 다음처럼 지적한다. "사실, 모든 이미지는 이율배반적인 양극성에 의해서 활성화된다. 한편으로, 이미지의 어원에 존재하는 이마고(imago)라는 용어에서 볼 수 있듯이 밀랍으로 만든 데드마스크나 상징과 같은 이미지는 몸짓의 석화(石化)나 무화(無化)를 통해 구성되지만, 머이브리지(Muybridge)의 스냅사진들이나 스포츠 사진들과 같은 이미지들은 순수한 역동성을 통해 구성된다. 첫번째 극은 우리의 의지적 기억이 포착하는 추억과 조응하며, 두번째 극은 우리의 무의지적 기억의 현현(epiphany) 속에서 번개처럼 나타나는 이미지와 조응한다"(Agamben, 1995a : 66).

아감벤이 말하는 석화된 이미지는 현실의 이차적 반영으로서의 이미지이다. 그것은 그림자이며 나쁜 의미의 미메시스이다. 이것이 바로 전통적인 철학적 사유와 종교적 사유가 부정하고자 했던 우상으로서의 이미지이다. 파상력이 파괴하는 것이 바로 이 무화된 이미지, 죽은 이미지, 존재론적으로 말하자면 실재에 기생하는 이미지이다. 그러나 이미지에는 또다른 속성 혹은 차원이 있다. 그것은 아감벤이 말하는 역동적 이미지이다. 역동적 이미지는 죽은 이미지들을 부수고 성스러운 현현을 통해서 나타나는 묻혀 있던 기억이다. 그렇다면, 이처럼 기생적 이미지들이 파괴되고 묻혀 있던 기억이 드러나는 체험은 무엇인가? 그것은, 아감벤이 통찰한 바와 같이, 바로 기억(Eingedenken, remémoration) 또는 회상의 체험이다. 이러한 의미에서 벤야민의 파상력의 지성사적 동근으로 우리는 프루스트, 베르그송, 프로이트 등이 20세기 초반에 공통적으로 탐구했던 '망각의 회복력'에 대한 지적 관심을 지적할 수 있다. 그리하여, 파상력은 바로 망각의 깊은 어둠 속에 숨어 있는 영상이 상기되는 순간 그 망각된 것을 가리고 있던 차폐-기억들이 파괴되어 소멸하고 나타나는 참된 영상을 지각하는 능력으로 정의될 수 있다. 파상력의 변증법적 대척에 있는 것은 상상력이라기보다는 차라리 망각이다. 그리하여 파상력의 체험은 「보들레르의 몇 가지 모티프에 관하여」에서 개진된 무의지적 기억(mémoire involontaire)의 체험과 매우 유사하다(Benjamin, 1938: 155-9).

무의지적 기억은 우리가 체험했으나 기억하지 못하는, 그리고 우발적인 계기를 통하여 불현듯이 현상하는 깊은 망각의 회억(回憶)을 가리킨다. 지난 추억을 조용히 반추하는 아름답고 평온하고 부드러운 경험인 의지적 기억과는 달리 이러한 회상은 폭력적이며 파국적인 방식으로 체험된다. 그것은 충격이나 환멸 혹은 행복이나 열락을 동반할 수 있으며, 하나의 단계에서 다른 단계로의 문턱을 넘어서는 경험이다. 벤야민은 무의지적 기억을 꿈에서 깨어나는 각성의 체험과 동일시한다. 여기에는 각성의 '변증법'이 있다(Benjamin, 1927-40: 406). 깬다는 것은 꿈의 상태가, 무너지는 건물처럼 순간적으로, 와해됨을 체험하는 것이다. 남은 것은 기억이 붙들고 있는 꿈의 어지러운 파편들이다. 새로운 현실과 꿈의 잔해 사이에서, 꿈을 자각하는 허탈한 마음과 꿈을 아직 붙잡고 있는 집요한 마음 사이에서, 깨어나 새로운 지각에 던져지는 신선한 의식과 미처 꿈을 빠져나오지 못한 몽환적 의식 사이에서, 몇 가지의 성좌가 구성되어 나타나고 해체된다. 기억되어 빠르게 꿈의 서사에 둠이는 징후들이 있는가 하면, 어떤 것들은 구제되지 못하고 다시 망각된다(Fédida, 1983: 6). 강한 에너지가 집중적으로 흘러 형상들이 파괴되고 생성되고 연합되고 해체되는 이 순간이 바로 파상력의 가장 근본적인 체험인 깨어남의 순간이다.

환언하면, 상상력의 체험과 파상력의 체험은 근본적으로 구분되는 체험이다. 전자가 니체의 용어를 빌려 말하자면, '아폴론적'인 체험, 몽상의 체험, 조형(造形)의 체험이라면, 파상력의 체험은 '디오니소스적'인 도취의 체험, 근원적 일자(一者)의 솟구침의 체험이다. 이는 상상계(imaginaire)의 체험이 아니라 상상계가 파괴되어 드러나는 실재계(réel)를 체험하는 것이며, 바로 이러한 의미에서 파상력은 미가 아닌 숭고의 체험과 연관되어 있다(Mieszkowski, 2004: 47). 왜냐하면, 실재가 드러나는 순간 인식 주체의 상상력은 마비되고(이것이 바로 칸트가 말하는 숭고이다) 상상력이 생산하던 이미지들은 부서져 징후로 이산되기 때문이다(Kant, 1790: 128-131). 이 '징후'가 바로 우리가 보들레르를 통하여 살펴보게 될 '알레고리'이며, 파상력을 통하여 드러나는 실재의 이미지가 바로 벤야민이 '표현할 수 없는 것'이라 명명한 미적 가상의 폐허이다. 이러한 맥락에서 파상력은 단순히 상을 부수는 힘이 아니라, 상상계로 대표되는 꿈, 몽상, 표상, 이데올로기, 집합적 환몽 등으로부터 깨어나는 '각성'의 힘으로 규정할 수 있다. 진정한 각성이 우연이나 요행의 형식으로 불현듯 도래하는 비의도적 사건의 산물인 것처럼, 파상력은 그 주체가 원하는 대로 언제든지 행사할 수 있는 권능이 아니라 적합한 때(kairos)를 기다리고 적시에 개입하는 상황적 능력까지를 내포한다. 벤야민은 이를 침착(Geistegegenwart)이라 부른다(Benjamin, 1927-40: 487).

벤야민은 개인적 체험 공간에서 흔히 발생하는 이러한 현상을 집합체의 역사 체험으로 전이시킴으로써 역사 서술의 '코페르니쿠스적 혁명'을 기획한다. 그것은 과거를 고정된 사실들의 총체로 보지 않고 상기를 통한 대회복(Apokatastasis)의 대상으로 파악하는 새로운 인식으로의 전환이다. 이렇게 되면 역사학은 하나의 과학일 뿐 아니라 "기억의 한 형식(eine Forme des Eingedenkens)"으로 재정립된다(Benjamin, 1927-40: 488-9). 이러한 시각에서 보자면 우리에게 열린 상태로 남겨진 것은 미래가 아니라 오히려 과거이다. 좀더 정확하게 말하자면, 역사적 존재로서 우리는 과거 속에 숨겨진 가능성들, 구원의 계기들, 희망의 씨앗들을 다시 발견하지 못하는 한에서 결코 미래로 나아갈 수가 없다. 우리의 시선으로부터 과거의 진면목을 가리는 영상들을 파괴하기 위해서는, 그것이 환멸이건 고통이건 치욕이건, 역사적 존재의 의식을 사로잡고 있는 다양한 꿈-의식으로부터 깨어나는 절박한 체험이 요구된다. 횔덜린이 말한 바, 위험이 있는 곳에 구원의 가능성이 증가하듯이, 파국이 있는 곳에 각성의 가능성이 증가한다. 이것이 신학이다. 그리하여 숨겨진 신학자로서의 역사가는, 깨어남의 파국적 상황 속에서 자신의 눈앞에서 전개되는, 고정시켜놓은 과거의 모든 맥락과 사실과 영상 들이 파괴되어 잔해가 되어 쌓이는 파국의 과정을 지켜보면서 뒷걸음으로 진보하는 천사의 이미지로 나타난다(Benjamin, 1940: 343-4). 천사의 권능은 파상력이다. 그는 이미 파괴된 것을 다시 구성해야 하는 책무를 지니고 있다. 그리하여 그의 휘둥그레진 두 눈은 폐허를 응시하고 있는 것이다. 그것은 레미 드 구르몽(Rémy de Gourmon)이 정식화했듯이, "역사의 잔해를 가지고 역사를 창조하는" 작업이다(Benjamin, 1927-40: 559).

벤야민에게 이미지는 구원인 동시에 마성이었다. 그는 다른 누구보다도 이미지를 통한 사유를 중시했으며, 그의 많은 개념들은 다양한 심상들을 촉발시키는 비유적이고, 형상적인 시적 명명의 산물이었다. 이처럼 이미지로 사유한다는 것은 개념의 질서가 억압하고 있는 감각적 직관의 세계와 그 혼돈을 사유의 출발점으로 삼는다는 것이며, 그리하여 미학적(감각적) 질서를 개념의 체계로 환원하지 않겠다는 의지를 요구한다. 그러나 그는 이미지가 하나의 생명으로서, 유기체로서, 실체로서 물신화되는 현상, 특히 자본주의적 환등상에 대한 준엄한 비판가였다. 환언하자면, 벤야민은 서구의 비판적 이성이 억압해온 영상적 사유에 있어서 그 누구보다 더 심오한 가능성을 실연했지만, 그 역시 계몽주의 이래 서구의 비판적 이성이 견지해온 우상파괴의 정신과 이데올로기 비판의 정신, 그리고 물신 파괴적 정신의 적자였음을 부인할 수는 없다. 이러한 맥락에서 그의 파상적 전략을 알레고리와 메시아주의의 두 차원에서 살펴보는 것은 파상력에 대한 이해에서 필수적인 부분에 속한다.

V. 파상의 전략들

1. 알레고리적 의도

파상력의 근본 체험이 각성이라는 사실은 파상력을 추동하는 근본 파토스가 환멸 혹은 멜랑콜리라는 사실을 암시한다. 왜냐하면 환상으로부터 깨어난 자를 기다리는 것은 바로 우울의 감정이기 때문이다 (Freud, 1917: 244). 우울자의 세계는 의미의 근본 축(軸)이 훼손된 폐허이다. 그리고 이 폐허가 그에게 체험될 때 사물들은 파편화된 기호인 알레고리의 형식으로 현상한다. 알레고리와 멜랑콜리는 이처럼 파상력을 지탱하는 양대 축으로 기능하는데, 이를 자신의 미학적 원리로 설정한 대표적인 시인이 바로 보들레르였다. 이러한 의미에서 벤야민이 『파사젠베르크』에서 인용하는, 다음과 같은 짧은 일화는 보들레르적 파상력을 예시하는 매우 상징적인 장면이다.

어느 날 밤 댄스홀에 있는 시인을 본 샤를 몽슬레(Charles Monselet)는 이렇게 말을 걸었다. "여기서 뭘 하고 계세요?"—그러자 보들레르는 이렇게 대답했다. "아니, 자넨가? 해골들이 지나가는 것을 보고 있었네!"(Benjamin, 1927-40: 288)

보들레르는, 성장(盛裝)을 한 채 무도장을 지나가는, 그리고 무도장의 음악과 조명과 열기에 도취되어 삶의 가장 화려하고 관능적인 순간을 즐기고 있었을 것임에 틀림없는 수많은 선남선녀들을, 이미 죽어 그 살이 일실(逸失)된 해골로 바라보고 있다. 그것이 농담이었건 아니면 진담이었건 중요한 것은, 보들레르가 운용하고 있던 이 시선의 독특한 파괴력이다. 보들레르의 눈은 생명의 핵심에서 작업중인 죽음과 부패와 파괴의 운동을 포착하고 있다. 이러한 시선 아래에서 사물들의 총체성은 와해되고 해골로 표상되는 육신의 잔해가 형해(形骸)로 드러난다. 벤야민이 지적하였듯이 "바로크 알레고리는 시체를 그 외면으로부터만 보았지만, 보들레르는 시체를 그 안쪽으로부터도 보았다" (Benjamin, 1938-9: 244). 그리하여 보들레르의 시선이 바라보는 『악의 꽃』의 세계는 온통 "구더기에 먹히는 시체"(「흡혈귀」), "끝없는 몽상을 들어줄 무덤"(「사후의 회한」), "썩고 매혹적이고 음산한 옛사랑의 유령 같은 송장"(「향수병」), "송장 파먹는 구더기"(「돌이킬 수 없는 일」)로 득실거리는 거대한 공동묘지이다(Baudelaire, 1961: 32, 33, 45, 52).

이처럼 파괴적으로 대상을 분해하는 시선의 힘을 벤야민은 '알레고리적 의도'라 불렀다. 알레고리적 의도는 "모든 '기존 질서'로부터 생겨나는 가상" 즉, "질서를 미화해서 견딜 만한 것으로 만드는 총체성 또는 유기적 전체라는 가상"을 추방하고자 하는 의지이며(Benjamin, 1927-40: 345), 삶과 사물을 "파편화와 잔해의 징후 속에서" 바라봄으로써 "조화로운 총체성"이라는 이념을 분쇄하는 폭력적이고 투시적인 시선이다(Benjamin, 1927-40: 344, 350). 알레고리적 의도에 노출된 사물은, 인용을 위하여 본래의 맥락에서 분리된 문장처럼, "일상적인 삶의 연관으로부터 분리"된다. 원래의 문맥에서 분리됨으로써 파괴되지만 새로운 문맥에 삽입됨으로써 구제되는 인용문과 마찬가지로, 알레고리적 의도에 포획된 사물 또한 "파괴되는 동시에 보존된다"(Benjamin, 1938-9: 222). 어떤 신화도 환상도 인간적인 소망도 알레고리적 의도 앞에서는 가차 없이 파괴된다(Benjamin, 1938-9: 226). 알레고리적 의도는 아름다움을 파괴하고 숭고를 드러내며, 아폴론적인 꿈의 영상계를 부수고 디오니소스적인 근원적 일자(一者)를 드러낸다. 이 피하(皮下)의 무의미적, 무차별적, 무분별적, 무시비(是非)적 세계에는 아무런 형상도 없고, 표상도 없고, 개체도 없다. 그 세계는 상징에 의해 유지되는 조화로운 총체성의 외관이 파괴되어 드러난 세계의 내장이다. 거기에서 모든 것은 자신의 모양을 부여받기 이전의 혼돈 속에 함몰되어 있으며, 원초적인 상황으로 환원된 이 무수한 기호들의 혼융과 잡다가, 의미와 형상이 미처 생성되기 이전 즉 표현

(Ausdruck) 이전의 카오스를 이루고 있는 것이다. 바로 이러한 의미에서 파상적 투시력이 생산하는 것은 「괴테의 친화력」에서 벤야민이 소개하는 '표현할 수 없는 것(das Ausdruckslose)'에 다름 아니다. '표현할 수 없는 것'은 예술적이고 미학적인 기본 범주로서 특정한 작품을 살아 있는 총체로서 현상하게 하는 가상적 움직임이 중단되고 정지되는 순간에 드러나는 작품의 근본적 차원이다(Benjamin, 1924-5: 364; 최성만, 2001: 106-7). 이를 기호학적 언어로 바꾸어 말하자면, '표현할 수 없는 것'은 작품의 상징성이 부서진 "폐허"이자 "상징의 토르소"로 구성된다(Benjamin, 1924-5: 362-3). 이 상징의 잘린 팔, 다리 즉 토르소의 기호학적 양태가 바로 알레고리이다. 환언하자면 파상적 투시력은 세계를 알레고리로 파악할 수 있는 힘이다.

알레고리는 상징과 달리, 기표와 기의의 관계가 관습적 혹은 자의적이다(Durand, 1964: 24). 이러한 관습성과 자의성은 알레고리가 하나의 기호로서 자신의 가장 기본적인 역할인 의미화작용(signification)을 완수하는 데 장애를 제공한다. 문화적 문맥과 역사적 문맥의 변화에도 불구하고 일의적이고 영속적인 의미를 구현하는 상징과는 달리, 알레고리는 이러한 시간의 흐름 속에서 기호의 기능을 지속적으로 수행하지 못하고 '그 의미를 알 수 없는 기호'로 전락하기 때문이다.[6] 이러한 과정에서 알레고리는 자신의 이미지와 의미 사이에 발생하는 간극을 극복하기 위해서 마치 상형문자처럼 다른 기호들을 적극적으로 활용하여, 표현하고자 하는 개념을 새롭게 변화된 의미론적 국면에 조응하는 방식으로 재구성해야 한다. 바로 이 점에서 알레고리는 관습의 제약을 벗어나 하나의 명실상부한 표현양식으로 정립된다(Benjamin, 1928a: 188). 칼 기로우(Karl Giehlow)를 길게 인용하면서 벤야민은 이집트 상형문자의 구성 원리가 바로 몽타주임을 확인한다. 시간을 알레고리적으로 표현하기 위해서 상형문자는 날개 달린 뱀의 형상을 조합해낸다. 날개의 상징성과 뱀의 상징성은 이러한 상형문자의 의미 형성과정에서 파괴되고 새로운 개념인 '시간'을 표현하는 재료로 사용된다(Benjamin, 1928a: 183). 벤야민이 강조하고 있는 '알레고리적 의도'는 상징의 완고한 일원성을 해체하여 이를 알레고리에 활용할 수 있는 표현의 힘이다. 바로 이러한 맥락에서 알레고리는 벤야민의 파편적 글쓰기, 몽타주, 인용의 원리와 소통한다. 그것은 표현을 통한 상실된 기원, 상실된 의미의 확보를 지향하며, 잃어버린 총체성(상징의 토르소)을 사후적으로 복구하고자 하는 노력이다(Gagnebin, 1994: 53 이후). 알레고리적 의도는 티쿤적 지향 그리고 몽타주의 지향과 마찬가지로 분산을 극복하고 요소들을 재통합하려는 의지의 표현이다.

2. 소실점 구원

기호의 영역에서 파상의 전략이 상징의 총체성을 부수는 알레고리적 의도의 실행으로 집약된다면, 역사철학의 영역에서 파상력은 특정 시대의 사회집단이 과거와 미래의 영상들을 조합하여 구성한 소망이미지들(Wunschbilder)을 파괴하는 데 집중된다. 소망이미지는 벤야민 역사철학에서 중요한 역할을 수행하는 꿈(Traum)의 개념으로부터 파생된 것으로서, 역사의 주체가 자신의 미래와 자신의 과거에 대하여 투사한 일종의 이상적 영상을 의미한다. 사실 벤야민이 파악하는 역사 공간은 인간 집단의 집합적 소망이 충족/좌절되는 공간, 바로 꿈이었다.[7] 역사를 꿈으로 본다는 것은, 역사를 그로부터 깨어나야 할 환(幻)의 무대로 간주하는 각성에의 호소인 동시에, 역사 속에서 모든 집합체는 공통의 상징을 동원하여 자신들의 가까운 미래를 꿈꾸며 그 소망을 삶의 모든 국면에서 실현시키고자 애쓴다는 사실을 암시하고 있다. 그는 이렇게 쓴다.

처음에는 아직도 낡은 형태의 생산 수단에 의해 지배받는 새로운 형태의 생산수단과 조응하는 이미지들이 있다. 이들 속에 새로운 것은 낡은 것과 혼융되어 있는데, 이러한 이미지들이 바로 소망이미지들이다. (……) 이러한 소망이미지로부터 시대에 뒤처진 것(가장 최근의 과거도 포함하여)과 단절하려는 단호한 의지가 나타난다. 이러한 경향은 새로운 것에서 자극받아 이미지를 만들어내는 판타지가 사실은 지나간 근원적인 것과 이어져 있다는 것을 분명히 해주고 있다. 어느 시대든 다음 시대의 이미지들을 품고 있는 꿈속에서, 다음 시대는 기원사(Urgeschichte)의 요소들, 즉 계급 없는 사회의 요소들과 단단히 결합되어 나타난다. 집단의 무의식 속에 보존되어 있는 그러한 사회에 대한 경험은 새로운 것과 철저하게 교차하는 가운데 유토피아를 낳는데, 이 유토피아는 오래도록 길이 남을 건축물에서 한순간의 유행에 이르기까지 삶의 무수한 배치 속에 흔적을 남겨놓았다.(Benjamin, 1935: 93-4)

미슐레가 말하듯이 "모든 시대는 다음 시대를 꿈꾼다". 소망상을 형성하는 힘은 그리하여 전형적인 유토피아의 상상력이다. 왜냐하면 유토피아란 미래에 도달해야 하는 이상적 사회상인 동시에, 과거의 어느 시점에 존재했었다고 믿어지는 기원적 이상향이기 때문이다(Benjamin, 1935: 36). 따라서 소망상은 언제나 더 나은 미래와 위대했던 과거의 교차지점에 형성된다. 이러한 유토피아의 상상력과 그 산물인 소망상에 대하여 벤야민은 매우 비판적인 태도를 견지하였다. 그는, 기술과 산업의 힘에 기초한 진보의 가능성을 믿어 의심치 않으면서 다가올 미래를 낙관적으로 상상(소망)하던 부르주아 계급의 소망상을 20세기 초반 서유럽 자본주의가 드리운 일종의 거대한 '잠'이자 환몽으로 비판하였다. 그러나 같은 시기에 반자본주의적 가능성을 지향했던 당대의 '사회민주주의' 역시 같은 강도로 비판했는데, 그것은 사회민주주의자들이 역사철학적 진보주의를 향한 믿음 속에서 혁명적 미래의 영상들을 또한 낙관적으로 그려냄으로써 미지의 미래, 아직 도래하지 않은, 그리하여 모든 급진적 가능성에 열려 있어야 하는 미래를 식민화하고 있다고 파악했기 때문이다. 그런 이미지들이 환몽인 까닭은 소망상 속에서 '구원'이라는 표상될 수 없는 순수한 사건성의 정수가 하나의 실체로, 내용으로, 욕망의 구체적 대상으로 환원되고 있기 때문이었다.

역사를 소망충족의 공간으로 보는 벤야민의 관점에 의하면, 인간 역사의 비극은 그들이 소망하는 것들이 이루어지지 않았기 때문에 생기는 결핍의 비극이 아니라 오히려 소망하는 것들이 너무나 많이 이루어졌기 때문에 생기는 과잉의 비극이라는 사실과 만나게 된다. 이런 소망의 역설을 벤야민은 페로의 동화 「우스운 소원들」에 빗대어 말하고 있다(Benjamin, 1994: 175). 동화의 내용인즉, 한 가난한 나무꾼과 아내에게 제우스가 불현듯 나타나 세 가지 소원을 들어주겠다는 약속을 하고 사라진다. 환호작약하면서도 좀더 신중할 것을 서로에게 다짐하며 집에 돌아온 나무꾼은 어이없게도 술을 마시고 이완된 마음으로 무심결에 안주로 "소시지 하나만 있었으면 좋으련만"이라 독백을 한다. 그러자 곧바로 소시지 한 덩이가 하늘에서 떨어져 내렸다. 남편의 조급함과 사려 없음에 화가 난 아내는 그 소시지가 남편의 코에나 붙어버리라고 빈정거렸는데, 이 발언 역시 어김없이 실현되어, 마지막 남은 소원은 애석하게도 남편의 코에 붙어 덜렁거리는 소시지를 다시 떼어달라는 부탁에 할애할 수밖에는 없게 되었다(Perrault, 1989: 237-241). 동화의 아이러니는 제우스의 야박함이 아니라 그의 지나친 관대함에 깃들어 있다. 소망은 모두 이루어진다. 그러나 소망충족의 끝에 그들의 손에 남은 것은 한 조각의 평범한 식료품, 소시지 한 덩이에 불과한 것이다. 당사자에게는 커다란 환멸과 목격자에게는 씁쓸한 웃음을 동반한 채. 인간사에서 소망의 충족이 이렇게 덧없는 결과를 가져온다는 이 우스꽝스런 이야기는 1928년의 저작 『일방통행로』의 대단원에서 벤야민이 제시하는, 제1차 세계대전에 대한 신랄한 야유 속에서, 더는 웃을 수 없는 처참한 비극의 양상을 띤 채 변주되어 다시 등장한다. 벤야민에 의하면, 제1차 세계대전은 신화시대부터 인류가 꿈꾸어온, 즉 소망해 온 정복, 살육, 파괴라는 소원이 근대의 기술력에 의해서 현실화되면서 전대미문의 악몽(소망)이 실제로 이루어진 광기어린 스펙터클이라 말하고 있다. 어머니-대지를 파고들어간 수많은 참호들, 전장을 가로지르는 고압의 전선들, 천공을 활공하고 해저를 탐색하는 기계들과 같이 학살과 파괴의 소망이 현실화된 마성적 힘의 방출을 통해서 인간과 자연의 관계가 근본적으로 동요하게 된 세계대전이라는 참상을 벤야민은 시니컬한 어조로 '우주와의 위대한 약혼식'이라 부른다(Benjamin, 1928b: 186-8). 소망은 충족되었으나, 충족된 소망은 많은 경우 역사 속에서 악몽으로 귀결된 것이다.

그리하여 소망상의 대척에서 벤야민이 조직화하고자 했던 것은 다름 아닌 메시아주의적 희망의 원리였다. 희망은 소망을 충족시킴으로써 소망의 내용을 현실화하는 것이 아니다. 희망은 그 반대로 소망이 충족되지 못했거나 충족된 소망이 환멸로 인지될 때 발생한다. 그것은 "미래를 미래로 돌아가게 하는 것", 즉 미래를 식민화하지 않고, 미래의 순수한 타자성을 보존하는 것이다(이문재, 2008: 18-22). 바라던 것이 실제로 구현되는 것을 욕망하는 것이 아니라, 소망의 실현을 저지하거나 그것을 도리어 좌절시킴으로써 소망의 잠재력을 항상적으로 유지시키는 도저한 역설에 기초한 기다림의 전략이 그것이다. 이러한 파상적 역설을 가장 적절하게 표현한 작가인 카프카는 1917년 12월 2일의 일기에 다음과 같이 쓴다. "메시아는 그가 더이상 필요 없을 때, 그때 올 것이다. 그는 그가 온 그 다음날에 올 것이다. 그는 그냥 마지막으로 오는 것이 아니라, 가장 최후의 날에 올 것이다"(Kafka, 1984: 455). 메시아가 오는 날은 시간의 끝으로 미루어져 있다. 이러한 방식으로 메시아가 도래한다면, 우리는 그 도래를 늘 깨어 있는 정신으로, 그리고 끈기 있게 기다려야 한다. 바로 이러한 점에서 카프카가 말하는 구원이란 사실상 구원의 불가능성을 의미한다. 보다 구체적으로 말하자면, 구원은 실체가 아니라 하나의 소실점으로 정립된다. 그 점의 실존으로 인하여 경험적 세계의 사물들은 원근법적으로 배열되어 존재의 의미를 부여받지만, 그 점 자체는 경험적 세계의 내부에 거주하지 않는다. 그리하여 구원에 대한 어떤 이미지도 소망도 환상으로 타기된다. 구원은 절대적 타자성 속에 머물러야 한다. 메시아는『탈무드』가 말하듯이 "그가 오지 않아 절망했을 때"와야 하며, "사람들이 알아채지 못하는 동안에, 잃어버린 물건을 되찾듯이, 혹은 예기치 않게 발견한 전갈처럼"와야 한다(*Talmud*, Sanhedrin, 97a, 재인용 Bensussan, 2001: 126). 메시아는 이처럼 시간의 끝에 오는 의인화된 신격이 아니라 시간이 연대기적 질서에서 폭파되어 해방됨으로써 모든 것을 다시 시작할 수 있는 순수 시간으로 열리는 바로 그 무(無)의 시공, 모든 희망들이 향하는 소실점이어야 한다.[8] 첼란(Paul Celan)은, 태양이 완전히 꺼질 때 생산되는 빛의 화환(花環)인 '코로나(Corona)'의 이미지를 통해 이와 같은 소실점의 시간을 노래한다.

가을은 내 손 위에서 자신의 이파리를 갉아 먹는다. 우리는 벗.
우리가 깨어버린 호두알들이 우리의 시간을 빼앗아가고 우린 시간에게 전진하는 법을
가르친다.
시간은 부서진 껍질로 되돌아온다.

거울 속은 일요일
꿈속에서 사람들이 잠을 자는데
입은 진실을 말하고 있다.

내 눈길은 연인의 음부를 천천히 내려다본다.
우리는 이제 마주본다.
서로에게 어두운 것들을 이야기한다.
양귀비와 기억처럼 우린 서로를 사랑한다.
조개 속의 포도주처럼
달의 피 흘리는 광선 속에 잠긴 바다처럼 우리는 잠잔다.

서로 껴안은 채 창가에 서 있는 우리를 그들은 거리에서 쳐다본다.
알아야 할 시간이다.
돌멩이가 꽃을 피우고픈 시간이다.
불안한 심장이 뛰어야 할 시간이다.
시간이어야 할 시간이다.

시간이다.

(번역은 부분 수정—Celan, 1963: 64)

시간이어야 할 시간, 시간의 유일한 책무가 자신으로 회귀하는 일인 바로 그 시간, 태양이 꺼지고 빛의 마지막 움직임이 둥근 원을 그리는 그 시간은 구원의 시간이다. 구원은 이처럼 경험적이고 물질적이고 사실적인 소망의 대상, 그리하여 그 지점에 도달됨으로써 소멸하는 무엇이 아니라, 이러한 실체화된 구원의 이미지를 부수는 파상력 속에서 끝없이 소실점을 향하여 가는 '희망의 원리(Ernst Bloch)'이다. 이러한 이해 속에서 소망의 상상력은 희망의 파상력에 자리를 내어준다. 소망의 상상력은 실체화된 구원의 이미지를 소비하지만 희망의 파상력은 이를 파괴하고 구원의 가능성을 늘 열린 상태로 전개시킨다. 요컨대, 파상력은 소망이미지들을 파괴하고 소실점을 구축한다. 파상력은 역사가 생산하는 수많은 바람과 꿈들이 야기하는 장엄하고 슬프고 숭고하고 인간적인 모든 도취와 환몽을 냉정할 정도로 깨어 있는 (nüchtern) 시선으로 파괴한다. 그것은 모든 집합 소망의 이데올로기적 근거를 비판하고 이마골로기적 효과를 분쇄한다. 파상력은 불가능을 자신의 세계에 도입한다. 그것은 파괴의 정신이 파괴적 성격의 변증법적 대립항으로서 자신의 내부에 기재하는 소실점으로서 구원되는 일이며, 그리하여 파상력은 소실점으로서 구축된다. 벤야민은 이를 북극점에 비유한다. "다른 사람들의 시도는 북극으로 향하는 항로에서 자력의 힘에 의해 배가 항로를 벗어나 일탈하는 것에 비유할 수 있다. 이 북극을 찾아낼 것. 다른 사람에게는 항로로부터의 일탈이 나에게는 항로를 결정하기 위한 자료가 된다"(Benjamin, 1927-40: 473). 몽타주 원리의 최종적 구축(만화경적 구축)에 대한 성찰의 맥락에서 언급되는 이 북극점은 자신의 작업이 도달해야 하는 그 최종적 목적지에 대한 비유이다. 자력의 힘에 의해 북극에 도달하는 것이 불가능하듯이, 수많은 만화경적 구축들이 최종 구축이 되는 것 또한 불가능하다. 그러나 벤야민은 여기에서 북극을 경험적으로 접수해야 하는 정복지로 간주하는 대신에, 그 지점에 도달하지 못한 실패의 체험들을 조직함으로써 위치를 식별하고 지향의 대상으로 삼을 수 있는 하나의 소실점으로 파악하고 있다. 바로 이러한 점에서 벅-모스가 정확히 지적하고 있듯이, 만화경적 구축은 해체주의의 무정부적 '탈중심화'와는 근본적인 차이를 노정한다(Buck-Morss, 1989: 431-2). 그것이 소실점인 한에서, 북극점에는 아무도 도달할 수 없다. 그러나 북극점의 소재가 파악되었

을 때 그것을 향한 항해는 가능해진다. 벤야민적 구축의 최종 원리는
이와 같이 부재하는 것이 아니라 '부재'로서 현존한다. 그러한 부재로
서의 현존을 구축하는 힘이 바로 파상력이다.

VI. 모더니티와 파상력

이상에서 우리는 벤야민적 사유의 역능으로서 파상력이라는 개념을
제안하고, 이를 체계화하기 위하여, 벤야민적 방법의 구조와 기원을
살피고, 파상력의 근본체험으로서 각성의 문제를 고찰하였으며, 파상
의 실천적 전략으로서 기호학적 차원에서 '알레고리적 의도'와 역사철
학적 차원에서 '소실점 구원'을 향한 메시아주의적 희망을 살펴보았
다. 이러한 작업을 통하여 우리는 파상력 개념을 벤야민의 비의적(秘義
的) 텍스트들을 이해할 수 있게 해주는 의미구조의 중핵으로 설정함으
로써, 파상력 개념을 벤야민 텍스트의 내재적 질서 속에서만 다루었던
것이 사실이다. 하지만 우리가 같은 문제에 대하여 보다 지식사회학적
시각을 취한다면 벤야민적 사유의 저류를 구성하는 파상력이, 근대의
사회·경제·문화적 차원을 공통적으로 관류하던 일종의 파괴적 역동
성을 그 모태로 하고 있음을 쉽게 간파할 수 있다. 『공산주의 선언』에
서 마르크스와 엥겔스가 지적하고 있듯이, 부르주아지는 '봉건적, 가
부장제적, 목가적 관계들'의 파괴자이며, '신앙적 광신, 기사적 열광,
속물적 감상' 등을 파괴하였고, 종교적이고 정치적 환상을 청산한 주체
이며, 지금까지 '사람들이 외경을 갖고서 바라보았던 모든 직업으로부
터 그 신성한 후광'을 벗겨버렸다. 벤야민이 말하는 각성으로서의 파상
을 우리는 마르크스와 엥겔스가 자본의 시대에 대하여 말하는 다음과
같은 문장에서 다시 발견한다. "굳고 녹슨 모든 관계들은 오랫동안 신

성시되어온 관념들 및 견해들과 함께 해체되고, 새롭게 형성된 모든 것들은 정착되기도 전에 낡은 것이 되어버린다. 모든 신분적인 것, 모든 정체적(停滯的)인 것은 증발되어버리고, 모든 신성한 것은 모독당한다. 그리고 사람들은 마침내 자신의 생활상의 지위와 상호 연관들을 냉정한 눈으로 바라보지 않을 수 없게 된다"(Marx-Engels, 1848: 402-3). 요컨대 파상력의 어머니는 바로 근대 그 자체이다. 왜냐하면, 근대는 모든 것을 폐허로 만듦으로써, 모든 환(幻)을 멸(滅)함으로써 그리고 성스러운 것들의 초월적 후광을 제거하고 신비의 베일을 벗겨냄으로써, 파상의 실제 공간을 창출하기 때문이다.

근대적 삶을 지배하는 자본주의적 마성, 즉 파상적 동력에 대한 지대한 관심 속에서 벤야민은 이런 구조적 변화가 인간의 지각양식 또는 체험양식에 가져온 구체적인 변화상에 주목하면서, 모더니티가 양산하는 새로운 종류의 인간들이 갖고 있는 독특한 능력을 예리하게 포착한 바 있다. 그에 의하면, 근대적 삶은 전통적 삶이 보장하던 경험의 집적과 소통을 불가능하게 함으로써, 체험의 빈곤을 구조적인 수준에서 생산한다. 경험의 보고인 전통으로부터 단절된 근대인들에게 유일한 경험의 가능성은 그리하여 '무로부터 시작하는 것'이다. 그리하여 근대의 천재는 교양인이 아니라 야만인이다. 그에게는 전승된 유산이 없거나 매우 희박하다. 그는 성숙하지 않으며, 때로는 발칙하고, 때로는 기발하다. 그는 종합적 경험(Erfahrung)의 인간이 아니라 파편화되고 원자화된 사건적 경험(Erlebnis)의 인간이며, 지적 관조의 인간이 아니라 산만함(Zerstreuung)의 인간이며, 아우라의 인간이 아니라 철골과 유리로 만든 건물처럼 건조하고 즉물적이며 투명한 인간이다. 그는 경험의 빈곤으로 신음하지만, 그 빈곤이 그에게는 오히려 장애물과 족쇄의 부재, 즉 자유로 작용한다. 벤야민은 이를 '긍정적 야만'이라 부르며, 이를 실현한 인물들로서 데카르트, 아인슈타인, 입체파 화가

들, 파울 클레, 브레히트, 아돌프 루스, 파울 쉬어바르트 등을 거론한다. 이들은 무언가를 창조하기 이전에 앞선 것들을 철저하게 파괴한 폭력적 사유자들이었다. 이들의 상상력은 사실 이들의 파상력이었다. 환언하면, 이들이 갖고 있던 자원은 '전통의 빈곤'과 '체험의 빈곤'이었으며, 파상력은 이러한 정신적 자원의 부재를 새로운 창조의 도전으로 정립하게 한 역설적인 힘이었다(Benjamin, 1933: 364-372).

이러한 점에서 파상력은 벤야민 이론의 해석학을 위한 한 도구 개념의 범위를 벗어나 모더니티를 심층적으로 이해할 수 있도록 해주는 주요 개념으로 재규정될 수 있다. 파상력은 근대의 파괴적 힘을 모방함으로써 그 넘어설 수 없는 힘을 '악마적으로' 분쇄하고자 하는 일종의 간지(奸智)이다. 왜냐하면 파상력은, 항상적 파괴가 가져오는 삶의 불안과 속도와 존재론적 진동을 부정하는 대신, 이를 사유의 긍정적 조건으로 활용하려는 음험한 전략이기 때문이다. 파상력의 주체는 근대가 살해한 모든 가치들을 통곡하지 않는다. 다만, 그 잔해들을 엮어 언젠가 그 진정한 가치들을 부활시킬 수 있으리라는 희망을 품을 뿐이다. 그러나 그 희망이 실체가 되는 순간, 파상력은 다시 그러한 실체의 영상을 스스로 파괴하고 폐허를 향한다. 이것은 근대적 삶이 드리우는 운명을 근대 속에서 넘어서려는 매우 엄격하고, 과격하고, 급진적인 윤리적 기획이다. 부르주아의 근대가 소위 '자본주의 정신'으로 무장한 주체들에 의해 추동되었다면, 문화적 모더니티는 파상력이라는 에토스를 갖고 있는 '긍정적 야만인'들에 의해 만들어진 것이다. 아직 사회과학의 언어가 섬세하게 천착하지 못하는 이 문화적 모더니티라는 미궁으로 들어가기 위해 우리는 파상력이라는 '아리아드네의 끈'을 하나 엮었다. 이 끈이 미궁의 탐색을 위한 적절한 도구인지는, 실제의 탐험, 즉 파상력에 대한 차후의 경험적 연구들을 통해 판별될 것이다.

주

1) 인식론적 권능으로서 상상력은 두 범주로 대별된다. 하나는 재생적 구상력(Reproduktive Einbildungskraft)이며 다른 하나는 판타지(Phantasie)이다. 전자는 표상들을 종합하는 능력이며 후자는 보다 적극적으로 표상들을 생산하는 능력이다. 구상력을 지성과 감성을 매개하는 기능으로 규정하는 칸트는 이러한 선험적 종합의 능력으로서 상상력을, 재생적 구상력과 구분되는 생산적 구상력이라 부르면서 자신의 초월철학의 대상으로 설정한다(Kant, 1781/8: 337-8, 360-1). 바슐라르는 재생적 상상력과 창조적 상상력을 구분한다. 그에 의하면, 후자는 이미지를 만드는(former) 능력을 넘어서 이미지를 변형시키는(déformer) 능력이다(Bachelard, 1943: 7). 뒤랑은 이미지, 상상력, 상상계 등에 대한 서구 이성의 폄하를 비판하면서, 상상력의 적극적이고 창조적인 권능을 재평가한다(Durand, 1964). 벤야민 역시 상상력을 의미하는 두 가지의 용어, 즉 구상(Einbidung)과 판타지(Phantasie)라는 개념을 사용한다. 전자는 상을 형성하는 힘이지만, 후자는 상을 왜곡하는 힘(Entstaltung)으로 규정된다(Benjamin, 2001: 146-9). 이러한 규정들 속에서 상상력은 이미 영상을 부수고, 변형시키고, 조합하는 '구성적' 능력을 부여받고 있으며, 이러한 점에서 보자면, 상을 파괴한다는 의미로서 만들어진 '파상력'이 단순히 상상력의 한 차원으로 보이는 것이 사실이다. 그러나 우리는 양자 사이에 화해할 수 없는 근본적 차이가 존재한다고 본다. 그 차이는 다음과 같이 지적될 수 있다. 첫째 상상력이 부재하는 존재를 가상적으로 현존시키는 힘이라면 파상력은 현존하는 존재의 가상성을 깨닫는 힘이다. 둘째 상상력이 종합하는 힘이라면 파상력은 파괴하는 힘이다. 셋째 상상력이 상상계(imaginary)를 구축하는 체험이라면 파상력은 상상계의 와해 속에서 나타나는 실재(real)와 조우하는 체험을 가리킨다. 마지막으로 이런 의미에서 상상력이 의도적으로

반복할 수 있는 행위의 인지적 조건이라면 파상력은 의지에 의해서 반복되는 대신에 우연적 사건을 통해서 체험되는 행위의 조건이라 할 수 있다.

2) 이러한 단상적 글쓰기는 중세적 진리 제시의 방법인 논고(Tractatus)의 전통과 독일 낭만주의자들이 애호했던 단상의 형식에 기원을 두고 있다 (Lacoue-Labarthe · Nancy, 1978: 62-8). 크라카우어(Kracauer)는 벤야민의『독일 바로크드라마의 기원』에 대한 서평에서 그의 이러한 단절적 글쓰기를 신학적인 의도를 가진 것으로 파악하며, 유대적 전통의 탈무드의 서사구조에 귀속시킨다(Kracauer, 1928: 1). 벤야민 글쓰기와 비트겐슈타인의『논리-철학 논고』(1921)의 형식에 대한 비교로는 프루스트(Proust, 1994: 257-8)를 볼 것.

3) 만화경은 1817년에 알퐁스 지루(Alphonse Giroux)에 의해 발명되어, '중국 퍼즐(casse-tête chinois)'과 치열하게 경쟁하면서, 1818년에서 1822년까지 파리에서 대 인기를 거둔 시각적 장난감이다(양자의 대결을 보여주는 석판화인「만화경의 승리 혹은 중국 퍼즐의 최후」(1818)를 벤야민은 『파사젠베르크』의 묶음(Konvolut) F에서 소개하고 있다(Benjamin, 1927-40: 188). 벤야민은 만화경과 중국 퍼즐에 대하여 지대한 관심을 표명하면서 그 자기 조합적이며, 무한히 갱신 가능하고, 조형적인 속성이 바로 19세기가 구축의 문제에 대해 눈을 뜨고 있는 징후라고 보았으며, 이러한 놀이들이 후일 입체파의 기법으로 발전한다고 보았다(Benjamin, 1927-40: 185).

4) 벤야민의『파사젠베르크』와 바부르크의「빌더아틀라스 므네모치네」의 비교에 관해서는 다음을 볼 것(Didi-Huberman, 2002a: 433 이하 ; Recht, 1994: 18). 실제로 바타유는 1930년 2월 17일 몽타주의 이론가인 에이젠슈타인을 소르본 대학에 초청하여 콘퍼런스를 연다(Bataille, 1930: 230). 몽타주 기법과 연관된 바타유와 예이젠시테인의 영향관계에 대해서는 디디-위베르만(Didi-Huberman, 1994)을 볼 것. 디디-위베르만은 바부르크, 벤야민, 바타유, 예이젠시테인 등이 모두 1920년대 후반에 몽타주의 기법을 활용했음을 밝히고 이를 '징후적 변증법'이라 명명하고 그 논리를 분석한다(Didi-Huberman, 1995: 333 이하).

5) 위의 사구게(四句偈)에 등장하는 상(相, lakṣaṇa)에는 현상(現相)이라는 의미가 있다(길희성, 1984: 70). 따라서 상(相)은 이미지를 가리키는 상(像)보다 더 큰 외연을 갖는다. 그러나 우리가 이후에 살펴보겠지만, 파상력의 대상은 이미지뿐 아니라 미적 가상(Schein)과 총체성이라는 가상, 즉 현실에 대한 표상까지를 포괄한다. 『금강경』에 사용된 상(相)이라는 단어의 번역사에 관해서는 다음을 참조할 것(김호성, 2002: 63-70).

6) "상징은 변화하지 않지만 알레고리는 늙는다"(Benjamin, 1928a: 197). 한편, 상징과 알레고리의 차이에 대한 논의로는 다음을 볼 것(Gadamer, 1948-60: 139-156; De Man, 1971; 187-228; Todorov, 1977).

7) 벤야민은 1927년의 에세이 「몽상적 키치」에서 꿈의 역사를 서술해야 할 필요성을 하나의 프로그램으로 제시한다(Benjamin, 1927b: 7). 『파사젠베르크』에서 벤야민은 역사 공간을 꿈의 공간과 등치시키면서, 꿈의 범주를 모더니티의 기원을 해명하는 중심 개념으로 설정한다(Benjamin, 1927-40: 113, 406, 408). 벤야민의 꿈 개념은 다음과 같은 특징을 갖는다. 첫째, 꿈의 주체는 개인이 아닌 집단이다. 둘째, 꿈은 의식의 내적 현상이 아니라 집단의 꿈-의식(Traumbewu ßtsein des Kollektivs)이 물질화시켜놓은 건축물, 패션, 광고, 문학, 사상 등 꿈의 외화물을 포함한다. 벤야민은 바로 이러한 꿈의 이론을 역사철학과 접목시킴으로써 역사적 공간을 특정 집단의 소망이 충족되고 좌절되는 우여곡절의 장소, 즉 소망충족의 토포스로 규정한다.

8) 벤야민은 '소실점으로서의 구원'이라는 개념을 1931년의 에세이 「칼 크라우스」에서 명시한다. "크라우스는 기원을 소실점에 놓았다"(Benjamin, 1931b: 268). 왜냐하면 그에게는 기원이 목표(Ziel), 즉 구원의 목적지였기 때문이다.

7장

멜랑콜리와 모더니티

I. 토성적인 것

보헤미아에서 태어나 19세기 프랑스의 무언극 배우로 명성을 떨친 드뷔로(Jean Gaspard Deburau, 1796-1846)는 이탈리아의 코메디아 델라르테에 나오는 피에로를 프랑스식으로 변신시켜, 천진하면서도 슬픈 웃음을 자아내는 현대적 광대의 원형을 창출하였다. 그에 관해 전해오는 한 일화를 벤야민은 자신의 『파사젠베르크』의 '권태, 영겁회귀' 장(章)의 한 페이지에 다음과 같이 기록해놓았다. "유명한 신경 전문의 한 사람이 파리에 있는 자신의 진료소에서 어떤 환자를 맞이했다. 처음 보는 이 환자는 소위 세기병에 시달린다고 토로하였고, 살고 픈 의욕이 거의 없으며, 기분이 늘 침울하며, 항상 권태롭다고 하소연을 늘어놓았다. "걱정할 것 없소이다." 침착하게 진찰을 마친 후에 의사가 말했다. "당신은 약간 휴식을 취해야 할 것 같소, 편하게 좀 쉬시

오. 날을 잡아서 드뷔로의 공연을 보러 가시오. 그러면 아마도 인생이 달리 보일 거요." 환자가 대답했다. "하지만 선생님, 제가 바로 드뷔로 입니다"(Benjamin, 1927-40: 133). 드뷔로의 선조(先祖)라 할 수 있는 중세의 광대들은 타인과 자기 자신마저 웃음거리로 만들 수 있는 특권적인 존재로서, 이들의 신랄한 재담과 파괴적인 농담 그리고 과장된 몸짓과 가면 뒤에는 종종 사태를 명증하게 파악하는 비판적 지성의 단초 혹은 이러한 지성의 소유자가 '어리석은' 세계에 대해서 가질 법한 깊은 상심이 은폐되어 있었다(Bakhtine, 1937-8: 350-5). 그러나 위의 일화에는 무언가 더 심각한 것이 존재한다. 우울은 이제 의사와의 상담을 통해서 치료되어야 하는 질환이며 대중의 우울을 풀어주는 광대마저 우울증에 빠져 있다. '세기병'이라는 표현에서 알 수 있듯이, 우울은 이제 그 외부가 존재하지 않는 하나의 세계감(感)으로 자리잡은 것이다.

  19세기의 중후반 이후에 이처럼 문화의 한 차원으로 구조화되는 권태, 슬픔, 무기력, 멜랑콜리, 허무감, 무사감(insouciance), 피로감 등의 정서군(群)은 고대로부터 내려오는 서구의 체액설에 의해 흔히 '우울질'의 감정형식으로 분류되어왔고, 오랫동안 서구인의 심성 속에서 신화적 영향력을 행사하던 점성술에 의해 '토성(Saturn)'의 감정이라 일컬어져왔다. 나태함, 게으름, 몽상, 느림, 어둠, 깊이 등의 다양한 속성들이 부여된 이 토성의 감정이 보여주는 결정적인 특성은 이들이, 고전적 의미의 열정처럼 적극적으로 분출되는 감정이 아니라 열정의 결여, 감정을 느낄 수 있는 능력의 쇠락, 즉 감정의 불가능성과 연관되어 있다는 사실이다. 가령, 플로베르의『보바리 부인』(1856)에서 엠마보바리의 삶을 삼킨 권태는, 고독과 막연한 그리움과 긴장된 무기력으로 가득 차 있는 공허한 일상적 세계 속에서 그 어떤 것에도 진정한 삶의 활력을 느끼지 못하게 하는 타성의 원천으로 등장한다. '불안'이라는 정서를 20세기의 실존철학에 전수했던 키르케고르는 『이것이냐, 저것이냐』(1843)에서 멜랑콜리가 야기하는 정신적 무능을 다음과 같이 진술하고 있기까지 하다. "사람들은 오랫동안 우리 시대의 무심함에 대해서 말해온 바 있다. 나는 지금이야말로 우리 시대의 멜랑콜리에 대해서 말해야 할 때라 생각하며, 이와 연관된 모든 것들이 해명되기를 희망한다. 멜랑콜리야말로 무사태평한 웃음 속에서 메아리치는 이 시대의 질병이며, 우리로부터 명령과 복종과 행동과 희망의 용기를 앗아간다"(Kierkegaard, 1843: 364).

행동과 감정의 불가능이라는 이러한 세계감은 역설적이게도, 사회의 모든 부면에서 성취된 전례 없는 혁신에 대한 자신감과 역사적 미래에 대한 낙관 위에 설립된 근대의 진보적 세계관의 필연적인 그림자였다. 근대가 창출한 사회적 모더니티가 국민-국가, 자본주의 그리고 시민사회를 축으로 하는 공적 제도의 영역에서, 베버의 표현을 빌리자면, '정신(Geist) 없는 전문가'와 '가슴 없는 향락자'들을 양산했다면 (Weber, 1904-5: 136), 사회적 모더니티의 지배적 가치들에 저항하는 미적 기획에 다름 아닌 '문화적 모더니티'는 진보하는 부르주아의 공적 세계가 엄폐한 사적 공간에서 되살아난 우울의 신 사투르누스 (Saturnus)의 힘에 복속된 '토성의 아이들'을 탄생시켰다. 사회적 모더니티는 과학과 기술의 힘으로 외적 자연을 탈(脫)마법화시키고, 열정을 이해로 변신시킴으로써 인간의 내적 자연마저 정념의 마성으로부터 해방시켰으나(Hirschman, 1977), 문화적 모더니티는 이러한 해방의 아이러니한 결과에 다름 아닌 환멸감 속에서 죽은 고대의 신에 다시 사로잡힌다. 역사적이고 집합적인 파토스의 차원에서 보자면, 근대인의 감정을 지배하는 것은 우울자들을 비호하는 사투르누스였다.[1] 고전 사회학이 다양한 방식으로 집합적 감정을 다룰 수 있는 가능성을 실험했음에도 불구하고(김경동, 1989: 346-354), 근대적 세계감의 가장 근본적인 차원인 이 토성적 감정의 발생과 구조에 대한 체계적인 접근은 보여주지 못했다. 근대적 멜랑콜리는 사회학이 아닌 심리학 혹은 정신분석학의 대상으로 설정되었고, 사회를 움직이는 추동력이 아닌 특정 계급의 나른하고 나약하고 몽롱한 허위적 감정의 사치쯤으로 인식된 것이 사실이다. 그러나 멜랑콜리는 문화적 모더니티를 이해하는 가장 기본적인 정서적 코드이며, 대다수의 문화적 산물들의 심정적 배경을 구성하는 문화해석학적 열쇠라는 점에는 이론의 여지가 없다고 할 수 있다(Blaise, 2002: 80).

이러한 맥락에서 이 글은 고전 사회학이 공백으로 남겨놓은 이 세기적 감정에 대한 사회학적 접근의 초안을 다음과 같은 순서로 기획한다. 첫째, 감정, 열정, 정념, 충동, 정서, 파토스 등 다양한 방식으로 불리는 소위 '느낌'의 문제에 대한 구조적인 접근을 가능하게 해주는 개념으로서 우리는 하이데거의 정조(情調, Stimmung) 개념을 소개한다. 둘째, 문화적 모더니티의 근본 정조로 규정되는 '토성적인 감정'의 계보를 재구성함으로써 그 역사적 발생 구조를 명료히 드러낸다. 셋째, 이러한 토성적인 감정이 구성하는 의미구조를 주체, 세계, 그리고 세계와 관계 맺는 주체의 전략이라는 차원에서 분석한다. 넷째, 토성적 정조의 가장 전형적인 형상화를 보여준 보들레르의 시세계에 대한 감정 사회학적 분석을 제시한다. 이러한 논의들의 결론을 대신하여 감정에 대한 사회학적 접근의 가능성을 모색한다.

II. 하이데거의 정조

합리성과 자유의지의 확고한 이상 위에 설립된 서구의 지적·윤리적 전통에서, 감정은 늘 부차적이고 잉여적인 것으로 취급되어왔다

(Joffe, 1999: 184). 감정 즉 파토스는 항상 능동적인 행위(poïeïn)가 아닌 수동적 정념(passion)이며, 항상적 실체(ousia)가 아닌 우발적인 사건이며, 철학적 사유가 이상으로 삼던 평정심(apathéia)과 지혜(sophia)에 반하는 정신의 동요로 이해되었다(Didi-Huberman, 2002a: 203). 철학뿐 아니라 사회과학의 경우에도 이는 마찬가지였는데, 그 이유는 감정이 주관적이고 개인적이며 비합리적인 토대를 갖고 있다고 파악되었기 때문이다(Joffe, 1999:183-211). 따라서 감정에 대한 사회학적 접근이 이루어지기 위해서 우선 요구되는 것은 감정이 순수한 심리학적 현상이 아니라 집합현상을 이해하고 설명할 때 반드시 고려해야 하는 문화적·역사적·사회적 객관성을 구비한 현상이라는 인식이다. 이러한 인식의 대표적인 실례를 우리는 하이데거의 '정조' 개념에서 찾아볼 수 있다.[2]

하이데거는 1929년에서 30년의 겨울학기에 프라이부르크 대학에서 행한 일련의 강의에서 "철학적 사유를 뒷받침하고 있는 감정이 무엇인가"라는 질문을 던지고, 그 해답으로서 권태라는 감정을 제시한다. 철학함의 근본 감정이 권태인가, 불안인가 아니면 공포인가 라는 문제는 오히려 부차적인 것이다. 더욱 중요한 것은 그가 던진 "형이상학의 파토스는 무엇인가?"라는 질문의 형식 그 자체이다. 왜냐하면, 위의 질문은 철학적 사유의 기저에 이성이 아닌 특수한 감정의 상태가 놓여 있다는 사실을 내포한다는 의미에서 로고스와 파토스의 위계를 전도시키고 있으며, '사유'와 '의지'에 늘 종속되어 있던 '느낌', 즉 감정의 질서를 학문적으로 복권시키려는 의도를 가진 질문이기 때문이다. '풍경 위에 드리워지는 불안정하고 붙잡히지 않는 구름의 그림자'(Heidegger, 1929-30)에 불과한 것으로 여겨지는 감정의 차원을 재평가함으로써, 인간의 감정이 단순한 심리학적 소여가 아니라, 주체가 역사적으로 세계와 관계 맺는 가장 본원적인 차원이며 집합적인 체험의 구조라는 사실을 논구하기 위해서 그가 사용하는 개념인 '정조'는 다자인(Dasein)이라는 주체 형식에 대한 하이데거적인 문제의식으로부터 도출된 것이다.

하이데거는 합리적 이성을 본질로 하는 근대적 주체철학의 인간관을 비판적으로 성찰하는 과정에서, 1927년의 『존재와 시간』에서 다자인이라는 주체 형식을 제출한다. 다자인은 세계 내 존재이다. 여기에서 말하는 세계는 자연적이고 물리적인 실체가 아니라, 역사적 결단을 포함한 모든 '가능성의 총체'로서 늘 거기에 존재하며 이미 전제되어 있는 삶의 환경 전체를 일컫는 말이다. 다자인의 본질은 이성도 육체도 아닌 그 자신의 실존이다. 이러한 세계 안에 던져진 유한자이며, 자신 앞에 펼쳐지는 무한한 가능성과 직면하고 있는 자기 형성적인 주체이자, 그 본질이 자신의 실존(Existenz)과 동일시되는(Heidegger, 1927: 66) 다자인이 세계와 맺는 관계는 협소한 인지적 관계를 넘어선다. 즉, 다자인은 세계를 이해하기에 앞서 세계를 느끼고 세계 속에서 특정한 감정을 갖는 존재라는 점에서, 다자인을 다자인으로 만들어주는 것은 코기토가 아닌 바로 정조이다(Heidegger, 1927: 191-2). 이러한 맥락에서 하이데거는 『존재와 시간』의 제5장 30절에서 공포의 감정을, 6장 40절에서 불안의 감정을 분석하며(Heidegger, 1927: 194-8, 251-60), '형이상학이란 무엇인가?'에서 권태, 환희, 불안의 정조를 분석한다(Heidegger, 1929: 56-9). 이러한 정조들은 심리학적 개인의 심적 상태를 지칭하는 것이 아니라 집합적이고 객관적이고 역사적인 의미에서 이해되는 다자인과 세계의 관계 맺음의 양식을 지칭하고 있다. "정조는 절대적으로 '내면'에 존재하는 것이 아니다. 내면에 있다가 드러나서 시선에 포착되는 것이 아니다. 그렇다고 해서 정조가 외부에 존재하는 것만도 아니다. (……) 정조는 체험된 인상으로서 영혼 속에서 발견되는 존재자가 아니라, 우리의 '공통적인' 다자인의 상태이다"

(Heidegger, 1929-30: 107).

공통적인 다자인의 정서적 상태로서의 정조는 인간과 세계를 매개하는 하나의 '분위기', '풍토' 혹은 '환경(Umwelt)'으로 이해할 수 있다(Han, 1997: 533). 정조라는 단어를 구성하는 중요한 의미소인 목소리(Stimme)가 음악적 비유의 영역에 속하는 것은 그리하여 우연만은 아니다. 정조란 다자인이 세계와 화음을 조정하는 과정이며 세계의 객관적인 음조와 주체의 음조가 섞이고 부딪치고 조정되어 형성되는 일종의 음역(音域)이다. 조화로운 화음도 있지만, 불협화음 또한 있을 수 있다. 하이데거는 후자를 불쾌감(Verstimmung)이라 부른다. 다자인이 세계를 이해한다는 것, 즉 세계와 인식론적 관계를 맺는다는 것은 무엇보다도 세계와의 특정한 정서적 감응상태, 음악적 조응상태에 들어간다는 것을 전제로 하고 있으며, 이러한 의미에서 세계를 이해하는 것은 세계에 대한 감정을 갖는 것보다 사후적으로 발생하는 현상이다(Heidegger, 1927: 197-8; Heidegger, 1956: 337; Harr, 1985: 87-8). 이러한 맥락에서, 하이데거가 사유의 역사를 정조의 역사로 새롭게 구성하는 것은 전혀 놀랄 만한 일이 아니다. 정조가 사유보다 근원적인 체험의 레벨일 때, 사유라는 상부구조는 자신의 전(前)-사유적인 하부구조로서 감정적 차원을 갖게 된다. 1955년 8월 프랑스의 세리지-라-살(Cerisy-la-Salle)에서 열린 한 콘퍼런스에서 하이데거는 정조를 중심으로 재구성된 사유의 역사를 제시한다. 그에 의하면 그리스 철학을 가능하게 해주었던 근본 정조는 경이의 감정(thaumazein)이다. 이 경이의 감정은 자연의 잠으로부터 깨어난 인간이 자신 앞에 현현하는 세계에 대해 놀라고 감탄하는 파토스가 추동한 서구철학의 개시와 조응한다. 또한 데카르트적인 근대철학의 근본 정조는 '인식에 대한 절대적 확실성에 대한 믿음'에 복무하는 감정으로서의 '의혹의 정조'이다(Heidegger, 1956: 340 이하). 그렇다면, 하이데거 당대의 사유, 즉

20세기의 사유를 규정하는 본원적 감정구조는 무엇인가? 그는 이렇게 대답한다.

> 오늘날의 사유는 어떠한 정조로 우리를 이끌고 있는가? 이 질문에 일원적인 대답을 내리는 것은 매우 어렵다. 아마도 어떤 근본적 정조가 작동하고 있을 것이다. 그러나 그것은 숨어 있다. (……) 우리는 다양한 정조들의 혼재를 본다. 한편으로 의혹이 다른 한편으로는 절망이 있으며, (……) 공포와 불안이 희망과 믿음에 뒤섞여 있다. 종종 그리고 끝없이, 합리적이고 계산적인 표상의 양태들에 비추어보면 사유는 모든 정조로부터 자유로운 듯이 보인다. 그러나 이 계산의 차가움, 산문적인 명석함 또한 (어떤 정조의—필자) 부름에 대한 응답이다. 모든 열정으로부터 해방된 듯이 보이는 이성은, 이성으로서 자신의 원칙과 규칙의 논리적이고 수학적인 명증성에 대한 신념에 정서적으로 조응한다. (Heidegger, 1956: 341-2)

하이데거는 지금 근대적 사유의 근본 정서를 규정하지 못하고 있다. 당대는 희망과 절망, 불안과 믿음이 공존하며 서로를 상쇄하여 마치 아무런 정조도 없는 듯이 보이는 시대이다. 차갑고 냉정한 계산적 합리성에 의해서 압살된 듯이 보이는 정조의 부재상태는 그러나 하이데거의 견해에 의하면 또하나의 정조에 다름 아니다. 이성이 모든 파토스로부터 해방되어 투명하고 순수한 계산적 합리성으로 증류된 듯이 보이지만, 이러한 이성의 작동 원리는 열정을 제압하는 더 강한 그리고 보이지 않는 열정에 기초하고 있다. 열정을 억압하고, 삼키고 또한 비가시적으로 만들어버리는 이 열정이 바로 모든 다른 파토스들을 은폐시키는 근대의 근본적 열정, 즉 '열정의 소멸에 대한 열정'이다. 이는 사실, 하이데거가 파악하는 근대적 세계에 대한 비판적 관심에서 비롯된다. 즉, 근대세계는 테크놀로지의 확산으로 인해 다자인 고유의 결단성(Entschlossenheit)이 소거됨으로써 세계 고유의 성격을 박탈당한 일종의 비(非)-세계이며, 다자인은 이러한 세계 속에서 스스로 자신의 정향을 고민하고 결정할 수 있는 체험을 상실하며, 이 체험의 상실이 바로 파토스의 부재, 즉 정조의 불가능성을 낳는 것이다(Harr, 1994: 258). 이러한 맥락에서, 근대적 사유의 근원적 정조는 모든 정조의 혼재라기보다는 오히려, 느낌의 불가능, 열정의 불가능, 파토스의 불가능으로 이해할 수 있다. 모든 인간적 고통을 기술이 위무하는 고통의 부재가 근대의 가장 큰 고통이듯이, 근대적 사유를 규정하는 가장 근본적인 정조는 파토스의 분출이 아니라 그 퇴행과 은폐이며, 감정의 원초적 폭발이 아닌 그 소멸이다. 바로 이러한 이유로, 하이데거는 위의 강의에서 일관적으로 근대적 형이상학의 근본 정조로서 '권태'라는 감정형식을 선택한 것이다. '마비를 가져오는 불편함', '무관심', '무심히 흐르는 시간의 압박감', '공허' 그리고 '알 수 없는 무언가의 나타남' 등으로 특징지어지는 권태는 전형적으로 멜랑콜리, 슬픔, 우수(憂愁), 공허감, 피로 등 문화적 모더니티의 주요한 감정형식들과 맥을 같이한다(Heidegger, 1929-30: 184). 하이데거가 자신의 정조론의 중요한 원천으로 삼고 있는 니체를 빌려 말하자면, 근대의 비극은 비극적 파토스의 불가능에 있다(Cf. Meštrović, 1997). 그가 근대문화 일반을 소위 데카당스라 부르며 폄하했던 가장 중요한 이유는 인간이 자신의 존재조건을 뛰어넘어 초월적인 것과 소통하는 고양의 체험에 동반되던 비극적 감정이 소멸했기 때문이다. 비극적 감정이 더이상 불가능한 인간, 비극적 감정의 핵심인 디오니소스적 고양에서 깨어난 인간을 니체는 햄릿에 비유한다(Nietzsche, 1872: 64). 우울을 감추기 위해서 신랄하고 통렬한 유머리스트의 가면을 썼던 덴마크 왕자의 멜랑콜리는 근대인의 근본적 정서구조의 원형을 예시하고 있다. 비극적 구원은 사라졌고, 남은 것은 무의미한 연극에 불과한 이 세계의 덧없는 현존이다. 부조리한 세계를 바라보며 '사느냐 죽느냐'를 묻는 햄릿의 세계감은 하이데거가 세계와 유한성과 고독의 의미를 묻는 형이상학의 근본 정조로 파악한 '깊은 권태'와 조응하고 있으며, 이것이 바로 문화적 모더니티를 진동시키던 불협화음적인 음계, 즉 근대적 정조였던 것이다.

III. 토성적 정조의 계보와 그 문화적 함의

하이데거의 정조 개념은, 로고스의 토대로 기능하는 파토스의 위상을 복원시키고, 이를 심리학적 내면성으로 환원시키는 대신에 한 시대의 공통적이고 집합적인 열정의 양식으로 이해할 수 있는 가능성을 제시한다. 이러한 맥락에서, 우리는 멜랑콜리, 권태, 무기력, 우수, 슬픔 등의 일군(一群)의 현상들을 '토성적 정조'라 명명한다. 비교적 낯선 이 어휘를 사용하는 이유는 두 가지이다. 이는 첫째 문화적 모더니티의 지배적 세계감을 하나의 구조로 설정하고 그 논리와 질서를 규명하기 위함이다. 파토스로 구성된 느낌의 체계인 세계감은, 언어와 의미로 구축된 인식의 틀을 가리키는 세계관 혹은, 이미지로 구축된 원초적 풍경으로 이해되는 세계상과 마찬가지로, 경험적 실체가 아니라 선험적 구조에 속한다. 그것이 선험적 구조인 한에서, 세계감은 다양한 정서적 현상들을 하나의 망(網)으로 묶는 독자적인 질서를 갖고 있으며, 이러한 질서와 구조적 논리가 바로 '토성적 정조'가 가리키는 대상을 구성한다. 둘째, 그러나 굳이 왜 '토성'이라는 형용사를 사용해야 하는가? 그 까닭은, 우울과 슬픔을 필두로 한 위의 감정들은 고대로부터 내려오던 체액론에 의하면 '우울질'로 분류되었고, 이러한 '우울질'

과 상응하는 천체는 다름 아닌 '토성'이었기 때문이다. 그러나 여전히 질문은 남는다. 왜 이러한 신화적이고 전(前)-과학적인 어휘를 동원하여 개념을 설정해야 하는가? 그 까닭은 파토스 고유의 시간성 때문이다. 파토스는, 로고스나 에토스와 비교하자면 한층 더 무의식적이며, 더 장기지속적이다. 감정은 늘 심층적인 현상이다. 심층의 현상을 이해하기 위해서는 역사의 표면으로부터 신화적이고 상징적인 지층에까지 소급해 내려가야 한다.

토성적 정조를 중요한 지적 관심의 영역으로 승화시킨 20세기 초반의 독일 예술사 전통에서, 이러한 시간성의 고려는 두드러지게 나타나고 있다. 가령, 바부르크(Aby Warburg), 파노프스키(Erwin Panofsky), 삭슬(Fritz Saxl) 등은 1517년에 알브레히트 뒤러가 제작한 동판화인 〈멜랑콜리아 I〉에 대한 일련의 도상학적 분석 과정에서, 서구적 상상계의 근저에 존재하는 점성술과 체액설의 연관을 밝히는데, 이때 이들이 집중적으로 탐구한 것이 바로 토성의 상상계와 멜랑콜리의 상상계였다(Warburg, 1921 ; Panofsky·Saxl, 1923). 예술사의 영역을 넘어서 지성사, 문화사적인 차원에서 포괄적으로 드러나게 되는 서구 근대의 정서구조는 이처럼, 신화와 상징의 세계에 대한 폭넓은 고려를 통해서만 제대로 파악될 수 있었던 것이다.[3] 이러한 맥락에서 우리는 하이데거적인 정조의 개념과 이 정조를 규정하는 신화적 언술의 의미소인 토성을 결합하여, '토성적 정조'라는 용어를 사용하고자 하며, 그 구조를 분석하기 위해서 우선 그 계보를 소략하게 점검하고자 한다.

고대 그리스의 피타고라스 학파로부터 유래하는 체액설은 인간의 체질을 체액에 근거하여 네 가지로 구분한다. 피가 많은 다혈질(sanguin), 황담즙이 많은 담즙질(colérique), 점액이 많은 점액질(flegmatique), 흑담즙이 많은 우울질(mélancolique)이 그것인데, 이들에게는 각각의 성격 유형, 색깔, 계절 등의 속성이 부여되었다. 지배적인 체액에 근거하여 인간의 성격을 파악하는 이 도식에 의하면 우울질은 교활하고, 탐욕스럽고, 늘 잠에 취해 있고, 질투심이 많으며, 무심한 성격의 소유자로 표현되어 있다. 우울증을 야기시키는 흑담즙은 신체의 좌측을 관장하는 비장(脾臟)의 분비액으로 알려져 있었는데, 차고 건조하여 사람을 성마르게 하고, 소심하게 하고, 무기력하게 하며, 늘 졸린 상태로 만들고, 이로부터 근심과 걱정 들을 유발시킨다고 인식되었다(Klibansky·Panofsky·Saxl, 1964: 114-7, 177). 흑담즙의 과잉은 피부와 피와 소변을 검게 하며, 맥박을 경화시키며, 복부에 타는 듯한 통증을 주며, 소화에 문제를 일으키고, 신트림을 유발하고, 왼편 귀에 이명(耳鳴)을 일으키는 등의 다양한 증상이 나타나며, 히스테리, 치매, 간질, 나병, 치질, 옴, 자살 등의 원인으로 인식되었다(Agamben, 1981: 34-5). 중세에 소위 아키디아(accidia)라 불리던 '영혼의 병'은 바로 이러한 멜랑콜리의 기독교적 판본이라 할 수 있다. 단테에 의해서 일곱 가지의 대죄 중 다섯번째의 중죄로 설정된 바 있으며(Benjamin, 1928a: 166) 아키디아에 걸린 자들은 대개 기독교의 교부들과 수도사들이었다(김영한, 1989: 26). '정오의 악마'라는 별칭으로 불리기도 하던 이 질병의 희생자들은 노동과 기도의 의무를 저버리고 무기력 상태에 빠지며, 움직이지 않고 한자리에 오래 머무르며, 생각에 잠겨 있고, 무기력과 정신적 태만을 벗어나지 못하고, 자신의 상상에 몰두하며, 주로 책을 읽는다(Agamben, 1981: 22). "부서져버려서 그 눈동자가 머릿속을 바라보게 되어버린 인형"에 비유되는(Cioran, 1952: 764) 우울자의 병적인 내향성은, 도상학적인 관점에서는, 멍하니 생각에 잠겨서 땅을 바라보고 있는 자세, 왼손으로 떠받친 턱, 환각적인 표정, 완벽한 부동성(不動性) 등으로 표현되어왔다. 우울자에 부여된 이러한 속성들은 모두가 우울을 야기하는 흑담즙의 상징계로부터 온 것이다. 흑담즙은 지형적으로는 대지와, 계절로서는 가을과, 색채로서는 흑색과 그리고 연령으로는 노년과 그 상징성을 공유하였다. 대지처럼 차고 메마르며, 가을처럼 침잠하고 음울하며, 흑색처럼 모든 것을 삼키고, 노인들처럼 허약하지만 지혜롭다는 의미도 파생되었다.

그런데, 이러한 다양한 의미망 중에서 우주론적 질서의 차원에서 멜랑콜리와 연관되어 있던 별이 바로 토성이었다. 이는 약 9세기경에 고대 그리스 의학을 보존해오던 아랍 의학이 중세 점성술과 결합함으로써 발생한 것인데, 이러한 접합에 의해서 목성은 다혈질을, 화성은 담즙질을, 달과 금성은 점액질을, 그리고 토성은 바로 우울질을 주관하는 별이 된다(Benjamin, 1928a: 159). 이렇게 멜랑콜리와 결합한 토성을 구성하던 의미론적 가치들은 그리스 신화로부터 왔다. 라틴어로 사투르누스라 불리는 토성의 기원인 그리스의 신 크로노스는 자신의 아버지인 우라노스를 낫으로 거세하고 신들의 왕좌에 등극한 거인족의 일원으로서, 그 자신 또한 레아와의 사이에서 수많은 신들을 낳지만, 이들이 태어나자마자 모두 먹어치우고 마는 불길하고 비정한 신으로 등장한다. 자식들 중 막내인 제우스는 어머니 레아의 계략으로 이 친자 살해의 운명을 벗어나 나중에 크로노스를 권좌에서 몰아내는데 성공한다(Hesiodos, 2004: 36, 57-8). 그리스의 크로노스가 로마로 가면, 아비를 거세할 때 들고 있던 낫은 수확의 도구로 바뀌고, 농사를 주관하는 사투르누스로 다시 태어난다(Klibansky·Panofsky·Saxl, 1964: 243). 중세의 세밀화나 목판화를 보면, 사투르누스는 침울하고, 약골이며, 농부의 외양을 하고 있으며, 손에는 낫이나 괭이 혹은 삽을 들고, 종종 다리를 절거나 목발 혹은 의족을 한 늙은이의 형상으로 등장한다(Panofsky, 1939: 113-4). 서남아시아로부터 그리스를 거쳐 다시 로마의 신으로 변모해간 그는 이러한 변천의 과정에서 매우 독특한 양가성을 부여받게 된다. 우선 토성이라는 별을 지칭한다는 점에서 천상적이지만, 수확과 노동의 신이라는 점에서 동시에 대지적(大地的)이며, 낫으로 부친을 거세하고 자식들을 씹어 삼키는 무자비한 파괴자이지만 동시에 이 파괴의 도구로 농토를 경작하는 문화의 신이기도 하다. 침울하고 음산한 인상을 풍기지만, 그를 상징하는 특유의 노령(老齡)은 그에게 지혜와 경륜의 외관을 부여한다.

이처럼 상이한 두 상징계의 접합을 통해서 멜랑콜리는 토성의 상상계가 포괄하는 물질적 내용들을 내포하게 된다. 가령, 9세기의 한 텍스트(Abu Ma'sar)에는 토성이 주관하는 감정적 현상이 다음과 같이 기술되어 있다. "토성은 자신에의 침잠, 고독, 비사교성, 허풍, 권력욕, 오만을 주관하며 (……) 공포, 불운, 근심, 슬픔의 과잉, 글쓰기, 혼돈, 고통, 삶의 궁핍, 비탄, 상실, 죽음, 유산, 장송곡, 고아들을 관장한다(……). 토성은 자기 파괴의 충동과 권태를 유발하는 모든 것들 위에 군림한다"(Klibansky·Panofsky·Saxl: 206-7). 멜랑콜리를 수식하던 거의 모든 의미소들이 토성과의 새로운 연관 속에서 재배치되어 있다. 이러한 상징적 연합을 통해 등장하게 되는 토성적 인간(우울자)은 체질적이고 우주적인 구조가 결정하는 치명적인 정조를 벗어날 수 없는 존재인 동시에, 이 구조와 '문화적'으로 투쟁하는 존재이다. 그의 명상과 고독과 침잠, 즉 외면적 부동성은 단순한 무기력이 아니라, 사물들의 깊이를 관통하는 시선의 깊이를 상징하며, 늘 아래를 바라보는 토성의 눈은 표면을 꿰뚫어 시선의 대상의 내면을 파악하는 통찰력을 암시한다(Benjamin, 1928a: 163-4). 토성적 인간의 주된 실천양식은 행동이 아닌 관조 즉, 성찰과 관찰과 해부와 인식이다. 그는 높은 곳으로 상승하는 정신인 디오니소스적인 인간과는 달리 아래로 침잠하여, 지하에 묻혀 있는 문화의 보석들을 캐내는 자이다. 이러한 견해는 이미 우울질에 대한 아리스토텔레스적인 해석에서 개진된 바 있다. 사투르누스에 대한 이후의 해석에 크게 영향을 준 바 있는 아리스토텔레스의 『문제 XXX』에서 집중적으로 분석되는 멜랑콜리는 놀랍게도 철학적·

예술적 천재와 영웅 들(엠페도클레스, 플라톤, 소크라테스 등)의 전형적인 체질로 이해된다(Aristotle, 1988: 83-5). 이처럼 가장 밀도 있는 지성을 보필하는 감정으로서 아리스토텔레스가 멜랑콜리를 선택했다는 것은 의미심장한 문명사적 징후로서, 중세의 우울증인 아키디아의 주된 희생자들이 당대의 문화인이라 할 수 있는 수도사들이었다는 사실과 조응한다. 철학과 예술 그리고 종교로 대변되는 인간의 정신적 활동의 심연에서 문화적 인간은 일종의 광기와 투쟁하게 되는데, 이러한 광기는 반대로 이들을 '예외자'로 만들어주는 체질적인 특성으로 이해된 것이다(Aristotle, 1988: 107).[4]

이처럼 토성적 감정에 사로잡힌 주체들은 서구적 상상계 속에서 독보적인 위치를 차지하고 있다. 이들은 다른 유형들과는 차별되는 문화적 감수성의 소지자로 인식된다. 이들이 생래적으로 갖고 있는 위험이 바로 이들의 가장 수월한 특장인 문화적 창조의 가능성이기도 한 것이다. 멜랑콜리의 계보학을 통해서 드러난 이 역설—우울의 정조가 문화의 핵심을 관장하고 있다는 사실—은 자연으로부터 이탈하여 획득한 문화의 본질인 상징계에 구속된 '문화인'의 운명을 암시적으로 드러낸다. 문화란 상징을 도구로 하여 자연을 통제하려는 인간 고유의 사고 공간이다. 자연과 인간 사이에 설정된 이 매개적 공간은 그러나 그 자체로 하나의 역설을 갖는다. 이는 언젠가 헤겔이 논구한 바와 같이 그리고 그 이후에 소쉬르 혹은 말라르메가 성찰한 바와 같이 상징이 상징으로 기능하기 위해서는 그것이 지시하는 사물을 살해해야 한다는 역설이다(Hegel, 1807a: 159-175; Mallarmé, 1976: 251; Blanchot, 1949: 312-4). 기호가 있는 곳에는 사물이 없다. 우리가 '꽃'이라 불렀을 때 우리에게 오는 꽃은 블랑쇼의 표현을 빌려 말하자면 '실제의 꽃이 아니며, 꽃의 이미지도 아니며, 꽃에 대한 기억도 아니고 사실은 꽃의 부재 그 자체'이다(Blanchot, 1949: 38). 실제의 꽃이 '물질적으로'

나타나지 않는다는 전제하에서만 꽃이라는 상징은 사용 가능한 무엇이 된다. 말과 사물, 상징과 실체 그리고 문화와 자연 사이에 존재하는 이러한 간극이 발생시키는 정조가 바로 멜랑콜리이다. 인간이 사투르누스로부터 경작을 배움으로써 자연으로부터 벗어나고 글자를 배움으로써(토성은 글쓰기를 관장한다) 기호를 통해 사물들을 배제시키는 문화인으로 탄생하는 것은 멜랑콜리라는 트라우마를 낳는다. 토성적 정조에 대한 언술들은 이처럼 문화인의 근원적 아이러니를 감정적 이념형으로 제시하고 있는 것이다.

IV. 토성적 정조의 의미 구조: 주체, 세계, 전략

1. 애도와 우울의 메커니즘

정조는 특정 유형의 역사적 주체와 그가 속한 세계 사이의 전(前)-이론적 관계의 형식을 규정한다. 니체가 분석한 비극적 파토스의 경우를 예로 들자면 가령, 디오니소스적인 감정의 주체는 전형적인 도취의 인간으로서 소위 '개별화의 원리(principium individuationis)'를 초월하여 자신을 둘러싼 모든 환경과 완벽하게 동일화된 인간이다. 축제, 혁명, 약물에 의한 중독의 경우에 관찰되는 이러한 주체성과 조응하는 세계는 '근원적 일체' 즉 원초적 자연 상태이다. 이와는 반대로 아폴론적 감정의 주체는 전형적인 몽상의 인간으로서 이에 조응하는 세계는 이러한 개체의 인식에 포섭되어 나타나는 현상적 세계이다(Nietzsche, 1872: 37-41). 이처럼 각각의 정조들이 각자의 고유한 주체와 세계 그리고 양자의 관계를 규정한다면, 우리가 문화적 모더니티의 세계감으로 파악하는 토성적 정조는 어떤 주체와 세계를, 그리고 그들의 연관을 어떻게 구조화하는가? 이 질문에 대한 해답을 제시하기 위한 방편으로, 체액설과 점성술이 독점하던 멜랑콜리를 대상으로 근대적 담론을 구성했던 정신분석학적 논의를 살펴보기로 한다.

1917년의 논문인 「애도와 우울증」에서 프로이트는 멜랑콜리의 메커니즘을 분석하기 위해서 이를 애도의 감정과 비교하고 있다. 환원하자면, 소수의 특권적인 문화인들에게 배타적으로 수여되었던 멜랑콜리라는 감정은 이제 누구나 느낄 수 있는 '애도'와의 연관 속에서 일상화되고 세속화되고 있다. 애도는 '사랑하는 사람의 상실, 혹은 사랑하는 사람의 자리에 대신 들어선 어떤 추상적인 것, 즉 조국, 자유, 어떤 이상(理想) 등의 상실에 대한 반응'이다(Freud, 1917: 244). 이러한 반응은 대개 삶에 대한 총체적인 의욕의 소멸로 집약되는바, 자식을 잃은 어버이의 심정처럼, 심한 애도의 슬픔은 다른 어떤 것으로 채워질 수 없는 깊은 공허와 무기력을 생산한다. 적어도 증상의 차원에서 보자면 애도와 우울증은 매우 흡사하다. 가령, 전형적인 우울증 환자가 보이는 증상들은 '심각할 정도로 고통스러운 낙심', '외부세계에 대한 관심의 중단', '사랑할 수 있는 능력의 상실', '모든 행동의 억제' 등으로서, 이는 애도의 징후들과 거의 동일한 것이다(Freud, 1917: 244). 그러나 프로이트는 이 유사성의 배후에서 상이한 심리적 메커니즘을 추출한다. 즉, 애도는 특정한 대상에 강력하게 충당되었던 리비도가 그 대상의 소멸과 더불어 한시적으로 부유하는 현상이다. 한번 대상과 관계를 맺으면 이를 좀처럼 포기하려 하지 않는 리비도 특유의 점액성으로 인하여, 깊이 사랑하는 무언가를 잃어버린 자는 이 대상을 환상적으로 유지하면서 감정적 연대를 지속하고자 한다. 소위 애도의 작업(Trauerarbeit)이란 이처럼 부재하는 대상에 집착하는 리비도를 거두어들여 현실 속에 실존하는 새로운 대상에 대한 애착으로 전환시키는 일종의 노동이다. 현실 원칙은 애도자에게 다음과 같은 정언명령을 부과한다. "살아야 한다. 아무리 슬퍼도 현실을 직시하라. 왜냐하면 네가 사랑하던 그것은 이제 현실 속에는 없기 때문이다." 이처럼 일정한 시간을 경과하면서, 애도자의 애정 방정식은 수정되어 고통스럽던 무기력으로부터 서서히 벗어나게 되는 것이다. 이것이 바로 애도의 메타심리학적 기제이다(Freud, 1917: 245-6).

그러나 우울은 애도와 다음의 세 가지 차원에서 차이를 보인다. 첫째, 우울자가 느끼는 상실감은 그 대상이 없다. 우울자는 자신이 무엇을 잃었는지 알지 못하면서 그것에 대한 상실감에 시달린다. 즉, 애도의 대상이 의식적이라면 우울증의 대상은 무의식적이다. 둘째로 리비도는 대상에 충당되는 애도와는 달리, 우울증적 리비도가 자아에 충당된다. 셋째, 이렇게 자아로 충당되는 리비도는 대부분의 경우에 사디즘의 형식을 띤다. 즉, 우울자는 애도자와는 달리 극심한 자기비하와 자기멸시의 감정에 빠져, '자존감의 극심한 감소'와 더불어 '자아의 거대한 빈곤화' 증상을 보여주며, 급기야 자신을 누가 처벌해주었으면 하는 징벌에 대한 망상적 기대를 갖기에 이른다(Freud, 1917: 244). 프로이트는 이 세 가지 특징을 나타나게 만드는 우울증적 리비도의 경제학을 자신의 나르시시즘에 대한 가설을 통해서 다음과 같이 제시한다. a) 리비도가 어떤 대상에 집중된 일이 있었다. b) 이러한 애정의 관계가 파괴되었다. c) 이 리비도가 다른 대상을 찾는 대신 자아의 내부로 집중되었다. d) 이는 상실한 대상과 자아의 동일시를 가져온다. e) 초자아가 자아를 대상처럼 다루게 된다. f) 주체와 대상의 관계가 주체 내부의 자아와 초자아의 관계로 전이된다(Freud, 1917: 251-2). 요약하자면, 자아가 대상을 삼켜버림으로써 대상 그 자체가 되어버리는 현상, 소위 자기애적 퇴행(Freud, 1914)이 바로 멜랑콜리의 기제인 것이다.

2. 식인증적 주체와 물신화된 폐허로서의 세계

우울의 정신분석학적 메커니즘을 통해서 명확하게 드러나는 것은 멜랑콜리의 주체와 그 주체가 마주 선 세계의 구조적 특성이다. 우선 가장 두드러진 특징으로 지적할 수 있는 것은 자기애적 퇴행의 결과로 나타나는 주체와 세계의 경계선의 소멸현상이다. 앞서 말했듯이, 우울자는 이러한 퇴행의 과정 속에서 외부에 존재하는 대상을 자신의 내부로 이동시킨 후, 이를 자신의 일부로 변화시킨다. 객체는 주체의 내부에 육화(Einverleibung)되고, 주체는 이러한 객체의 침투에 의해서 사물화되어 있다. 우울증의 가장 큰 위험은 바로 이처럼 사물화된 주체와 육화된 객체의 혼융이다. 리비도가 대상에 충당되지 않고 자아의 일부에 집중되는 이러한 현상은 전형적으로 구순기의 유아에게 나타난다. 아직 대상들의 세계와 분리되는 주체성을 형성하지 못한 단계에서 유아는 어머니의 젖가슴을 자신의 일부로 파악하며 심지어는 자신을 젖가슴과 동일한 것으로 인식한다(Freud, 1938: 289).

『성욕에 대한 세 편의 에세이』에서 구순기적 발달 단계를 묘사하기 위해 프로이트가 사용한 개념인 이 '식인증적(kannibalisch)' 단계는 하나의 역설을 내포하고 있다(Freud, 1905: 96-7)[5]. 즉, 유아는 자신이 가장 사랑하는 것을 오직 씹어 삼킴으로써만, 파괴시켜 소화시킴으로써만, 소유할 수 있다. 대상을 '물리적으로' 부정해야만 그 대상을 점유할 수 있는 유아와 마찬가지로 우울자 역시 자신이 상실한 것과 자기 자신을 구분하지 못하는 일종의 식인증적 단계로 퇴행한 자들이다.[6] 대상이 이처럼 주체의 내부로 전이되어 생존하는 한에서 리비도는 새로운 대상으로 전이되지 못하며, 따라서 과거는 과거로서 정리되지 못하고, 주체의 내부에 파괴된 채로 살아남은 이 대상은 죽은 것도 아니고 산 것도 아닌 상태로 항존하게 된다. 현실원칙에 굴복하여 다시 현실로 돌아오는 여도자와 달리 우울자는 자신이 상실했다고 상상하는 '그것'을 끊임없이 찾아서 떠나야 하는 '방황하는 유대인'에 비유되며(Binswanger, 1960: 56-7), 영원한 애도의 상태 속에 존재하는 무기력자로 묘사된다. 모든 토성적 정조의 주체들이 감정적 무능에 시달리는 까닭은 여기에 있다. 사회적 모더니티의 지배적 주체는 합리적인 계산과 이성에 근거하여 세계와 대면하고, 세계를 분절하고, 측량하며, 지배함으로써 세계의 주인이 된다. 이와 반대로, 우울자는 대면할 세계가 어디서부터 시작되는지 알지 못하고, 세계를 분절할 수 있는 경계를 상실했으며, 객체적인 세계에 의해서 지배되는 주체이다. 그는 정서의 욕동(欲動)을 단호하게 억제하면서 미래를 투기하지 못하고, 토성적 정조에 사로잡혀 현실원칙으로 귀환하지 못하는 욕망의 노마드이다. 이러한 식인증적 주체가 상징화되었을 때, 그는 전형적인 탐구자 혹은 연구자의 모습으로 등장하게 된다. 많은 우울자들이 맹렬한 독서가이자 또한 가차 없는 수집가이자 늘 책을 손에서 떼지 않는 독서인으로 표현된 것은 바로 이 때문이다(Benjamin, 1927-40: 803; Benjamin, 1928a: 167-8; Hippocrate (pseud.), 1991; Burton, 1621: 890).

근원적인 내적 결핍감을 채우기 위해서 자신을 둘러싼 세계의 파편들을 끊임없이 섭취하고 내면화하는 일종의 복합적인 식인증적 주체와 조응하는 멜랑콜리의 세계는 '기호학적 폐허'로 규정할 수 있다(Benjamin, 1928a: 190-6). 그 까닭은 우울자가 식인증적으로 흡수하고, 소비하고, 육화시키는 모든 세계내적 사물들이 결국, 자신이 원초적으로 상실했다 생각하는 그 부재하는 대상을 '환유적으로' 혹은 '제유적으로' 표상하는 파편들에 불과하기 때문이다. 멜랑콜리가 구성하는 세계는 근원적인 '사물(Chose)'을 결여하고 있는 세계이다(Kristeva, 1987: 22-4). 여기에서 사물이란, 시·공간적 격자위의 한 지점에 던져져 있는(ob-jet) 주체와의 상대적 관계 속에서 형성된 대상(Objet)이 아니라, 이러한 대상들이 대상으로서 나타나게 되는 근원적 지평이자 표상의 피안을 의미한다. 사실, 대상이란 주체와 공(共)-기원적이며 공(共)-구조적이다. 대상 없는 주체는 없으며, 그 반대 또한 불가능하다. 그러나 '사물'은 주객의 이러한 인지적 관계를 넘어서서 존재하는, 표상불가능하고, 결정불가능한 대상계 그 자체를 가리킨다. 우울증적 세계란 그 세계를 구성하는 사물들과 이 사물들의 원초적 토대(Grund) 사이의 관계가 영원히 실종되어버린, 부유하는 기호들의 난맥(亂脈)인 것이다. 근본적인 총체성의 핵이 부재하는 이 세계는 파편화된 기호의 무한한 변전과 조합과 놀이로 구성되어 있는 만화경적 공간이며, 우울자는 이 명명할 수 없고 표상할 수 없는 '사물'을 찾아나서는 끝없는 모험 속으로 '탈주'하지만, 그가 만나게 되는 대리물들은 늘 그를 실망시킬 뿐이다(Kristeva, 1987: 22-3).

이처럼 파편화된 폐허로 표상된 토성적 세계란 사실 자본주의 시장이라는 실제적인 대응물을 갖고 있었다.[7] 마르크스가 지적했듯이 자본주의적 세계의 환상적 성격은 상품의 물신성에서 비롯된다. 그리고 상품의 물신성은 다름 아닌 사용가치와 교환가치의 분화에 기초하고 있다. 노동생산물이 상품형태를 취하게 되는 순간, 상품은 단순한 물질적 효용을 지닌 '물건'이 아니라 하나의 '가치'로 등장한다. 효용을 지닌 물건으로서의 상품은 사회적 관계를 전도된 방식으로 표상하는 '초감각적(사회적) 물건'으로서의 상품과 분열적으로 결합되어 있는 것이다. 그러나 이 결합은 이율배반적이다. 즉, 어떤 소유자도 한 상품의 사용가치와 교환가치를 동시에 향유할 수 없다. 사용가치를 향유하기 위해서는 교환가치를 포기해야 하며, 교환가치를 향유하기 위해서는 사용가치를 포기해야 한다. 그러나 교환상황을 전제로 하는 자본제적 시장에서 상품과 그 상품의 소유자는 기본적으로 사용가치를 매개로

한 관계를 맺을 수가 없다. 상품이 사용가치를 갖는 순간, 그 상품은 더이상 교환될 수 없기 때문이다. 따라서 "모든 상품은 그 소유자에게 는 비사용가치이고 그것의 비소유자에게는 사용가치"라는 역설이 등 장하는 것이다(Marx, 1867: 108). 이처럼 '교환가치로서의 상품'은 본 질적으로 비물질적이며 추상적인 것이다. 그리하여 교환가치로서의 상품을 구체적으로 향유하는 유일한 길은 사용이 아닌 끝없는 축적과 교환뿐이다. "그(상품소유자—필자)의 상품은 그에 대해서는 직접적 인 사용가치를 가지고 있지 않다. 만약 그것을 가지고 있다면 그는 그 상품을 시장에 가지고 가지 않을 것이다. 그의 상품은 다른 사람에 대 해 사용가치를 가지고 있다. 상품소유자에게는 상품은 교환가치의 담 당자(따라서 교환수단)라는 점에서만 직접적 사용가치를 가지고 있 다"(Marx, 1867: 107).

상품은 바로 이러한 의미에서 프로이트가 분석한 물신(fétiche)과 커다란 유사성을 보여준다. 물신이란 '남자 아이가 한때 그 존재를 믿 었던 여성의 남근, 혹은 어머니의 남근의 대체물'이다(Freud, 1927: 320 이하). 남자 아이는 여성에게도 남근이 존재한다고 믿지만, 그가 여성을 관찰하고 난 이후에 여성에게는 음경이 존재하지 않는다는 사 실을 알게 되면 극심한 거세 콤플렉스에 시달리게 된다. 거세 공포에 짓눌린 채 음경의 부재라는 현실을 받아들일 수 없는 남자 아이는 일 종의 타협점을 만드는데, 그것이 바로 여성의 남근을 대체하는 다양한 물신들이다. 실제로는 존재하지 않는 여성의 성기를 환상적으로 대체 하는 이 물신-기호들은(속옷, 구두, 손톱, 입술, 혹은 신체의 일부 등) 전체로부터 분절되어 존재하는 파편들인 동시에, 부재하는 여성의 팔 루스로서 대리적으로 기능하는 환영이다. 물신숭배자가 수집하는 속 옷은 입기 위한 것이 아니다. 마치 교환관계 즉 시장 속에 존재하는 상 품처럼 그 속옷은 사용가치를 갖고 있지 않으며 오직 물신으로서의 가치, 즉 무의식적 공포를 극복하게 해주는 기호 가치만을 갖고 있다. 상품의 소유자가 자신이 소유한 상품을 사용하지 못하듯이, 물신숭배자는 자신이 소유한 물신을 사용하지 않는다. 또한 상품의 소유자가 오직 끝없는 축적과 교환을 통해서만 '교환가치로서의 상품'을 향유할 수 있듯이, 물신숭배자는 존재하지 않는 여성의 남근을 표상하는 수많은 파편들을 수집해야 한다. 상품소유자와 물신숭배자는 이러한 의미에서 파편화된 폐허의 세계에서 자신이 상실했다고 믿는 애정의 대상의 대리물들을 집어삼키는 무한한 과정에 침몰되어 있는 식인증적 우울자와 동일한 기호학적 활동을 벌이고 있다. 상품의 소유자도 물신숭배자도 그리고 우울자도 결코 자신이 욕망하는 그것(상품의 사용가치, 여성의 남근, 상실한 애정의 대상)을 결코 소유할 수 없다. 그가 그것들을 소유하는 유일한 길은 그것들의 대체물들을 수집하여 집적하는 것이다.

3. 멜랑콜리적 전략

이처럼 물신으로 구성된 파편적이고 환몽적인 세계와 식인증적 주체의 변증법적 관계를 더 깊이 살펴보면 놀라운 역설이 발견된다. 그것은 바로, 토성적 정조의 근본적 징후인 '식인증'에 대한 좀더 심층적인 접근을 통해 드러나는 '우울증적 전략'이라 부를 수 있는 것이다. 이미 우리가 살펴본 바와 같이, 우울자에게 상실은 선험적인 것이다. 그는 자신이 상실한 것을 경험적 지평에서 찾아낼 수도 확인할 수도 또한 기억할 수도 없다. 이러한 선험적 상실의 대상은, 그것이 크리스테바가 개념화하는 '사물'이건, 아니면 중세의 아키디아에 시달리던 수도사들에게서처럼 '신'이건, 혹은 라캉의 도식으로 표현되는 '실재'이건, 아니면 물신숭배 분석의 핵심이었던 '어머니의 페니스'이건, 인간이 결코 직접적인 방식으로 소유할 수 없는, 존재론적으로 초월적인 대상들이다. '사물'이나 '신', '실재계' 등은 그 안에서 인간이 무언가를 소유할 수 있게 하는 조건 그 자체이지 소유의 대상이 아니다. 또한 물신숭배에서 어머니의 남근은 환상적으로 구축된 몽상의 산물일 뿐 실재의 대상이 아니다. 이처럼 소유할 수 없는 것을 어떻게 상실할 수 있으며, 또한 어떻게 그것에 대한 상실감에 시달릴 수 있는가? 프로이트의 이론을 비판적으로 심화시키면서 페디다(Pierre Fédida)가 날카롭게 통찰하는 것이 바로 이 점이다. "멜랑콜리는 대상의 상실에 따른 퇴행적 반응이라기보다는 오히려 상실된 대상을 살아 있게 만드는 몽환적인(혹은 환각적인) 능력이다"(Fédida, 1978: 65-6).

이를 좀더 명료하게 요약하자면, 토성적 정조는 무언가의 상실로부터 비롯된 결과가 아니라, 사실은 상실을 인식하고 상실을 문제시하게 만드는 조건이라는 사실이다. 무언가를 상실해서 우울한 것이 아니라, 우울하기 때문에 상실을 인지하고 상실을 회복하기 위해서 세계 내의 기호들을 삼키는 것이다. 우울자는 그가 단 한 번도 소유해본 적이 없는 '그것'의 상실을 연기(演技)하고 있으며, 동시에 '그것'의 회복을 끝없이 연기(延期)한다. 그는, 규정할 수도 표상할 수도 명명할 수도 없는 '그것'을 상실의 이름으로 불러내어 실체화하고, 현존하지 않는 '그것'을 존재의 영역으로 불러낸다. 단 한 번도 소유해본 적이 없기에 상실한 적도 없는 대상을 이러한 부정적인(negative) 방식으로 소유하는 우울자에게, 진정한 소유의 대상은 바로 상실감 그 자체이다. 그가 진정으로 추구하는 것은 그리하여, 상실된 대상이 아니라 그 대상의 부재이며, 이 대상이 현존하지 않는 한에서 그것은 늘 점유를 향한 우울자의 욕동을 추동하는 힘으로 작용한다. 식인증이란 이처럼 소유할 수 없는 것이 '상실된 것으로서' 나타나게 하고, 재현할 수 없는 것이 '재현불가능한 것으로서' 표상되게 하며, 접근할 수 없는 것이 '알레고리

적으로' 접근가능하게 해주는 토성적 정조의 전략이다(Agamben, 1981 : 48-9).[8]

이는, 사회적 모더니티가 빠른 속도로 일소해버린 초월적 가치들과 대상들, 즉 사유의 타자들을 문화적 모더니티의 영역에서 생존시키려는 일종의 전략으로 파악할 수 있다. 신은 죽었지만, '죽은 신'은 하나의 형식으로 살아남고, 예술도 죽었지만 '죽은 예술'은 하나의 이상으로 살아남는다. 총체성은 소멸했고 모든 것이 잡다한 기호의 소용돌이지만, 소멸한 총체성은 가능성의 범주로서 살아남는다. 이들 앞에서 우리는 우울하다. 그러나 더 정확하게 표현하자면, 우울한 자들에게만 이러한 가치들은 부재하는 현존이라는 역설적 방식으로 살아남게 된다. 사회적 모더니티의 표면적 세계에서 죽고, 소멸하고, 사라진 모든 근원적 가치들은 문화적 모더니티의 지배적 정조인 멜랑콜리의 전략 속에서 이처럼 보존되고 있었다. 이것이 단순한 노스탤지어가 아닌 것은, 이러한 초월적 가치들이 더이상 이 세계의 내재적 질서 속에 구현될 수 없다는 우울증적 인식의 엄격함에 의해 증명된다. 이들을 아직도 신앙하는 자는 우울하지 않다. 또한 이들이 완벽하게 소멸되었다고 믿는 자 역시 우울할 수 없다. 우울자는 그 중간에 머물면서 '소멸됨으로써 살아 있는 어떤 것'을 끝없이 추구한다. 이는 파편적이고 몽환적인 세계 속에서 오직 식인증적 육화를 통해서만 끝없이 가야 하는, 그러나 도달할 수 없는 소실점에 거처하는 타자성의 형상으로 기능한다. 이 타자성의 형식들은 파괴됨으로써 보존되며, 추락함으로써 생존하고, 망각됨으로써 존속하고, 살해됨으로써 영원성을 획득한다. 이들은 동일자에 의해서 손쉽게 포획되거나 전유되지 않는다. 근대화된 세계 내부에는 이들이 존재할 자리는 없다. 이들은 부재한다. 그러나 이들의 부재는 이들이 생존하는 형식이다. 릴케가 1912년에서 20년까지, 토성의 운행주기처럼 긴 시간 동안 창작하여 발표한 슬픔의 노래인

『두이노의 비가』의 제일곡(第一曲)에서 쓰고 있는 것처럼, "영웅이란 영속하는 법, 몰락까지도 그에겐 존재하기 위한 구실"에 불과한 것이다(Rilke, 1912-20: 444). 이처럼 추락하여 부서져 파편으로 산포되었으나, 이 산포(散布)가 자신의 존재양식인 독특한 타자성의 형식을 창출한 것은 근대적 로고스가 아닌 근대적 파토스, 그것도 우울하고, 슬프고, 권태롭고, 무기력한 토성적 정조였다. 근대적 로고스의 타자를 '사유될 수 없는 것으로서' 사유의 형식 안으로 포섭하는 문화적 모더니티의 심연적 성찰성의 근저에는, 하이데거가 '권태'라 불렀던 근대적 형이상학의 근본 정조, 즉 토성적 정조가 있었다. 이 토성적 정조가 구성한 의미의 세계 속에서 근대인은 사회적 모더니티의 패기만만한 진보주의자들과는 달리, 어둡고 우울하지만 한층 더 심오한 정신적 역설을 살고 있었던 것이다.

V. 보들레르

보들레르는 토성적 정조를 자신의 시세계의 핵심에 배치하고, 이 정조가 구성하는 주체성과 세계상과 그리고 역설적인 전략이 엮어내는 환몽적인 우주를 19세기 중후반 파리라는 '모더니티의 수도'(Harvey, 2003)를 물적 토대로 하여 역사적 현실로 드러내는 데 성공한 문화적 모더니티의 대표적인 시인이다. 『악의 꽃』의 제1부의 제목인 「우울과 이상Spleen et Idéal」 그리고 산문 시집의 제목인 『파리의 우울Spleen de Paris』이 암시하듯이, 보들레르의 세계를 규정하는 감정은 '이유 없는 권태와 삶에 대한 역겨움'을 함축하는 우수(憂愁, Spleen)이다. 이 정서적 테마는 보들레르의 모든 시선을 규정하고, 인식을 형성시키고, 수사를 주조하며, 이미지를 창조하는 일종의 기조화성이라 할 수 있는

데 『악의 꽃』의 서시에 해당되는 「독자에게」라는 유명한 시에서부터 이는 섬뜩한 호소력을 가지고 등장하고 있다. 이 '서시'에서 보들레르는 자신의 독자들을 '형제'라 부르며 프랑스 혁명의 삼대 가치 중의 하나인 '형제애'를 정치적 영역에서 시적 영역으로 전이시킨다. 그런데, 문제는 이 형제애라는 연대감이, 가슴을 드러낸 채 깃발을 흔들며 바리케이드를 넘어가는 공화국의 자식으로 규정되는 시민적 형제애가 아니라는 사실이다. 보들레르는, 후일 뒤르켐이 '집합적 열정'으로 개념화하는 디오니소스적 감정 속에서 연대의 원리를 발견한 것이 아니라, 토성적 정조 즉 권태 속에서 형제됨의 원리를 본다. 악(惡)의 객관적이고 심리적인 표상들이 열거되는 위 시의 마지막에서, 보들레르는 가장 도저한 악이자 독자와 자신을 연결하는 공통감으로서의 공통악을 '권태'에서 찾는다.

> (……) 우리 악(惡)의 더러운 가축 우리에서
> 짖어대고 악쓰고 으르렁거리고 기어다니는 괴물들 중에서
>
> 제일 흉하고 악랄하고 추잡한 놈 있으니! (……)
>
> 그놈은 바로 「권태!」―눈에는 무심코 흘린 눈물 고인 채
> 담뱃대 빨아대며 단두대를 꿈꾼다.
> 그대는 안다, 독자여, 이 까다로운 괴물을,
> ―위선자 독자여, ―내 동류, ―내 형제여!
>
> (Baudelaire, 1961: 6)

독자를 이렇게 부르며 시집의 문을 여는 시인은 보들레르 이전에는 존재하지 않았다. 신성한 시인의 거소인 파르나스에서 질퍽이는 포도

(鋪道)의 진창으로 파락한 적선(謫仙)이자, 후광마저 상실한 채 시장에 던져진 근대의 시인은 독자와 자신의 소통 고리를 일종의 공통적 운명으로 확정하고 있다. 이 운명은 놀랍게도 토성적 정조이다. 시인과 독자는, 세계감을 공유한다는 점에서 동시대를 사는 형제와 같은 것이다. 고야의 '우울한 거인'을 연상시키는 이 우의화된 권태로부터 사회적 근대성이 성취하는 모든 진보의 흐름 자체를 파국으로 이해하는 보들레르의 미학적 허무주의가 발원한다. 이러한 우울한 감정으로 바라본 근대는 하나의 거대한 파국에 불과하며(Benjamin, 1838-9: 214), 파괴의 주체인 근대적 시간이라는 악마의 형상은 우리가 토성적 정조의 계보에서 분석했던 크로노스로 그려지고 있다. 낫을 들고 모든 것의 목을 베는 잔인한 크로노스는 '파괴의 피투성이 기계'로 둔갑하여 등장하고, 이 기계가 유발하고 퍼뜨리는 감정은 다름 아닌 권태이다(Baudelaire, 1961: 105)[9]. 토성적 정조는 이처럼 세계를 무한한 해체의 과정으로 이해하게 하는 정서적 근원이며, 이 해체된 파편들이 보들레르에게는 마치 '알레고리'처럼 인식된다. 환원하자면, 우울자의 눈에 보이는 세계는 알레고리적이다.

> 파리는 변한다! 그러나 내 우울 속에선
> 무엇 하나 끄떡하지 않는다! 새로 생긴 궁전도, 발판도, 돌덩이도
> 성문 밖 오래된 거리도, 모두 다 내게는 알레고리가 되고
> 내 소중한 추억은 바위보다 더 무겁다
>
> (Baudelaire, 1961: 82)

우울자는 지금 오스만의 파리 풍경을 그리고 있다. 그의 눈에는 빠르게 해체되는 공간과 그 공간 안에 흩어진 모든 사물들이 알레고리가 된다. 알레고리란 무엇인가? 알레고리는 상징과 달리 총체성이 결여된

기호이다. 상징은 자체-완결적이고 물질성으로부터 완벽하게 승화된 기호이다. 십자가는, 나무로 만들어졌건 아니면 쇠로 만들어졌건, 그 추상적 형상만으로 초월적 의미를 발생시킨다. 그러나 알레고리는 비가시적 개념을 가시화하기 위해서 그려놓은 그림이다(Jauß, 1989: 205 이하). 정의(Justice)라는 개념을 보여주기 위해서 칼과 저울이라는 도구의 재현이 필요하고, 덧없음(Vanity)이라는 개념을 보여주기 위해서 해골과 잦아드는 촛불이 필요하다. 이 과정은 정확하게 말하자면 꿈의 세계와 유사하다(Freud, 1900: 611). 꿈이 그 자체로는 부조리하고 맥락에서 유리된 일종의 수수께끼와 같은 파편들로 구성되어 있듯이, 알레고리적 세계는 해독의 노동을 거쳐야만 그것의 의미(개념)를 파악할 수 있는 시뮬라크르의 세계이다. 모든 것이 알레고리가 된다는 것은 세계가 자명한 의미를 상실하고 새롭게 의미론적으로 구성되어야 하는 질료로 변화한다는 것을 암시하며, 이는 정확하게 19세기 후반의 급속한 사회적 구조변동이 불러일으킨 근대세계의 변화상과 조응하는 것이다.

　　보들레르는 알레고리로 변화하는 세계를 관조하고 해독하는 우울한 시인의 자기 정체성을 만보객(flâneur)과 댄디(dandy)의 개념으로 디자인하였다. 이들은 단순한 우울자가 아니라, 우울이라는 시대적 감정을 인식론적이고 존재론적인 전략으로 구사하는 메타적 우울자라 할 수 있다(Proust, 1994: 78). 단순한 기분전환으로서의 산책이라는 18세기적인 개념 대신에 알레고리로 변화한 세계의 기호들을 흡수하는 식인증적 활동을 '만보(漫步)'라는 개념으로 재정립한 보들레르에게 있어서, 이는 권태와 우울을 이기기 위한 수단인 동시에 권태와 우울이 조성하는 세계를 인식하는 작업이다. 즉, 만보란 암호의 해독과정이다. 만보객은 자연 속에서 고적을 즐기며 내적 몽상에 빠지는 루소 식의 산책가와는 달리, 도심의 군중에 휩싸인 채 자본주의적 상품의 숲을 거니는 분열된 주체(벤야민은 만보객을 자본주의의 척후斥候로 파악한다)이며, 시의 재료를 찾아 도시의 바닥을 헤매는 검투사이자 모든 흔적들을 수집하는 넝마주이로 규정된다(Baudelaire, 1961: 79, 101; Benjamin, 1939a: 128). 만보객은 이러한 과정에서 자신이 바라보는 사물들을 빠르게 닮는 동화적 권능을 지니고 있는 인물로 묘사된다. "시인은, 그가 자기 자신인 동시에 타인이 될 수 있다는 이 비교할 바 없는 특권을 즐기는 자이다. 배회하는 영혼들이, 원하기만 한다면, 하나의 육체를 발견하여 그 속에 잠입하는 것과 마찬가지이다. 오직 시인에게만, 모든 것은 비어 있다. (……) 고독하고 생각에 잠긴 산책자는 이 보편적인 일치로부터 독특한 취기를 끌어낸다. 그는 쉽게 군중과 결합하고, 열에 들뜬 쾌감을 얻는 것이다"(Baudelaire, 1961: 244). 만보객의 인식론은 주객이 분리되기 이전의 상태를 미메시스적으로 극복하여, 대상 그 자체의 속성을 자신이 획득하는 일종의 마술적 인식론이다. 동물을 사냥하기 위해서 그 동물의 모양과 행태를 흉내내는 사냥꾼에게 그러하듯이, 인식의 가장 원초적인 전략에 속하는 이 미메시스는 그러나 멜랑콜리 고유의 위험성을 갖고 있는데, 그것이 앞서 지적한 주체와 객체의 혼융이자 정신의 분열이다(Benjamin, 1927-40: 803). 미메시스의 달인은 광기를 내포한다. 즉, 자신인 동시에 타자가 될 수 있다는 권능이란 사실 멜랑콜리 고유의 자기 분열적 위험의 이면인 것이다.

이러한 만보객이 토성적 감정의 인식론적 사용자라면, 댄디는 토성적 정조를 자신의 존재론적 원칙으로 확립하는 주체이다. 부르주아 시민사회와 자본주의적 시장이 야기하는 가치들의 쇠락을 견디며, 귀족적 고고함을 유지하는 매우 오만한 존재로 묘사되는 댄디는 이미 자신의 사용가치가 소멸한 시대에 화석처럼 살아남아 있는 일종의 시대착오적 존재로 규정된다. 보들레르의 댄디론에서 그의 나르시시즘만을 읽는 것은 매우 피상적인 독해인데, 그 이유는 그의 댄디론이 바로 문화적 모더니티의 모든 핵심적 테마들을 내포하고 있기 때문이다. 댄디는 단순히 유행을 좇는 자가 아니라, 사회적 모더니티에 항거하는 정신적 존재로 표상된다(Baudelaire, 1961: 1278). 주목할 것은 댄디의 핵심적 자격 요소는 그의 이데올로기나 신념, 외향이나 출신이 아니라, 바로 그의 정서적 태도라는 사실이다(Baudelaire, 1961: 1178). 댄디는 부동심과 평정심의 소유자이다. 그는 의식적으로 무감동을 추구하며, 얼음처럼 싸늘한 그의 감정구조는 "결코 감동받지 않겠다는 확고한 결단"으로 공고하게 구축되어 있다(Baudelaire, 1961:1160). 댄디는, 부와 명예를 좇는 천박한 부르주아들의 계산적 가치관을 비웃고 조롱하며 해체시키기 위해서 늘 그들을 곤혹스럽게 하는 일을 즐기는 기인이며, 이를 위해서 어떤 직업도 갖지 않는 영원한 아마추어이자 딜레탕트이며 낭만적 감상주의나 전근대적 온정주의 따위를 경멸하는 위인이다. 또한 그는 그 어떤 사상에 대해서도 쉽게 동참하지 않는다. 만하임의 '자유부동하는 지식인'처럼, 댄디는 자신의 존재론적 근거를 토대 없는 곳에서 유아독존하는 환상적 지점 위에 설립한다. 파토스의 영도(零度), 즉 어떤 것에도 감동받지 않고, 놀라지 않고 대신 자신이 놀람이라는 파토스를 불러일으키는 기이한 존재가 되기를 열망하는 댄디는 전형적인 우울자를 존재론적으로 모방하는 일종의 또다른 미메시스이다. 만보객이 인식의 대상을 미메시스하면서 세계와의 불확실한 경계선에서 위험한 인식의 곡예를 하고 있다면, 댄디는 존재론적으로 우울자의 고전적 전형을 미메시스하면서 모든 환상으로부터 정화된 현실의 순수한 관조자가 됨으로써 우울의 정조를 사용하여 우울을 넘어서고자 한다.

전통의 준거가 소멸하였고, 의미의 핵심적 축이 사라진 근대세계는 모든 개인이 스스로 판단의 주체로 설 것을 요구하는데, 이러한 사회적 상황을 문화적 상상력으로 극대화하면서 보들레르가 가능의식의 최대치로 제시한 정서적 주체가 바로 만보객과 댄디라 할 수 있다. 기든스가 말하고 있는 성찰적 주체의 19세기적 판본이 여기에서 발견된다. 중요한 점은 보들레르의 주체들은 하이데거의 다자인과 마찬가지로 로고스나 에토스보다 훨씬 더 심층적인 파토스의 차원과 연관되어 있다는 사실이다. 근대적 주체란 사유나 이념뿐이 아닌 그의 정조를 통해서 구성된 주체이다. 이러한 주체가 현실태가 아닌 문화적 가능태라는 사실로부터 보들레르의 만보객이나 댄디를 타락하고 왜곡된, 그리하여 현실성을 결여하고 있는 주체로 비판하는 행위의 정당성은 감손될 수밖에 없다. 중요한 점은 이러한 주체들이 바라본 근대세계의 양상이다. 그것은 사회적 근대의 궁극적으로 낙관적인 세계상, 세계관, 세계감과는 상이한 또다른 구조에 대한 심층적인 이해를 전제로 한다. 모더니티는 이들에게 근본적으로 '슬픈' 것이었다. 슬픈 모더니티, 우울한 모더니티, 베버가 근대를 '철창'으로 바라본 심정이 바로 이것이 아니었을까?

VI. 세계감

이 글의 요지를 하나의 테제로 집약하면 "문화적 모더니티의 세계감은 토성적 정조이다"로 표현될 수 있다. 이 테제를 구성하는 주요 개념들은 모두가 기왕에 엄폐되어 있었던 영역을 연구의 대상으로 설정하기 위해서 필요한 일종의 탐조등이라 할 수 있다. 문화적 모더니티란 사회적 모더니티와 대별되는 또다른 근대성의 축에 대한 관심을 촉발하기 위해서 사용하였고, 세계감이란 세계관으로 대표되는 사회학적 인식론의 확장을 위한 것이며, 이 두 개념의 교점을 형성하는 것이 바로 근대의 심층적 파토스를 구조적으로 포착하기 위해서 하이데거로부터 빌려온 정조의 개념과 서구의 신화적 상상력의 핵심에 존재하는 사투르누스를 결합한 '토성적 정조'라는 개념이다. 이 토성적 정조의 의미구조를 세계, 인간, 그리고 전략이라는 차원에서 분석함으로써 우리는 하나의 특정한 시대적 감정형식이 어떻게 자율적이고 자기 완결적이며 또한 구조적인 담론의 구성을 가능하게 해주는지를 살펴보았다. 이제 마지막으로 문화적 모더니티와 세계감이라는 두 개념의 사회학적 함의를 살펴봄으로써 글을 마치고자 한다.

첫째, 문화적 모더니티와 사회적 모더니티의 구분은 문화와 현실 사이에 존재하는 시차에 근거하고 있다. 문화와 현실은 동시대의 산물이지만, 문화는 현실의 시간과 동일한 방식으로 진행되지 않는다. 어떤 문화적 산물은 때로는 사회적 현실을 예언하기도 하고 때로는 사멸한 현실을 환상적으로 유지시키는 관성으로 기능한다. 문화에 대한 사회학적 접근이 늘 내포하고 있는 위험성은 문화적 영역의 독자적 논리를 충분히 존중할 수 있는 해석학적 윤리의 결여이다. 문화의 산물을 다루는 사회학은, 김현의 말을 빌리자면, 사회학이되 문화의 울음을 울어야 한다. 그러지 않으면, 문화적 산물 고유의 깊이와 시간성을 모두 놓치고 현상적으로 드러나는 외피에 만족하여, 의미의 체계인 문화를 진리의 함량이 희박한 양적 자료로 다루는 돌이킬 수 없는 우를 범하게 된다. 이는 모더니티의 문제에 대해서도 매한가지이다. 사회학이 이제까지 다루어온 제도적인 모더니티에 대한 접근과는 상이한 접근이 문화적 모더니티에 대해서 시도되어야 하며, 이는 문화적 모더니티 내부의 복합적인 시간성에 대한 충분한 고려와 관심을 요구한다.

둘째, 세계감이라는 개념은 전통적인 지식사회학이 비교적 방기했던 감정의 영역에 대한 관심을 반영하는 개념이다. 도식적으로 말하자면, 지식사회학이 드러내야 하는 집합적 표상의 구조에는 세계관뿐 아니라 세계감과 세계상이 존재한다. 세계관은 특정 시대가 세계를 이해하는 선험적 인식의 틀(Logos Mundi)을 의미하며, 세계상은 특정 시대가 세계를 상상하는 선험적 이미지의 틀(Imago Mundi)을 의미하고, 세계감은 마찬가지로 감정의 틀(Pathos Mundi)을 의미한다. 문화적 모더니티가 하나의 담론 구성체라면, 문화적 모더니티의 지배적인 세계관, 세계감, 그리고 세계상에 대한 탐구 역시 각각 요구된다고 볼 수 있다. 세계관 혹은 이데올로기의 개념은 마르크스, 만하임, 루카치의 지식사회학적 전통과 이에 기초한 루시앙 골드만의 문학사회학의 기본적 개념으로 활용되어온 바 있다(전태국, 1994; 송호근, 1990). 사회과학전통에서 커다란 관심의 대상이 되지 못한 이러한 세계감과 세계상은 인식의 질서인 세계관을 정서적으로 그리고 영상적으로 지탱하는 시대와 사회의 무의식적 하부구조로서, 이에 대한 체계적인 접근은 문화적 산물을 이해하고 설명하려는 사회학적 논의에서 빠뜨릴 수 없는 중요한 테마라고 할 수 있다. 사회심리학적인 경험적 접근이 주종을 이루는 현재의 감정심리학은 세계감이라는 구조적인 개념을 중심으로 하는 해석학적 접근과 조화를 이루어야 하며, 이는 문화사회학과 감정사회학 사이에 형성될 수 있는 양자의 교통공간에서 수행되어야 하는 작업으로 보인다.

1) 독일의 문예학 전통에서 수용미학의 창시자 한스 로베르트 야우스는 미
   적 모더니티(ästhetische Moderne)라는 개념을 사용해온 바 있다. 이 용어
   는, 영미문학이론에서 하나의 장르로 파악되는 '모더니즘'이라는 협소한
   개념과는 달리, 루소, 독일낭만주의, 괴테, 보들레르, 프루스트, 아방가르
   드, 미래파, 입체파, 표현주의 등의 다양한 근대예술현상과 니체, 벤야민,
   아도르노 등의 문화비판의 흐름을 포괄하는 근대의 독특한 미학적 선회를
   특화시켜 지칭하는 용어이다(Jauß, 1970; Jauß, 1989; Bohrer, 1994;
   Habermas, 1984: 26-35). 이러한 의미에서 미적 모더니티와 소위 사회적
   모더니티 사이에는 일종의 긴장, 갈등, 경합이 존재하는바(Calinescu,
   1977: 53), 근대성 내부에서 발견되는 이러한 두 개의 상이한 모더니티에
   대한 논의는 모던/포스트모던의 이분법적 사유를 지양하면서 문화적 산물
   들에 대한 심층적인 논의를 펼치고 있는 최근의 인문, 사회과학적 흐름 속
   에서 폭넓게 수용되고 있다. 역사적 과정이자 사회적 실재의 변동으로서
   의 근대화를 내재적으로 비판하고자 했던 이러한 흐름을 단순히 '미학적'
   영역에 국한시키지 않고, 좀더 포괄적인 의미에서 우리는 문화적 모더니
   티라 부르고자 한다[박성환은, 짐멜의 '사회학적 미학'에 대한 논의를 통
   해서 '문화적 근대'라는 용어를 사용한다(박성환, 1999)]. 이러한 맥락에
   서 문화적 모더니티는, 19세기 중후반으로부터 20세기 초반에 이르는 서
   구의 지성사, 예술사, 문학사의 영역에서 다양하게 표출되었던 근대적 삶
   의 양식에 대한 비판적 사유와 상상력의 표현으로 특징지어지는 미학적,
   인식론적, 윤리적 문제설정이며, 다양한 저자, 개념, 수사(修辭), 전망, 전
   략, 감수성, 테마 등의 동시대적 교직(交織), 즉 하나의 담론구성체(forma-
   tion discursive)로 규정될 수 있다. 이러한 다양성에도 불구하고 문화적
   모더니티를 하나의 담론구성체로 파악할 수 있게 해주는 것은 문화적 모

더니티의 소위 대항근대성(counter-modernity)이라 할 수 있는데, 이는 다양한 차원에서 진보에 기초한 사회, 정치, 경제적 근대와 문화적 근대의 대립선을 설정하는 것을 가능하게 한다(Calinescu, 1977: 53). 문화적 모더니티는 부르주아의 근대가 아니라 사회적 폐인(廢人)들, 그러니까 몰락한 귀족, 댄디, 룸펜 프롤레타리아트, 실패한 예술가, 부유하는 지식인, 아나키스트, 창녀와 레즈비언, 그리고 독신자(獨身者)들의 근대이다. 부르주아의 근대가 낙관적이라면 이 폐인적 근대는 우울하다. 부르주아의 근대가 진보를 신앙한다면, 문화적 근대는 영겁회귀의 무게에 짓눌려 있다. 부르주아의 근대가 자기 규율의 엄격한 에토스로 스스로의 삶을 조직하는 의지력에 기초한다면, 문화적 근대는 능력의 부재, 절제의 불능, 체험의 빈곤, 즉 극도의 무기력과 무능력 위에 설립된 신기루로서의 근대이다. 전자 속에서 우리는 근대화의 힘을 읽지만, 후자 속에서 우리는 데카당스, 세기말의 피로, 고도의 자의식과 내면성의 과도한 표출, 광기를 읽는다. 사회적 근대와 문화적 근대의 차이는 이처럼 서구 근대성의 내부를 가로지르는 내밀한 정신적 분계선으로 기능한다.

2) 김경동이 적절하게 지적하고 있듯이 감정, 느낌, 파토스, 열정, 정념, 충동, 감각 등의 개념들은 논자의 이론적 관점에 따라서, 학문 분과에 따라서, 그리고 지칭하는 현상의 영역(예술, 문학, 학문, 종교 등)에 따라서 매우 상이하게 사용되는 용어들이다(김경동, 1989: 361). 그러나 이러한 차이에도 불구하고 이 용어들의 동질성을 보장해주는 것은 이 개념들이 사유(thinking), 느낌(feeling), 의지(wanting)라는 인간의 권능 중에서 느낌(feeling)의 차원을 지칭한다는 사실이다. 정조라는 개념은 이러한 맥락에서, 감정, 느낌, 파토스, 열정, 정념, 충동, 감각 등 다양한 방식으로 불리는 인간주체의 정서적 권능에 대한 현상학적, 실존철학적 명명으로 이해할 수 있다.

3) 이들의 작업은 근대성과 멜랑콜리의 문제를 보들레르의 시에 대한 해석을 통해서 주요한 모더니티의 테마로 부각시킨 바 있는 벤야민에게 직접적인 영향을 주었다. 1928년에 출판된 『독일 바로크드라마의 기원』에서 벤야민은, 17세기 바로크 드라마의 주요한 정조로서 멜랑콜리의 문제를

집중적으로 다루면서 위에 언급한 저자들의 연구들을 방대하게 인용한다(Benjamin, 1928a: 149-169).

4) 근대 낭만주의의 천재론을 연상시키는 이러한 멜랑콜리에 대한 긍정적 가치부여는 놀랍게도 칸트에게서도 발견된다. 그는 1798년의『인류학』에서 다혈질, 담즙질, 점액질, 우울질의 네 가지 체액유형의 특징을 서술하는데 우울질이 갖고 있는 부정적이고 위험한 성격을 지적하는 것을 잊지 않는다(Kant, 1798: 136-9). 또한, 1764년의『정신병에 대한 에세이』에 등장하는 우울자는, 여타의 체질들과는 달리, 환상과 몽환의 힘에 쉽게 굴복당하는 환몽가(Fantasker)이며(Kant, 1764a: 63-6), 같은 해의『아름다움과 숭고의 감정에 대한 관찰』에서 묘사된 우울자는 '영감, 환영, 유혹'의 주된 희생자들이며, 더구나 '꿈, 예감, 기적의 표징'에 대한 예민한 감수성에 이끌려 종종 '그로테스크한 행위'를 일삼는 공상가들이다(Kant, 1764b: 107). 그러나 칸트는 이러한 우울의 감정에 쉽게 빠져드는 성격 유형의 모방할 수 없는 특장을 지적하고 있으니, 그것은 바로 숭고를 체험할 수 있는 능력이다(Kant, 1764b: 103-4). 칸트 미학에서 숭고라는 개념이 차지하고 있는 특권성에 비추어보자면, 칸트는 우울자에게 미학적인 차원에서 하나의 예외적인 위치를 부여하고 있는 셈이다. 표상될 수 없는 것, 상상력의 기능을 마비시키는 압도적인 체험의 미적 범주인 숭고가 우울이라는 감정 형식과 친화력을 갖고 있다면, 이로부터 다시 한번 문화(Kultur)와 우울감의 긴밀한 연관성이 확인된다.

5) '식인증적'이라는 단어는 우울자에 대한 정신분석학적 설명체계가 신화적 상상력과 '무의식적으로' 결합되어 있음을 보여주는 증거이다. 우울자는 크로노스처럼 자신이 사랑하는 대상을 심리(psychē)의 내부에 삼켜버리는 존재이다. 앞서 지적했듯이, 사투르누스가 들고 있는 경작의 낫은 원래 크로노스가 들고 있던 파괴의 낫이었으며, 후자는 모든 신들의 아버지로서 자신의 자식들을 집어삼키는, 환언하자면 외부의 사물들을 파괴하여 내면화하는 존재이기 때문이다.

6) 1975년에 푸코는 콜레주 드 프랑스에 개설된 강의에서, 19세기의 정신병리학적 언술의 대상으로 본격적으로 등장한 식인귀(orge)의 형상을 분석

한다. 그는 범죄자들이 매우 특이한 비정상성의 징후들(멜랑콜리, 살인, 성적 도착, 그리고 식인)을 보여준 몇 개의 사건들에 대한 의학적, 형법적 언술들을 분석한다. 그 이전에는 오직 동화 속에서만 등장하던 이러한 식인증적 인간들이 나타나게 되는 현상들의 배후에서 그는 멜랑콜리와 연관된 '근친상간-식인증'에 대한 인류학적 문제설정을 발견하는데, 이러한 문제설정을 구성하는 지식구성체는 뒤르켐, 루시앙 레비-브릴, 레비 스트로스, 프로이트, 멜라니 클라인을 망라한다(Foucault, 1974-5: 75 이하, 101-126).

7) 아감벤은 마르크스의 상품물신론이 가정하는 자본주의적 세계와 프로이트의 물신숭배분석이 보여주는 물신숭배자의 세계 그리고 우울자가 구성하는 파편화된 세계가 구조적 상동성을 갖고 있음을 보여준다(Agamben, 1981: 72-5).

8) 멜랑콜리의 전략이 창출한 대상의 특이성, 즉 '부재하는 현존'이라는 역설적 존재양식의 전형적 형식은 바로 무(無)이다. 하이데거가 지적한 바대로, 무(Nichts)는 없음을 의미하지만 무를 사유하는 순간 그것은 존재하는 무엇으로 표상되기 때문이다(Heidegger, 1929: 52-4). 주목할 것은, 「형이상학이란 무엇인가?」에서, 하이데거는 이러한 무(無)를 드러내는 정조를 다름 아닌 '권태'라는 토성적 정조에서 찾고 있다는 사실이다(Heidegger, 1929: 56). 이러한 의미에서, 문화적 모더니티의 곳곳에서 소위 무(無)의 존재론(méontologie)에 대한 사변을 발견하는 것은 우연이 아니다. 무(無)란 여기서 서구적 로고스의 절대적 타자를 의미한다. 요컨대 로고스가 도달할 수 없는 지점에 웅크리고 있는 서구 근대의 전형적인 타자성들을 발견하고 구성한 근본 정조는 바로 토성적 정조이며, 이것이 바로 멜랑콜리적 식인증이 은닉하고 있는 근본적인 전략인 것이다.

9) 이미 중세의 다양한 도상들에서 시간의 알레고리는 사투르누스의 표상과 일치하고 있었다. 이러한 이중성은 크로노스라는 그리스 이름이 내포하고 있는 용어적 혼돈에 의해서 가중된 것이다. 그리스어에서 시간을 가리키는 단어인 크로노스($X\rho o \nu o$)는 토성의 신을 가리키는 신의 이름인 크로노스($K\rho o \nu o s$)와 같은 발음을 갖고 있다(Panofsky, 1939: 109-110). 따라서 자연스럽게 사투르누스는 시간의 신으로 상상되었으며, 이는 토성의

파괴성과 자연스럽게 조응하는 시간의 파괴성을 부각시키는 상상력의 작용 때문이다(Panofsky, 1939: 107).

8장

근대적 성찰성의 풍경과
성찰적 주체의 알레고리

I. 성찰의 강박

현상학과 정신분석학을 결합한 소위 다자인분석(Daseinsanalyse)을 주창했던 빈스방거(Ludwig Binswanger)는 「프로이트에 대한 추억들」 (1956)이라는 회고록에서 그가 세번째로 빈의 프로이트를 방문했던 1913년 4월의 한 일화를 전한다. 대화중 화제가 철학으로 이어졌을 때 현상학에 관심을 보이는 빈스방거에게 프로이트는, 철학이란 '억압된 성욕의 가장 적절한 승화의 형식'일 뿐 그 이상도 그 이하도 아니라고 단언한다. 빈스방거는 되묻는다. "그것은 과학 특히 정신분석학 또한 마찬가지 아닙니까?" 정신분석학 역시 억압된 성욕의 승화가 아니냐는 이 질문에 적잖이 당황하면서 프로이트는 마치 회피하듯이 대답한다. "심리학은 어쨌거나 사회적 효용이란 게 있잖은가?"(Binswanger, 1970: 276-7) 빈스방거와 프로이트의 이 짧은 에피소드는 정신분석학의 인식론적 토대와 관련되는 매우 중대한 논쟁점을 내포하고 있다. 주지하듯이 1912-13년에 이르러 프로이트는 정신분석학적 방법을 문화 전반에 확대·적용하고자 한다. 그것은, 문화를 구성하는 모든 심적 표상들, 제도들, 가치들, 신념들을 정신분석학이 가정하는 심리의 위상학과 리비도의 경제학에 근거하여 설명할 수 있다는 강한 입장의 확인으로 귀결된다. 빈스방거의 질문은 이 지점을 겨냥한다. 만일 프로이트가 말하듯이 '모든' 정신적 표상물이 그것을 산출한 '욕망'으로 환산된다면, 정신분석학이라는 정신적 표상은 정작 어떤 욕망에 의해서 산출되는가? 정신분석학은 자신을 가능하게 한 '욕망'이 무엇인지를 발화할 수 있는가? 혹은 정신분석학은 스스로를 대상화시켜 성찰할 수 있는가?

위의 예화가 암시하고 있는 자기 성찰에의 급진적인 요구는 사실 정신분석학에만 해당하는 것이 아니라 근대적 학문·예술·문학을 모두 관통하는 보편적인 강박이다. 인문·사회과학의 경우에 이러한 성찰성의 강박은 무엇보다도 정신분석학, 마르크스주의적 사적 유물론과 니체의 계보학을 포함하는 '상징해석학적' 담론들과 만하임, 루카치, 코르슈, 골드만, 하버마스 등 지식에 대한 '성찰적 비판기획'의 근본적인 테마를 구성한다(Ricoeur, 1965; Cortian, 1979; Zima, 1989). 이러한 경향은 문학과 예술의 분야에서는 더욱 두드러지는데 가령 근대 서정시는 낭만주의 이후로 시작(詩作) 행위 그 자체에 대한 성찰을 언어화하는 메타(meta)시의 성격을 띠고 있으며(Schlegel, 1795: 95; Wellek, 1971: 256-261; Agamben, 1994: 88), 세잔 이후의 회화는 '그린다는 것이 무엇인가'에 대한 고민을 그림의 주요한 테마로 삼는 메타회화의 특징을 보여준다(Stoichita, 1999; Foucault, 1973). 근대 산문문학 전체를 메타문학으로 파악하는 바르트의 입장을 제외한다 할지라도, 소설을 쓰는 과정에 대한 소설 혹은 소설가에 대한 소설이라 할 수 있는 메타소설의 등장은 주목할 만하며(Barthes, 1953; Gass, 1971: 24-5; Waugh, 1984; 권택영, 1990: 282), 고전적인 의미의 연극을 대체하면서 '연극에 대한 자기 반영적이고 자기 성찰적인 연극'인 메타드라마가 등장하는 현상 역시 예술적 성찰성의 전형적 징후라 할 수 있다(Pavis, 1999: 137; Abel, 1963).

근대의 특정 시점에 이르러 이처럼 지식을 생산하는 규칙, 지식을 검증하고 그 진실성을 확보하는 방식, 예술적 창작의 의미와 양식, 문학적 상상의 법칙 등에 구조적인 변동이 있었던 것은 분명한 듯이 보이며, 그 핵심에는 바로 '사유를 사유하라', '재현을 재현하라' 또는 '성찰을 성찰하라'는 피히테적인 자기 성찰의 압박이 존재한다(Deleuze, 1968a: 252). 이러한 압박 하에서, 지식은 대상에 대한 적극적인 앎의 확장을 꾀하기 이전에 자신의 한계와 가능성을 스스로에게 묻기 시작한다. 또한 성찰성의 규범하에서 생산된 문학, 예술작품들은 단순히 현실을 반영하는 기계적 공정에 의해 생산된 작품들과는 달리 추상적이고 난해하고 실험적이며 심지어 현실과 유리된 듯이 보이는 독자적 공간에서 자신들의 창작 행위의 궁극적 근거를 성찰하는 데 전념하는 듯이 보인다. 많은 논자들이 상이한 영역에서 상이한 작가나 작품에 대하여 지적한 바 있는 이 동일한 경향을 우리는 서구 문화적 모더니티의 주요한 에피스테메(認識素, épistémè)로 설정하고 이에 대한 본격적인 탐구를 시도한다. 에피스테메라는 용어의 사용은 전략적인 것이다. 즉 이 글은, 앞에서 열거한 자기 성찰의 경향 혹은 메타적 행위를 개별 장르나 작가 혹은 유파의 특성으로 귀속시키는 대신, 이를 사회학적 토대와 집합성을 갖고 있는 사유와 상상력의 구조 즉, 지(知)와 예(藝)의 생산을 규정하는 선험적 구조로 파악한다(Foucault, 1966b: 7-16). 성찰성의 구조적 발생은 이러한 의미에서, 성찰성에 대한 철학적이고 미학적인 탐구와는 구별되는 다음 두 가지 지식사회학적 질문을 유도한다. 첫째, 성찰성을 하나의 에피스테메로 만들어주는 공통의 논리와 문법은 무엇인가? 환언하자면 인식의 구조로서의 성찰성을 구성하는 내적 '의미구조'는 무엇인가? 둘째, 이러한 성찰성의 에피스테메가 근대에 출현하게 된 사회·역사적 동학, 성찰성의 외적 '발생구조'는 무엇인가?

이 글이 살피고자 하는 것은 성찰성의 '의미구조'를 밝히는 작업이다. 이를 위하여 우리는 전통적인 지식사회학 혹은 문학사회학의 방법론을 확장함으로써, 단순히 성찰성의 의미를 구성하는 '논리적' 구조뿐 아니라 그러한 의미의 발생논리를 하나의 상황으로 가시화하는 '영상적' 구조를 추출하여 이를 분석하는 작업을 기획한다. 이 영상적 구조를 이 글은 인식풍경(epistemoscape)이라는 개념으로 포착한다. 인식풍경이란 특정 인식소를 하나의 상황으로 번역하거나 표현하는 압축적 영상을 지칭한다.[1] 이러한 방법론적 원칙하에서 우리가 집중적으로 분석하고자 하는 성찰성의 인식풍경은, 프로이트가 1921년에 발표한 「집단심리학과 자아분석」에 등장하는 콘라트 리히터(Konrad Richter)의 수수께끼가 내포하고 있는 풍경이다. 전 세계를 짊어진 예수를 다시 짊어지고, 기독교 성인인 성(聖) 크리스토프가 강을 건너는 장면으로 구성되어 있는 이 풍경의 위상학과 성찰적 주체를 표상하는 성 크리스토프의 형상을 다각적으로 분석함으로써, 근대적 성찰성의 기획이 보여준 야심과 한계를 보다 구체적으로 살펴볼 것이다.

II. 근대적 성찰성의 해부

1. 성찰성의 의미구조

한 시대의 지식구성과 예술창작의 규범으로 기능하기 위해서, 성찰성은 다양한 행위들에 보편적으로 적용될 수 있는 일관적 논리를 구비하고 있어야 하는데, 그 고유의 논리가 바로 성찰성이 전제하는 독특한 시선의 운용법이다. 일반적으로 우리가 사물이나 세계를 보는 방법에는 두 가지가 있다. 하나는 우리의 의식이 대상을 '자연적으로' 지향하는 방식이다. 가령 '나'는 '사과'를 본다. 이때 나는, 나의 시선을 통하여 시각의 대상인 사과와의 단순한 지각관계를 구성한다. 화살표로 시선의 지향성을 표시한다면, 이 시선의 운동을 〈나→사과〉라고 표현할 수 있을 것이다. 그러나 이러한 자연적 시선과는 다른 '성찰적' 시선이 존재한다. 이러한 시선에서 중요한 것은 육안(肉眼)의 운행이 아니라 심안(心眼)의 운행이다. 가령, 내가 책상 위의 사과를 보고 있다고 하자. 이때 나의 육안은 〈나→사과〉의 자연적 시선에 묶여 있다. 그런데 나는 또다른 의식의 작용을 통하여, 사과를 보고 있는 나를 객관화시켜 다시 바라볼 수 있다. 미드(G. H. Mead)를 빌려 말하자면, 나(I)는 사과를 보고 있는 나(me)를 객체로 전환시켜 다시 시선의 대상으로 만들 수 있다(Mead, 1934). 이러한 과정에서 운용되는 시선의 구조는 〈나(I)→〈나(me)→사과〉〉라고 표현될 수 있을 것이다. 즉, 주체적 자아(I)는 대상화된 자아(me)를 다시 반성적으로 자신의 시선에 의해 감싸안는다. 바로 이러한 방식으로 구조화된 시선, 실천, 행위의 양식이 바로 성찰성의 기본적 체험이며, 그 규칙과 논리는 다음과 같이 정리될 수 있다.

첫째, 성찰성의 주체는 둘로 쪼개져 양자 사이에 주체-객체의 새로운 관계가 정립된다. 바로 이러한 이중성으로 인하여 성찰적 시선은 단순한 내향적 시선과 구분된다. '내부'를 향해 던져진다고 하여, '내면'을 탐색하는 집요함과 세심함을 구비하고 있다고 하여, 그것만으로 자동적으로 성찰성이 확보되는 것은 아니다. 성찰적 시선은 하나의 자아가 다른 자아를 인식, 판단, 지각의 대상으로 전유하는 시선의 분리를 구조적으로 요구한다.

둘째, 성찰적 자아(I)는 자연적 자아(me)를 인식론적으로 포괄(encompass)한다. 환언하자면 성찰적 자아는 자연적 자아가 자신의 대상과 인식론적 관계를 맺는 과정 그 자체(〈자아→대상〉)를 새로운 대상으로 포괄함으로써 〈자아→〈자아→대상〉〉이라는 메타적 관계를 창출한다. 이로 인하여 성찰적 행위는 '시선에 대한 시선'이거나 '재현에 대한 재현'이거나 '성찰에 대한 성찰'이거나 '판단에 대한 판단'과 같은 반복적이고 재귀적 구조를 갖게 된다.

마지막으로, 성찰적 자아는 자연적 자아를 존재론적으로 초월(transcend)한다. 〈자아→대상〉을 주관하는 자아는 대상이 속해 있는 물질적이고 경험적인 세계와 직접적인 접촉을 하는 자아이다. 그러한 자아는 육체를 갖고 있고, 감각을 갖고 있고, 생명과 죽음과 감정과 실존을 갖고 있는 실제의 '나'이다. 그러나 〈자아→대상〉을 새로운 대상으로 취하면서 등극하는 〈자아→〈자아→대상〉〉의 주체는 현실적 자아가 아니라 의식적이고 현상학적인 자아로서 물질계로부터 이탈한 하나의 순수한 시선으로 정립된다.

이 세 가지 규칙을 고려하면 근대적 지(知)와 예(藝)의 공간이 어떠한 점에서 '성찰성'의 에피스테메를 중심으로 구성되었는지가 확연히 드러난다.[2] 가령 메타소설이란 무엇인가? 그것은 소설가가 소설을 구상하고 쓰는 과정에 대한 성찰을 대상으로 하는 소설을 의미한다. 그리하여 메타소설은 현실을 재현하는 일반적인 의미의 소설의 구조인 〈소설가→현실〉을 다시 대상으로 하는 〈메타소설가→〈소설가→현실〉〉이라는 구조를 갖게 된다. 이러한 과정에서 메타소설은 우리가 앞서 분석한 성찰성의 세 가지 규칙들을 실현한다. 우선 메타소설의 주체는 서술하는 주체(메타소설가)와 서술되는 주체(소설가)로 분리되어 있다. 실제로 글을 쓰는 메타소설가는 서술의 대상이 된 소설가(대개 자기 자신)의 삶, 의식, 고뇌, 글쓰기 혹은 방황을 제삼자의 입장에서 차분하게 진술한다. 둘째, 이러한 과정에서 서술의 주체가 된 소설가는 서술의 대상이 된 소설가를 소설의 내부로 포괄하여 그의 활동, 의식, 창작행위들을 객관적으로 관찰하는 시선의 위치를 확보한다. 셋째, 바로 이러한 의미에서 서술하는 주체는 서술되는 주체를 존재론적으로 초월한다.

메타회화, 메타드라마, 메타시, 메타영화와 같은 성찰적 예술의 분야에 공히 적용되는 이러한 규칙은 지식사회학과 같이 전형적인 성찰적 학문의 의미구조를 규정하는 법칙이기도 하다.[3] 가령 지식사회학은 '의식의 존재피구속성'에 기초하여 특정 지식구성체를 그 사회적 존재와의 연관 속에서 이해하고 설명하는 비판적 학문이다. 그런데, 지식사회학이 성찰적 학문으로 평가받는 까닭은 단순히 그것이 지식구성체의 사회적 '존재'를 탐구하기 때문만은 아니다. 한 걸음 더 나아가 지식사회학은 지식의 존재피구속성을 스스로에게 적용하기에 이른다. 환언하자면 지식사회학은, "다른 모든 지식의 존재피구속성을 탐구하는 지식사회학이라는 지식의 유형은 어떤 존재로부터 가능한가?"라는 질문을 스스로에게 재귀적으로 던져야 하는 의무를 갖는다(Mannheim, 1929: 46-7). 다른 지식의 사회적 토대를 밝히는 일반적인 지식사회학의 작업이 〈지식사회학→대상〉이라는 도식으로 표현된다면, 자신의 작업마저 성찰의 대상으로 포괄하는 '자기 성찰적' 지식사회학은 〈지식사회학→〈지식사회학→대상〉〉으로 도식화될 수 있다. 여기에서도 같은 구조가 발견된다. 첫째, 지식사회학 혹은 그 주체인 지식사회학자는 이중화된 시선의 놀이에 참가한다. 지식사회학은 스스로를 다시 대상화하여 이를 지식사회학적 분석의 대상으로 삼을 수 있다. 둘째, 이런 과정에서 최종적인 지식사회학적 분석은 대상으로서의 지식사회학적 분석을 인식론적으로 포괄한다. 결론적으로 최종적 지식사회학의 성찰은 대상이 되는 지식사회학적 작업을 존재론적으로 초월한 메타적 작업이다.

2. 근대적 성찰성의 특이성

앞서 분석한 성찰성의 기원은 사실 양(洋)의 동서를 막론하고 근대가 아닌 고대로 거슬러 올라가며 그 핵심에는 윤리적 수양 혹은 수신의 테크놀로지가 존재한다. 푸코는 고대 그리스와 로마에서 실천되었던 포괄적 자아 성찰의 기획을 검토하면서 '관리되는 자아'의 신체, 정신, 정념 따위를 양육, 훈육, 교정, 감시, 시험하는 '관리하는 주체'의 성립을 지적하고 있다(Foucault, 1988: 1602-1632). 그것은 일종의 자기 함양 테크닉으로서 스스로를 배려하고 돌보는 실천을 통하여 영혼을 개선하고 완성시키려는 주체형성의 윤리적 기획으로 파악할 수 있다. '자기 함양 테크닉'의 주체로서의 '나'와 객체로서의 '나' 사이에는 성찰적인 거리가 설정된다. 이 거리를 통하여 주체는 자신의 육신, 욕망, 감정, 현실을 객관적으로 파악할 수 있는 부동심을 소유하게 된다(Foucault, 1984c: 53-87). 이것이 바로 소크라테스로부터 에피쿠로스에게로 그리고 견유학파에서 스토아학파에까지 이어지는 그리스–로마적 지혜(Sophia)의 본질이다.

한편 동양의 전통에서 성찰성의 가장 오래된 형식은 불교의 근본 수양법 중의 하나인 관법(觀法, vipaśyanā)에서 발견된다. 관법이란, 물질적 세계에 묶여 있는 '나'를 차분히 관찰하는 또다른 '나'를 시시각각 불러 깨움으로써 무상의 세계 속에서 꺼지기 직전의 거품처럼, 풀잎에 맺힌 이슬처럼 존재하는 '나'라는 것의 없음(anātman)을 깨치게 하는 한 수양의 방편으로 삼매(samādhi), 즉 정신의 집중(止)과 더불어 불교적 바라봄의 중핵을 이루는 방법이다. 가령 자신이 커다란 슬픔에 빠져 있을 때 관법의 수행자는 그 슬픔 속에서 괴로워하는 자신(me)으로부터 중심을 거두어 스스로를 다시 바라보는 주체(I)로 성립한다. 이는 정념으로부터 벗어나 자신을 객관적으로 바라보기 위한 마음의 훈련인 것이다. 관법을 수행하는 주체는 늘 자신의 몸과 마음에서 일어나는 감각, 생각, 감정, 기억 등을 살피는 '초월적 동공(瞳孔)'을 열어놓아야 한다. 이 눈동자의 감시와 배려 혹은 감독이나 관리를 통하여, 자신이 영원하지 않은 하나의 현상에 불과하며 그 현상에 깃드는 무수한 부수적 현상들에 집착할 까닭이 없다는 사실을 깨치는 불교적 각성이 발생한다. 이러한 고대적 성찰성은 사실 근대적 의미의 성찰성의 형식적 모태를 구성하면서, 인식론적, 윤리적, 미학적 주체의 형성에 근본적인 원리를 제공하였다. 즉 성찰적 주체는 인식의 대상이 발휘하는 물질적인 직접성에 함몰되지 않은 채 객관적이고 초연한 의식을 유지하는 주체이며, 이해관계에 근거하여 사물을 판단하지 않고 무사심한 미적 태도를 취할 수 있는 주체이며, 또한 경험적 자아를 구속하는 도덕적 권위에 맹목적으로 굴복하지 않고 자기와 자기의 윤리적 관계를 모색할 수 있는 주체로 설정된다(柄谷行人, 1989a: 241-272; 柄谷行人, 2000: 95-114).

그런데 이런 윤리적 주체의 테크닉으로 실천된 고대적 성찰성은 근대로 접어들면서 인식론적인 성찰성으로 급격하게 선회한다. 그 대표적인 실례가 바로 데카르트의 코기토라 할 수 있다. 코기토는 자신의 인식을 성찰의 대상으로 전환시키는 방법을 실현하는 메타적 주체이다. 그러나 이러한 데카르트의 주체는 고대적 성찰성의 주체들처럼 자기 함양이나 자기 완성이라는 윤리적 이상의 실현을 열망하면서 스스로를 성찰하는 것이 아니라, 매우 소극적이고 방어적인 입장에서 자신의 존재론적 기초를 이리저리 찾아헤매는, 어떤 의미에서는 매우 가련하고 협량한 의심의 주체이다. 아렌트가 지적하고 있듯이, 이를 이해하기 위해서는 데카르트적 주체의 형성에 관여한 지성사적 사건으로서 '지동설'이 야기한 당대 지성계의 충격을 고려해야 한다. 이 충격은 단순히 부동(不動)의 대지로 이해되던 지구가 움직인다는 사실에 있는 것이 아니라, 가장 자명한 감각적 진실들 가령, "해가 동에서 떠서 서로 진다"는 시각적 체험마저 부정되는 상황에서 이성이 맞이하게 되는 커다란 혼돈에 기인한다(Arendt, 1954: 323-333). 눈이 보는 것마저 오류일 때, 이성은 더이상 감각적 세계를 대상으로 진리를 생산할 수 없는 상태가 된다. 도든 것에 대한 의심, 그리고 자신의 존재마저 의심하는 태도는 이로부터 도출된다. 바로 이러한 자연과학적 도전 앞에서 근대적 이성은 자연, 사물, 물(物) 그 자체에 대한 인식을 포기하고 이러한 영역을 자연과학적 지성에게 넘겨주고, 자신은 메타적 인식, 즉 사유에 대한 사유로 퇴거하는 것이다.

데카르트에 의해 열린 이러한 근대적 성찰성은 칸트의 순수통각, 피히테의 절대 자아를 거쳐 후설의 현상학에서 그 절정에 이른다. 주지하듯이 현상학적 사유의 기초를 구성하는 것은, 우리의 사유가 늘 대상으로 삼는, 그리고 그러한 의미에서 항상 거기에 이미 주어져 있는 자연적 현실을 괄호에 묶는 사유의 조작(Einklammerung), 즉 판단중지(Epoche)를 통하여, 사유를 사유 그 자체로 되돌리는 현상학적 환원의 과정이다(Husserl, 1913: 102). 후설은 이를 통하여 우리 의식이 지향하는 '대상' 대신에 무언가를 지향하는 우리의 '의식 그 자체(Cogitatio)'를 새로운 성찰의 대상으로 확립시킨다(Husserl, 1913: 166). 가령 우리의 의식이 책상 위의 빵 한 조각을 지향한다고 할 때,

후설이 펼치는 사유의 과정은, 빵이라는 지향된 대상을 지우고, 의식이 빵을 지향하는 행위 그 자체를 성찰의 대상으로 설정하는 것이다 (Husserl, 1913: 121). 빵이 표상하는 물질적 대상은 이제 철학의 대상이 아니며, 그것은 자연과학의 대상일 뿐이다. 사유는 자연에 대한 이해와 설명을 자연과학에 맡기고, 새로운 사유 고유의 영토를 확보하는데 그것이 바로 성찰성의 영역, 즉 빵을 포착하는 의식 그 자체가 구성하는 초월성의 영역인 것이다.

바로 이러한 의미에서 근대적 성찰성은 매우 양가적인 평가를 받아야 하는 입장에 놓이게 된다. 이성이 단순히 대상에 투여되는 지향임을 넘어서 자신의 지향성(Intentionalität)마저 사유의 대상으로 삼을 수 있다는 것은 성찰성의 개가라 할 수 있다. 이제 근대적 이성은 단순히 자연에 대한 도구적 이성을 넘어 스스로의 작동 원리를 되돌아 바라볼 수 있는 성찰적 이성으로서의 자격을 명실상부 획득하는 것이다. 그러나 이러한 성취의 이면에 존재하는 정신사적 논리를 살펴보면, 성찰성은 사실 근대적 자연과학과 테크놀로지에 의해 공격당한 인문적, 예술적 이성이 숨어들어간 일종의 '사유의 망명지'라는 사실이 드러난다.[4] 이 사유의 망명지에서 행해지는 예술과 문학은 난해하고 관념적이고 실험적이다. 성찰성의 세례 속에서 탄생한 작품들은 대중의 접근을 매우 어렵게 만들며, 고도의 성찰성이 수반된 사유는 현기증을 유발시킬 정도로 난삽하거나 현실과 유리된 느낌을 준다. 그것은 사유의 권능이 최대치로 고양된 지점이 다름 아닌 '세계와의 직접적인 체험의 상실'이 표면화되는 바로 그 지점이라는 사실과, 이성이 기존에 자신의 대상으로 삼았던 자연에 대해서 더이상 헤게모니를 유지할 수 없게 되는 사유의 추상화라는 변화에 기인하는 것이다. 그리고 이는 근대적 성찰성의 주체에게도 공히 적용되는바, 성찰성의 주체는 결국 자신에게 부여된 독자적인 반성의 공간에서 사유의 권능을 최대치로 끌어올리지만, 결국 동일한 이유로 인하여 현실과의 생생한 접촉을 상실하고 일종의 '관념적 허공'을 부유하게 되는 운명을 맞게 된다. 우리는 이러한 역설을 보다 극명하게 드러내기 위해서 근대적 성찰성을 시각적인 수준에서 하나의 풍경으로 제시하고 있는 소위 인식풍경을 추출하고 이를 분석하고자 한다.

III. 성찰성의 인식풍경

1. 콘라트 리히터의 수수께끼

앞서 우리는 빈스방거가 프로이트에게 정신분석학의 인식론적 토대와 연관된 매우 근본적인 질문을 던졌다는 사실을 언급한 적이 있다. 그러나 사실 프로이트는 이와 매우 흡사한 질문을 1889년에 베른하임(Hyppolyte Bernheim)의 최면요법 시술을 참관하면서 자기 자신에게 던진 적이 있었다. 그는 이 사실을 약 30여 년 후에 쓰인 논문인 「집단심리학과 자아분석」에서 다음과 같이 술회한다. "따라서 우리는 암시(좀더 정확히 말하면 피암시성)가 사실상 다른 형태로 바뀔 수 없는 원초적 현상이며 인간의 정신생활을 이루는 기본적 사실이라는 주장을 듣게 될 것을 각오해야 할 것이다. 1889년에 내 눈앞에서 놀라운 기술을 보여준 베른하임도 같은 의견이었다. 그러나 당시에 나는 전제군주 같은 이 암시의 폭정에 적개심을 느꼈었다. 환자가 좀처럼 최면술에 걸리지 않자, 의사는 이렇게 외쳤다. "도대체 뭘 하고 있는 거요? 자신한테 반대 암시를 걸다니!" 이것을 보고 나는 명백한 권리 침해이고 폭력 행위라고 생각했다. 암시를 통해 자기를 정복하려 드는 의사에 대해 그 환자는 자신에게 반대 암시를 걸 권리가 있었기 때문이다"

(Freud, 1921 : 148-9).

프로이트는 지금 집단심리학이 암시(Suggestion)라는 개념으로 모든 현상을 설명하던 시기를 회상하고 있다. 왜 이러한 집합행동이 일어나는가? 당시에 지배적으로 통용되던 견해에 의하면 그것은 그러한 집합행동을 누군가 암시했기 때문이다. 그렇다면 왜 이런 집합행동에 대한 저항이 일어나는가? 그것 또한 그러한 집합행동에 대한 저항을 누군가 암시했기 때문이다(Freud, 1921 : 147-8). 베른하임의 논리가 바로 그것이다. 암시가 성공하지 않는 것은 암시의 기법이 부적절하다거나 암시를 시술하는 의사가 능숙하지 못해서가 아니라, 환자가 반대-암시를 스스로에게 걸었기 때문이다. 모든 현상의 원인이 이처럼 암시로 귀속된다면, 다음과 같은 자기 성찰적인 질문이 불가피하게 제기된다. 암시를 거는 의사의 행위 역시 누군가 암시를 걸었기 때문이 아닌가? 혹은 암시를 걸도록 암시를 건 사람은 누구인가? 암시를 거는 행위를 화살표로 표시하여 이를 도식으로 나타내면, 〈의사→환자〉의 관계는 사실 〈X→〈의사→환자〉〉라는 메타적 관계이며, 이 X라는 주체의 존재를 물어야 한다는 것이다. 프로이트의 '분개심'은 기실 베른하임은 암시의 메타적 주체인 X의 심급에 대하여 아무런 성찰도 하지 못하고 있었다는 사실에 기인한다. 프로이트는, 바로 이러한 상황에서 콘라트 리히터의 『독일의 성 크리스토프』(1896)에 나오는 다음과 같은 수수께끼가 그의 뇌리를 스쳐갔다고 고백한다.

> 크리스토프는 그리스도를 (Christoph trug Christum)
> 그리스도는 전 세계를 짊어졌다 (Christus trug die ganze Welt)
> 그럼 말해보라, 크리스토프는 그때 (Sag', wo hat Christoph)
> 어디에 발을 딛고 있었을까? (Damals hin den Fuss gestellt)
>
> (Freud, 1921 : 149)

이 수수께끼는, 유럽의 가톨릭 문화권에서는 매우 친숙한 여행자들의 수호성자로서 민중적 사랑을 받는 성 크리스토프의 일화를 소재로 하고 있다(Réau, 1958: 304-311). 『성자전』에 의하면, 성 크리스토프는 원래 세상에서 가장 힘센 자를 섬기기를 열망해왔었다. 그러던 어느 날 그는 권능으로 충만한 힘센 군주를 만나 그의 궁전에 머물게 된다. 하루는 군주의 광대가 노래를 한 곡조 뽑아 부르는데, 그 가사에 '악마'라는 단어가 들어 있었다. 이미 기독교로 개종한 이 군주는 '악마'라는 단어를 듣고 공포감에 사로잡혔다. 크리스토프는 이 광경을 목격하고 왕보다 더 힘센 것으로 보이는 '악마'를 섬기기 위해서 궁전을 떠난다. 그런데 악마 역시 가장 강한 존재가 아니었던 것이, 십자가의 형상을 보더니 두려움에 사로잡히는 것이었다. 하여 악마마저 떠나 방황하던 중 크리스토프는 한 은둔자를 만나, 그로부터 큰 키와 힘을 이용해서 강변에서 사람들을 저쪽으로 건네주는 일을 하라는 권고를 받는다. 그의 권고에 따르던 어느 날 밤, 한 꼬마가 문을 두드리고 들어와서는 자기를 강 건너로 좀 데려다달라고 부탁을 하였다. 크리스토프는 꼬마를 업고 강을 건너는데, 꼬마는 이제까지 그가 업어본 그 무엇보다도 무거웠다. 흔들거리며 간신히 꼬마를 건네주고, 그에게 말하기를, "얘야, 너 때문에 하마터면 죽을 뻔했지 뭐냐. 네가 얼마나 무겁던지, 내가 만약 이 세상 전체를 업었다 해도, 그보다 더 무겁지는 않았을 거다". 그러자 꼬마는 대답한다. "놀라지 마라, 크리스토프. 너는 방금 세상 전체를 업고 강을 건넌 것뿐 아니라 그 세상을 창조한 자를 업고 강을 건넜느니라." 예수는 그가 들고 있는 막대를 땅에 심으라고 명령한다. 막대는 자라서 나무가 되었다(Voragine, 1911: 361-5).

콘라트 리히터의 수수께끼는 『성자전』이 서술하는 성 크리스토프의 일대기 중의 한 장면, 즉 그가 아기예수를 업고 강을 건너는 순간을 포착하여 이를 변형시키고 있다. 전승된 이야기에서 성 크리스토프는 예수를 업고 강을 건너는 데 성공하여 성인(聖人)이 되지만, 리히터의 수수께끼 속에 등장하는 성 크리스토프는 실증할 수 없는 토대의 부재 위에 불안스럽게 위치해 있으며, 강의 피안에 아직 도착하지 못하였고, 모든 임무를 완수하지 못한 미완의 시점에 처해 있다. 그런데 가만히 살펴보면, 위의 수수께끼가 내포하고 있는 이 기묘한 상황이, 우리가 앞서 분석했던 성찰성의 논리적인 절차를 마치 우의화(寓意畵)처럼 표상하고 있음을 발견하게 된다. 그것은 두 번 반복되는 저 업는 행위(Tragen)의 중복성 때문이다. 예수는 전 세계를 업고 있으며(〈예수→전 세계〉), 성 크리스토프는 이 예수를 다시 업는다(〈성 크리스토프→〈예수→전 세계〉〉). 이는 즉각적으로 표상에 대한 표상, 성찰에 대한 성찰, 비판에 대한 비판으로 구성된 성찰성의 기본 구조를 연상시킨다. 만일 이 짊어짐의 행위를 암시, 표상, 성찰, 비판 등의 행위로 치환하면, 예수는 '모든 것'을 암시, 표상, 성찰, 비판하는 주체이며, 성 크리스토프는 '모든 것을 암시, 표상, 성찰, 비판하는 예수를' 다시 암시, 표상, 성찰, 비판하는 존재라 말할 수 있다. 성 크리스토프는 성찰성의 메타적 주체성을 구현하고 있다. 그리고 같은 이유에서 위의 그림은 성찰성의 세 가지 규칙을 매우 구체적으로 가시화하고 있다. 짊어짐(Tragen)의 주체는 예수와 성 크리스토프로 분화되어 있으며, 짊어짐의 행위는 재현의 재현처럼, 성찰의 성찰처럼, 비판의 비판처럼 반복적으로 진행된다. 이러한 과정에서 성 크리스토프는 예수의 짊어짐을 포괄함으로써(encompass), 자신이 짊어지는 대상들의 세계를 초월한다(transcend). 바로 이러한 점에서 위의 상황은 성찰성의 규칙을 거의 축자적으로 시각화한 인식풍경으로서의 특성을 갖는다고 말할 수 있으며, 그 상황의 주인공으로 등장하는 성 크리스토프가 성찰적 주체의 알레고리라 할 수 있다. 그런데 문제는 위의 상황이 성찰성의 의미구조를 단순히 복제하고 있다는 사실이 아니다. 리히터의 수수께끼는 근대적 성찰성이 갖고 있는 최대의 약점 혹은 해결할 수 없는 역설을 수수께끼의 형식을 빌려 정확하게 보여주고 있다. 어떠한 점에서 그러한가?

리히터의 수수께끼는 궁극적으로 성 크리스토프의 두 발이 무엇을 딛고 있었는지를 사유하거나 상상하게 한다. 그런데 이를 사유하고 상상하기 위해서는, 성 크리스토프의 일화로부터 추출된 한 가지의 전제를 존중해야 한다. 예수가 모든 것(All)을 업고 있다는 사실이 그것이다. 만일 모든 것(All)이 예수의 어깨 위에 짊어져 있다면 남은 것은 오직 무(無)밖에는 없다. 그리하여 '모든 것'이 예수의 어깨 위에 올려 있을 때, 그러한 예수를 다시 짊어지고 있는 성 크리스토프가 어딘가에 발을 디딜 수 있다면 그것은 다름 아닌 이 부재하는 토대, 즉 무일 수밖에는 없다. 리히터의 수수께끼가 우리를 인도하여 데리고 가는 지점은 이처럼 논리적으로 대답할 수 없는 이성의 궁지이다. 위의 수수께끼에 대한 어떤 해답이 가능할 것인가? 명시적으로 거기에는 어떤 해답도 존재할 수 없다. 해답이 존재하기 위해서는 예수가 모든 것을 짊어지지 않고 무언가 하나라도 남겨두어 성 크리스토프가 그것을 디딜 수 있도록 하거나, 혹은 성 크리스토프가 그냥 허공에 떠 있다고 말해야 한다. 그리고 정황상 해답은 후자일 것임에 틀림없으나, 무(無) 위에 떠 있는 성 크리스토프의 이미지는 그 자체로 부조리하기 그지없다.

이 풍경은 메타적 성찰을 완성시키는 그리하여 성찰성의 극한을 실행하는 주체가 존재론적으로 매우 역설적인 상황에 처해 있음을 강력하게 환기시킨다. 성 크리스토프가 예수를 업기 위해서 그는 그것이 무엇인지 알 수 없고, 상상할 수 없고, 사유하거나 성찰할 수 없는 '무언가'를 딛고 서 있어야 한다. 그 '무언가'는 하나의 토대이자 정초이다. 왜냐하면 그 위에 모든 것들이 설립되어 있기 때문이며, 그 '무언가'를 딛고 성 크리스토프가 전진하고 있기 때문이다. 그러나 이 토대이자 정초는 실증적으로 확인할 수 없는 불투명한 존재론적 상태에 빠져 있다. 그 위에 선다는 것이 무엇을 의미하는지를 판단할 수 없는, 불확실하고 유약한 기초 위에서 거창하고 극단적인 자기 성찰의 행위가 이루어지고 있는 것이다.[5] 이 모순적 풍경은, 성 크리스토프가 상징하는 메타적 성찰자의 한계를 말 그대로 그림처럼 보여준다. 그리하여 프로이트가 베른하임의 암시법에 대한 반감을 느끼고 곧바로 이 수수께끼를 떠올린 것은 결코 우연이 아니었다. 그는 이 수수께끼가 내포하고 있는 논리적 궁지를 환기시킴으로써 베른하임에게 다음과 같은 질문을 던지고 있는 셈이다. "당신이 모든 것을 암시의 효과로 설명할 수 있다면, 당신이 환자에게 암시를 거는 행위를 암시한 바로 그것이 무엇인지 당신은 밝힐 수 있습니까? 환언하면 당신 자신의 암시행위를 암시한 그 원인을 사유하기 위해서는 당신 또한 저 성 크리스토프처럼, 사유할 수도 성찰할 수도 없는 저 대지 위에 서야 하는 것이 아닙니까?"

2. 성 크리스토프의 발밑

리히터의 수수께끼는 정신분석학뿐 아니라, 리쾨르가 '의심의 학파'로 명명한 니체의 계보학, 마르크스의 사적 유물론에도 공통적으로 적용된다(Ricoeur, 1970: 32-6). 이들은 모두, 상징(표상)을 그것들을 발생시킨 구조에 조회함으로써 왜곡된 상징들을 파괴·교정하는 상징 해석학적 방법론에 기초하고 있다. 예컨대, 정신분석학이 심적 표상을 무의식적 소망의 위장된 생산물로 파악하고 표상과 욕망의 관계를 투명하게 드러내는 것을 지향한다면, 니체의 계보학은 도덕적 가치들을 소위 '힘에의 의지'의 변형된 생산물로 파악하고 도덕적 표상의 기원을 의지의 차원에서 발견하는 것을 지향한다(Foucault, 1971). 이와 마찬가지로 마르크스에게서 이데올로기적 표상은 생산력과 생산관계로 구성된 경제적 하부구조의 필연적 산물로서 이데올로기의 비판은 그것을 산출한 토대의 변화를 요구한다. 이러한 맥락에서 이들의 비판적 작업을 구성하는 주요 명제들은 모두 전칭명제(全稱命題)의 형식을 취한다. 즉, '모든' 정신적 표상이 리비도적 기원을 갖고 있다면, '모든' 도덕적 가치들은 몰(沒)도덕적 힘의 표상이며, '모든' 이데올로기는 하부구조의 역학에 종속적인 것이다. 예외는 존재할 수 없다. 그리고 '모든' 사태, 사실, 현상, 표상을 각각 근원적인 욕망의 차원으로 귀속시킴으로써 해석과 비판을 수행하는 것이 바로 계보학, 사적 유물론, 그리고 정신분석학의 작업 방식인 것이다. 이러한 점에서 계보학자, 유물론자, 정신분석학자는 위의 인식풍경에서 예수가 하고 있는 것과 동일한 일을 하고 있다(〈예수→All〉). 즉 그들은 '모든 것'을 각자의 방식으로 짊어지고(해석, 분석, 성찰하고) 있다(〈해석자→All〉).

그런데 이처럼 모든 것을 짊어지는 예수를 다시 짊어지는 성 크리스토프의 행위가 개시될 때(크리스토프→〈예수→All〉), 즉 주체가 모든 것에 대한 계보학적·정신분석학적·유물론적 성찰을 다시 성찰하는 메타해석자로 등장할 때(메타해석자→〈해석자→All〉), 앞에서 언급했던 리히터의 수수께끼가 던지는 질문이 다시 물어진다. 즉 모든 심적 표상들의 리비도적 기원을 밝히는 정신분석학이라는 표상의 리비도적인 기원은 무엇인가? 모든 도덕적 가치가 힘에의 의지에서 비롯된 일종의 허구임을 밝히는 니체 윤리의 의지적 토대는 무엇인가? 모든 이데올로기가 하부구조의 산물 혹은 반영임을 언명하는 사적 유물론이라는 지식 구성체를 발생시킨 물적 토대는 무엇인가? 이러한 질문들은 바로 콘라트 리히터의 수수께끼가 묻고 있는, 행위의 자기 성찰적 근거에 대한 질문이다. 모든 표상들의 근거를 비판하는 담론(예수)을 다시 비판하는 것(크리스토프)은 가능한가? 가능하다면 그는 무엇을 토대(Grund)로 그 비판을 수행할 수 있는가? 이 토대의 부재가 바로 근대적 지식 공간에 등장한 성 크리스토프들(정신분석학자, 유물론자, 계보학자 혹은 만하임의 '사회적으로 자유부동하는 지식인')이 처해 있는 한계상황이며, 규범적 가치들이 외부로부터 개입하지 않는 한, 이성추리를 불가능하게 만드는 리히터의 수수께끼에 대한 순수하게 논리적인 해답은 주어지지 않는다.

 그것은 바로 성찰성의 주체로 형상화된 성 크리스토프가 처해 있는 상황의 위상학적 특성에 기인한다. 즉, 모든 것을 짊어진 자를 다시 짊어지는, 요컨대 성찰성의 극한에 서 있는 성 크리스토프는 아이러니하게도 자신의 발밑을 볼 수가 없다. 그는 유령처럼 허공에 떠 있으며, 오직 허공에 떠 있다는 조건하에서만 예수를 짊어질 수 있다. 이는 사실 매우 난감한 상황이다. 메타적 성찰이 '모든 것(All)'을 성찰의 대상으로 삼으며, 또한 자기 자신까지도 성찰함으로써 성찰성의 최대치를 이룩하는 듯이 보이지만, 이러한 과정에서 도리어 성찰되지 못하는 영역(성 크리스토프의 발밑)이 동시적으로 생산되고 있기 때문이다. 이런 점에서 보면, 메타적 성찰은 성찰의 완성인 동시에 성찰의 불가능성이다. 메타적 성찰 속에서 성찰이 진행되는 것과 걸음을 같이해서 성찰되지 않는 영역이 생산된다. 성 크리스토프가 모든 것을 짊어진(표상하는, 성찰하는) 자를 또 짊어지려(표상하고자, 성찰하고자) 할 때 그의 발밑에는 니힐, 하이데거의 표현을 빌려 말하자면, 토대의 부재를 의미하는 심연(Ab-grund)이 깔린다(Heidegger, 1946: 324). 이는 독일인들이 소위 선험적 고향상실성(Heimatlosigkeit) 혹은 선험적 토대상실성(Bodenlosigkeit)이라 부르는 실존적이고 존재론적인 니힐인 동시에 인식론적인 니힐이며 성찰적인 니힐이다. 견고한 바닥도 실질적인 실체도 확고한 토대도 없는 부재의 대지(大地)가 성찰의 완성을 좌초시킨다. 그리하여 리히터의 수수께끼에 대한 해답을 우리의 이성이 추리하기 시작하는 순간 우리의 이성은 곧바로 자신의 한계를 만나며, 이 이성의 한계에서 "크리스토프는 그때 어디에 발을 디디고 있었을까?"라는 질문에 대한 해답의 불가능성이 생산된다. 위의 질문에 대하여 오직 우리는 그의 발밑에 '대답될 수 없는 것', '사유될 수 없는 것', '상상될 수 없는 것', '표상할 수 없는 것'이 존재한다고 말할 수 있을 뿐이다. 이것이 바로 성 크리스토프가 딛고 선 기반인 '성찰불가능성'이다.

이러한 맥락에서 근대적 성찰성의 주체를 알레고리적으로 표상하는 성 크리스토프는 최후의 짊어지는 자, 즉 최후의 성찰자인 동시에 성찰불능자이기도 하다. 이것이 성찰성의 가장 도저한 역설이다. 그는 모든 것을 짊어진 예수를 다시 짊어짐으로써 성찰성을 극단으로 추동하지만 이 과정에서 역설적으로 부각되는 것은 '성찰되지 못하는 영역'의 삭제할 수 없는 실존, 즉 크리스토프 자신의 발밑에 형성되는 성찰성의 타자이다. 그는 모든 것을 들어올리지만 그것은 그가 자신의 발밑을 볼 수 없다는, 자신의 발밑에 어떤 굳건한 토대도 가질 수 없다는 전제하에서만 그렇게 할 수 있을 뿐이다. 성찰되지 못하는 영역을 기초로 모든 것을 성찰하는 성 크리스토프가 주파하는 공간은 그리하여 예수와 심연의 사이에 열린 중간적 세계이며, 전부와 전무의 변증법적 대립 사이에 파인 중립적 공간이며, 최종적 성찰을 가능하게 하는 고도의 인식론적 권능과 성찰불가능성이라는 존재론적 취약성 사이에 형성된 비균형적인 불안의 공간이 된다. 성 크리스토프는 근대적 이성이 도달한 막다른 골목을 사는 근대적 사유인의 알레고리이다. 그는, 사유가 축복이 아니라 재앙이 될 수도 있는, 사유를 통하여 현실을 잘 파악하고 현실을 잘 사는 것이 아니라 사유 속에서 존재가 좌초할 수 있다는 불길한 사실을 암시하는 형상이다. 이러한 맥락에서 성 크리스토프는 단순히 프로이트의 한 논문에 잠시 얼굴을 비추는, 주의를 기울이지 않으면 그 존재를 인식하는 것조차 불가능한 삽화적 인물이 아니라, 서구 근대성이 창출한 몇 가지 전형적 주체성의 이상형들 중의 하나이다. 그의 체험은 근대적 성찰자들의 체험을 구조적으로 압축하고 있다. 그것이 바로 우리가 다음 절에서 살펴보고자 하는 미숙과 무능이다.

IV. 성찰성의 한계

1. 미숙과 무능

성찰성은, 단순히 특정 담론이나 예술적 창작물을 지배하는 국소적인 경향이 아니라 근대의 보편적 체험 구조와 조응하여 등장한 삶의 형식이다. 성찰은 '체험'이다. 그것은 단순한 지적 유희나 실험이 아니라, 특정한 역사적 조건(근대)이 형성한 사유의 환경 속에서 사유의 최대치, 즉 사유의 불가능성을 체험하는 것이다. 바로 이러한 맥락에서 우리가 살펴볼 아르토(Antonin Artaud)가 체험한 성찰불가능성은 근대적 성찰성의 극한에 대한 체험의 전형적인 징후를 제공한다.

'잔혹극'의 창시자인 아르토는 1923년에서 24년에 걸쳐 문학평론지 『누벨르뷔프랑세즈*Nouvelle Revue Française*』의 편집장 자크 리비에르(Jacques Rivière)에게 자신이 습작한 시(詩)편들을 실어줄 것을 요청하는 일련의 편지를 쓴다. 여기에서 아르토는 자신이 시를 쓰기 시작하게 된 근본적인 체험에 관하여 매우 통절한 고백을 하는데, 그의 시작을 결정한 근원체험은 놀랍게도 '체험의 불가능성', 그러니까 무엇을 해도 그것을 진정으로 자신이 하고 있다는 원초적 감각, 통각의 불감증이었던 것이다. 1924년 1월 29일자 편지에서 그는 이렇게 쓴다. "제 시들이 이처럼 통일되지 못한 것, 형식을 맞추지 못한 것, 제 사유의 이 항상적인 왜곡, 이 모든 것들은 결코 습작의 부족이나 어떤 글쓰기의 방법(도구) 즉 지적인 발전의 결여 때문이 아닙니다. 그것은 오히려 영혼의 중심에서 일어난 어떤 붕괴 때문이고, 본질적인 동시에 덧없는 일종의 침식과정 때문입니다"(Artaud, 1976/1984: 28). 아르토의 시작행위를 결정한 이 사유의 불능은 단지 (철학적) 사유가 불가능하므로 (문학적) 창작으로 선회했다는 사실을 의미하는 것이 아니다. 이는 좀더 포괄적인 맥락에서, 사유한다는 것, 생각한다는 것, 세계와 인지적으로 접촉한다는 것, 한 마디로 말하자면 체험한다는 것의 파산을 의미한다. 그리하여 그는 자신이 항상 "허공에 붕 뜬 상태로" 존재하는 듯이 느껴진다고 토로하며, "나는 결국 삶에 더이상 접촉할 수 없는 지점에까지 이르게 되었다"고 탄식하며, 자신의 "사유 아래에서 대지가 부스러져버리는 것을 느낀다"고 토로한다(Artaud, 1976/1984: 28, 97, 116). 이러한 기묘한 상태를 아르토는 자신의 시 「절규」에서 다음과 같이 표현하고 있다.

별은 먹어 치운다. 경사진 하늘이
정상을 향해 자신의 비상(飛翔)을 개방한다.
우리를 만족시키던 휴식의 찌꺼기들을
밤은 빗자루질하여 치워버린다.

대지 위를 달팽이 한 마리가 기어가는데
만개의 흰 손이 그 놈에게 인사를 한다
한 마리의 달팽이가 기어가는 곳은
대지가 흩어져버린 바로 그곳이었다.

(Artaud, 1976/1984: 31)

아르토 특유의 정신분열증적 파상력(破像力)이 혼란스러운 이미지들을 발산하는 위의 시는, 풍경의 관점에서 보자면 매우 명료한 상황을 제시하고 있다. 한 마리의 달팽이가 바닥이 사라진 허공 위를 걸어가고 있다. 반 고흐의 그림을 연상시키는, 소용돌이 형상의 별들이 마치 나사처럼 천궁을 파고들어가고 있는 듯이 어지러운 밤하늘 아래 펼쳐지는 이 풍경의 가장 중요한 메시지는 아르토 자신을 상징하는 듯이 보이는 달팽이의 파행과 그 바닥의 부재이다. 자신의 시적 작업을 정초한 근본 체험이 '체험의 부재'라는 역설을 표현하기 위해서 아르토가 시화한 이 풍경이 성 크리스토프의 상황과 거의 흡사하다는 사실은 매우 놀라운 것이다. 프로이트에게 나타났던 성 크리스토프는 이제 후일 라캉, 들뢰즈, 데리다, 푸코에게 결정적인 영향을 주게 되는 아르토의 문학 속에서 달팽이의 모습으로 외양을 바꾸어 등장한다. 양자에게 모두 발을 딛고 서야 하는 그 바닥은 흩어져버렸다. 토대는 상실되었다. 체험은 불가능하며, 존재는 불안정하게 부유한다. 세계를 직접 체험할 수 있는 기관인 발은 땅을 딛지 못한다. 이 접촉할 수 없는 지점이란 바로 존재론적 토대가 부재하는 곳, 대지가 흩어져버린 곳을 의미한다. 자신이 감염된, 바로 이 부재하는 토대를 사유할 수 없다는 불가능성을 아르토는, 부정을 의미하는 접두어(im)와 능력(pouvoir)이라는 단어를 결합하여 만든 신조어인 무능(impouvoir)이라 부르고 있다(Artaud, 1976/1984: 91; Blanchot, 1959: 60; Deleuze, 1985: 328-9; Deleuze et Guatari, 1991: 55). 성 크리스토프가 자신을 발밑을 바라볼 수 없는 이 구조적 무능을 아르토 역시 체험했던 것이다.

이 무능은 또다른 근대적 체험의 양태라 할 수 있는 미숙(inexpérience)과 유기적으로 연관되어 있다. 미숙이란 성찰적 주체가 성찰 행위를 위하여 실재하는 사물들의 세계로부터 퇴거함으로써 발생하는, 체험의 빈곤현상을 가리킨다. 모더니티가 창출한 문화적 공간 속에서 아르토가 말하는 사유의 무능은 근대인이 사물과 맺는 관계에서 두드러지게 관찰되는 소외현상과 긴밀하게 결합되어 있다. 말하자면 근대인에게 사물 혹은 세계와의 행복한, 직접적인 그리고 총체적인 관계는 선험적으로 불가능하다. 그는 사물로부터 분리되어 자신의 내면적 성찰성의 공간에 머무는 자이다. 이러한 상황에서 근대인은 사물 앞에서 어수룩하고, 미숙하고, 서툴며 심지어 사물에 대한 공포감마저 갖고 있는 사물의 하인으로 전락한다. 이러한 현상은 이미 19세기 중반부터 진행되던 체험구조의 변동 과정의 귀결이라 할 수 있다. 예를 들어 1843년에 그랑빌(Grandville)이 『인간사의 사소한 불운들』에 그려넣은 일련의 삽화들에는 물이 새는 수도꼭지, 바람에 갑자기 뒤집히는 우산, 벗을 수도 신을 수도 없이 깨금발을 짚고 뛰게 만드는 반쯤만 신겨진 장화, 바람에 갑자기 날아가는 서류더미들과 같이, 인간과 사물 사이에 벌어지는 우스꽝스러운 상황들이 묘사되어 있다. 그런데 이러한 상황들이 보여주는 희극성의 이면에는 근대적 테크놀로지에 의해 생산되고 운용되고 작동되는 사물들이 인간의 의도나 지식 혹은 예측을 벗어나서 갖게 되는 물화된 마성과 불길한 권능이 이미 어른거리고 있었다(Agamben, 1981: 85). 사물들은 인간에 저항하기 시작한 것이다. 약 반 세기가 지난 후에 채플린은 이러한 체험구조의 변동 양상을 보다 적확하게 포착하여 재현하고 있다. 1915년에 〈찰리 자신의 소년 시대를 매장하다〉에서 그는 침대와의 힘겨운 싸움을 보여줌으로써 관객들을 폭소하게 하는데, 기계 침대는 찰리가 그것을 다룰 수 없을 만큼 인간의 조작에 저항을 한다. 1916년의 〈찰리, 고리대금업자〉에서는 자명종이 그를 골탕먹이고, 1919년의 〈어떤 기쁜 날〉에서는 오래된 포드 승용차가 찰리의 사물에 대한 장악력을 기만한다(Bazin, 1948: 16-7). 채플린은 1936년의 〈모던 타임스〉에서 기계 앞의 인간에게 어떻게 체험의 가능성이 박탈되는가라는 문제를 컨베이어 벨트에 구속된 찰리의 신체를 통해 묘사한다. 이처럼 근대인의 경험지평이 기술적으로 구성된 현실 그 자체의 마성에 의해서 좌절당할 때, 근대인은 이러한 현실을 자유자재로 체험할 수 있는 주체에 대한 행복한 환상을 품게된다. 벤야민이 지적하는 그러한 주체가 바로 미키 마우스이다(Benjamin, 1933: 371-2). 영리한 생쥐 미키는 자신의 환경을 가득 채운 수많은 덫과 함정과 속임수와 혹은 위험들을 가볍게 넘어다니면서, 사물들에 대한 행복한 헤게모니를 확고히 유지하는 존재로 그려지기 때문이다. 근대적 테크놀로지의 발전에 반비례하는 일종의 빈곤현상에 시달리는 근대적 삶의 영위자들에게 미키는 사물들에 대한 마술적 장악력을 유지하고 있는 판타지를 구성한다(Benjamin, 1933: 364-372).

요컨대 물질적 세계(예수가 짊어진 전 세계)로부터 유리되어 순수한 '성찰'의 공간에 머무는 성 크리스토프 혹은 아르토의 달팽이가 표상하는 바와 같이, 근대인은 더이상 사물들을 쉽게 접촉하고, 조작하고, 사용하지 못한다. 그리하여 아르토의 사유불가능성에 대한 고백을 들어준 바로 그 리비에르가 마르셀 프루스트의 미숙함, 즉 경험의 부재가 갖고 있던 문학적 가치를 다음과 같이 지적한 것은 우연이 아니었다. "프루스트는 자신의 문학을 가능하게 해준 바로 미숙함으로 인해 죽었다. (……) 그는 창문 여는 법과, 불을 켜는 법을 알지 못했기 때문에 죽음을 맞이했던 것이다"(Benjamin, 1929b: 152-3). 천식환자인 프루스트에게 창문을 여닫는 법에 대한 무지, 그리하여 창문을 열지 못해서 차가운 공기를 마실 수밖에 없는 상황이 도래한다는 것은 치명적인 위협이었을 것이다. 그러나 이 사실보다 중요한 것은, 성찰적 체험이 뿌리내리고 있는 근대적 체험양식의 공간에서 발견되는 이 두 가지 형태의 무능력(미숙과 무능)이 동전의 양면과 같은 관계를 갖는다는 사실이다. 경험의 미숙이란 성찰성이 그로부터 초월적 입장을 취하고 있는 물질계에 대한 일종의 패배이다. 또한 사유의 무능이란,

아르토의 시에 등장하는 풍경이 말해주듯이, 사유가 최종적으로 해결해야 하는 그 수수께끼, 즉 성 크리스토프의 대지를 사유할 수 없다는 불가능성이다. 근대적 체험의 구조적 변동이 드러낸 두 가지의 특성, 즉 미숙과 무능은 양자 모두 성 크리스토프적 상황에 처해 있는 주체가 보여줄 수 있는 세계 체험의 거의 유일한 방식이라 할 수 있다.

즉 전부(물질적 세계)와 전무(성찰불가능성) 사이에 존재하는 성 크리스토프는 물질적인 세계에 대해서는 미숙하며, 성찰불가능성에 대해서는 사유의 불가능성 즉 아르토적인 무능을 보여준다. 그러나 이러한 미숙과 무능의 이중 구속은 역설적으로 성 크리스토프로 대표되는 성찰적 근대인에게 새로운 체험의 형식을 부여한다. 그것은 체험할 수 없다는 사실에 대한 문제 제기와 성찰·체험의 불가능성을 인식하고 이를 회복하려는 노력, 그리고 체험 불가능성의 원인과 해결에 대한 사유 등으로 구성된 데타적 체험의 양식이다. 프루스트의 미숙이 오히려 그에게 회상의 공간에 대한 탐구를 가능하게 해주었다는 사실을 차치하더라도, 아르토의 경우 자신의 사유를 공격하는 그 무능에 대해 끝없이 말함으로써, 사유함으로써, 성찰함으로써, 고백함으로써, 그 무능을 소재로 시와 글을 씀으로써 결국 무능을 자신의 문학적 테마로 형식화하는데 성공한다. 체험의 불가능성은 그것을 재료로 하는 메타적 체험의 공간을 열어준다.

2. 외부의 사유

이처럼 체험의 불가능에 대하여 질문을 던지며, 그 불가능을 대상으로 사유하는 체험을 탐색하는 개념들이 20세기 초반 서유럽의 지성계에 다수 등장하게 된다. 그 대표적인 실례로서 바타유가 말하는 '내적 체험' 또는 '한계체험'의 개념을 제시할 수 있다(Bataille, 1943). 한계

체험이란 극단적 상황을 체험하는 것이 아니라, 일상적인 체험이 도달하지 못하는, 그리고 반성하지 못하는 체험의 조건 그 자체를 체험하는 것을 가리킨다. 이러한 의미에서 한계체험의 한 실례는 바로 블랑쇼가 근대문학과 근대적 사유의 메타적 성격을 설명하기 위해 자주 거론하는 비유인 빛의 체험이다. 빛은 사물들을 비춘다. 그러나 이러한 비춤 속에서 비추어지지 않는 유일한 것이 있다. 그것은 바로 사물들을 비추는 빛 그 자체이다. 빛에 내재하는 이 비추어지지 않는 부분, 즉 빛의 어둠이 바로 빛의 타자이다(Blanchot, 1969: 243-4). 블랑쇼는 이처럼 빛의 내부에 존재하면서 빛의 타자로 기능하는 비추어지지 않은 영역을 '외부(dehors)'라 부른다. 여기에서 외부란 바깥(extérieur)을 의미하는 것이 아니라, 안에 존재하지만 경험적으로 지각되거나 포착될 수 없는 은폐된 차원을 의미한다. 따라서 외부를 체험하는 것은 경험의 대상으로 실재하는 무언가를 체험하는 것이 아니라, 우리의 일상적인 경험을 벗어나며, 우리의 일상적인 성찰을 벗어나며, 우리의 일상적인 의식을 벗어나는 선험적 질서를 체험하는 것이다.[6]

1966년에 제출한 논문 「외부의 사유」에서 푸코는 바로 이러한 블랑쇼적인 의미의 '외부'에 대한 사유의 가능성을 모색한다. 이를 위해 그가 분석하는 것은 '나는 말한다'라는 명제이다. 푸코가 보기에 '나는 말한다'는 명제는 모든 언설의, 모든 문장의, 모든 명제의 앞에 생략된 채 부가된 일종의 그림자와 같은 언표이다(Foucault, 1966a: 546-7). '비가 온다'라는 명제의 앞에도, '나는 지금 거리를 산책한다'라는 명제의 앞에도 사실은 화용론적인 의미에서 '나는 말한다'라는 명제가 생략되어 있다. 내가 발화의 주체가 되지 않는다면 그와 같은 언표들은 생산될 수 없었을 것이며 존재할 수 없기 때문에, '나는 말한다'라는 명제는 모든 발화행위에 숨어 있는 발화되지 않는 필수 조건을 구성한다. 이러한 맥락에서, '나는 말한다'라는 말 그 자체는 사실 아무것도 의미하는 바가 없다. 왜냐하면 '나는 말한다'는 현실의 그 어떤 행위나 사태와도 조응하지 않으며, 오직 스스로를 향할 뿐이며, 스스로를 다시 가리킬 뿐이며, 스스로에 자기-조회하는 언표이기 때문이다. 이는 예컨대, 모든 의식행위에 동반되는 의식되지 않은 행위를 가리키는 피히테의 사행(事行, Tathandlung)이라는 개념처럼, 모든 발화행위에 동반되지만 발화될 수 없는 발화의 조건을 가리키는 것이다(Fichte, 1794). 푸코가 외부의 사유라는 개념에서 외부로 가리키는 것은 바로 이 '나는 말한다'라는 명제처럼 언어적 행위의 조건을 구성하는 그러나, 언어적 실천 속에서 늘 생략되어 은폐되는 언표행위의 타자를 가리킨다(Foucault, 1966a : 549).

같은 해에 출판된 『말과 사물』에서 푸코는, 이처럼 우리의 언어행위, 사유행위, 성찰행위가 내포하고 있는 언표할 수 없고, 사유할 수 없고, 성찰할 수 없는 일종의 맹점을 '사유되지 않은 것(impensé)'이라 부르고 바로 이러한 사유되지 않은 것의 등장을 19세기 이후의 에피스테메 즉 근대적 에피스테메의 특징으로 파악한다: "고고학적 차원에서 보자면, 인간이라는 형상과 사유되지 않은 것이라는 차원의 발생은 동시대적이다. 만일 인간의 사유가 사유의 안과 밖에서, 그리고 사유의 경계와 매듭에서 어둠의 부분, 사유가 참여하고 있는 명백하게 움직이지 않는 하나의 두께, 즉 사유가 끝에서 끝까지 내포하고 있는 동시에 그 안에 사유가 붙들려 있는 바로 그 사유되지 않은 것(impensé)을 발견하지 않았다면, 인간은 결코 에피스테메 내의 한 배치로서 기술될 수 없었을 것이다. 이 사유되지 않은 것은, 우리가 그것을 무엇으로 부르건 간에, 축소된 자연이나 층화된 역사처럼 인간의 내면에 거처하는 것이 아니다. 사유되지 않은 것은 인간에게 하나의 타자(Autre)이다. 이 타자는 인간에 의해 인간의 내면에서 태어난 것이 아니라, 동일한 새로움과 불가피한 이중성 속에서 인간과 나란히 탄생한 형제이자 쌍둥이이다. (……) 모든 근대적 사유는 사유되지 않은 것을 사유해야 하는 필요성에 흠뻑 젖어 있다"(Foucault, 1966b: 337-8). 푸코가 위의 인용문에서 근대적 에피스테메의 핵심 문제 중의 하나로서 사드, 니체, 아르토, 바타유, 헤겔, 마르크스, 프로이트 등을 포괄적으로 거론하면서 제시하는 소위 '외부의 사유'는 결국 '사유되지 않은 것을 사유하라'는 한계체험에의 호소로 귀결된다. 그러나 이는 사유의 신대륙을 개척하기 위해서 사유의 식민지를 향하여 사유의 경계를 넘어가라는 팽창주의적 요구가 아니다. 왜냐하면, '사유되지 않은 것'은 사유의 밖에 미개척지처럼 존재하는 대상들의 집합이 아니라, 사유가 그 자신과 맺고 있는 내밀한 관계, 즉 성 크리스토프의 발밑을 가리키기 때문이다. 빛의 경우에 이는 빛 그 자체의 비추어지지 않는 부분이며, 모든 언표행위에서 이는 그 화용론적 전제인 '나는 말한다'는 언표이며, 모든 사유와 성찰에서 이는 '사유의 외부'이자 '사유되지 않은 것'이며, 성 크리스토프의 풍경에서 이는 성 크리스토프가 예수를 짊어지기 위해서 밟아야 하는, 그러나 아무것도 존재하지 않는 그의 발밑이다.[7]

　성찰적 사유는 이처럼 자신의 '외부'와 자신의 '타자'와 관계 맺는 사유이다. 성찰적 사유는 성찰의 잉여(성찰불가능성)를 성찰할 수 없는 무능한 사유이지만, 이러한 무능력은 사유가 끊임없이 대상을 찾아, 식민지를 찾아, 미개척지를 찾아 폭력적인 외향성을 띤 채 외부로 터져나가는 대신, 가만히 자신을 돌아보고 자신의 무능을 또 사유의 대상으로 삼으며, 사유가 결코 도달하지 못할 '사유되지 않는 것'과의 부단한 성찰적 관계를 유지하게 하는 힘으로 작용한다. 근대적 사유의 무능성에 대해서 아감벤이 지적하는 바, 사유가 무능함을 드러내는 곳에서 사유는 자신에게로 돌아올 수 있으며, 바로 그러한 조건에서만 역설적으로 '사유에 대한 사유'가 가능한 것이다(Agamben, 1990: 42).

V. 인식풍경의 사유

　이상에서 우리는 성찰성을 근대적 지(知)와 예(藝)의 주요 인식소로
규정하고 그 의미구조를 구성하는 세 가지 규칙을 분석함으로써, 성찰
적 사유가 스스로를 다시 성찰의 대상으로 설립할 수 있는 초월적 주
체성의 창출을 요청함을 밝혔다. 또한 성찰성의 인식소에 대응하는 인
식풍경으로서, 콘라트 리히터의 수수께끼에 등장하는 '성 크리스토프
의 도강(渡江)' 장면을 제시하고 그 풍경의 다양한 요소들을 분석함으
로써 성찰성의 구조와 한계를 살폈다. 마지막으로 근대적 성찰성이 뿌
리내리고 있는 두 가지의 체험 형식으로서 무능과 미숙의 문제를 아르
토의 시를 분석하면서 다루었고, 바로 이러한 문제로부터 등장한 '외
부의 사유'를 검토함으로써 성찰성이 근대적 사유가 자신의 타자와 대
화하는 한 형식이라는 사실을 보였다. 그런데, 우리가 성찰성의 인식
소를 분석하는 것을 넘어서 인식풍경을 찾아내고 이를 다시 해석한 이
유는 무엇일까? 환언하면 성찰성의 논리를 점검하는 것을 넘어서 왜
우리는 성찰성의 풍경에 대한 탐구에 천착하였는가?

　그것은 인식행위의 '체험적' 성격을 십분 고려함으로써 사회학적
지식이론과 지식분석의 가능성을 확장하고자 하는 방법적 전략에 기
인한다. 이에 의하면 무언가를 안다는 것은 그 대상에 대한 논리적, 담
론적, 이론적 차원의 인식을 축적한다는 것만을 의미하지 않는다. 안
다는 것은 무엇보다도 앎의 대상을 구체적 체험의 대상으로 설정할 수
있는 실천적 능력이다. 즉, 인식행위는 하나의 체험이다. 그리고 이러
한 체험의 전(前)이론적, 전(前)개념적 매체가 바로 이미지 혹은 그림
(풍경)이다. 가령, 우리는 조선 지식인들의 관념세계와 그들이 사용한
개념 혹은 논리 등에 대해서 무지할 수는 있지만, 그들의 그러한 세계
를 표현한, 가령 관념 산수화를 감상할 때 보다 직접적이고 직관적인

방식으로 그들의 정신세계를 이해할 수 있다. 사실, 인식소(사유)와 인식풍경(이미지)의 이러한 상관에 대한 천착은 사실 20세기 중반 이후의 지식이론에서는 매우 흔히 발견되는 일종의 이론적 경향이다. 베이컨(Francis Bacon)의 그림들에서 '감각의 논리'를 발견하는 들뢰즈나 다양한 그림들에 대한 분석 속에서 파레르곤(parergon) 개념을 도출하는 데리다를 논외로 하고서라도, 가령 푸코는 『말과 사물』에서 고전주의적 에피스테메를 구현하고 있는 그림으로 벨라스케스의 「시녀들」을 분석하고, 『이것은 파이프가 아니다』에서는 메타회화의 전형으로서 마그리트의 동명(同名) 데생을 분석한다(Deleuze, 2002; Derrida, 1978; Foucault, 1966b; Foucault, 1973; 박정자, 2005). 하이데거는 『예술작품의 기원』에서 자신의 진리론(論)을 감각적으로 예시하는 작품으로 고흐의 〈구두〉를 인상적으로 묘사하고 있으며, 메를로-퐁티는 『눈과 정신』에서 '지각의 현상학'을 구체화하는 그림으로서 세잔의 〈생트 빅투아르 산山〉을 제시하고 있다(Heidegger, 1936; Merleau-Ponty, 1964).

이들은 모두, 특정한 사유의 구조(Logos)와 이를 체험의 수준, 가시성의 수준, 조형성의 수준, 영상성의 수준에서 구체화하고 있는 그림의 구조(Imago) 사이에 존재하는 친연성에 대한 깊은 관심의 산물이며, 앎을 구체적 체험의 수준에서 논하기 위한 방편으로서 시도된 '이미지로 사유하기'의 실례들이다. 이때 이미지는 더이상 사유에 지배되는 실체의 그림자가 아니라, 사유의 대등한 파트너로서, 혹은 더 나아가 창백하고 건조한 사유가 도저히 도달할 수 없는 구체성과 감각성을 복원시키는 사유의 구원자로 등장한다. 풍경의 사유는 이러한 맥락에서 구체적 체험의 산물로 이해되는 지식과 예술에 대한 생생한 접근을 지향함으로써, 기왕의 로고스 중심적인 지식사회학의 한계를 극복하고자 시도한다. 풍경의 사유는 요컨대 지식의 무의식을 드러내는 작업이다. 그 무의식은 거념의 체계가 아닌 하나의 드라마이며, 이야기이며, 삶이며, 상황이다. 우리는 이론, 담론, 지식에 내포된 풍경의 무대화(mise-en-scène)를 통하여 비로소 자신과 자신 시대의 드라마, 이야기, 삶이 얼굴처럼 펼쳐지는 것을 목격할 수 있다. 바로 이러한 전략이 성찰성의 '논리'를 넘어서 성찰성의 '인식풍경'을 논의의 대상으로 삼게 된 방법론적 근거라 할 수 있다.

1) 에피스테메 개념의 제안자인 푸코는 자신의『말과 사물』의 제1장에서 고
   전주의적 에피스테메인 '표상'의 원리를 압축적으로 재현하고 있는 한 장
   의 그림, 벨라스케스의 〈시녀들〉에 대한 정치한 분석을 제시하고 있다
   (Foucault, 1966b: 19-31). 푸코는 인식풍경이라는 용어를 사용하지는 않
   았지만, 인식소와 쌍을 이루는 이미지의 문제를 염두에 두고, 고전주의적
   인식소를 가장 적절하게 표현하고 있는 벨라스케스의 그림에서 '재현'의
   에피스테메를 재구성한 것이다. 인식과 이미지의 분리할 수 없는 상관에
   대한 관심은 들뢰즈에게서도 발견된다. 푸코의 인식소/인식풍경의 결합
   은 들뢰즈에게는 사유/사유의 이미지의 결합으로 나타난다. 사유의 이미
   지란 특정한 사유 시스템의 영상적 번역물로서, 그 사유에 내장되어 있는
   하나의 풍경이다(Deleuze, 1968a: 172).
2) 이러한 성찰성의 보편적 규칙들은 1990년대 이후에 활발하게 논의되기
   시작한 '사회학적 성찰성'에도 십분 적용된다. 가령, 성찰성의 근대적 성
   격을 강조하는 기든스에 의하면 소위 후기/재귀적/성찰적 모더니티의 전
   개 속에서 행위의 전통적인 준거를 상실한 개인들은 스스로의 정치적, 성
   적, 일상적 삶의 궤도와 의미를 구성해야 하는 존재로 변모하는데, 바로
   이때 그들에게 부과된 자기 정체성 형성의 원리가 바로 성찰성이다. "성찰
   성은 인간이 나타내 보이고 타인도 나타내 보일 것으로 기대하는 행위에
   대한 지속적 감시(monitoring)에 근거한다"(Giddens, 1984: 46, 박치현,
   2004: 58에서 재인용). 기든스에 의하면, 성찰적 자아는 대상화된 자신의
   삶을 '서사'함으로써 스스로의 정체성을 확보한다(Giddens, 1991: 142-
   161; Giddens, 1992: 63 이후). 기든스가 이해한 성찰성은, 독일 관념론
   의 심오한 영향하에서 미드(G. H. Mead)가 이론화했던 성찰적 행위자와
   마찬가지로, 근대적 성찰성의 기본 규칙들에 근거하고 있음을 쉽게 알 수

있다. 즉 성찰적 주체는 스스로를 대상화시켜(이분화), 그 자아를 '포괄'하면서 서사의 주체 혹은 관리의 주체로 '초월'하는 것이다. 근대적 지식과 예술 공간의 성찰성과 더불어 사실 매우 중요한 연구의 테마를 제공하는 것이 바로 이러한 사회적 행위자들이 실제의 삶에서 보여주는 성찰성이다. 성찰성에 대한 사회학적 논의로는 다음을 참조할 것(김상준, 2009: 49-83; 김종엽, 1997).

3) '메타'라는 접두어는 이러한 포괄성과 초월성을 언어적으로 내포하고 있다. 메타는 라틴어로 다음(post)이라는 의미와 너머(trans)라는 의미를 동시에 갖는다(Heidegger, 1929-30: 68). 따라서 메타는 무언가에 뒤를 따라 오면서 그것을 넘어서는(초월하는) 행위를 지칭하는 접두어이다. 이 경우 '포스트'는 포괄성에 조응하며 '트랜스'는 '초월성'에 조응한다.

4) 철학적 사유에서 발견되는 근대적 성찰성의 이러한 수축적 성격은 사실 근대예술에서도 공히 발견되는 것이다. 그 가장 전형적인 실례가 바로 사진의 발명이 가져온 회화적 재현양식의 변화이다. 현실을 충실하게 재현하는 사진과 경쟁할 수 없게 된 회화는 사진이 할 수 없는 회화적 재현을 모색한다. 회화는, 현실재현을 버리고, 스스로의 작업양식을 반성하는 것을 테마로 하는 회화를 생산한다. 이것이 바로 메타회화가 등장하게 되는 배경이다(柄谷行人, 2005: 59-63).

5) 박영도는 자신의 논문 「표기表記와 무기無記」에서 성찰에 수반되는 이러한 성찰불가능성의 존재를, 불교에서 말하는 무기(無記)의 개념을 빌려 풀어내고 있다. 원래 무기란 세계의 영원성, 세계의 유한성, 여래의 사후 존재 가능성, 영혼과 육체의 동일성에 대한 질문들에 대해서 부처가 대답하지 않고 침묵했던 것을 일러 말함이다. 그에 의하면 이런 무기를 어떻게 표기할 것인가라는 문제가 용수 이래 대승불교의 전통을 관통하는 중심 문제였으며, 성리학에서 또한 이는 이발(已發)과 미발(未發)의 관계로 드러나며, 칸트의 이율배반, 그리고 하이데거의 존재 개념, 더 나아가서 포스트모더니즘과 연관된 논쟁들에서도 가장 중요한 철학적 쟁점을 구성한다. 박영도는 이를 다음과 같이 일목요연하게 정립한다. "중요한 것은 구별의 사용을 통해 이루어지는 하나의 작동으로서의 표기, 관찰, 판단에는

불가피한 맹점이 있다는 것이다. (……) 모든 관찰이나 표기의 바탕에는 관찰 불가능한 것이나 표기될 수 없는 것이 관찰의 가능성 조건으로서 또는 표기의 가능성 조건으로서 수반된다고 할 수 있다. 우리는 관찰의 가능성 조건으로서 관찰 불가능한 것, 표기의 가능성 조건으로서 표기될 수 없는 것을 무기(無記)라 부르고자 한다"(박영도, 2006: 261). 이렇게 본다면 성 크리스토프가 딛고 있는, 성찰불가능의 땅은 결국 박영도가 말하는 '무기'에 정확하게 조응하는 것이라 할 수 있다.

6) 이러한 의미에서 블랑쇼는 바타유의 한계체험을 '비-체험의 체험(expérience de la non-expérience)'이라 해설한다(Blanchot, 1969: 311; Blanchot, 1980: 85). 이는 체험의 단순한 부재를 의미하는 것이 아니라 체험의 부재를 체험의 대상으로 삼는 새로운 체험의 형식을 의미한다. 근대문학, 예술, 철학은 전형적으로 이러한 비-체험이라는 체험을 대상으로 하는 실천양식이다.

7) 하이데거는 사유의 이 외부를 '가장 사유해야 하는 것(Das Bedenklichste)' 혹은 '사유되지 않은 것'이라 부른다. 이 개념 또한 아직 사유가 정복하지 못한 곳이라는 의미가 아니라 이미 사유되었으나 늘 다시 사유되기를 기다리는 것, 사유로부터 늘 스스로를 은폐함으로 인하여 사유가 항상 다시 던져져야 하는 곳을 가리킨다(Heidegger, 1952: 158). 한편 박영도는 외부의 사유의 위험성을 지적하면서 이를 경계의 사유로 재조정해야 한다는 논의를 전개하고 있다. 이에 관해서는 박영도(박영도, 2003: 122-8)를 볼 것.

9장

문화적 모더니티의 역사시학

I. 순간의 역사시학

계몽주의 철학에 의해 하나의 소신(所信)으로 주창되었고 19세기의 역사철학에 의해 교의의 수준으로 격상한 진보의 관념은(Arendt, 1970: 52), 직선적인 역사의 자기 운동을 추동하는 역사적 이성의 원리에 대한 신념에 기초하고 있었다(Hegel, 1830). 헤겔의 표현을 빌리자면, '보다 선하고 완전한 것으로의 전진(Fortgang zum Bessern)'을 의미하고 진보는, 정치적으로 민족-국가의 형성을, 경제적으로 자본주의적 시장경제의 확립을, 그리고 사회적으로는 부르주아 시민사회의 도래를 통해, 필연의 왕국인 역사에 구속된 인간을 자유의 왕국으로 해방시키고자 하는 계몽적 이성의 지도이념이었다(Hegel, 1830: 208). '근대'는 이처럼 역사를 종언으로 이끄는 목적론적이고 종말론적인 보편사적 책무와 긴밀하게 연결되어 있는 특권적인 시대로 이해되었다(Löwith, 1949: 38). 그러나 19세기 중후반에서 20세기 초반에 이르는 서구의 지성사, 문학사, 예술사에는 이런 역사철학적 입장이 견지하는 규범적 지향을 강하게 비판하는 '문화적' 흐름이 존재하고 있었다. 야우스, 버먼, 래시, 푸코 등의 상이한 논자들이 공통적으로 지적했던 이러한 근대 내부의 대항근대성 즉 '문화적 모더니티'는 진보의 역사철학이 상정하는 목적론적 시간관에 대한 강한 거부 혹은 발본적인 비판을 제기하며, 이를 바탕으로 시간과 역사에 대한 독특한 관점을 표방하였다. 우리는 이를, 진보의 역사철학과 대비되는 '순간의 역사시학'이라 명명한다.[1]

진보의 역사철학이 직진하는 시간의 이미지에 기초한 것이라면, 순간의 역사시학은 갑작스런 정지와 단절, 불규칙적인 리듬, 숨었다 다시 나타나는 격세유전적 운동, 끝없는 회귀와 반복, 고대와 현대의 시대착오적 결합 등, 아라베스크의 이미지로 회귀하고 반복되는 시간을 강조한다. 진보의 역사철학이 순간과 순간의 계열적 연쇄, 즉 크로노스(chronos)를 사유한다면, 순간의 역사시학은 순간들의 질적인 깊이, 즉 카이로스(kairos)를 사유한다.[2] 진보의 역사철학이 항상 저 멀리에 도달해야 하는 역사의 끝(eschaton)에 모든 의미를 투기한다면, 순간의 역사시학은 가능성과 의미로 충만한 지금 이 순간(nunc stans)에 모든 희망을 건다. 이러한 이유로, 전자가 근대에 대한 낙관을 노정한다면, 후자는 근대에 대하여 매우 양가적인 태도를 취하며 이러한 양가적 태도의 긴장 속에서 역설적으로 '희망의 원리(Ernst Bloch)'를 발견하고자 한다. 순간의 질적 깊이를 강조하는 역사시학은 진보를 절대적 가치로 추구하던 역사철학의 흐름과 반립하면서 서구 근대성의 내적 균열을 구성하는 바, 우리는 이러한 순간의 역사시학을 구성하는 다양한 개념들 중에서 그 중요성의 차원에서 가장 주목되는 두 개념(니체의 영겁회귀와 벤야민의 변증법적 이미지)을 분석한다.[3] 이를 위해서 우선, 순간의 역사시학이 기초하고 있는 새로운 시간 체험의 구조적 변동을 분석하고 그 논리를 규명하고자 한다.

II. 기시감(déjà-vu)

진보의 역사철학과 순간의 역사시학의 대립은 단순히 철학적이고 이념적인 수위에서뿐 아니라, 일상적인 시간 체험의 수준에서도 다양한 대립들을 형성하였다. 진보의 역사철학이 시계와 공장, 달력과 연대기의 시간 즉, 부르주아의 일상적 삶을 관장하는 시간의 운동에 대한 체험을 포괄한다면, 순간의 역사시학은 이러한 연쇄가 파괴되어 과거-현재-미래가 혼융되는 독특한 시간체험들을 포함한다. 그 대표적인 징후가 바로 기시감이다. 기시감이란, 특정 상황에 처한 주체가 자신에게 이러한 상황이 이미 일어났음을 지각하지만 그것이 언제인지 명확하게 제시할 수 없는, 일종의 기억의 교란이다. 고대적 상상력이 흔히 영혼의 유전(流轉) 혹은 환생이라는 신비적 어휘로 파악했던 이러한 기시감을 주관하는 시간적 혼동을 문학의 주제로 가져온 것은 낭만주의를 효시로 한다. 고전주의적 질서감각에 반(反)하여 이항대립보다는 그 변증법적 지양을 본격적으로 사유하기 시작하는 낭만주의 문학은 과거, 현재, 미래라는 시간의 계기들을 해체하고 이를 몽환적 장치들 속에서 중첩시키나 전도시킴으로써 '명백한 연대기적 부조화'를 창출하기 시작한다(Béguin, 1939: 492). 이러한 경향은 네르발, 위고, 보들레르, 랭보, 그리고 초현실주의자 등의 프랑스 문학가들과 더불어 후일 영미모더니즘의 대표주자가 되는 T. S. 엘리엇에 이르기까지 이어지면서, 심리적 시간의 독특성에 대한 감각을 주도한다. 그 대표적 시인인 보들레르는 이러한 시간의 분규를 '환상'이라는 문학적 장치를 통해 여러 차례 표현한다. 가령, 산문시집 『파리의 우울』의 「관대한 도박사」는 다음과 같은 당황스런 체험의 고백으로 시작하고 있다: "어제 나는, 대로의 군중들을 가로질러 가다가, 내가 늘 만나보고 싶었던, 그리고 내가 그를 전혀 본 적이 없었음에도 불구하고 곧바로 알아보았던 어떤 신비스런 존재와 옷깃이 스쳤다"(Baudelaire, 1961: 274-5).[4]

'알아보다'를 의미하는 불어 동사 'reconnaître'는 다시(re) 인식한다(connaître)는 의미인데, 일상적인 용법에는 이는 '이미 본 무언가를 차후에 다시 보게 되는' 지각적 사건을 가리킨다. 그러나 보들레르는 한 번도 본 적이 없는 것을 '알아본다'고 씀으로써, 자신의 체험을 의미론적 모순 상태에 빠뜨린다. 그러나 잘 살펴보면, 이러한 의미론적 모순은 사실 시간적 모순에 기초한 기억의 모순임을 알 수 있다. 시간을 체험하는 주체는 문제의 상황을 과거에 체험했거나 체험하지 않았어야 한다. 그러나 기시감은 이러한 배중률을 파괴한다. 대신 이러한 상황을 이해할 수 있는 두 가지 가능성이 제시된다. 신화적 상상력이 주장하듯이, 주체의 일부 즉 영혼이 현재의 시간을 빠져나와 미리 미래를 선취하였거나, 혹은 과거에 이와 유사한 체험을 했으며 이를 망각하고 있었지만, 그 기억이 완전히 소거되지 않은 채 잔존하여 현재의 상황을 인식하게 하는 패턴으로 기능하고 있어야 한다. 어느 경우에나 주체가 시간을 체험하는 양식은 전일적(專一的)이지 않고 중층적이다. 과거와 현재는 명료하게 구분되지 않고 기시감을 느끼는 순간 속에 모순적으로 공존한다.

정신분석학적으로 말하자면 이는, 일상적으로 분리되어 있는 의식의 시간과 무의식의 시간이 특정한 계기를 통해 중첩되는 현상이다. 사실, 프로이트는 기시감에 대한 지대한 관심을 표방하면서, 이를 포괄적으로 '심리학적 오인(誤認)'이라는 용어로 이해하였다(Freud, 1913a: 73-4)[5]. 그에 의하면, 기시감을 느끼는 주체가 의식의 차원에서 '처음 본 것'으로 파악하는 대상은 사실 이전에 '이미 본 것'의 무의식적 대응물에 다름 아니다(Freud, 1901: 422). 예컨대, 유년기에 우리의 인상에 각인되었던 사물, 사람, 상황, 장소 들은 무의식적 환상 속에 잔재하다가 후에 우연한 계기를 통하여 다시 의식으로 드러나는데, 이러한 억압된 것의 회귀 현상이 바로 기시감인 것이다. 기시감의 주체는 이처럼 두 개의 시간에 동시에 노출되어 있다. 그는 문제의 상황을 이미 체험하였지만 이 체험은 무의식의 소여로 남아 있을 뿐이어서 그가 실제로 문제의 상황에 직면했을 때 그는 이 상황을 이미 겪었다는 사실을 기억하지 못한다. 그리하여 의식의 수준에서 말하자면, 그는 이 상황을 체험한 적이 없다. 기시감이 발생하기 위해서는 이 두 개의 이율배반적 사실들과 이를 정초하는 두 개의 이율배반적 시간들이 하나의 주체에 의해서 동시적으로 체험되어야 한다. 기시감을 느끼기 위해서 주체는 그 상황을 (의식의 수준에서는) 실제로 체험한 적이 없는 동시에 (무의식의 수준에서는) 체험한 적이 있어야 한다. 이러한 의미에서 기시감의 '순간'은 서구의 전통적 시간관이 상정하는 '순간'과는 매우 상이한 하나의 예외를 구성한다. 아리스토텔레스가 시간을 운동과 연관지어 파악한 이후에, 시간은 분할 가능하고 양적인 연속체로 이해되었고, 그 최소단위인 순간은 기하학적 점(point)과의 유비 속에서 이해되었다. 기하학적 '점'처럼 순간은 감각적 대상이 아니다. 순간은 이전(以前)이 거기에서 끝나고 이후(以後)가 거기에서 시작한다는 점에서 무한한 시간의 연속을 만들어내는 불가해한 원소로 이해되었음에는 틀림없으나(Aristotle, 1999: 186-7), 직선을 구성하는 점처럼 하나의 순간은 오직 한 지점만을 표상할 뿐이다. 그런데 기시감의 순간은 이러한 일대일의 대응을 파괴하는 새로운 유형의 체험으로 나타난다. 순간은 현재의 순간이면서 동시에 회귀한 과거의 순간을 이중적으로 지칭한다.

이처럼 모순적인 '순간'이 시학과 과학에 의해서 거의 동시대적으로 발견되었다는 것은 시간의 체험에 대한 근대인 일반의 분열을 말해주고 있다. 각성상태를 주재하는 시간이 몽상을 주재하는 시간과 겹치고, 의식과 계산의 시간이 '기억'의 시간에 의해 침입당하는 이러한 현상은 근대가 세계의 합리적 조직을 극대화시키는 바로 그 과정에서 파생되는 비합리적 체험들의 분출과 그 맥을 같이하는 것이다. 문화적 모더니티가 예민하게 포착했던 것은 이처럼 양화된 시간의 세계가 억압하고 있는 '무의식적' 시간체험의 차원이었다. 그러나 여기에서 문제가 되는 것은 이러한 모순적 시간을 '체험'한다는 것이 무엇을 의미하는가라는 점이다. 왜냐하면, 일반적으로 체험 혹은 경험이란 인식의 주체가 인식의 대상인 세계를 종합적으로 구성하는 인지적 절차를 가리키기 때문이다. 기시감의 발견이 암시하는 좀더 심층적인 차원은 바로 근대 인식론이 상정한 경험구조의 변동이다.

III. 지나가는 여인

칸트의 비판철학 이후로, 인간이 세계를 경험(Erfahrung)하는 것은 '종합'이라는 인식론적 기능을 통하여 정초되었다.[6] 경험이란 인식의 주체가 선험적 종합능력을 통하여 직관에 부과되는 잡다한 감각적 소여에 일관적인 형식을 부여하는 행위이다. 이를 위해서 칸트는 시간과 공간의 단일성을 상정하였다. "거기에 모든 지각들이 일관되고 합법칙적으로 연결된 것으로 표상되는 오직 하나의 경험만이 있다. 그것은 거기에 현상들의 모든 형식과 존재, 비존재의 모든 관계가 생기는 오직 하나의 시간, 공간만이 있는 이치와 같다"(Kant, 1781/7: 329). 환언하면, 인간이 현상을 인식 혹은 경험하기 위해서는 시 · 공의 통일과 더불어 현상의 표상이 연쇄적(시간의 경우에는 물론 연대기적)이어야 한다는 것이다. 이러한 경험이론은 그러나, 19세기 중후반부터 20초반까지 진행되는 급격한 근대화 과정에서 등장하는 새로운 양식의 체험들로 인하여 그 적합성을 상당부분 상실한다(Proust, 1994: 22). 우리가 이미 살펴본 기시감의 '모순적 순간'을 예민하게 드러냈던 보들레르는, 근대 도시의 군중들에 둘러싸인 만보객(flâneur)이 칸트적 의미의 경험주체, 즉 종합의 권능을 선험적으로 갖고 있는 인식기계가 아니라, 엄청난 속도와 다양성으로 경험주체를 타격하고 가는, 종합불가능하고 파악불가능한 감각의 해일 속에 난파되어 유랑하는 불안정한 주체임을 간파했다. 그의 유명한 시 「지나가는 어느 여인에게」는 이러한 칸트적인 의미에서 경험을 종합하는 일이 19세기의 도시공간에서 거의 불가능한 일이었음을 예시적으로 보여준다.

거리는 내 주위에서 귀 아프게 아우성치고 있었다.
큰 키에 날씬한 한 여인이 상복을 차려입고
화사한 한 손으로 가장자리에 꽃무늬 장식된
치맛자락 치켜 흔들며 장중한 고통에 싸여 지나갔다;

(……)

한 줄기 번갯불……그리고 어둠!—그 눈빛이
순식간에 나를 되살리고 사라져버린 미인이여,
영원 속이 아니라면 그대를 다시 볼 수 없는가?

여기서 멀리 떨어진 저승에서나! 너무 늦었다! 결코 못 만나리!
그대 사라진 곳 내가 모르고, 내가 간 곳 그대 모르니,

오 나는 그대를 사랑했을 터인데, 오 그대는 그것을 알고 있었으리!

(Baudelaire, 1961: 88-9)

보들레르의 많은 시에서 그러하듯이, 알레고리로 표현된 '지나가는 여인(Passante)'이란 무서운 속도로 변화하는 오스망(Haussmann)의 파리를 배경으로 펼쳐지는 수습할 수 없는 해체의 공간에 던져진 근대성의 측연(測鉛)에 다름 아닌 시인의 감각에 새겨지는 이행(passage)과 변화의 충격파를 의인화한 것이다(Harvey, 2003: 139 이하). 시간의 종합은 이러한 상황에서는 불가능하여, 시인은 오직 거기에서 벽력처럼 나타났다 사라지는 불확실한 영상과 조우할 수 있을 뿐이지만, 그 영상을 포착하기에 그의 의식은 너무나 느리다. 이미 만났으나 만남의 흔적을 남기지 않는, 그리하여 사실은 한 번도 만난 적 없는 것과 진배없는 이러한 감각의 촉발을 벤야민은 칸트적인 의미의 종합적 경험(Erfahrung)과 대비되는 충격 경험(Chokerlebnis) 혹은 사건적 경험(Erlebnis)이라 부른다.

종합적 경험은 전통의 시간이 지배적이며 커다란 변화 없이 세대에서 세대로 유사한 삶의 형식을 반복적으로 살아가던 근대 이전의 세계에서 인간이 세계를 체험하는 지배적인 양식이었다. 이러한 유형의 체험이 전승되는 가장 대표적인 장소는 다름 아닌 죽음의 침상이다(Benjamin, 1936b: 214-5). 이승에서 겪을 수 있는 모든 일을 이미 체득한, 체험의 저장고인 노인이 남기는 유언은 그의 전 생애가 압축된, 한 인간의 삶이 종합된 진리에 값한다. 모든 것이 큰 변화 없이 전승되는 세계 속에서 체험은 모험이 아니라 같은 주기의 반복이라는 의미를 갖게 된다. 근대는 이러한 종합적 체험을 파괴하고 새로운 체험의 유형인 사건적 경험을 보편적인 것으로 만든다. 사건적 경험의 주체는 자신에게 일어나는 지각적 사건들을 하나의 인식으로 통합하지 못한 채 저 '지나가는 여인'처럼 알 수 없는 곳으로 돌려보내는 영원한 지각인(遲刻人)이다(Benjamin, 1939b: 167-178)[7]. 따라서 서사적으로 타자에게 전달되는 종합적 경험과는 달리 사건적 경험은 소통되지 못하고 무의식에 잠재되어 있다가 그것을 다시 환기시키는 계기가 왔을 때 오직 회상의 형식으로만 재귀할 수 있다.

이처럼 새로운 시간체험의 주체는 『순수이성비판』에서 제시된 칸트적 인식주체보다는 오히려 프로이트가 1920년의 논문 「쾌락원칙을 넘어서」에서 가설적으로 제시한 심리학적 지각의 모델을 더 닮아 있다(Freud, 1900: 620 이하, Freud, 1915). 그의 가설에 의하면, 인식주체가 세계와 접하는 가장 외부에는 자극에 대한 차단막 역할을 하는 '보호방패'가 있으며, 그 바로 아래에 소위 '지각-의식(W.-Bw)'이라는 조직이 자리잡고 있는데, 이는 내적·외적 자극을 수용하는 일종의 표면으로 기능한다(Freud, 1920: 65-9). 외부의 자극은 보호방패를 거쳐 '지각-의식'에 기입된다. 이렇게 기입된 것만이 의식의 대상이 된다. 그러나 '지각-의식'에 기입된 것들은 항상적인 기억과 인지의 대상이 되지는 못한다. 왜냐하면 이 조직의 주된 기능은 자극의 수용에 국한되어 있기 때문이다. 그는 이러한 인식 모델을 매직노트에 비유한다. 매직노트는 셀룰로이드 판 위에 글씨를 쓰면 그 아래에 있는 반투명 밀랍종이와 그보다 더 아래에 있는 밀초평판에 글씨가 새겨지고, 셀룰로이드 판과 밀랍종이를 들어올리면 그 위에 쓴 글씨들이 감쪽같이 사라지는 필기도구를 가리킨다. 만일, 셀룰로이드 판을 보호적 방패에, 밀랍종이를 '지각-의식'에, 그리고 밀초평판을 무의식에 대비시킨다면, 우리의 지각-의식은 외부로부터 무한한 감각자극을 받아들일 수 있는 것이 아니라 특정한 양과 강도의 자극만을 받아들이는, 그리하여 감각적 소여들을 종합하는 것이 아니라, 그것들을 잠시 저장하였다가 그 흔적을 무의식에 넘겨주고는 다시 새로운 감각을 수용하기 위해서 스스로를 비우는 조직으로 이해된다(Freud, 1925b: 123). 자극은 마치 매직노트에 기입되는 글자들처럼 잠시 우리의 의식에 남지만, 곧 쏟아지는 다른 자극들을 위해 지워지고, 그 흔적은 무의식에 남는다. 어디에도 종합의 가능성은 없다. 체험은 한시적으로 의식되지만 곧 망각된다.

이런 입론이 가능하기 위해서 변화한 것은 철학적 인간관이 아니라 현실 속에서 변화하고 있던 지각의 구조, 특히 제1차 세계대전이 가져온 지각구조의 변동이었으며, 전쟁에서 돌아온 수많은 외상성신경증 환자들에 대한 정신분석학적 설명을 위해서 프로이트는 위의 지각이론을 구성한다(Freud, 1920:49-50). 소위 '입체파적인 전쟁'이라 불리는 제1차 세계대전은 교전선이 와해되고 약정된 교전시간이 무한대로 늘어나 불시에 진행되는 폭격과 기습이 도입된 유례없는 기계전이었다. 병사들은 참호의 미로에 숨어들어가 자신들의 공간적 위치와 시간적 방향감각을 상실한 채, 끝없는 포격을 피해서 극도로 위축된 자세로 오랜 시간을 견뎌야 했다. 참호는 진흙탕의 습기와 악취, 그리고 벌레로 가득 찬 지옥이었다. 전쟁이라는 비일상적 체험의 공간에 던져진 이들은 사실 아무것도 체험할 수 없었다(Kern, 1983: 671 이하). 참호에서 참호로 이동하는 것이 체험의 전부라는 사실은 한 증언자가 회고하는 전방 참호에의 투입과정에 대한 다음과 같은 묘사에서 드러난다.

드디어 깊은 교통호에 당도했다. 우리는 따분함도 이제 끝났다고 느꼈다. 그러나 미지의 참호를 구조하러 가야 한다는 최악의 사태가 여전히 우리 앞에 놓여 있었다. 최전방 참호까지는 좁은 통로를 3킬로미터 이상이나 더 힘겹게 걸어가야 했다. 어떤 전쟁 통신원도 이런 행군을 기록하지는 않았다. 그것은 공식적인 '전쟁의 참화'에 포함되지 않는다. 그러나 이것은, 보병의 심리상태를 난타하면서 사실상 보병의 삶을 구성하는 피가 튀는 전투 이상의 사태다. 모든 병사가 생명이 없는 단순한 자동인형으로 변해버린다. 모든 병사가 로봇처럼 장애물을 극복하려고 분투한다. 그들은 단호하게 전달되는 메시지를 기계적으로 끊임없이 반복해서 말한다. 이렇게 메시지가 뒤쪽으로 전해진다. 그들은 계속해서 비틀거리면서 걷는다. 병사들이 의식하는 것이라곤 짊어진 짐의 무게뿐이다. 어깨를 파고드는 배낭의 가죽끈, 흘러내리는 땀과 갈증, 드러누워 자고 싶은 욕구만이 머릿속을 맴도는 것이다. 병사들은 후방에서부터 계속 재촉받기 때문에 멈췄다 하면 그 자리에서 저주를 퍼붓다가 꾸벅꾸벅 존다.(Ellis, 1989: 52-3)

위의 묘사에 등장하는 참호전의 병사는, 가령 컨베이어 벨트 앞에서 작업하는 근대적 노동자의 모습이나, 카메라 앞에서 연기하는 영화배우를 닮아 있다. 그들은 어떤 교감이나 총체적인 상황에 대한 판단, 자신들의 행위에 대한 인지적 장악이 부재하는 상황 속에서 그야말로 체험의 빈곤 상태에 빠져 있다. 간혹 날아드는 포탄의 폭발이야말로 벤야민이 말하는 충격 체험의 대표적 사례일 것이다. 이처럼 칸트적 의미의 종합 체험이 불가능한 상황을 겪고 돌아온 생존자들은, 흔히 먼 곳을 여행한 자들이 자신이 모험담을 조직하여 들려주는 탁월한 이야기꾼들인 것과는 달리, 벙어리가 되어 아무런 이야기도 들려주지 못한다. 1차 세계대전의 종결 이후 '전쟁 문학'은 10년 이상이나 지연되었던 것이다(Benjamin, 1933: 365 이하). 그것이 도시의 빠른 삶에서 비롯된 것이건 혹은 기계적 근대전쟁의 체험으로부터 비롯된 것이건, 이들의 공통점은 근대화가 전통적인 세계체험의 양식인 종합적 체험을 파괴하고 새로운 유형의 체험양식인 사건적 체험을 발생시켰다는 사실이며 이와 더불어, 이러한 사건적 체험이 종합적 체험이 가정하는 것과는 매우 상이한 시간체험을 유도했다는 사실이다. 그렇다면 이 새로운 시간체험의 논리는 무엇인가? 우리는 이를 다음과 같이 정리할 수 있다.

첫째, 사건적 체험 속에서 순간은 인과적으로 연쇄하지 않고 분화되어 회귀한다. 즉, 순간은 '사건의 순간'과 '회귀의 순간'으로 분화되어 체험된다.

둘째, 사건의 순간은 '의식적으로' 체험되지 못하고 빠르게 망각되거나, 혹은 아예 지각되지 못한다. 이 순간은 덧없이 흘러간다. 지나가는 여인이자, 참호를 가격하는 포탄이자, 지각-의식에 기재되고 곧 삭제되는 무상한 감각이다. 근대인은 이 순간에 머물러 자신에게 산발적으로 쏟아지는 감각적 데이터를 종합할 수 있는 권능이 결여되어 이 첫번째의 순간을 늘 스쳐 보내야만 하는 주체이다.

셋째, 이렇게 기억에 기입되지 못하는 사건적 순간은 그러나 영원히 소멸하지 않고 무의식에 저장되어 다시 회귀하기까지 잠재적 기억으로 남아 있다가 특정한 계기에 '사후적'으로 재귀한다.[8]

넷째, 이처럼 사후적인 방식으로 회귀하는 순간은 시간의 연쇄적 진행을 뚫고 돌출하는 일종의 카이로스적 회상을 가능하게 해준다. 매순간 의식을 타격하는 사건의 시간 속에 머무를 수 있는 능력을 상실한 근대적 주체는 사건이 시간을 격(隔)하고 회귀할 때만 비로소, 그 잃어버린 순간을 다시 살 수 있는 가능성을 갖는다. 이를 가장 잘 보여주는 문학적 성과가 바로 프루스트의 『잃어버린 시간을 찾아서』가 보여주는 '마들렌 과자'의 맛을 통해 촉발된, 이미 살았던 시간에 대한 회상 즉, 무의지적 기억(mémoire involontaire)이다. 이 기억은 우리의 의식이 보유하고 있는 추억과는 달리 깊은 억압과 망각을 뚫고 나타나는 일종의 각성의 순간이며, 바로 이러한 회상의 순간에 나타나는 영상들은 이미 살았지만 사실은 그냥 스쳐지나간 모든 시간의 가능성들을 새로운 체험의 대상으로 해방시킨다. 사건적 순간의 체험 불가능성에 의해서 시간으로부터 소외된 근대인이 다시 시간을 회복할 수 있는 모든 가능성은 이 회상의 순간에 응축되어 있다. 이러한 의미에서 회상의 카이로스는 근대적 구원에 대한 시간적 기적의 상상력을 보여주는 유사-신학적 모멘트라 할 수 있다. 이는 시간에 대한 현상학적 사변과 실존적 태도와 더불어 우리가 이제부터 살펴보게 될 역사에 대한 새로운 관념들을 가능하게 해주는 시간에 대한 원체험을 구성한다.

IV. 니체의 영겁회귀

종교적 섭리(Providence)의 개념을 세속적 역사에 번안함으로써 등장하는 진보 개념에 대한 비판적 사유는, 19세기 중후반부터 20세기에 이르기까지 문화적 모더니티의 영역에서 동시다발적으로 분출하게 된다. 그런데 이들은 모두가 헤겔적 의미의 진보사에 대한 비판적 의미를 띠고 있었다. 페기(Charles Péguy)의 '순간적인 영원', 벤야민의 '기원', 니체의 '동일자의 영겁회귀', 에른스트 블로흐의 '비동시적인 것의 동시성' 혹은 프란츠 로젠츠바이크(Franz Rosenzweig)의 '계시' 등의 개념들은 공히 전체 과정으로 환원되는 헤겔적인 '단계'가 아닌 독특성(singularité)이 부여된 충만한 시간으로서의 '지금' 혹은 '순간'에 대한 역사적 의미부여를 시도하고 있다. 이 중에서 그 사유의 영향력과 심각성이라는 차원에서 핵심에 포진하고 있는 개념이 바로 니체의 '영겁회귀'이다.

지나간 모든 일들, 그리고 매 순간들이 반복적으로 영원히 회귀한다는 생각에 기반을 두는 영겁회귀의 관념은 서구의 전통적 형이상학의 토대를 허무는 매우 도발적인 발상이다. 그러나 영겁회귀의 관념이 곧 혹스러운 것은, 그것이 새롭다거나 엉뚱하다는 데 있는 것이 아니다.

왜냐하면, 유대-기독교적 시간관을 제외한 대다수 문명들에서 영원한 시간의 수레바퀴는 공통적으로 발견되는 일종의 보편적 상징이기 때문이다. 문제는 니체가 이 관념을 역사학의 시대인 19세기에 진지한 어조로 제기했다는 사실이다. 신화 혹은 자연 속에서라면 우리의 감각적 직관과 무리 없이 조응하는 영겁회귀를 역사 속에 배치시키자마자 그것은 매우 부조리한 모습으로 나타난다. 영겁회귀의 세계 속에서라면 예수는 수천 번 못 박혀 죽임을 당해야 하고, 일차 세계대전은 영원히 다시 일어날 것이며, 히틀러와 아우슈비츠와 600만의 희생자는 반복될 것이며, 더구나 근대 또한 영원히 다시 도래할 것이다. 이러한 의미에서, 니체가 제출하는 영겁회귀 관념은 단순한 형이상학적인 언명으로 이해되어서는 안 되며, 명백한 역사철학적인 함의를 갖고 있다. 니체는 1888년의 『안티크리스트』에서 자신이 처음으로 영겁회귀의 관념을 떠올리게 되었던 1881년 8월의 사연을 고백한다(Nietzsche, 1888: 160). 그러나 영겁회귀의 시간이 처음으로 직접적인 방식으로 제시된 텍스트는 『즐거운 지식』이다.

가장 무거운 짐―만약, 어느 날 밤 네가 가장 고독한 순간에 악마 한 마리가 몰래 미끄러져 들어와서 이렇게 말한다면: "네가 살고 있고 또 살아왔던 이 삶을 네가 또 한 번 살아야 한다면 말이지, 아니 셀 수 없을 만큼 또 살아야 한다면 말이지, 그러니까 어떤 새로운 것도 거긴 없을 거란 말이지, 반대로, 모든 고통과 모든 쾌락과 모든 생각과 한숨, 그리고 네 삶의 모든 거창하고 사소한 그 모든 것들이 너한테 또 돌아온다면 말이지, 그것도 같은 순서로 같은 방식으로 말이지―네가 지금 보는 이 거미와 저 나무들 사이에 비치는 달빛도, 지금 이 순간도, 그리고 이 몸 악마 또한 똑같이 회귀한다면 말이지, 먼지 중의 먼지에 불과한 너에게 존재의 영원한 모래시계가 계속해서 뒤집힌다면 말이지! 너는 이빨을

갈면서 바닥을 기면서 이렇게 말하는 나 악마를 저주할 것이냐? (……) '또 한 번 그리고 영원히 반복될 그 모든 순간들을 너는 원하느냐?' 바로 이 질문이 너의 어깨에 가장 무거운 짐을 지울 것이다. 여기에 긍정의 도장을 찍기 위해서, 아아, 너는 얼마나 너의 삶을 사랑해야 할 것이란 말이냐?(Nietzsche, 1882, p. 279-280)

위의 인용문에 표현된 영겁회귀는 일견, 「전도서」의 전도자가 설파하는 회귀의 시간과 흡사하다. "헛되고 헛되며 헛되고 헛되니 모든 것이 헛되도다. (……) 해는 떴다가 지며 그 떴던 곳으로 빨리 돌아가고 바람은 남으로 불다가 북으로 돌이키며 이리 돌며 저리 돌아 불던 곳으로 돌아가고 (……) 이미 있던 것이 후에 다시 있겠고 이미 한 일을 후에 다시 할지라. 해 아래는 새것이 없나니 무엇을 가리켜 이르기를 보라 이것이 새것이라 할 것이 있으랴"(전도서 1: 1-11). 모든 자연적 사물들은 지배하는 이 영원한 반복과 순환, 그리고 영고성쇠의 부단한 진행 속에서 모든 것은 '이미' 말해졌고, 모든 것은 '이미' 만들어졌고, 또한 모든 것은 '이미' 완성되었다. 새로움은 여기에서 불가능하며, 모든 것은 뒤집히는 모래시계처럼 반복된다. 그러나 잘 살펴보면 니체의 영겁회귀와 전도자가 설파하는 시간은 다음의 세 가지 점에서 그 차이를 갖는다.

첫째, 고대적 회귀론의 전형인 「전도서」에 등장하는 전도자는 사실, 회귀하는 시간을 멀리서 바라보고 있는 회귀의 유일한 예외자이다. 관찰자의 입장에서 반복이 지배하는 세계를 바라보고 그것에 대하여 발화하지만, 전도자 그 자신은 이 무상한 세계로부터 벗어나 있다. 그러나 니체의 영겁회귀에서, 회귀하는 시간은 모든 것을 다 포괄하는 그리하여 외부가 없는 시간이다. 회귀를 암시하는 악마도 악마가 유혹하는 주체도 그렇게 쓰는 니체도, 영겁회귀에 대한 대화 또한 모두 회귀의 시간에 종속되어 이 순간들 역시 예외 없이 다시 돌아올 것임이 암시되어 있다. 이러한 철저성은 『차라투스트라는 이렇게 말했다』에서 보다 급진적으로 설파된다. 영겁회귀의 전도자인 차라투스트라는 자신이 회귀하는 시간에 종속되어 있다는 사실을 다음과 같이 말하고 있다. "나 다시 오리라. 이 태양과 이 대지, 이 독수리와 이 뱀과 함께. 그렇다고 내가 새로운 생명이나 좀더 나은 생명, 아니면 비슷한 생명으로 다시 오는 것이 아니다. 나는 더없이 큰 것에서나 더없이 작은 것에서나 같은, 그리고 동일한 생명으로 영원히 되돌아오는 것이다. 또다시 만물에게 영원회귀를 가르치기 위해서 말이다. 또다시 위대한 대지와 위대한 인간의 정오에 관해 이야기하고, 또다시 사람들에게 위버멘슈를 알리기 위해서 말이다"(Nietzsche, 1883-5: 369). 악마는 되돌아올 것이다. 차라투스트라도 되돌아올 것이다. 그는 그 스스로 영겁회귀를 넘어서 어떤 순수 시간성으로 초월하려 하지 않는다. 신의 죽음은 시간의 차원에서 말하자면 바로 이 초월적 시간성의 죽음이다. 니체는 전도자처럼 회귀를 넘어서 존재하는 시간의 주재자인 유일신의 자리를 영겁회귀의 사상 속에서 지워버린다. 그리고 모든 존재자의 시간적 지평을 회귀하는 역사에 고정시킨다.

둘째, 니체의 영겁회귀는 그것이 동일자의 영겁회귀라는 사실로부터 매우 놀라운 모순을 내포하고 있다. 동일자란, 위의 인용문이 제시하고 있듯이, 모든 것이 동일한 상태로 동일한 순서로 반복한다는 것이다. 가령, 하나의 계열(S1)이 A1–B1–C1–(……)–Z1로 구성되고, 두 번째 계열(S2)이 A2–B2–C2–(……)–Z2로 구성되고, 그것의 또다른 반복인 세 번째 계열이 A3–B3–C3–(……)–Z3으로 구성되어 있을 때, 이 모든 계열들이 영겁회귀 한다는 것은 S1→S2→S3……의 과정이 무한으로 진행된다는 것이며 각각의 순간들에 세계의 상황이 동일해야 한다는 것이다. 즉, F1의 시점의 세계 속에 존재하는 모든 것들의 연장

(延長), 속성, 질량과 더불어 사물들 사이의 배치와 거리, 그리고 그 내부에 존재하는 모든 인간들의 (무)의식이 동일해야 한다. 바로 이 동일성이 하나의 모순을 낳는다. 왜냐하면, 니체의 영겁회귀에 대한 예화에서 영겁회귀의 인식은 악마가 나타나서 '너'와 대화를 나누는 동안, 즉 마지막 순간인 Z라는 시점에만 주어지기 때문이다. Z1에서 나타난 악마와 그의 언어들은 Z2에도 나타날 것이며, Z3에도 Z4에도 나타날 것이다. 그리하여 영겁회귀의 관념이 등장하기 전의 모든 시점들 A, B, C (……) W, X, Y의 연쇄에서 주체는 그것이 영겁회귀라는 생각을 하지 못하는 자신의 의식을 반복적으로 살게 된다. 가령 T1은 T2로 반복되겠지만, T1의 시점에서 '너'는 그것이 반복임을 모르며, T2의 시점에서도 이는 마찬가지이다. 놀랍게도, 반복되어 영원히 회귀하는 삶은 사실, 그것을 살아가는 사람들에게는 늘 새로운 순간으로 체험되는 것이다. 동일자라는 견고했던 단어는 그리하여, 그것의 완벽한 실현 속에서 부정된다. 실제로 우리가 체험하는 것은 동일자가 아니라 새로운 것들이다. 따라서 전도자가 회귀하는 시간 앞에서 느끼게 되는 권태 혹은 삶에 대한 고고한 무상함 따위는 니체의 영겁회귀에 존재하지 않는다. 대신 이 회귀를 깨달은 순간의 절대적 중량감과 이를 극복했을 때 획득할 수 있는 내재적 시간성에 대한 운명애(Amor Fati)와 그 회귀의 시간이 지배하는 내재적 세계에 대한 사랑(Amor Mundi)이라는 영웅적 가치가 요청된다.

마지막으로, 니체의 영겁회귀는 서구철학이 근대에 이르기까지 불멸성의 대극에 설정해놓은 순간의 의미를 복원한다. 전도자의 시간에서 순환하는 것은 행성, 세대, 계절, 우주, 천지 등의 자연적이고 신화적인 단위들이었다. 그러나 영겁회귀의 틀에서 순환하는 것은 오직 순간이다(거미, 달빛, 순간, 악마의 나타남 등). 니체는 시간을 그 분자로 분해하여, 이 순간을 영겁회귀의 주체로 만듦으로써, 순간의 덧없음을 소거하고 그것을 영원과 동격으로 만든다. 서구의 철학적 전통에서 일종의 '점'으로 환원되어 사유되었던 순간은 이렇게 니체에 이르면 그 무상(無常)한 덧없음으로부터 구원된다(Mosès, 1996: 142-3). 이러한 맥락에서 니체의 영겁회귀 사상은 영원성을 품고 있는 순간에 대한 철학적 재평가라 할 수 있다. 삶 혹은 역사를 구성하는 매 순간들(A……Z)은 결코 그 종착지에 도달하기 위한 단계들로 해소되지 않는다. 순간은 곧 영원이 되며, 행위로서 역사에 개입할 수 있는 유일한 통로는 바로 순간이다.

이는, 순간의 행위와 사유와 태도와 결정이 목적(telos)이나 시원(archē)보다 더 중요하게 인식되는 '순간의 역사시학'의 창출을 의미한다. 현재가 아닌 더 나은 미래를 향해서 돌진하는 근대의 견인차인 진보에의 확신은 1) 시간(역사)의 외부를 상정하고 이를 향해 전진한다는 의미에서 기독교적이거나 형이상학적인 절대를 상정하고 있으며, 2) 그 절대가 실현되기 전까지의 역사 공간에 대한 선험적인 폄하를 감추고 있으며, 3) 역사의 연쇄의 끝에 설정된 목적에 의해서만 순간의 가치를 평가함으로써 순간이 갖고 있는 모든 가능성을 봉쇄한다. 니체는 1) 모든 것이 회귀한다는 원칙 속에서 시간의 외부를 지워버리고, 2) 회귀와 체념을 분리시키고, 모든 회귀를 새로움과 연결시킴으로써 역사 내부의 시간에 대한 적극적 긍정을 유도하며, 3) 목적에 종속되지 않은 영원을 내포한 순간의 개념을 확정함으로써, 순간을 역사의 목적으로 재조정한다.

모든 것이 회귀한 것인 동시에 사실은 미증유의 것이라는 영겁회귀적 상황은 우리가 앞서 분석한 기시감이나 혹은 덧없는 순간과 카이로스적 순간의 모순적 결합양상을 연상시킨다. 과거는 흘러가버린 사물(死物)로 남지 않고 다시 돌아온다. 지금 이 순간은 덧없이 흘러간 사건적 순간의 또다른 반복이다. 그러나 이렇게 돌아온 과거는 늘 처음

보는 것으로 스스로를 현상한다. 앞선 상품을 닮은 새로운 상품들처럼, 고전을 모방하여 혹은 패러디하여 쓰인 수많은 근대의 문학·예술 작품들처럼, 과거를 환기시키는 혹은 의도적으로 모방하는 정치적 사건들처럼, 근대의 모든 삶에는 낡은 것을 새롭게 만들어 전시하는 마성적인 회귀의 원동력이 내장되어 있다. 니체가 본 근대는 영겁회귀였다. 신의 죽음과 함께 도래한 초월불가능의 세계 속에서 끊임없이 회귀하는 끝도 시작도 없는 이 시간을 어떻게 살아야 하는가? 니체는 여기에서 카이로스적 회상의 가능성, 즉 잃어버린 시간을 순간을 통해 다시 회복하는 가능성 대신에 이러한 심연적 상황 속에서 '힘에의 의지'를 발휘함으로써, 무한한 생성의 공간으로 변한 영원한 순간들의 진행을 긍정하는 인간상을 요구하였다. "생성 위에 존재의 활자를 찍는 것—이것이 힘에의 의지의 가장 우월한 형식이다. (……) 모든 것이 회귀한다고 말하는 것, 그것은 생성의 세계와 존재의 세계를 최대한 근접시키는 것, 관조의 정점이다"(Nietzsche, 1995: 280). 니체 사유의 정점을 이루는 이 생성과 존재의 결합은 바로, 영원을 내포한 순간에 대한 긍정을 통해서 진보에의 환상을 분쇄하는 순간의 역사시학의 중추를 이루게 된다.

V. 벤야민의 변증법적 이미지

'영겁회귀로서의 근대를 어떻게 살아야 하는가?'라는 니체(1844-1900)의 물음을 벤야민은 좀더 구체적으로 역사의 영역으로 이전시킨다. 그는 영겁회귀라는 관념이 니체뿐 아니라 보들레르(1821-1867)와 블랑키(Auguste Blanqui, 1805-1881)에게서도 발견됨을 지적하면서, 이를 근대 역사철학의 장에 발생한 중대한 사건으로 파악한다(Benjamin,

1938-9: 230; Blanqui, 1872). 벤야민이 추출하는 이들 회귀사상의 공통점은, 가장 먼 기원의 시간이 시대착오적으로 가장 현재적인 시간과 결합한다는 사실이며, 그 의미는 이러한 관념들의 동시적 출현이 19세기의 역사철학에 대한 가장 치명적인 비판이라는 사실이다. "19세기의 역사주의는 영겁회귀의 관념 속에서 전복된다. 영겁회귀는 가장 가까운 전통을 포함한 모든 전통을 이미 흘러간 저 깊은 과거 속의 그것에 연결시킨다. 전통은 그리하여, 원사(Urgeschichte)가 초근대적 의상을 입고 연기되는 일종의 몽환의 형식을 띤다"(Benjamin, 1927-40: 141). 원사 혹은 기원적 역사는 영겁회귀의 관념 속에서 과거의 어둠 속에 웅크리고 있는 발생론적 사건이 아니라, 끊임없이 회귀하여 지금 이 순간에 나타나는 풍경이 된다. 이러한 '옛것'과 '새것'의 융합이 바로 보들레르가 갖고 있었던 모더니티에 대한 감각과 상응하며, 이는 실제로 유행(mode)과 테크놀로지라는 물적 토대를 갖고 있었다(Baudelaire, 1961: 1163).

짐멜이 명료하게 이해했듯이, 유행은 단순히 문화적 층위의 표피에서 일어나는 사소한 현상이 아니라, 그 자체로 근대문화의 구조를 반영하는 하나의 표징이다(Simmel, 1895: 101-2). 근대적 삶의 영역에서 놀라운 속도로 변신하는 것들의 상징인 유행은 사실, 유사하고 심지어는 동일한 테마의 부단한 반복이다. 아무리 혁명적으로 보이는 유행현상이라 할지라도 잘 살펴보면 그것은 이미 언젠가 유행했던 것의 회귀에 불과하다. 유행하고 있는 무언가에는 이처럼 변하지 않는 테마의 동일성과 전혀 동일하지 않은 끊임없는 변화상이 결합되어 있다. 유행의 항상적인 변태(變態)의 배후에는 영원히 회귀하는 특정한 주제가 있으며 반대로 가장 기원적인 것은 현재 유행하는 것의 첨단에서 번쩍이는 섬광 속에서만 부활할 수 있다. 유행의 시간은 진보의 그것이 아니라, 시간의 구석구석에 숨겨진 과거의 잔해들을 현재에 접목시키는 모순적 시간이다. 이는, 우리가 촌스러운 것이라고 느끼는 것들이 실은 가장 오래된 것이 아니라 이제 막 유행에서 뒤처진 것들이라는 사실에서 단적으로 드러난다.

가령, 조선시대나 고려시대의 의복은 촌스럽지 않고 고풍스럽다. 그러나 70년대의 장발이나 80년대의 몇몇 의복처럼 매우 가까운 과거에 속한 것들은 기묘한 촌스러움, 때로는 이에 기인하는 불편한 혼돈으로 우리에게 감수된다.[9] 그 까닭은 유행현상이 갖고 있는 독특한 시간성 때문이다. 유행은 가까운 과거가 아니라 먼 과거를 최근의 맥락과 접합한다. 자연적이고, 신화적이며 그리하여 삶의 맥락에서 심하게 탈각되어 있을수록 사물들은 훨씬 더 용이하게 첨단의 유행목록에 등재될 수 있다(Butor, 1974: 399-414). 이러한 의미에서 유행과 근대의 결합은 유기적인 것이다. 근대는 유행을 유행시킨다. 즉, 근대는 자신의 첨단에서 가장 전근대적인 것들을 되살린다. 현대의 테크놀로지 또한 이러한 시간성에 기반하고 있다. 일상적인 의견에 의하면 기술의 발전은 진보의 첨병이다. 그러나 유심히 살펴보자면 여기에는 일종의 이율배반이 존재함을 알 수 있다. 벤야민은 현대 기술이 기묘하게도 '자연을 새로운 시각에서' 다시 나타나게 하고, '인간의 가장 오래된 환상, 욕망 그리고 불안을 새로움이라는 외양 아래서 다시 부활시킨다'는 사실을 발견한다(Benjamin, 1927-40: 410). 요컨대, 기술적 진보는 무의식적인 고대의 형상들, 죽어 있다고 간주되던 신들이 다시 깨어나 시사성의 영역으로 부활할 수 있는 가능성을 제공한다. 시체의 화장술에서 비롯된 유행에서와 마찬가지로 기술은 죽음을 지연시키고 죽은 것들을 다시 생존시킨다. 낡은 것, 시효가 소멸한 것, 고대적인 것, 시체와 같은 것, 기억할 수 없는 과거 등이 기술의 힘으로 소생하고 유행하는 것이 바로 모더니티가 보여주는 매우 기묘한 시간성이다(Didi-Huberman, 2002b: 49).

이렇게 보면 근대는 단순한 탈마법화의 시대가 아니다. 그것은 오히려 자연과 신화의 오래된 힘들을 다시 부활시킴으로써 역사의 공간을 일종의 시간의 꿈/공간(Zeit(t)raum)으로 변모시키는 집합환몽(fantasmagorie)의 시대이다(Benjamin, 1927-40: 406, 839). 환몽이란 마르크스가 분석한 자본주의적 상품세계의 물신성의 차원을 넘어선다(Marx, 1867: 91). 이는 신화의 세계와 역사의 세계를 혼용하고 자연의 법칙성과 역사의 의미성을 뒤섞는, 모더니티 전체가 함몰되어 있던 일종의 시대적 이데올로기의 의미를 갖게 된다. 벤야민은, 끝없는 새로움을 창출하는 진보를 통해 도달하게 될 유토피아를 꿈꾸던 부르주아적 역사관뿐 아니라 마르크시즘을 실증주의적으로 수용한 당대의 사회민주주의가 주창하던 공산주의적 미래에 대한 청사진들 모두가 이 시대적 환몽에 감염되어 있었다고 파악했다. 이들은 모두 미래를 꿈꾸고 있으며, 그리하여 근본적으로 동일한 철학적 기반 위에 서 있다고 본 것이다. 더 나아가서 그는 자신이 근대적 역사주의를 비판하기 위해 무기로 사용한 바 있는 영겁회귀의 관념 또한 이러한 근대의 환몽에서 자유롭지 않다고 파악하였다: "진보 내지 끝없는 완성─영원한 도덕적 과제─에 대한 믿음과 영겁회귀 개념은 상보적이다. 양자는 불가피한 이율배반이다. 여기에 맞서기 위해서는 역사적 시간에 대한 변증법적 개념을 개진해야 한다. 이러한 변증법적 개념과 비교하면 영겁회귀는 '싱거운 합리주의'에 지나지 않는다. 진보에 대한 믿음을 비판하는 이유도 마찬가지이다. 진보에 대한 믿음은 영겁회귀 개념과 마찬가지로 신화적 사유양식에 속한다"(Benjamin, 1927-40: 144).

위의 인용문에서 벤야민이 언급한 변증법이라는 용어의 의미는 헤겔식의 개념과 논리의 변증법이 아니라, 일종의 무매개적 직접성을 전제하는 깨어남(Erwach)의 체험이다.[10] 이때의 변증법은 부정(negatio), 보유(conservatio), 그리고 상승(elevatio)이라는 변증법의 세 운동법칙 중에서 부정과 보유를 생략한 채 발생하는 급격한 상승과 질적 변환을 의미한다. 꿈에서 깨어나는 것은 개인적인 차원에서나 혹은 집합적인 차원에서나 모두, 일종의 충격을 동반하는 파국적 체험이다. 현실과 꿈이라는 상이한 두 질서가 순간적으로 동시에 체험되면서, 시간의 연속적 인상은 꿈이 남긴 파편화된 기억과 눈앞에 펼쳐지는 낯선 각성의 지각으로 와해되어 흩어진다. 그는 이러한 각성의 테마를 초현실주의자들과 마르셀 프루스트 즉 시학의 영역에서 차용하였다. 초현실주의자들은 꿈에서 깨어나는 의식이 획득하는 예민한 감수성을 통해 일상적 의식이 봉합하고 있던 매끈한 현실이 와해되어 드러나는 파편화된 세계를 예술적으로 표현하는 것을 추구하였다 (Benjamin, 1929a). 이들은 현실의 총체성이 붕괴되는 순간 떠오르는 예술적 대상을 '발견된 오브제(objet trouvé)'라 부르며, 이러한 이미지가 촉발하는 감각을 '경이로운 것(le merveilleux)'이라 규정하고, 자동기술법이나 프로타주(Frottage), 데칼코마니, 콜라주, 몽타주 등의 기법 등을 활용하여 이를 예술적으로 구성한다. 그들은 각성의 체험을 하나의 인식의 원칙으로 설정했고, 이것은 고전적인 의미의 예술과는 달리 매우 생경하고 불편하고 때로는 기괴한, 그러나 무의식에 억압된 형상들을 해방시키는 효과를 갖고 있는 새로운 양태의 예술적 체험을 추구한 것이다. 근대시학이 탐구했던 이 충격과 균열을 통한 새로운 미적 효과의 창출을 벤야민은 역사 인식론에 원용하여 이른바 '변증법적 이미지(dialektische Bild)'라는 개념을 창안한다.

변증법적 이미지란 요컨대 점진적인 역사의 과정이라는 외양을 부수면서 나타나는 역사의 파국적 순간에 역사적 존재의 의식을 스치고 가는 과거의 새로운 얼굴을 의미한다. 변증법적 이미지는 번개처럼 나타나는 '순간'의 이미지로 제시되며[11], 이 순간을 통해서 지나간 일들은 지금 발생한 새로운 사건의 조명을 받으며 새로운 의미의 성좌를 구성한다. 벤야민은 이렇게 상술한다. "과거(Vergangenheit)가 현재(Gegenwart)에 빛을 던지는 것도, 그렇다고 현재가 과거에 빛을 던지는 것도 아니다. 오히려 이미지란 과거에 있었던 것(Gewesene)이 지금(Jetzt)과 만나 하나의 성좌를 만드는 것을 말한다. 다시 말해 이미지는 정지 상태의 변증법이다. 왜냐하면 현재가 과거에 대해 갖는 관계는 순전히 시간적, 연속적인 것이지만 과거에 있었던 것이 지금에 대해 갖는 관계는 변증법적인 것이기 때문이다"(Benjamin, 1927-40: 478-9). 역사가는 이제 현존하는 파편을 모아 '지각의 장 너머에 존재하는'(콜링우드) 과거의 사건들을 '실제 있었던 그대로'(랑케) 재현하거나, 자신이 갖고 있는 선험적 역사철학의 관념들을 통해서 역사적 사실들을 해석하고 배치하며 의미를 부여하는 대신에, 기원과 현실의 부단한 충돌이 이루어지는 지금−시간(Jetztzeit)의 지평에 출현하는 의미심장한 영상들을 독해해야 할 책무를 갖게 된다. 이러한 맥락에서 '해방된 인류의 무의지적 기억'이라는 변증법적 이미지의 정의에는 벤야민적인 '순간의 역사시학'의 핵심적 테마가 고스란히 담겨 있다(Benjamin, 1940: 349).

그는 1927년부터 40년까지 서유럽 모더니티의 원사(原史)를 파리의 아케이드(passage)라는 건축물을 중심으로 제시하고자 하는 방대한 계획을 실행한다. 이를 위해 그가 선택한 방법은 진보라는 꿈에서 벗어난 역사가의 무의지적 기억을 수집하고 이를 몽타주하여 제시하는 것이었다. 앞서 말했듯이, 19세기는 지배계급인 부르주아가 자신들의 산업적, 군사적, 문화적 역량에 대한 승리의 꿈에 도취된 시기였다. 19세기의 수도라 불리는 파리는 이런 꿈의 방대한 전시장으로서, 상품의 궁전인 백화점, 전기를 이용한 조명시설, 만국 박람회, 각종 기념비들과 광고들, 유행복을 입고 산책하는 부르주아들, 오페라와 아르누보 등으로 구성된 집합적 환몽의 만신전(萬神殿)이었으며, 이러한 꿈의 표상들은 당대의 삶의 모든 국면들 속에 '악의 꽃'처럼 피어나고 있었다. 진보의 역사철학의 시각으로 보면 유토피아의 완성직전에 다름 아닌 이 시기를 벤야민은 19세기의 눈이 아닌 20세기의 눈으로 직관한다. 즉 진보의 꿈이 제 1,2차 세계대전과 파시즘의 도래로 인하여 폭력적으로 깨어진 폐허를 바라보는 환멸자의 눈으로 근대를 관조했던 것이다. 이러한 시선하에서, 그는 진보의 몽환 속에서는 보이지 않던, 회귀한 신화적 형상들과 불길한 미래에 대한 무의식적 징조들이 결합된 다양한 징후들(유행현상, 철도, 박람회, 매춘, 파리의 거리들, 파노라마, 아나키즘, 보들레르, 사진, 자동인형, 도미에, 증권시장, 그리고 아케이드에 대한 다양한 언술들과 행위들과 이미지들)을 수집한다. 그리고 이러한 변증법적 이미지들의 방대한 수집물을 몽타주의 형식으로 배열함으로써, 이를 읽는 사람들에게 또다른 각성의 효과를 유도한다(Buck-Morss, 1989).

이러한 방법을 그는 호프만슈탈의 『바보와 죽음』에서 빌려온 '결코 쓰인 적이 없는 것을 읽는다'는 역설적 명제로 해명한다(Benjamin, 1940: 354). 역사는 텍스트이다. 그러나 이 텍스트는 고정되어 있지 않고, 그것을 읽는 자의 역사적 체험에 따라서 그 의미가 부단히 변화하는 열린 책이다. 마치 사진의 원판에 이미 찍혔으나 아직 가시화되지 않은 영상이 인화액과의 화학작용을 통해서 서서히 드러나듯이, 역사라는 텍스트에 씌어진 것들은 역사의 진행이 열어주는 가시성의 정도에 근거하여 스스로의 의미를 개방하는 것이다. 따라서 벤야민이 말하는 역사성이란, 역사적 현상의 발생을 규정하는 시간성을 가리키는 동시에 그 현상에 대한 독해의 시간성 또한 규정한다. 모든 사료가 자신의 의미를 역사가에게 노출하며, 이를 누적적으로 축적함으로써 부재하는 과거를 재현할 수 있다는 생각은 이러한 의미에서 실증주의적인 오류를 구성한다. 이러한 방식으로 축적되어 연쇄적으로 구성되는 역사는, 진보의 역사철학이 가정하는 시간관을 벗어날 수 없다. 그리고 이처럼 '동질적이고 공허한' 시간으로 파악되는 역사의 진행을 구성하는 모든 과정은, 그것이 민족의 이름이건, 계급의 이름이건, 혹은 성(性)의 이름이건, 역사의 승리자들의 기록으로 채워지게 된다(Benjamin, 1940: 343).

벤야민의 변증법적 이미지라는 개념은 이러한 승자의 기록이 아닌 타자의 기록으로서의 역사서술을 지향하였다. 승자의 기록이 누적적이고 계열적인, 그리하여 실증주의적으로 발굴된 사실들에 의해서 채워질 수 있는 하나의 연속체라면, 이러한 승자의 기록이 억압하고 있는 패자들, 즉 역사의 타자들의 기록은 '결코 씌어진 적이 없는 것'이며, 오직 불연속의 형식을 통해서만 존재한다. 그것은 역사서술이 늘 잊고 싶어했던 것이며, 잊어왔던 것이며, 파괴시킴으로써 파편으로 환원시킨 진보의 잔해들에 불과하다. 벤야민 역사철학의 가장 궁극적인 지향점은 바로 이 '불연속체'를 이루는 역사의 타자를 이러한 잔해들을 가지고 어떻게 서사할 수 있는가라는 문제에 대답하는 것이었다. "궁극적인 아포리아: 억압받은 자들의 역사는 불연속체를 이룬다. 역사학의 책무는 이러한 억압받은 자들의 전통을 복원하는 것이다"(Benjamin, 1940: 352). 부서진 채 망각된 역사의 파편들을 수집하여 이를 몽타주의 방식으로 배열하는 벤야민 특유의 역사서술 방법은 바로 이러한 문제의식으로부터 파생된 것이며, 그 방법론적 도구가 바로 '변증법적 이미지'였다. 변증법적 이미지는 "결코 씌어진 적 없는 것들을 읽"을 수 있는 역사적 카이로스의 새로운 독해법이며, 변증법적 이미지를 통해서 불려나온 과거는 기왕의 지배적 내러티브에 의해서 구성된 과거가 아니라, 망각된 과거의 무의지적 기억이다. 이러한 기억이 솟아나는 것은 '과거에 대한 지적 관심', 즉 실증주의적인 객관성이 아니라, 역사가가 자리잡고 있는 자신의 현재로부터 오는 파국에 대한

섬세한 감각, 즉 침착(Geistegegenwart)으로부터이다.[12)

이처럼 진보의 역사철학을 급진적으로 비판하는 벤야민에게 역사가란 문서고에서 사료의 더미에 묻힌 채 작업하는 자가 아니다. 그가 역사가의 이미지로 제시하는 것은 이와 반대로 매순간 변화하는 현실의 지형 속에 던져진 '역사의 천사'이다(Benjamin, 1940: 343-344). 이 천사는 오직 과거만을 바라보고 있다. 그러나 그가 보는 과거는 고정된 사실들의 집합이 아니라, 역사의 힘이 늘 파괴시켜 새롭게 구성하는 징후들의 과거이다. 그는 파편의 더미들이 뒤섞이고 요동치는 폐허의 파국적 상황을 바라보면서, 그 과거에 묻힌 사자(死者)들을 다시 살리고 싶어하고, 폐허를 다시 일으키고자 한다. 그러나 진보라는 폭풍은 과거로부터 불어와 그를 끊임없이 미래로 떠민다. 하지만 그는 미래를 바라보지 않는다. 그는 미래를 설계하지도 미래를 상상하지도 않는다. 그는 알 수 없는 미래로 '뒷걸음으로 진보하면서', 늘 변화하는 과거에서 구원의 가능성의 흔적들을 수집할 뿐이다. 그에게 역사의 목적지는 자신의 뒤에서 자신을 기다리는 미래가 아니라 자신의 현존이며, 바로 이러한 의미에서 보편사적 도식에 의해 식민화되지 않고 영원한 타자로 남게 되는 미래의 시간은 '동질적이고 공허한 시간'으로 타락하지 않고, 매 순간이 '메시아가 들어올지도 모르는 좁은 문'으로 남게 되는 것이다.

VI. 기다림

순간의 역사시학은, 진보의 역사철학과는 달리 유토피아의 사상이 아니라 구원사상을 지향한다. 유토피아는 체계이며 구조이며 조직체이다. 그러나 구원이란 사건이며 개입이며 순간적 기억이다. 유토피아는 지속적 시간 속에서만 가능한 무엇이지만, 구원은 찰나에 이루어진다. 유토피아가 건설되는 것이라면 구원은 행위를 통해 주어지는 것이다. 그리하여 유토피아를 추구하는 정신은 설계도를 그리지만 구원을 추구하는 정신은 기다린다. 진보의 역사철학은 역사라는 건축물을 다양한 방식으로 조감한다. 그러나 순간의 역사시학은 이러한 조감의 작업이 늘 망각하고야 마는 순간의 구원적 가치를 끊임없이 강조하고, 카이로스를 조직할 수 있는 방법과 원칙을 사유한다. 그것이 프루스트적인 회상이건, 프로이트적인 징후해독이건, 혹은 니체적인 영겁회귀의 긍정이건 혹은 벤야민적인 각성의 테크닉이건, 이 모두를 관통하는 것은 구원이란 결국 신세기 혹은 신세계의 창조에 있는 것이 아니라 상실한 구원의 가능성들을 과거로부터 확인하고(잃어버린 유년기의 행복, 무의식에 각인된 체험들, 늘 회귀하는 새로운 시간, 역사의 기원) 이를 재구성하는 것이라는 암묵적 전제였다. 즉, 문화적 모더니티는 시간의 외부를 상정하여 그곳으로 돌진하는 사회적·경제적·정치적 모더니티와 보편사의 이념을 비판하면서, 시간의 가장 내밀한 곳에서 내재적인 가능성을 획득하고자 한 것이다. 유토피아의 사상이 결국 역사'로부터의' 해방을 지향한다면, 구원의 사상은 역사 '속에서의' 해방을 사유한다. 이것이 바로 인격적 메시아를 신앙하면서 그가 가져다줄 천상의 왕국을 소당하는 전통종교의 메시아주의와는 다른 근대적 메시아주의의 특징이다. 세속화는 역설적으로 신적 초월의 세계를 인간적 역사의 세계와 결정적으로 분리시킴으로써 메시아의 역사철학적 재해석을 새로운 방식으로 유도하였다. 이러한 의미에서 많은 논자들이 메시아주의, 특히 그 원형적 형태인 사도 바울의 시간과 근대성의 역사적 결합을 지적한 바 있다(Taubes, 1993: Bensussan, 2001: Löwy, 1988).

이미 이 세계에 찾아왔고 이 세계의 세속적 권력에 의해 처형당했고 부활하여 구원을 완수하였으나 재림을 약속하며 다시 떠난 것으로 기억되는 나사렛 예수는 바울과 그 동시대의 초기 기독교 집단들을 항상적인 기다림의 상태에 남겨놓는다. 확신과 불안과 막연함과 희망과 조급함이 모두 결합된 가장 절실한 시간체험의 한 전형을 이루는 이 시간은, 우리가 분석한 근대적 시간체험의 구조와 매우 흡사한 방식으로 이루어져 있다. 즉 최초의 사건적 순간(메시아의 도래)은 기다림이라는 사후성을 매개로 하여 두번째의 회상적 순간(메시아의 재림)과 결합한다. "바울은 메시아적 사건을 두 개의 시간으로 분해한다. 부활과 재림(parousia) 즉, 시간의 끝에 예수가 다시 오는 것. 이로부터 '이미(déjà)'와 '아직(pas encore)' 사이의 역설적 긴장이 비롯된다. (……) 메시아적 사건은 이미 발생하였고, 구원이 완수되었다. (……) 그러나 이 구원이 실제로 이루어지기 위해서는 또다른 시간이 필요하다. 메시아적 시간의 내부에 이러한 지체를 가져오는 이 독특한 분리를 우리는 어떻게 해석해야 하는가?"(Agamben, 2000: 115). 바울은 '이미 이루어진 도래(사건적 순간)'와 '아직 이루어지지 않은(회상적 순간)' 재림 사이에 존재하는 기다림의 순간을 그리스어인 카이로스라는 단어로 명시한다.[13] 잠에서 깨어나야 하는 각성의 시간으로 묘사된 이 카이로스는 역설적으로 메시아의 재림에 대한 희망을 강조하는 동시에, 이미 왔으나 놓쳐버린 메시아에 대한 기억을 촉구한다. 이러한 바울의 사유를 근대적으로 전유한 소위 근대적 메시아주의자들에게 메시아는 정해진 시점에 자동적으로 오는 데우스 엑스 마키나(Deux ex machina)가 아니라, 구원 가능성으로 충만한 하나의 모멘트로 현상하여 역사적 행위를 촉발하는 '시간성'으로 변화되어 이해된다(Bensussan, 2001: 46). 구원은 단순히 주어지는 무엇이 아니라, 지금-시간, 즉 적시(適時)에 세계에 개입하는 실천적 행위를 통해서 역사 속에서 이루어지는 것으로 이해되며, 메시아를 기다린다는 것 역시 단순히 수동적인 행위가 아니라, 양화된 시간의 흐름에 균열을 내고 이 연속체를 파괴시키는 혁명적 개입으로 전화된다. 이러한 맥락에서, 문화적 모더니티가 주창했던 '순간'에의 가치부여가 사실은 모두가 당대의 정치적 혁명들과 연관되어 있거나, 그 자체로 일종의 문화적 혁명의 이름을 획득한 것은 그리하여 우연이 아니다. 독일 낭만주의자들이 시화(詩化)했던 절대적 순간이라는 개념은 사실 프랑스 혁명이 불러일으킨 열광의 소산이었고(Bohrer, 1994: 7-43), 보들레르는 1848년의 2월 혁명을 맞아 글쓰기를 중단하고 시가전에 참가한다. 초현실주의는 바쿠닌 이래에 소멸한 듯이 보이는 반(反)부르주아적이고 반(反)도덕적인 급진적 자유사상의 격세적 회귀이며, 19세기 중엽 유럽의 모든 아나키스트들의 '도취적 혁명'을 계보를 이은 초(超)문예적 혁명 사상으로 평가된다(Benjamin, 1929a). 벤야민에게 사회주의 혁명은 점진적 단계를 거쳐 언젠가 도래하게 될 자동적 과정이 아니라, 번개처럼 한순간 세계를 후려치고 정화하는 '메시아적(신적) 폭력'을 통해서만 가능한 것이었다(Benjamin, 1921b: 234 이하).

순간의 역사시학은 이처럼 자발성·우연성·사건성으로 특징지어지는 정치적 행위에 대한 역사철학적 감수성을 제공하였다. 바로 이러한 점이 순간의 역사시학이 갖고 있는 독특한 강점인 동시에 그 한계이기도 하였다. 꿈꾸어온 유토피아가 역사의 현실이 되었을 때 이것이 다시 지옥으로 돌변함을 체험한 현대인은 이제 순진하게 진보의 역사철학이 말하는 밝은 미래를 신앙하지 않는다. 그러나 문제는 이것이다. 구원의 질적 순간, 카이로스적 혁명, 역사적 환몽에서 깨어나는 순간 바라보는 진실, 이 모든 것들은 결국 그 찰나적 완성에 머물지 못하고 다시 동질적이고 공허한 시간의 탁류에 휩싸여 빠르게 소실되지 않던가? 진보의 역사철학은 결국, 이러한 순간의 역사시학이 제공하는 각성과 혁명과 긍정과 열락을 모두 전유하여 새로운 진보에 대한 더 집요한 꿈을 제공하지 않았던가? 근대에 대한 근원적인 태도를 양분한 이 두 사유의 대결은 결국 로고스를 중심에 놓고 세계를 조직하려는 형이상학과 덧없는 순간의 진실성을 강조하는 시학의 투쟁일지도 모른다. 늘 그러하듯이, 시인은 역사를 조직하지 못하고 형이상학자에게 패배한다. 한국 모더니티의 정신을 대표하는 김수영은 「사랑의 변주곡」에서, 4·19를 추억하며 이렇게 썼다.

> (……) 사랑이 이어져가는 밤을 안다
> 그리고 이 사랑을 만드는 기술을 안다
> 눈을 떴다 감는 기술— 불란서혁명의 기술
> 최근 우리들이 四·一九에서 배운 기술
> 그러나 우리는 이제 소리 내어 외치지 않는다
>
> 복사씨와 살구씨와 곶감씨의 아름다운 단단함이여
>
> (김수영, 전집I: 272)

순간의 역사시학의 시점에서 보자면 혁명은 사랑을 만드는 기술이다. 그것은 레닌이 아니라 트로츠키의 혁명, 로자 룩셈부르크의 혁명, 그리고 벤야민의 혁명이다. 그것은 복사꽃과 살구꽃이 덧없는 아름다움을 피워내는 봄날의 한 순간처럼 무상한 것, 우발적인 것, 자연발생적인 것, 영원한 것, 즉 카이로스이기 때문이다. 실패한 혁명을 추억하는 김수영은 복사꽃과 살구꽃이 아닌 그 씨앗을 노래한다. 미래의 꽃들이 잠재적으로 숨어 있는 씨앗에서 아름다움을 보는 것은 기다림을 통해 미래를 선취할 수 있는 희망이 존재하기에 가능한 것이다. 순간의 정치학은 이처럼 기다림의 윤리학으로 이어진다. 눈을 떴다 감는 기술, 이 단순한 각성의 테크닉을 김수영은 4·19에서 보았고 또 열광했으나, 역사는 '중단 없는 전진'을 향해 가던 진보의 신화로 봉합되었다. 불행히도 순간의 역사시학은 늘 패배의 운명을 내포하고 있는 듯이 보인다. 그러나 이 패배는 역설적으로 "복사씨와 살구씨가 한번은 이렇게 사랑에 미쳐 날뛸 날", 언젠가 다시 도래할 카이로스의 순간을 기다릴 줄 아는, 근대의 가장 순수한 희망의 원리를 표상하고 있는지도 모른다.

1) 일반적으로 '역사시학'은 아리스토텔레스의 시작법(詩作法)으로서의 시
   학(poetics) 개념에 비추어 말하자면, 역사를 서술하는 서사적 원리를 지
   칭한다. 화이트(Hayden White)가 『19세기 유럽의 역사적 상상력』에서 미
   슐레, 랑케, 토크빌, 부르크하르트의 역사서술의 플롯 구성으로서 제시한
   로망스, 희극, 비극, 풍자 등의 서사규칙이 그것이다(White, 1979). 그러
   나 이 글에서 사용되는 '역사시학'이라는 개념은 이러한 서사형식을 가리
   키는 것이 아니라, 시적 체험이 제공하는 시간적 정지의 순간에 덧없이 흘
   러가는 순간을 성화(聖化)시키고, 그 속에서 영원성을 발견하고자 하는 시
   적 체험의 본질적 속성이 역사에 대한 사유와 결합되어 나타나는 특정한
   경향을 일컫는다(남진우, 2001: 42-63).
2) 크로노스가 '흘러가는 시간'이라면 카이로스는 '의미로 충만한, 즉 종말
   과의 관계에서 비롯된 의미로 차 있는 시점', 즉 때(season)를 지칭한다
   (Kermode, 1966: 59이하). 카이로스는 원래 고대 그리스 의학에서 사용
   된 개념으로서〔"인생은 짧고 예술(기예)은 길다"라는 히포크라테스의 경
   구는 사실 그 뒤에, "카이로스는 어렵다"는 또다른 구절을 갖고 있다〕, 환
   자의 질병을 치료하기 위한 가장 적합한 시점, 즉 개입해야만 하는 최선의
   순간을 의미한다(Pigeaud, 1988: 73).
3) 문화적 근대성의 내부에서 발견되는 새로운 시간성에 대한 흥미로운 탐
   구는 보들레르의 모더니티, 니체의 반시대성(Unzeitgemässheit) 혹은 동
   일자의 영겁회귀, 프로이트의 사후성(Nachträglichkeit), 샤를 페기의 시간
   적으로 영원한 것(temporellement éternel), 벤야민의 기원(Ursprung), 에
   른스트 블로흐의 비동시성(Unglichweitigkeit), 프란츠 로젠츠바이크의 외
   (外)역사성(extrahistorialité) 과 계시(Offenbarung), 아비 바부르크의 고
   대의 생존(Nachleben der Antike), 그리고 20세기 중후반에 이르면 푸코

의 불연속(discontinuité), 들뢰즈의 사건(événement), 데리다의 차연
(différance) 등의 개념들을 모두 포괄한다.

4) 보들레르는 허구의 영역이 아닌 예술비평에서도 이러한 모순된 감정을
체험했음을 여러 차례 보고한다(Baudelaire, 1961: 1084, 1205-7).

5) 1925년의 「부정否定」에서 프로이트는, 피분석자의 판단착오를 무의식적
억압에 의한 기억의 착오로 해석하고(Freud, 1925a: 136), 1936년에 로맹
롤랑에게 보낸 편지에서 자신이 아테네의 아크로폴리스에서 겪었던 기시
감을 자기분석한다(Freud, 1936: 221-230). 또한 1919년에 발표한 「두려
운 낯설음Das Unheimliche」에서는 기시감을 주관하는 심리적 기제에 토
대하여 괴이함이라는 감정형식을 다룬다(Freud, 1919).

6) 칸트는 『순수이성비판』의 제1판 (1781)에서 소위 '경험'의 인식론적 가능
성을 종합능력에서 찾고 있다. 첫째, 직관에 있어서의 각지(覺知: Apprehen-
sion)의 종합, 둘째, 상상력에 있어서의 재생(Reproduktion)의 종합, 셋
째, 개념에 있어서의 재인식(Rekognition)의 종합이 그것이다(Kant, 1781/7:
321 이하).

7) 근대적 충격 체험이 야기하는 이 지각인(遲刻人)의 가장 극적인 상황은
에른스트 블로흐의 『흔적들』에 등장하는 한 청년의 이야기에도 나타나 있
다. 어떤 젊은이가 친구들과 함께 뮌헨에서 전차를 타고 가다가 같은 차에
타고 있던 젊은 여성에게 무례한 농담을 지껄인다. 아마도 친구들을 한바
탕 웃게 하려는 치기에서 비롯된 행동이었을 것이다. 그들은 불한당처럼
껄껄 웃고, 난처해하는 여성을 차에 남겨두고 전차에서 내리는데, 이때 젊
은이의 뇌리에 벽력처럼 어떤 인식이 찾아든다. 그는 아이러니하게도 자
신이 놀리고 모욕을 준 바로 그 젊은 여성이 사실은 오랫동안 꿈꾸어온 자
신의 이상적 사랑의 이미지란 사실을 깨달았던 것이다. 그는 순간적으로
그 여자와의 애정과 생활과 일생을 환상 속에서 그려본다. 사랑이 뒤늦게,
사후적으로, 지각의 형식으로 이처럼 도착했을 때, 그는 이미 사랑의 대상
을 대도시의 미로 속에서, 더구나 모욕과 농담의 무례함 속에서 결정적으
로 상실해버린 이후였다(Bloch, 1930: 72). 사랑은 전차에서 그 여자를 발
견한 바로 그 순간 폭격처럼 촉발되었던 것이다. 그러나 그것은 아직 인식

되지는 않고 있다. 이 인식의 부재 속에서 자신의 사랑을 모욕하는 어리석음을 보이고, 그 모욕으로 사랑과 결별한 후에야 비로소 최초의 사랑을 인지하게 되는 이 과정은, 근대적 충격 체험 속에서 인간은, 하이데거식의 현존재(Dasein), 즉 거기-있는-존재가 아니라, 언제나 그 순간을 살지 못하는 지각인(遲刻人)이라는 아이러니를 보여준다. 지각인은 현재를 살되 결코 그 현재를 제대로 살 수 없다. 그는 언제나 뒤늦게, 그리고 특히 '회상의 형식으로' 자신이 살았던 시간을 다시 진정으로 전유(專有)할 수 있다. 프루스트적 회상의 문학적 가능성은, 근대적 삶이 창출한 이 충격 체험의 보편화에 기인한다.

8) 정신분석학이 징후 발생의 시간성을 규명하기 위해서 사용하는 개념인 사후성(Nachträglichkeit)은 이처럼 상처가 되는 사건의 억압과 그것이 징후로서 다시 등장하게 되는 순간 사이에 존재하는 격차를 가리킨다(Freud, 1956: 366). 이에 의하면, 상처가 되는 최초의 심리적 사건들은 그것이 주어지는 순간 곧바로, 그리고 그대로 환자의 정신적 삶의 징후로 등장하는 것이 아니라, 무의식적인 억압과 재가공을 겪는 일종의 잠재기를 거쳐, 차후에 상황이 주어졌을 때 다시 나타난다(Laplanche·Pontalis, 1967: 33-36).

9) 촌스러움은 시간의 인지 과정에서 발생하는 일종의 미학적 폐허이다. 촌스러운 것은 앞서 말한 바와 같이 무조건적으로 오래된 것에서 발생하지 않는다. 아주 오래된 것은 나름의 방식으로 그 미학적 성격이 규정되어 있다. 그러나 방금 지나간 것, 방금 유행에서 벗어난 것은, 대중의 무의식적 집단 취향에 처리할 수 없는 미학적 소여들을 지니고 있는 감각의 폐허로 현상한다. 촌스러운 것들이 모여 있는 시간은 '정리된 과거'와 '현재의 유행' 사이 어딘가에 위치하고 있다. 그것은 물리적 죽음과 상징적 죽음의 사이에서 존재하는 유령의 시간이기도 하다. 아도르노는 『미니마 모랄리아』에서 이렇게 쓴다. "가장 최근의 과거사는 항상 카타스트로프에 의해 파괴된 것인 양 나타난다"(Adorno, 1951: 73).

10) "변증법에 대한 참으로 독특한 경험이 있다. 생성과 관련해 '점진적인' 것은 모두 부정하고, 표면상으로는 '발전'처럼 보이는 모든 것이 세부적인

것에 이르기까지 매우 정밀하게 조합된 변증법적인 전환이라는 것을 분명하게 밝히는 절박한 경험. 극적인 경험이란 바로 꿈에서 깨어나는 것이다"(Benjamin, 1927-40: 406).

11) "변증법적 이미지는 벼락 치는 이미지이다. (……) 그것은, 말하자면, 현재의 순간에 번쩍이는 이미지이며, 인식 가능성의 '지금' 속에서 번쩍이는 이미지이다"(Benjamin, 1938-9: 240). 변증법적 이미지를 벼락에 비유하는 것은 두 가지의 함의를 갖는다. 첫째, 변증법적 이미지는 폭력적 체험을 통한 각성 혹은 환멸의 상황에서만 드러난다. 둘째, 그것은 번개가 낯선 빛으로 세상을 조명하듯이 어둠 속에 있던 과거의 파편들을 순간 가시적으로 만든다. 역사적 사건은 늘 보다 오래된 과거의 어떤 영상들을 불러일으킨다. 그것은 그 사건을 이해하는 역사철학적 틀을 파괴하고, 그 사건의 상징적 의미를 신화적인 차원으로부터 파악할 수 있게 해주는 특정한 파편적 집합기억을 소환한다.

12) 침착이란 역사가에게 파국적으로 주어지는 변증법적 이미지들의 연쇄가 도달하는 유일한 통로인 '지금—시간'에 자신의 모든 해석학적 능력을 집중시키는 것을 의미한다. 이를 위해 요구되는 것은 미래에 대한 지적·상상적 관심의 배제이다. 『역사철학테제』에서 밝히고 있듯이 이는 미래에 대한 앎을 금지시키는 유대교적 전통과 연관되어 있다. 벤야민은 이 현재적 기지를 자신의 유물론적 역사철학의 방법으로 정립하고자 했으며, 또한 혁명적 정치학의 기초적 개념으로 활용하고자 했다(Benjamin, 1927-40: 487).

13) "또한 너희가 이 시기(kairos)를 알거니와 자다가 깰 때가 벌써 되었으니 이는 이제 우리의 구원이 처음 믿을 때보다 가까웠음이니라"(「로마서」 13, 11-3).

제3부

마음의 징후
― 사회학적 비평의 가능성

무서운 아이와 무서워하는 아이로 나뉜 채, 저 멀리 공중에서 까마귀의 불길한 시선으로 오감(烏瞰)하는 이상의 눈동자 아래에서 달리고 있는 이들은, 파괴된 전통적 공동체의 폐허 위에 아직 새로운 '사회'를 건설하지 못한 식민지인의 초상이다. 또한 이들은 이미 부서져버린 전통으로 다시 돌아갈 길을 상실한 동시에, 서구 근대가 끊임없이 창출하고자 했던 소위 '연대'의 원리를 아직 스스로의 힘으로 발견하지 못한 채 흩어지고 있는 난민이다. 이상이 그린 저 막다른 골목의 상황은, 근대적 의미의 사회가 아직 형성되지 못한 채 개인이 바로 국가(或은 제국)의 권력에 노출되어 겪게 되는 이 헐벗음의 삶의 형식(sheer life)에 다름 아니며, 이런 삶의 형식이 강제하는 사회성의 부재는 한국 근대의 폭력적 구성과정에서 우리가 겪을 수밖에 없었던 집합적 상처, 즉 '마음의 징후'이다. 우리의 시도는 이 마음의 징후에 대한 문학사회학적 독해이다.

10장

13인의 아해(兒孩)
─한국 모더니티의 코러스

I. 한국 모더니티의 창세기

우리 존재의 기원에 대한 서사가 넓은 의미의 창세기(Genesis)라면, 모든 모더니티는 자신의 발생(genesis)에 대한 서사를 갖고 있다는 점에서, 창세기를 갖고 있다. 그것은 '모더니티'가 역사적 단절의 집합적 체험에 주어진 명칭이기 때문이다. 고대의 창세기가 자연으로부터 벗어나는 문화인의 발생을 신화적으로 서사한다면, 근대의 창세기는 전근대로부터 깨어나는 근대인의 각성/환멸을 문학적/과학적으로 서사한다. 마르크스는 시장의 창세를, 니체는 근대적 허무주의의 창세를, 베버는 자본주의적 에토스의 창세를 썼다. 도스토옙스키는 신 없는 세계의 창세를, 보들레르는 미적 모더니티의 창세를, 카프카는 관료제와 지배체계의 창세를 썼다. 서구의 근대는 역사적 과정(현실)인 동시에 이러한 과정에 대한 성찰, 즉 '근대란 무엇인가?'라는 질문에 대한 해답의 모색(담론)이다. 현실로서의 근대가 건물과 제도와 기술이라면 담론으로서의 근대는 태도이자, 규범이자, 취향이자, 꿈이다. 현실로서의 근대가 지상의 공간이라면 담론으로서의 근대는 그 지상의 아래에 숨어 있는 지하적, 심층적 구조이다. 근대를 이처럼 현실과 담론의 결합으로 이해할 때, 우리의 근대에 대한 질문 또한 이에 의거하여 분할되어야 한다. 즉, '한국 모더니티의 기원은 무엇인가?'라는 질문에 대한 해답을 모색하는 과정은 첫째 정치적, 경제적, 사회적 근대가 역사적으로 형성되는 객관적 과정에 대한 탐구를 통해서 구성되거나, 둘째 근대의 발생을 서사하는 문화적 텍스트, 즉 근대의 창세기를 찾아 그 심층적 의미구조를 해석학적으로 해명해야 한다. 이 글에서 시도하고자 하는 것은 두번째의 접근법인 문화적 근대의 창세기에 대한 문학사회학적 탐구이다. 이를 위해서 우리는 하나의 가설적 제안을 제출한다. 그것은, 한국 모더니티의 기원적 상황을 하나의 압축된 풍경으로 제시하는 텍스트는, 이상(李箱, 1910-1937)이 1934년 7월 24일 조선중앙일보에 발표한 「오감도」 시 제1호라는 가설이다. 우리는 다양한 각도에서 이 가설의 타당성을 논구, 검증하는 작업을 진행할 것이다.

13인의 아해들이 도로를 질주하는 기괴한 장면을 강박적으로 진술하는 이 시는 1930년대 한국 사회의 특수한 역사성을 독특한 방식으로 우의하고 있는 듯이 보인다. 이 시를 접할 때 우리는 직관적으로 거기에 무언가 거대한 압박이, 부자유가, 공포가, 그리고 마음의 심연이 어둡고 음울하게 펼쳐지고 있음을 지각한다. 명확한 설명이 용이하게 주어지지는 않지만 그럼에도 불구하고 위의 시가 제공하는 상황의 강렬한 인상으로 인하여 우리는, 그 13인의 아해가 누구이며, 그들이 왜 그런 방식으로, 즉 맹목적으로 질주하며 공존해야 하는지에 대한 의문을 품게 된다. 사실, 이 두 가지의 의문(아해의 정체, 아해의 산포적 공존)은, 30년대 한국 사회를 구성하는 인간의 주체성과 그들이 구성하는

'사회' 혹은 '연대'의 리얼리티에 대한 가장 드라마틱한 알레고리이다. 말하자면, 이상의 시는, 식민지의 경험을 통해서 폭력적으로 개시된 근대 속에서 우리가 성인이 아닌 '아해(兒孩)'이며, 이 '아해'들이 구성하는 사회 혹은 사회의 부재라는 것이 '공포스러운 것'이라는, 인정하고 싶지 않은 사실을 하나의 부조리한 상황 속에 각인시키고 있다. 이상의 아해들은 그저 '무섭다' '무섭다' 절규하면서 막다른 골목을 질주한다. 이들은 성찰하지도 않고, 멈추지도 못하고, 돌아보지도, 담화하지도, 웃지도 않는다. 이들은 맹목이며, 인간의 어떤 중요한 부분을 훼손당한 듯이 보인다. 이들의 언어는 분절되어 있지 않다. 바로 이런 의미에서 이들은 라틴어의 '아이(infans)'가 의미하듯이, 자신의 언어를 갖고 있지 못한 자, 스피박처럼 말해보자면, 말함(speaking)으로부터 배제된 하위주체(subaltern)에 다름 아니다. 문제는 이와 같은 주체성의 결함이 결국 이들의 사회적, 정치적 결합의 장애로 현상한다는 것이다. 무서운 아이와 무서워하는 아이로 나뉜 채, 저 멀리 공중에서 까마귀의 불길한 시선으로 오감(烏瞰)하는 이상의 눈동자 아래에서 달리고 있는 이들은, 파괴된 전통적 공동체의 폐허 위에 아직 새로운 '사회'를 건설하지 못한 식민지인의 초상이다. 또한 이들은 이미 부서져버린 전통으로 다시 돌아갈 길을 상실한 동시에, 서구 근대가 끊임없이 창출하고자 했던 소위 '연대'의 원리를 아직 스스로의 힘으로 발견하지 못한 채 흩어지고 있는 난민이다. 이상이 그린 저 막다른 골목의 상황은, 근대적 의미의 사회가 아직 형성되지 못한 채 개인이 바로 국가(혹은 제국)의 권력에 노출되어 겪게 되는 이 헐벗음의 삶의 형식(sheer life)에 다름 아니며, 이런 삶의 형식이 강제하는 사회성의 부재는 한국 근대의 폭력적 구성과정에서 우리가 겪을 수밖에 없었던 집합적 상처, 즉 '마음의 징후'이다. 우리의 시도는 이 마음의 징후에 대한 문학사회학적 독해이다.

II. 은폐-역사성(Crypto-historicity)

　그러나 왜 이상인가? 이상의 작품들은 사적이고 관념적이며, 사회보다는 가족을, 현실보다는 내면을, 실제의 삶보다는 망상적 관념들을, 역사보다는 실존을 더 집요하게 탐구하고 있지 않은가? 그렇다면, 이처럼 역사적·사회적 함의가 부족한 작품과 작가를 통해서 식민지 현실에 기원을 두고 있는 한국 모더니티의 창세 이야기를 복원한다는 것은 불가능한 시도가 아닌가? 사실, 이상이 1930년부터 1937년까지 남긴, 시 100여 편, 소설 16편, 수필, 평론, 잡문 등 50여 편을 합하여 약 180여 편의 작품들 어디를 살펴보아도, 우리가 만나게 되는 것은 대부분 작위적인 언어의 놀이를 통해서 현란하고 현학적인 방식으로 제시되어 있는 내면의 착잡한 풍경일 뿐이다. 이는 게다가, 이상 개인의 파국적이고 불행한 삶이 형성하는 신화적 후광과 결합하여 작가 자신에 대한 관심이 그가 실제로 속해 있던 공간의 사회성과 역사성을 차폐하는 스크린으로 기능하기까지 한다. 실제로, 그의 삶은 기인적 광태와 절망적이고 암울한 스캔들과 육체를 마모시키던 폐병과 임질, 그리고 매독과의 가당 없는 전투로 점철되어 있다. 모든 실패한 작가의 삶이 드리우는 이 신화적 패배의 기록은 불길하지만 동시에 매력적인 자장(磁場)을 형성하여 그의 죽음 이후 꽤나 많은 시간이 흘렀음에도 불구하고 소멸하지 않는 이상 문학의 아우라로 기능한다. 바로 이러한 의미에서 한국 현대문학사에서 독자에게 소위 '실록도착증'을 불러일으키는 작가는 이상이 유일하다고 말해지는 것이다(고은, 2003: 12). 실록도착증을 불러일으킨다는 것은 작가의 사생활이 비밀스러운 매혹을 갖고 있다는 사실을 넘어서, 그 은폐된 사생활이야말로 이상의 작품을 이해하고 설명하는 가장 중요한 열쇠라는 판단으로 이어진다. 따라서 이상에 대한 기왕의 연구사에 있어서 전기적 접근, 정신분석학

적 접근, 기호학적 접근 들이 주종을 이룬다는 것은 충분히 이해할 만한 현상이다.[1]

그러나 이상이 자신의 시대의 현실에 대해서 고집스럽게 입을 다물었다는 사실이 오히려, 이상 텍스트의 은폐-역사성(Crypto-historicity)[2]의 역설적 증거로 읽을 수도 있다. 앞서 말했듯이, 이상의 텍스트는 마치 역사의 진공에서 쓰인 듯이 보인다. 그러나 그의 텍스트에 부재하는 것은 현실이 아니라 현실의 직접적 재현일 뿐이다. 그는 현실을 있는 그대로 재현하지 않았다. 때로는 의도적으로, 때로는 악의적으로, 또 때로는 무의식적으로 그는 현실을 왜곡하여 표현하였다. 그것은 부르디외가 말하는 문학장(場)의 논리에 준하는 것이다. 문학의 장에서 글을 쓰는 이상은 김해경이 아니다. 김해경의 정치의식, 민족의식, 시대의식을 이상은 거르고, 변형시키고, 왜곡시키고, 순화시켜서 작품으로 현시한다. 즉 이상은 단순히 김해경의 의식적 판단들에 문학적 외양을 부가하는 것이 아니라, 그의 (집합)무의식적 환상과 욕망과 문제와 고통에 표현의 날개를 달아준다. 따라서 문학의 장에서 '역사적인 것'이라는 범주는 단지 언표된 내용의 수위에서 판별할 성격의 것이 아니라, 언표의 형식, 수사학, 비유법, 문체 등의 비가시적인 징후들에 대한 해석의 노동을 통하여 드러내야 하는 좀더 섬세한 대상이다. 이러한 문학 고유의 변형 공간의 논리를 해독하기 위해서 제임슨(Fredric Jameson)은 '정치적 무의식'이라는 개념을 사용하고 있다.

그에 의하면 문학적 서사는 부유하는 기표들의 자유로운 유희가 아니라, "현실" 혹은 "역사"의 특정한 변형을 통해서 작품이 생산된 시대의 공통된 문제들을 "상상적"으로 해결하려는 "사회적으로 상징적인 행위"이다(Jameson, 1981: 52-3). 이러한 의미에서 문학적 서술은, 마치 꿈의 작업이 그러하듯이, 현실 혹은 역사를 다양한 무의식적 전략들('억압' '전이' '전위' '반복' '응축' '치환' '투사')을 통해 변형시킨다(여홍상, 1991 : 291). 이처럼 문학의 공간에서는, 공적인 것이 사적인 표현양식을 통해 은밀히 표현되고, 정치적인 문제가 심리적인 외양을 띠고 등장하며, 역사적인 쟁점들이 미학의 의상을 입고 나타나는 삼투 현상이 빈번히 일어나는데, 이러한 문학적 삼투의 공간을 지배하는 기호는 바로 알레고리이다. 왜냐하면 알레고리는 그 해석의 다의성과 기호 자체의 영상적 성격으로 인하여 복합적이고 연쇄적인 의미화 과정을 가능하게 해주는 매우 특수한 기호이며(Durand, 1964 : 11-25), 또한 특정한 관념(의도)을 숨기면서 드러내는, 그리하여 외적·내적 검열에도 파손되지 않는 탄력성을 갖고 있기 때문이다.[3] "외관상 개인적이고, 리비도로 가득 찬 작품일지라도, 제3세계 문학은 민족적 알레고리의 형식으로 그 문학을 낳은 정치적 공간의 모습을 필연적으로 투사한다. 즉, 사적인 개인의 운명에 대한 이야기조차도 항상 제3세계의 공적인 문화와 그 사회가 분투하는 상황을 알레고리의 형식으로 처리하고 있다"(Jameson, 1986 : 68, 헨리 홍순 임, 1998 : 240 재인용). 요컨대, 식민지적 모순의 역사적 조건 속에서 생산된 텍스트는, 은폐-역사성의 징후이자 문학적 장치인 알레고리를 통해서, 공적 세계의 문제들을 사적 세계의 성격으로 치환하여 표상하는 경향이 있다는 것이다. 이러한 입론에 의거하여 추론해보자면, 이상의 시 「오감도」가 펼쳐놓은 다의적 풍경을 그 풍경이 생산된 실제적 공간의 알레고리적 변형으로 읽을 수 있으며, 시에 등장하는 '아해' 역시 1930년대 조선의 특수한 상황이 생산한 주체성의 알레고리로 읽을 수 있는 가능성이 열린다(윤지관, 1990 : 318-340). 이상 텍스트의 은폐-역사성을 독해하려는 이 시도는 그렇다면, 그가 창출한 독특한 형상인 '아해'의 의미를 한국 근대문학사에 빈번하게 출몰했던 '소년'의 계보라는 맥락에서 추적하는 작업을 통해 개시될 수 있을 것이다.

III. 아해(兒孩)의 계보 — 육당, 춘원, 소월

육당 최남선(1890-1957)은 1907년 봄, 일본인 인쇄 기술자 두 명을 대동하고 수영사(秀英社)의 인쇄 시설을 도입하여 그해 여름, 인쇄소 겸 출판사인 신문관을 창설한다. 여기서 처음으로 낸 잡지가『소년』이고, 1908년 11월에 나오게 되는 그 창간호에, 열아홉의 육당은 한국 최초의 신체시인「해에게서 소년에게」를 상재한다(김윤식, 1999: 486).

1.
텨……ㄹ썩, 텨……ㄹ썩, 텩, 쏴……아.
따린다, 부슨다, 문허바린다.
태산갓흔 놉흔뫼, 딥태갓흔 바윗돌이나, 요것이무어야, 요게무어야,
나의큰힘, 아나냐, 모르나냐, 호통까디하면서, 따린다, 부슨다, 문허바린다.
텨……ㄹ썩, 텨……ㄹ썩, 텩, 투르릉, 콱,

2.
텨……ㄹ썩, 텨……ㄹ썩, 텩, 쏴……아.
내게는, 아모것, 두려움업서,
陸上에서, 아모런 힘과 權을 부리던자라도,
내압헤와서는꼼짝못하고,
아모리큰, 물건도 내게는 행세하디못하네.
내게는 내게는 나의 압헤는

(……)

6.

텨……ㄹ썩, 텨……ㄹ썩, 텩, 쏴……아.

뎌세상 뎌사람 모다미우나

그중에서 쏙한아 사랑하난 일이잇스니

담크고 순정한 少年輩들이,

재롱텨럼, 귀엽게 나의 품에 와서 안기이로다.

오나라 소년배 입맛텨듀마

텨……ㄹ썩, 텨……ㄹ썩, 텩, 투르릉, 콱.

(『소년』창간호(1908. 11) 권두시)

의인화된 바다의 목소리를 차용하여 그 심중을 고백하는 형식으로
구성된 위의 시는, 세상의 무서움도 피로도 아직 모르는 순정한 소년
들이 벅찬 감격을 품고 파도가 넘실대는 해변에 서 있는 광경을 강렬
하고 자신만만한 어조로 제시하고 있다. 아무것도 두려워하지 않는,
모든 것을 부수어버리는, 자연의 힘에 근접한 저 바다가 문명과 개화
를 상징한다면, 그 앞에 영웅처럼 서 있는 이 소년의 무리는 바로 육당
과 춘원의 선각적 세대를 가리킨다. 넘실대는 근대의 물결이 새로운
세상의 열림일지, 2년 후에 닥칠 한일 합방과 36년 동안 지속될 식민
통치일지를 이들이 알지 못하기 때문에, 파도의 반복적 두드림은 닫힌
문을 열어 잠든 세계를 깨우는 각성의 찬가처럼 단지 힘차고 숭고하게
그려져 있다. 말하자면 이 풍경이 창조되는 순간, 조선은 근대사회에
대한 최초의 이미지를 구비하게 된다. 그것은 신세계로부터 떠밀려오
는 해양의 물결 앞에 선 꿈꾸는 '소년들의 사회'이다. 바다 너머로부터
밀려드는 저 물결이 싣고 있는 이성과 학문과 과학과 도덕과 생활의
품에 재롱을 부리며 안기는 주체들을 육당이 호명하는 순간, 소위 '근
대'의 주체들은 총총히 해변에 도열한다. 저 순결한 소년들의 사회, 육

당이 꿈꾼 것은 이것이었고, 이 꿈이 자신만만한 물결의 의성어에 오롯이 배어 공명하고 있다.

한국 최초의 신체시의 풍경인 이 물결과 소년들의 만남은 육당보다 두 살 어린 또다른 천재인 춘원(1892-1950)이 1917년에 쓴 『무정無情』의 결말에 극적으로 다시 등장한다. 10년의 세월을 격하고, 소년들은 『무정』의 주인공인 이형식, 김선형, 김병욱, 박영채, 신우선으로 성장해 있다. 이들은 육당의 바다를 건너 일본에서 유학을 하고 돌아온 청년들이거나 혹은 다시 미국을 향해 유학길을 준비하는 계몽적 지식인들이다. 나이로는 이미 청년기에 이르렀으나, 이들은 오직 민족의 계몽과 각성만을 생각하며, 사랑에 있어서도 선생과 제자로서 배우고 가르치는 관계를 벗어나지 못하는 소년적인 순진성과 단순성을 갖고 있다(김윤식, 1996: 146). 소설의 대미는 유명한 삼랑진의 수해장면이다. 이들이 모두 우연히 만나게 되는 유학길의 열차를 멈추게 한 그 홍수를 묘사하는 장면을 보자.

과연 대단한 물이로다. 좌우편 산을 남겨 놓고는 온통 시뻘건 흙물이로다. 강 한가운데로 굼실굼실 소용돌이를 쳐 가며 흘러내려가는 물소리가 들리는 듯하고 그 물들이 좌우편에 늘어선 산굽이를 파서 얼마 아니 되면 그 산들의 밑이 빠져나갈 것 같다. (……) 길을 잃은 물은 사람 사는 촌중에까지 침입하여 사람들을 다 내어몰고 방안, 부엌, 벽장 할 것 없이 온통 점령을 하고 말았다. 그리고 집을 잃은 사람들은 모두 아이를 업고 늙은이를 이끌고 높고 높은 데를 찾아 산으로 기어오른다. 사람들이 중히 여기고 중히 여기어 남을 주기는 커녕 잠간 만져만 보자고 하여도 눈이 벌개지면 '못한다' 하던 모든 세간을 그 벌건 물들이 이리 둥실 저리 둥실 띄워 가지고 왔다갔다하다가 물결에 강 한복판으로 집어던져 빙글빙글 곤두박질을 하며 한정없는 바다로 흘려내려 보낸다.(이광수, 1917: 335)

육당이 묘사한 개화의 물결은 춘원에 이르면 재난의 물결로 바뀐다. 소년들은 여전히 그 물결 앞에 서 있다. 식민지의 형식으로 찾아온 근대를 표상하는 듯이, 저 물결은 민중의 삶을 유린하는 홍수의 재앙으로 표현된다. 이들은 이 광경 앞에서, 또다른 물결 앞에서, "개인이라는 생각을 잊어버리고", 거대한 정(情), 즉 연대감을 느낀다.[4] 소년들은 재난으로 변하여 그들의 앞에서 철썩거리는 물결의 폭력을 집합적 연대의 감정으로 넘어서고, 자선음악회를 열어 이 수마(水魔)를 극복하고는 하나의 계약을 맺는다. 한국 소설사에 등장하는 최초의 '사회 계약론'의 장면이다.[5]

저들에게 힘을 주어야 하겠다. 지식을 주어야 하겠다. 그리하여서 생활의 근거를 완전하게 하여 주어야 하겠다. "과학! 과학!" 하고 형식은 여관에 돌아와 앉아서 혼자 부르짖었다. 세 처녀는 형식을 본다. (……)

"힘을 주어야지요! 문명을 주어야지요!"

"그리하려면?"

"가르쳐야지요! 인도해야지요!"

"어떻게요?"

"교육으로, 실행으로." (……) 형식은,

"옳습니다. 교육으로, 실행으로 저들을 가르쳐야지요, 인도해야지요, 그러나 그것은 누가 하나요?" 하고 형식은 입을 꼭 다문다. 세 처녀는 몸에 소름이 끼친다. 형식은 한번 더 힘있게, "그것을 누가 하나요?" 하고 세 처녀를 골고루 본다. 세 처녀는 아직도 경험하여 보지 못한 듯 말할 수 없는 정신의 감동을 깨달았다. 그리고 일시에 소름이 쪽 끼쳤다. 형식은 한번 더, "그것을 누가 하나요?" 하였다.

"우리가 하지요!" 하는 기약하지 아니한 대답이 세 처녀의 입에서 떨어진다.(이광수, 1917: 347-9)

집합열정은 '소름'에 녹아 있고, 정신의 감동은 연대를 암시한다. '그것을 누가 하나요?'라는 형식의 질문에 대답된 '우리'는 '사회'에의 꿈이며, '기약하지 아니한 대답'은 계약의 순간을 표상한다. 바다의 물결에 순순히 안기는 육당의 피동적 연대로부터 이제 소름을 동반한 거친 감격의 연대를 빌려 사회적인 것은 다시 탄생한다. "어둡던 세상이 평생 어두울 것이 아니요, 무정하던 세상이 평생 무정할 것이 아니다. 우리는 우리 힘으로 밝게 하고, 유정(有情)하게 하고, 즐겁게 하고, 가멸게 하고, 굳세게 할 것이로다"(이광수, 1917: 356)로 끝나는 『무정』은 신체시적 소년배를 성숙시켜 소년들의 '사회'를 꿈꾸고 있다. 한국 근대의 첫번째 사회협약이 일방적 물결에 포함되는 일종의 자발적 복종이었다면, 그 두번째의 본격적 협약은 선생(남성)의 권위와 지식과 비전 앞에 굴복한 삼인 여성의 동의로 구성되어 있다. 이 계약과 약속의 장면이 17, 18세기 계몽주의자들(루소, 로크, 홉스)이 상상한 사회 발생의 기원을 구성하는 원초적 상황을 연상시키는 것은 무리가 아니다. 야만과 자연법의 상태를 벗어나기 위하여 소위 일반의지에 스스로를 귀속시키는 시민들의 자발적인 연대가 그것이다. 그러나 롤스에게까지 이어지는 유럽의 자유주의적 계약론의 상상력에서 계약의 주체는 소년이 아닌 시민, 즉 성인 부르주아 남성이었다(Rawls, 1999). 이들이 상정하는 계약의 발생이 역사적 허구임은 자명한 것이다. 그것은 서구 근대시민사회의 원형을 이해하기 위한 계몽주의적, 자유주의적 창세기의 하나이며, 그러한 의미에서 이들이 말하는 '계약'의 순간이란 사실은 역사의 연대기 위에서 경험적으로 포착할 수 있는 것이 아니라, 하나의 선험 혹은 연극적 장면으로 상상되고 연출된 것에 불과하다는 사실에는 이론의 여지가 없다(Foucault, 1966b: 340). 요컨대 원초적 계약 상황은 근대시민의 주체성에 대한 이해를 바탕으로 소급적으로 설정된 것이라 할 수 있으며, 상승하는 부르주아의 합리적인 판단과 계산력을 역으로 투사시켜 구성해낸 '사회의 발생'이라는 거대한 픽션으로 이해하는 것이 옳다. 육당과 춘원의 소년들은 이러한 계몽주의적 계약론을 '(무)의식적으로' 모방하고 있다. 비록 시와 소설이라는 문학의 형식 속에 국한된 것이기는 하지만, 두 물결이 상징하는 시대의 격랑 앞에 모인 한 무리의 청년들은 새로운 관계와 가치와 삶의 형식을 단호하게 주창하고, 그 미래의 가능성을 독자들에게 명시적으로 호소하고 있다. 하지만 안타깝게도 이 순수하고 고결한 소년들의 계약이란 그들의 경험 지평을 넘어서는 근대의 비정한 논리에 곧 깨어질 성격의 것이었다. 1925년에 출판된 소월(1902-1934)의 『진달내 꼿』은 이 자신감 넘치던 소년들이 걸어가게 되는 운명을 한 측면을 보여준다 해도 과언은 아니다.

> 엄마야 누나야 江邊살쟈,
> 뜰에는 반짝는 金모래빗,
> 뒷門박게는 갈닙의 노래
> 엄마야 누나야 강변살쟈.

(김소월, 전집: 206)

소년의 발밑에 격렬하게 넘실거리던 물결은 이제 잦아들었다. 소년에게 강변은 형이상학적 귀소의 공간으로 변모하였다. 이제 펼쳐지는 것은, 비록 완전하거나 이상적이지 않다 할지라도 모색해보는 사회적인 삶이 아니라, 금모래가 내뿜는 빛과 식물이 부르는 노래의 삶이다. 말하자면 물질이나 현실이 아니라, 제도와 지식이 아니라, 간절하지만 허망한 은거에의 욕망이다. "동무들과 내가 가즈란히 벌짜 의 하로일을 다맛추고 夕陽에 마을로 도라오는 꿈을" 즐거이 꾸면서도 "집일흔 내 몸이어" 한탄하며, "우리에게 우리의 보섭대일짱이 잇섯드면!"(김소월,

전집 : 132) 하고 바라는 이 소년은 무리가 아니라 혼자이며, 자신의 유일한 공동체를 오직 전통적 리듬이 실어오는 상실된 과거 속에서 찾을 수 있을 뿐이다. 소월적 소년의 설움과 슬픔은, 그 근원이 무엇이라 할지라도, 육당과 춘원적인 소년들의 허무맹랑한 자신감이 잦아들고, 어떤 불가항력적인 힘 앞에서 부서져버린 내면의 파괴를 보여준다. 이러한 소년의 긴 계보가 1930년대에 이르면 비로소 이상의 「오감도」에서 아해들로 다시 무리를 지어 등장하는 것이다. 계약에 실패하고 강변을 찾아 떠났다가 이상이라는 괴이한 시인의 야심만만한 작품에 갑자기 다시 회귀하여 등장한 이 아해들은 누구인가?

IV. 「오감도」의 정치적 무의식

1. 고아의 가족 로망스

1934년 7월 24일 조선중앙일보에 발표한 「오감도烏瞰圖」의 '시제1호(詩第一號)'의 전문은 다음과 같다.

13人의兒孩가道路로疾走하오.
(길은막다른골목이適當하오.)―

第1의兒孩가무섭다고그리오.
第2의兒孩도무섭다고그리오.
第3의兒孩도무섭다고그리오.
第4의兒孩도무섭다고그리오.
第5의兒孩도무섭다고그리오.

第6의兒孩도무섭다고그리오.

第7의兒孩도무섭다고그리오.

第8의兒孩도무섭다고그리오.

第9의兒孩도무섭다고그리오.

第10의兒孩도무섭다고그리오.

第11의兒孩가무섭다고그리오.

第12의兒孩도무섭다고그리오.

第13의兒孩도무섭다고그리오.

13人의兒孩는무서운兒孩와무서워하는兒孩와그렇게뿐이모였소.

(다른事情은없는것이차라리나았소)

그中에1人의兒孩가무서운兒孩라도좋소.

그中에2人의兒孩가무서운兒孩라도좋소.

그中에2人의兒孩가무서워하는兒孩라도좋소.

그中에1人의兒孩가무서워하는兒孩라도좋소.

(길은뚫린골목이라도適當하오.)

13인의兒孩가道路로疾走하지아니하여도좋소.

(이상, 전집1:17-8)[6]

이 시가 당시 독자들의 기대지평을 얼마나 훼손시켰는지는, 독자들
이 보낸 투서에 나타난 거의 욕설에 가까운 항의로 미루어 짐작할 수
있다. 그들은 "무슨 개수작이냐" "미친놈의 잠꼬대냐"라고 작가를 거
세게 몰아붙였고, 심지어 인쇄소에서도 시 제목인 「오감도」와 그의 파
격적인 철자법에 대해서 항의와 투서가 들어왔다(송민호·윤태영,

1968: 31). 이 시는, 7·5조로 대표되는 한국 서정시 고유의 리듬을 의
도적으로 파괴하고 있으며 전체적으로 마치 반복강박증 환자의 진술
을 대할 때 느낄 수 있는 괴이함과 불안감을 극대화시키고 있다. 그러
나 사실, 위의 시가 노정하는 문제성의 핵심은 그 아방가르드적 형식
에 국한되는 것만은 아니다. 김윤식이 지적하고 있듯이, 카프 출신의
걸출한 문학 비평가이자 또한 이상의 보성고보 선배이기도 했던 임화
(林和: 1908-1953)가 1927년 11월 『예술운동』 창간호에 실은 「담━
1927」이라는 시는, 위의 시가 사용하는 호명적 열거법을 이미 한 발 앞
서 시도한 바가 있기 때문이다(김윤식, 1989: 121).

1917━태양이 도망간 해
세계의 우리들은 8월 20일 지구발 전보를 작성하였다
제1의 동지는 뉴욕, 세크라멘토 등등지에서 수십 층 사탑(死塔)에 폭
탄 세례를 주었으며
제2의 동지는 핀란드에서 살인자 미국의 상품에 대한 비매(非買) 동
맹을 조직하였고
제3의 동지는 코펜하겐에 아메리카 범죄자의 대사관을 습격하였으며
제4의 동지는 '암스테르담' 궁전을 파괴하고 군대의 총 끝에 목숨을
던졌고
제5의 동지는 파리에서 수백 명 경관을 XX하고 달아났으며
제6의 동지는 모스크바에서 치열한 제3인터내셔널의 명령하에서 대
시위 운동을 일으켰고
제7의 동지는 도쿄에서 XX자의 대사관에 협박장을 던지고 갔으며
제8의 동지는 스위스에서 지구의 강도 국제연맹 본부를 습격하였다
(임화, 전집I: 45)

임화의 시와 이상의 이는 모두 현실을 영화의 한 장면처럼 분절하여 이를 조목조목 보여줌으로써, 독자의 상상력이 그 총체성을 구성하도록 유도한다. 제1의 아해(동지)와 제8의 아해(동지)가 함께 머무는 공통 공간을 지각해야 하는 것은 독자의 몫이다. 두 시 모두에서 동질적 개체가 구성하는 어떤 집합의 모양이 자연스럽게 형상화되고 있다. 이런 점에서 두 시는 적어도 외관으로 파악하기에는 매우 흡사한 인상을 전달하고 있다. 그러나 가만히 살펴보면, 양자의 지울 수 없는 차이가 두드러지게 나타난다. 임화의 시는 비교적 그 의도와 함축이 명확해 보인다. 어떤 정황 속에서 어떤 의미를 담고, 저 여덟 명의 동지들이 행위하는지, 독자는 쉽게 추정할 수 있다. 그러나 이상의 시는 질주하는 아해들이 누구인지, 무엇 때문에 두려워하는지, 무엇을 두려워하고 있는지에 관해서 아무런 언급을 하지 않고 있다. 아해들은 절규하면서 질주한다. 그뿐이다. 서로가 서로에게 '무섭다'고 외치며 달리는 일군의 아이들을 보는 자 역시 무섭다. 우리가 만일 한국 문학사의 아동형상의 계보에 근거하여, 위의 시에 등장하는 아해들을 춘원과 육당의 소년들의 '불길한 회귀'라고 본다면, 이들은 춘원이나 육당의 소년배와는 달리 집합적 사회를 구성할 수 있는 능력도 의사도 없는 존재들처럼 보인다. 또한 이들은 소월시의 시적 화자처럼 형이상학적 근본에 대한 상실감을 토로하지도 않는다. 이들은 근대적 원근법에 기초한 투시도법(鳥瞰圖)에 의해 조직된 동질적 공간 속에 함께 있으나, 사실은 서로가 소통할 수 없는 산포적 상황 속에 던져져 있다. 이 함께 있음과 흩어져 있음의 공존, 공포라는 감정을 통한 부정적 연대, 길의 보임과 닫힘, 결정적 판단의 유보와 불가능성은 어디에서 비롯되는가? 왜 이들은 '공포' 속에서 '질주'하는가? 이들이 도달한 '막다른 골목'이란 무엇인가? 이러한 질문들에 대답하기 위한 한 방편으로 우리는 프로이트의 '가족 로맨스' 개념을 원용하고자 한다(Freud, 1909).

프로이트가 제시하는 가족 로망스의 이론은 '유아가 체험하는 최초의 세계는 가족'이라는 단순한 사실에서 출발한다. 당연히 가족의 지배자인 아버지는 그리하여 유아에게는 자신이 닮고 있는 자아이상(自我理想)이 된다. 아이가 좀더 자라 자신의 아버지를 객관적으로 볼 수 있는 눈을 갖게 되었을 때, 이상화되었던 부친은 평범하고 초라한 수많은 아버지들 중의 하나에 불과하다는 사실을 깨닫는다. 이때부터 아이는 최초에 자신이 품었던 아버지에 대한 인상과 그것을 부정하는 현실적 체험 사이에 백일몽이라는 타협적 공간을 만들고 상상적 활동에 탐닉함으로써 자신의 상처 입은 자존심을 치유하기 위한 다양한 서사를 구상한다. 프로이트가 드는 예를 보면, 아이는 자신의 부모보다 높은 신분의 부모가 친부라고 상상하거나, 어머니의 은밀한 부정을 상상하거나, 형제자매들이 어머니의 부정한 정사(情事)로 태어난 서자(庶子)라고 상상한다(Freud, 1909: 201-202). 이러한 백일몽은 실제로 꿈의 논리이기도 하여, 꿈에 등장하는 황제나 황후는 부모를 상징하는 것으로 해석된다(Freud, 1909: 202). 가령 『꿈의 해석』에서 프로이트는 자신이 꾼 꿈에 등장하는 한 제후의 형상을 해석하면서 이렇게 쓰고 있다. "전체적으로 불경스럽고 반동적이며 고위 관직을 조롱하는 꿈-내용 역시 아버지에 대한 반항에서 근거를 찾을 수 있다. 제후는 국부(Landsvater)라 불린다. 그리고 아버지는 어린이에게 역사가 가장 오랜 최초의 유일한 권위이다. 그 절대적 권력으로부터 인류의 문화가 발전하면서 사회의 나머지 공권력이 발생하였다"(Freud, 1900: 269)[7]. 아버지와 제후는 국부(國父)의 형상으로 수렴되어 있다. 이 수렴점이 바로 가족 로망스적 에너지가 응축되어 있는 일종의 징후이다.

그러나 프로이트의 가족 로망스는 단순히 개인의 무의식적 수위에서 가족과 국가가 호환가능한 상징체를 이룬다는 사실을 넘어서 문화와 사회의 발생론으로 이어지는 매우 핵심적인 개념이다. 이는 1913년의 『토템과 터부』에서 '사회계약설'의 형식으로 제출된 프로이트적 창세기에서 드러난다. 프로이트는 위의 책에서, 윌리엄 로버트슨 스미스(William Robertson Smith)가 자신의 저서 『셈족의 종교』(1889)에서 개진한 토템향연설(饗宴設)과 다윈의 원시군설(原始群設)을 결합하여, 인간 사회의 발생에 대한 매우 유명한 가정을 제출한다. 공적 의례로서 공희제도(희생제)의 종교사적 기원을 다루는 스미스의 논점은, 친족이 숭배의 대상이 되는 토템 동물을 희생시키고 그 살과 피를 함께 먹음으로써 공동체로 성립한다는 것이며, 다윈의 원시군설의 핵심은 원시 사회는 여자들을 독점하고 자식들을 무리에서 쫓아내는 난폭한 아버지에 의해서 지배된다는 것이다. 이 둘을 재치 있게 결합시키면 다음과 같은 시나리오가 도출된다. (1) 모든 여자들을 독점하고 자식들을 무리에서 쫓아내어버리는, 질투심이 많은 폭력적인 아버지에 대항하여 어느 날 추방당했던 형제들이 힘을 합하여 아버지를 죽이고 그 고기를 먹어버린다. (2) 폭력적인 원초적 아버지는, 아들 형제들에게는 누구에게나 선망과 공포의 대상이자 전범이었으므로, 이들 형제들은 먹는 행위를 통해 아버지와의 일체화를 성취시키고, 각자 아버지가 휘두르던 힘의 일부를 자기 것으로 동화시킨다. (3) 아버지에 대한 증오를 해소시킨 그들은 아버지에 대한 애증의 양가감정에서 비롯되는 자책 혹은 죄의식에 빠진다. (4) 죄의식을 해소하기 위해서, 죽은 아버지를 토템동물(신)을 상징으로 세우고, 아버지의 살해를 의례적(儀禮的)인 향연으로 반복한다. (5) 인류 최초의 제사였을 토템 향연은 따라서 부친살해라는 범죄 행위의 반복이며 기념축제이며 이로부터 사회 조직, 양심, 종교 등 인간 문화의 골자가 비롯된다(Freud, 1913b: 391 이하).

이 가상의 드라마는 토테미즘을 포함한 종교 일반의 발생 신화일 뿐 아니라 사회의 기원에 대한 서사로 간주된다. 즉, 사회란 구성원들이 함께 살해한 '아버지'에 대한 죄의식을 공유하는 아들들이 맺는 계약의 산물이다. 이는, 린 헌트가 자신의 『프랑스혁명의 가족 로망스』에서 설득력 있게 분석했듯이 그러나 사실은 뒤르켐이 프로이트보다 한 해 앞서 출판된 자신의 『종교생활의 원초적 형태』에서 암시적으로 언급하고 있듯이, 프랑스 혁명의 국왕살해와 그 이후의 부르주아 근대사회의 형성에 잠재해 있는 정치적 무의식의 드라마와도 연관이 있다(Hunt, 1992; Durkheim, 1912:306). 국왕은 아버지이며, 혁명을 통해 국왕을 시해하는 것은 아버지를 살해하는 것이다. 하여 이처럼 사멸된 존재의 빈자리에 모인 국왕시해자이인 동시에 자유로운 시민들은 혁명의 삼대 가치 중의 하나인 형제애(fraternité)를 부르짖는 공화국의 아해들이다. 이런 관점에서 보면 공화국(Res Publica)이란 17, 18세기의 계몽주의적 계약론자들이 상상했던 것과 같이 비교적 평화롭고 순조로운 담화적 상황을 통해서 창출된 것이 아니라, 부친의 살해라는 최상급의 폭력, 그런 폭력적 상황의 상징적 망각, 그 망각을 의례로 변형시켜 기념하는 과정을 통해서 창출된 것이다. 혁명이건 침탈이건 전쟁이건, 근대적 사회성의 기저에는 아버지로 표상되는 절대적 기표의 죽음에 대한 애도의 형식이 존재하며, 이 애도를 규정하는 감정적 원칙이 바로 '죄책감'이다. 따라서 사회적 연대는 계산적이고 공리주의적이고 개인주의적인 주체들의 합리적, 언술적, 계약적 합심에 의해서 이루어지는 차가운 결합이라기보다는 오히려 프로이트가 말하는 죄의식이나 뒤르켐이 말하는 연대의 집합적 열광과 같은 고밀도의 격정, 충동, 파토스의 격발을 통해서 달성되는 불꽃과 같은 연소(燃燒)의 결과물이며, 이런 강렬한 '마음의 연합'은 결국 자식들의 집합행위(아버지의 살해)로부터 비롯된 것이다. 프로이트와 뒤르켐은 근대적 사회구성의 원리에 대해서 매우 유사한 비전을 공유하고 있었던 셈이다. 요컨대 그것은 서구적 모더니티의 사회구성의 주체는 '자발적 고아들'이라는 인식이었다. 그것이 오이디푸스 콤플렉스를 개인사적으로 극복하는 것이건, 아니면 혁명적으로 봉건질서를 타파하는 것이건, 아니면 상징적 아버지인 교회와 유일신 혹은 절대군주를 이성적으로 부정하는 것이건, 이 고아들은 스스로의 자유와 자립을 위해 절대적 기표를 살해하고, 그 공백을 중심으로 근대사회라는 새로운 관계의 공간을 건축한 것이다. 자신들이 절대타자의 형상을 폐위시켰음에 대한 공포(죄책감)를 축제와 연대와 기념(집합열정)으로 전환시키는 것, 이것이 사회적인 것의 탄생이며, 바로 이 순간 아이들은 다시 어른으로 성장한다. 근대적 에토스란 결국, 자발적 고아들이 자신들의 범죄적 기억(절대가치의 부정)을 은폐하고, 이 절대적 가치의 세계내적 부재를 견디면서 세계와 맞서고 세계를 변형시키려는 하나의 정신적 결단이다.

프로이트의 가족 로망스 개념을 확장시켜 고찰한 이와 같은 논의를 기초로 하여 우리는 육당과 춘원의 소년들, 그리고 이상이 무대에 세운 저 13인의 아해들의 정치적 의미를 해석할 수 있는 실마리를 얻는다. 우선 우리가 주목하는 것은 육당과 춘원의 소년들이 가족 로망스의 언어로 풀어보면 명백한 '고아'라는 사실이다. 이것은, 실제로 춘원이 열한 살에 고아가 되었고, 그의 소설적 분신이라 할 수 있는 형식, 그리고 영채 역시 어린 시절에 고아가 되었다는 사실 때문만은 아니다. 거기에는 좀더 심층적인 역사적 고아 의식이 존재한다. 가령 김윤식은 춘원의 고아 의식에 대해서 이렇게 쓴다. "그의 고아 의식은 시대 및 한민족의 고아 의식, 소위 국가 상실에서 오는 또 하나의 고아 의식에 닿을 때 비로소 완성되는 것이다. 그것이 그에게는 관념으로서의 민족이고, 어느 정도는 실체로서의 민족주의이기도 하였다. 그 개인으로서의 고아 의식과 박영채로 대표되는 한민족의 고아 의식이 결합되었을 때 만민을 울린 그의 걸작이자 우리 근대소설의 대표적 장편『무정』이 솟아올랐다"(김윤식, 1999: 51). 국가와 가족 사이에 존재하는 알레고리적 유비관계에 비추어보면, 국망(國亡)은 조선의 민중 전체를 고아로 만들었으며, 육당과 춘원의 소년들은 그 아비 없는 민중의 한 표상이기 때문이다.[8] 구한말부터 20세기의 초반까지 한국 문학의 상상계에 출몰하는 이 고아들과 소년들의 의미는 바로 이것이다. 이들은 우선 애도의 공동체이다. 이들은 호곡한다. 무언가의 소멸을 애타게 울부짖는다. 그것이 '임'이건 혹은 '조선'이건 혹은 '과거' 혹은 '전통'이건 상관이 없다. 소월의 「초혼招魂」의 귀기(鬼氣)는 부서진 '아버지의 이름', 즉 조선적 상징계 앞에서 흐느끼는 소년의 곡성의 처절함에서 비롯되는 것이다.

산산히 부서진이름이어!
虛空中에 헤여진이름이어!
불너도 주인업는이름이어!
부르다가 내가 죽을이름이어!

心中에남아잇는 말한마듸는
끗끗 내 마자하지 못하엿구나.
사랑하든 그사람이어!
사랑하든 그사람이어!

(김소월: 145)

그러나 자신의 아버지를 죽인 자가 자신이 아니라 일본이라는 타자였다는 점에서, 식민지 현실이 창출한 고아들은 서구 근대에 등장한 그 '자발적' 고아들이 아니라 '피동적' 고아였다. 그들이 죄의식도 집합적 환희도 불가능한 한(恨)의 공동체를 형성하거나, 이 한을 풀기 위해 자신의 아버지를 앗아간 무소불위의 힘(육당의 바다)에 대한 철저한 성찰 없이 이를 그대로 미메시스하고자 하는 무모한 계몽주의를 선택할 수밖에 없는 까닭이 거기에 있다. 계몽주의의 가장 근본적인 원칙인 '너 자신의 지성을 사용할 용기를 가져라'라는 표어가 의미하는, 어떤 권위에도 소속되지 않는 '주체'에 대한 감각을 갖기에 근대의 충격은 너무나 컸고, 이루어야 할 일, 따라잡아야 할 거리는 압도적인 것으로 이해되었을 것이라는 사실은 짐작하기 어렵지 않다(Kant, 1784: 13). 그러나 이는 20세기 초반의 '소년들'이 진정한 고아가 아니라 사실은 입양아였다는 사실을 냉철하게 깨닫지 못했기 때문에 발생한 일종의 시대사적 착각이었다. 사망한 조선은 부재하는 좌석으로 남은 것이 아니었다. 그 자리는 일본제국이라는 새로운 아버지에 의해 찬탈되었다. 소년들은 백지의 상태로 서구의 근대와 만날 수 있었던 것이 아니었고, 이미 이처럼 형성된 새로운 정치적 부권의 매개적 권력에 종속되어 있었다. 「오감도」 시 제1호에 '소년'이 아니라 '아해'가 등장하는 것은 1930년대의 시대적 상황이 이러한 사실을 자명하게 만들었기 때문일 것이다. 즉, 이상은 자신이, 정치적 무의식의 차원에서 말하자면, 고아가 아니라 입양아라는 사실을 알고 있었다. 그리고 입양아의 위치가 가능하게 하는, 혹은 불가능하게 하는 사회적 연대의 형식을 문학적 직관을 빌려 형상화한 것이다. 이것이 바로 「오감도」의 무의식적 의미구조라 할 수 있다.

2. 입양아의 가족 로망스

이상에게는 두 명의 아버지가 있었다. 그 하나는 생부인 김연창이고 다른 하나는 이상을 양자로 입양한 백부 김연필이었다. 입양된 이상은 경성부 통인동 154번지의 백붓집에서 1913년부터 1932년까지 생활하다가, 백부가 뇌일혈로 사망한 1932년 5월 7일 이후에 다시 친가에 돌아온다. 구한말에 말단 기사직을 역임하고 후일 총독부 기사로도 근무하는, 중인계층에 속해 있던 백부는 조카의 총명함을 매우 아끼고 그에게 큰 기대를 걸었으나, 일상생활에서는 매우 엄격한 양부였다. 이에 반해서 친아버지 김연창은 형의 주선으로 궁내부 활판소에서 직공 일을 하다 손가락을 절단당하고 이발관을 차린 무능한 아버지였다. 이상을 데려간 형은 조부의 재산을 상속받고 그 일부를 동생에게 떼어준 것으로 보이지만, 별다른 수완도 재주도 없는 이상의 친부는 평생 적빈에 시달린다. 이러한 가족사적 맥락이 비교적 직접적으로 진술된 소설은 1975년에 발굴되었으나, 사실 1930년 2월에서 12월까지 『조선』에 발표된 이상 최초의, 그리고 유일의 장편소설인 「십이월십이일十二月十二日」이다. 김윤식의 연구에 의해서 드러난 바에서 볼 수 있는 것처럼 이 소설의 핵심적 주제는 이상의 가족 로망스이다(김윤식, 1987: 17-69). 자신의 최초의 소설에서부터 분명하게 드러나는 이상 문학의 의미구조는 이른바 입양아적 분열증이라 부를 수 있는 것으로 그의 문학 도처에는 가난하고 무력한 친부와 권위적이지만 자신을 보조해주는 양부의 대립구도가 등장한다. 이것은 이상을 분열시키는 두 개의 대립적 힘, 즉 전통(조선)과 근대(일본)의 알레고리적 대립을 암시한다. 전통에 대해서 이상이 철저하게 비판적인 태도를 취했던 것처럼 자신의 실부모에 대해서 그는 커다란 애정을 갖지 못하였고 오히려 그 가난과 무지를 경멸했던 것으로 보인다. 1939년에 유고로 『조광朝光』에 실린 「실낙원失樂園」의 '육친(肉親)의 장(章)'에는 다음과 같은 구절이 등장한다.

基督에 酷似한 한사람의 襤褸한 사나이가 있었다. 다만 基督에 比하여 訥辯이요 어지간히 無智한 것만이 틀린다면 틀렸다. 年紀五十有一. 나는 이 模造基督을 暗殺하지 아니하면 안된다. 그렇지 아니하면 내 一生을 押收하려는 氣色이 바야흐로 濃厚하다. 한 다리를 절름거리는 女

人─이 한 사람이 언제든지 돌아선 姿勢로 내게 肉迫한다. 내 筋肉과 骨片과 또 弱小한 血淸과의 原價償還을 請求하는 모양이다. 그러나─내게 그만한 金錢이 있을까. 나는 小說을 써야 서푼도 안된다. 이런 胸醬의 賠償金을─도리혀─물어내라 그리고 싶다. 그러나─어쩌면 저렇게 심술궂은 女人일까 나는. 이 醜惡한 女人으로부터도 逃亡하지 아니하면 안된다.(이상, III: 190)

위 인용문에 토로되어 있는 것은, 자신의 가족에 대한 이상의 속내를 고백하는 문장, 즉 모조기독에 대한 조소와 야유이자 가족이 지우는 부담에 대한 장자(長子)적 불평이다. 그런데 주목할 것은 이상이 말하는 '가족'의 비유적 외연이 자신의 실제 가족을 넘어서 보다 심층적으로 '조선' 혹은 '민족'으로 확장되어 있다는 사실이다. 환언하여 우리는 그가 '가족'을 말하고, '가족'에 대해서 쓸 때, 그것이 소위 가족로망스적 논리에 따라서 더 큰 정치적 공동체를 암시하는 것으로 읽을 수 있는지를 살펴야 한다는 것이다. 가령 1935년에 쓴 「공포의 성채」에서 이상은 이렇게 토로한다. "한때는 민족마저 의심했다. 어쩌면 이렇게도 번쩍임도 여유도 없는 빈상스런 전통일까 하고. 하지만 결코 그렇지는 않았다. 가족을 미워하는 것부터 시작해서 그는 또 민족을 얼마나 미워했는가. 그러나 그것은 어찌 보면 '대중'의 근사치였나 보다. 사람들을 미워하고─반대로 민족을 그리워하라, 동경하라고 말하고자 한다. 커다란 무어라고 형용할 수 없는 덩어리의 그늘 속에 불행을 되씹으며 웅크리고 있는 그는 민족에게서 신비한 개화를 기대하며 그는 〈레브라〉와 같은 화려한 밀탁승의 佛畫를 꿈꾸고 있다"(이상, III: 335-6). 가족과 민족의 이런 의미론적 중첩과 근접성을 고려한다면 이상의 정치적 무의식에서 '친부'란 생부 김연필인 동시에 민족이며 조국이라는 함의까지 내포하는 정치적, 외교적 로망스의 의미 구조를 갖고 있다고 미루어 짐작하는 것은 충분히 가능한 해석의 실험으로 여겨진다.[9] 친부 김연필은 모조기독이고 무력하고 가난하다. 반면에 이와 대비되는 또다른 아버지인 '양부'는 백부 김연창인 동시에 현재 조선을 지배하고 있는 일본 제국주의라는 함의를 내포한다. 1931년 8월 『조선의 건축』에 「오감도」라는 표제로 발표된 8편의 시 중에서 「二人」, 즉 두 사람의 대칭관계를 보여주는 두 편의 시에 등장하는 예수와 알 카포네의 기묘한 대립은 한편으로는 친부와 양부의 대립을 다른 한편으로는 조선과 일본의 대립을 연상시킨다.

「二人.....I.....」
基督은襤褸한行色으로說敎를시작했다.
아알 · 카아포네는橄欖山을산채로拉撮(납촬)해갔다.

일구삼○년이후의일ㅡ
네온싸인으로裝飾된어느敎會入口에서는뚱뚱보카아보네가볼의傷痕을伸縮시켜가면서入場券을팔고있었다(이상, I: 118).

「二人....II....」
아아ㄹ · 카아보네의貨幣는참으로光이나고메달로하여도좋을만하나 基督의貨幣는기승할지경으로貧弱하고해서아뭏든돈이라는資格에서는ㅡ步도벗어나지못하고있다.

카아보네가프렛상으로보내어준프록 · 코오트를基督은最後까지拒絶하고말았다는것은有名한이야기거니와宜當한일이아니겠는가.

(이상, II: 120)

위의 두 편을 공통으로 관통하는 도식은, 초라하고 남루한 기독의 빈한(貧寒)과 부유하고 능청맞으며 자본주의적인 알 카포네의 야비한 유력(有力)의 극적인 대조이다. 기독의 정신적 보루인 감람산을 통째로 빼앗아간 알 카포네는, 친부에게서 이상을 빼앗아간 백부인 동시에 조선을 앗아간 일본을 암시하는 것으로 읽을 수 있으며, 카포네가 선물(프렛상)로 준 프록코트를 거절하는 가난한 기독의 모습은 친부 김연필인 동시에 식민지 조선을 가리키는 알레고리로 읽을 수 있다. 이상 시에 등장하는 대부분의 대립구도는 이처럼 근본적으로 화해 불가능한 두 명의 아버지 사이에서 분열된 이상의 입양아적 위치로부터 비롯되며, 이것이 바로 13인의 아해의 정체이다. 역사적으로 근대에, 그리고 정치적으로 일제에 몸을 기탁한 이들은, 자신을 제대로 키워낼 수 없었던 실제의 부모와 그럼에도 불구하고 실제의 부모를 '몰아내고' 부모 노릇을 하고 있는 '가짜 부모' 그 누구에게도 배타적인 공경을 표하지 않는다. 그는 친부의 입장에서 보자면 고아이지만, 양부가 엄연히 아버지의 자리를 대신하고 있다는 점에서는 고아가 아니다. 양부는 친부의 양육권을 '납찰'하고 친권을 독점하고, 아해를 자신의 상징적 질서 속으로 편입시키고, 이러한 과정에서 친부는 상징적으로 '사망'한다. 입양아의 정신구조는 이러한 맥락에서 이중적으로 분열된다. 그는 자신의 아버지를 살해하고 그 죽음을 애도함으로써 스스로 성인될 수 있는 기회(근대)를 박탈당했다. 자신의 성장 기회를 새로운 아버지에게 빼앗긴 그는 이 새로운 아버지를 죽여야 하는 '강요된 오이디푸스 콤플렉스'에 빠진다. 게다가, 자신의 힘으로 아버지를 죽이지 못한 업보로, 조선/전통/과거는 역사적으로 지양되지 못한 채 죽지 않고 망령으로 되돌아온다. 「오감도」 시 제 2호에서 "나는나의아버지가되고또나는나의아버지의아버지가되고"(이상, I: 21)로 연쇄되는 구절에서 볼 수 있듯이 죽음으로 망각되었어야 하는 과거는 이상의 현재를 강하게 규정하는 마성적 힘으로 작용한다. 전통의 인감(印鑑)은 소멸하지 않은 채, "분총(墳塚)에 계신 백골(白骨)까지가" "혈청(血淸)의 원가상환(原價償還)을 강청(强請)하"는 상황 속에서(이상, I: 83), 이상은 '역사의 슬픈 울음소리'를 들으며, '종합된 역사의 망령'을 본다(이상, I: 47).

　이것은 자신의 아버지를 죽인 자가 다시 자신의 아버지가 되어 있는 상황, 바로 햄릿의 상황이다. 햄릿의 부왕이 망령으로 되돌아오는 것은 이러한 이중적 오이디푸스의 상황을 상징하는 것으로서, 첫째 친부를 극복할 수 있는 기회를 계부가 가로챘다는 점에서 오이디푸스 콤플렉스가 해소될 수 있는 가능성이 박탈되었고 둘째, 망령이 자신의 복수를 원한다는 점에서 새로운 아버지를 살해해야 하는 두번째의 오이디푸스 콤플렉스 구조가 형성되기 때문이다. 영영 '아해'로 남을 수밖에 없는 이러한 햄릿처럼, 식민지적 입양아는 죽었으되 되살아나는 아버지와 정당성이 없으나 아버지 노릇을 하는 또다른 아버지에게 이중으로 구속되어 있다. 이 이중구속(double bind)의 논리[10]가 바로 식민지적 무의식을 지배하는, 서구의 오이디푸스와 다른, 서구의 사회계약과 다른, 한국적 근대 고유의 트라우마이자, 식민지체험에 기인하는 한국 근대정신의 심층 구조라 할 수 있다. 식민지적 오이디푸스 콤플렉스에 이중구속되어 있는 이러한 입양아적 상황에서 가능한 논리적인 태도는 다음의 세 가지뿐이다. 그 하나는 죽은 아버지를 다시 살려내려는 것이고, 다른 하나는 새로운 아버지를 영접하는 것이며, 마지막은 이 둘 모두를 거부하는 것이다. 첫째의 태도는 우리의 근대 정신사에서 소위 '전통주의'로 나타난다. 이는 '근대사회의 위기에 직면하여 그것을 대항하거나 그것을 뛰어넘을 수 있는 정신적, 문화적, 예술적 준거틀을 전통 속에서 찾으려는 경향'이다(남기혁, 2001: 11). 이를 가족 로망스의 언어로 풀어보자면, 부친사망의 총체적 패닉 상태를 극복하기 위해서, 아버지의 이름 즉 전통으로 대표되는 기원적 상징계를 부활시키려는 시도이다. 두번째로 가능한 태도는 죽은 아비를 영원히 묻고, 애도의 노동을 통해 그를 철저하게 망각한 자리에 새로운, 그리고 더 강한 아버지를 영접하려는 시도이다. 이 노선은 양부의 성격에 따라서 다종다기한 형태로 전개될 수 있다. 새로운 아비가 일본제국주의의 경우에는 친일적 근대화론으로, 그것이 일본이 아닌 그 배후에 있는 서구일 경우에 서구의 근대화 경로를 모방하려는 태도로 현상한다. 그러나 이상의 경우는 죽은 아버지를 부활시키려는 시도나 새로운 아버지를 영접하려는 시도를 모두 거부하고, 자신을 압박하는 두 명의 아버지, 즉 두 개의 상이한 상징계 사이의 중립선(中立線)을 따라서 끊임없이 탈주하고자 했다. 이것이 이상이 대표하는 한국 문학의 모더니즘적 도주로(逃走路)이며, 바로 입양아적 상황이 논리적으로 배양한 세번째의 가능성이다.[11] 봉건 조선과 식민모국 사이의 분열선을 따라 도주하는 이 대표적 전략이 바로 이상(李箱)이라는 필명에 고스란히 반영되어 있다.

동생 김옥희의 증언에 의하면 1932년 건축 공사장에서 일본인 인부들이 김해경을 '긴상'이라 부르지 않고 '李상'이라 부른 데서 이상이라 자칭했다고 한다(김옥희, 1964: 418). 이는 친부와 양부, 조선과 일본, 그 중간의 균열선을 상징적으로 확보하고자 하는 이상의 전략으로 이해될 수 있는데, 김해경으로부터 이상으로의 변신이 갖고 있는 무의식적 함의는 다음의 두 가지 차원으로 해석될 수 있다. 첫째, 이 필명은 역성(易姓)이다. 이는 자신을 혈연적으로 규정하는 문벌과 가문으로부터 벗어난 곳에서 자신의 존재를 확정하려는 일종의 주체에의 의지이다. 그러나 김씨를 이씨로 바꾼 김해경은 여전히 자신의 주체성을 위협하는 새로운 질서를 만난다. 이것은, 자신을 '긴상'이라 부르는 일본어의 질서, 일본 제국의 상징계이다. 이러한 상황 속에서 이상(李箱)이

라는 필명의 교묘한 계략이 이해되어야 한다. 일본어로 읽힌 이상은 李きん이다. 성(姓)에 부착하여 존칭으로 호명하는 일종의 호격조사 きん은 우리말 씨(氏)와 상응한다. 이상이 자신의 고유명을 이처럼 '이씨(李氏)'라는 일반적 호칭으로 만들었을 때, 일본어의 상징계는 이상이라는 인간의 고유성을 언어적으로 포착할 수 있는 모든 수단을 박탈당한다.

이는, 아도르노와 호르크하이머가 근대인의 기원으로 파악한 바 있는 오디세우스의 기지(機智)를 연상시킨다. 오디세우스 일행은 키클로페스의 암굴에 갇혀 포도주로 그를 취하게 하고는 탈출할 계획을 세운다. 이때, 술에 거나하게 취한 괴물은 오디세우스에게 이름을 묻는다. 책략의 영웅인 그는 자신의 이름을 아무것도 아닌 자(Udeis, Nobody)라고 부른다(Homeros, 1992: 155). 그의 눈을 찌르고 동굴을 탈출할 때, 키클로페스는 고통에 몸부림치며 동족을 불러 구원을 요청한다. 황급히 달려온 동족들이 고통에 몸부림치는 키클로페스에게 '누가 너를 죽이려 드느냐?'고 묻는다. 이때 키클로페스는 '아무도 아닌 자가 나를 죽이려 든다(의역하면, 나를 죽이려 드는 자는 없다)'고 말한다. 동족은 모두 웃고, 해산한다. 그 와중에 오디세우스는 탈출에 성공한다. 아도르노와 호르크하이머는 이 일화를 신화적 괴물을 퇴치하는 근대적 이성의 책략을 표상한 이야기로 읽고 있다(Adorno·Horkheimer, 1947: 99). 이상은 마치 오디세우스처럼 자신을 '이름이 없는 자'로 만듦으로써 적이 구사하는 호명의 상징계에 포획되지 않고 그 그물을 벗어나기 위해서 일종의 자발적 창씨개명(創氏改名)이라는 드라마를 연출하고 있다. 이상의 개명(1932)보다 약 팔 년 늦게 실제로 시행될 일제에 의한 집합적 호명양식의 개조작업에 앞서서, 이상은 자신의 이름을 '자발적으로' 일본어 발음으로 부르고 있으나 이 이름은 놀랍게도 실체가 없다. 이름을 발음하는 순간, 이름의 주체는 빈 상자(箱)만을 남기고 끝없이 도주한다. 전통의 '아버지'와 일본이라는 '아버지' 사이에 이상은 기호학적인 지중해를 건축하고, 그 바다를 끝없이 유랑하는 까마귀가 되어 스스로 초월적인 '눈동자' 하나를 형식적으로 창출한다. 그러나 끝없는 자살충동과 퇴행과 모색과 실패로 이루어진 이 탈주의 몸짓은, 이상이 동경으로 건너가 자신을 그렇게나 구속한 일본의 근대를 실제로 목도하고 큰 환멸을 느낀 채 불령선인으로 검거되어 사망함으로써 미완성의 가능성으로 남았다. 이처럼 이상은 시대의 막다른 골목으로 질주하여 파열해버린 아해의 형상으로 고착되었지만, 그가 「오감도」 시편들에서 창출한 이 정치적 무의식의 암울한 알레고리는 30년대 식민지 상황에 기원을 두는 근대성이 도달한 한계를 우리에게 적나라하게 보여주었다. 그것은 한국 모더니티의 발생이 단순히 '비극적'이었다는 사실을 의미하지 않는다. 왜냐하면, 근대는 본질적으로 비극적이기 때문이다. 남은 질문은 이것이다. 서구 모더니티의 비극성과 한국 모더니티의 비극성은 어떠한 점에서 다른가? 바로 이 질문에 해답을 던질 수 있을 때 한국 모더니티의 특수성 혹은 특이성은 한층 더 심층적으로 이해될 수 있을 것이다.

V. 까마귀—한국 모더니티의 토템

프로이트가 제시한 (근대)사회의 발생에 대한 가설은 사실, 오이디푸스 콤플렉스나 가족 로망스와 마찬가지로, 그리스 비극의 구조와 상동성을 갖고 있다(Freud, 1913b: 423). 부친살해 드라마의 아버지처럼 그리스 비극의 주인공 또한 운명적이고 필연적인 죽음을 맞이한다. 부친살해 드라마에서 아버지의 죽음이 아들들의 손에 의해 이루어지는 것처럼, 그리스 비극에서 주인공의 죽음은 반드시 특정 집단의 목하(目下)에서 이루어진다. 그것이 바로 코러스이다.[12] 코러스는 주인공을 에워싸고, 그에 대한 연민의 파토스에 휩싸여 그를 달래고, 그만 슬퍼하도록 만류하고, 그 슬픔을 진정시키려고 하지만 주인공이 당연히 그런 벌에 상응하는 죄를 지었다는 사실을 알고는 함께 애통해한다. 프로이트는, 그리스 비극의 이 코러스를, 주인공을 죽인 공동체 즉 아들들의 무리와 등치시키면서 자신의 가설을 서구 문화의 가장 권위 있는 극형식과 접목시킨다.[13] 말하자면 그리스 비극의 코러스는 결국 부친을 살해한 아해들이라는 것이다. 원초적 대(大)범죄의 기억을 종교는 토테미즘과 유일신교의 창설로 기억하고, 예술은 비극으로 재연하고, 또한 국가는 공화국의 성립으로 제도화한다는 논리이다. 요컨대, 프로이트가 서사하는 (근대)사회의 기원은 희극적이지도 않고, 서사시적이지도 않으며, 엄밀한 의미에서는 비극적인 것이다.

가족 로망스, 사회계약설 그리고 그리스 비극이 공유하는 어떤 상황, 말하자면 근대사회의 발생과 연관되어 있는 불가피하고 고통스런 폭력의 필연성을 염두에 두고 다시 이상의 시를 살펴보면 우리는 13인의 아해들의 정체를 한층 더 구체적으로 규명할 수 있다. 즉, 이들은 한국 모더니티의 발생 공간에서 벌어진 초석적 폭력인 비극적 장면의 코러스이다. 이 코러스는 죽은 주인공(소멸하는 영웅)의 죽음을 사회의 구성으로 변화시키게 될 그러한 존재들이다. 그러나 한국 근대의 비극적 기원의 코러스인 아해들의 음악은 화성이 아닌 '절규'의 불협화음에 불과하고, 이들의 파토스는 즉자적인 '공포'에 불과하다. 사회를 만드는 원천적인 힘으로서의 비극성의 서구적 도식에 하나의 결여가 발생한 듯, 이상의 「오감도」 제1호에 등장하는 코러스는 '누가 죽었는지', '왜 죽었는지', '왜 죽을 수밖에 없었는지' 말하지도 않으며, 그를 연민하지도 않는다. 이 코러스는 노래하지 못하는 합창대, 즉 분열되어 도피하는 합창대이다. 그 까닭은 이들이 비극적 주인공의 살해자가 아니기 때문이다. 이들이 죽어가는 주인공을 둘러싸고 그를 애도하지 못하는 까닭이 여기에 있다. 이들은 아버지의 죽음을 실행한 것이 아니라 단순히 목격한 자들이다. 이들이 공포에 휩싸여 있는 것은 아버지의 죽음을 방조하였거나, 아버지의 죽음에 침묵으로 혹은 무능으로 공조했기 때문이다. 13인의 아해의 공포는 부친살해의 죄책감이 아니라, 부친살해의 목격자로서의 경악이며, 부친의 살해자를 다시 아비로 맞이한 부끄러움과 치욕의 공포이다. 죄책감이 아닌 치욕의 공동체, 그리하여 코러스가 아닌 관객으로서의 공동체인 것이다. 이것이 바로 한국 모더니티의 발생적 특이성에서 비롯된 한국 사회의 무의식적 트라우마이다.

근대가 창출하는 피의 역사, 전복의 역사, 혁명의 역사, 파괴와 부정의 역사, 살해의 역사를 체험한 주체는 부끄럽지 않고 죄스럽다. 이들의 죄는 마음 깊은 곳에서 하나의 정언명령으로 내면화된다. "살아남은 자들이 공동체를 이루어 다시는 그 폭력적 비극을 반복하지 말자, 혹은 우리의 폭력으로 희생된 자들을 다시 역사 속에서 만들지 말자." 이것이 현실인가 몽상인가, 아니면 진심인가 거짓말인가라는 문제는 부차적인 것이다. 중요한 것은 근대를 주도한 인간의 정조는 죄와의 싸움이며 교섭 속에서 형성된 죄의식이라는 사실이다. 죄의 근대가 아닌 치욕의 근대를 형상화했다는 점에서, 그리고 치욕으로부터 비롯되는 공포라는 식민지적 비극의 파토스를 통찰했다는 점에서, 마지막으로 파열된 코러스인 13인의 아해의 형상을 창조했다는 점에서 이상의 「오감도」 시 제1호는 '한국' 모더니티의 파행성과 가능성을 동시에 보여준다. 파행과 가능의 교점에 한 마리의 까마귀가 한국의 근대가 시작되는 창세기적 비극 상황을 굽어보고 있다. 우리의 무의식적 욕망과 희망과 두려움이 표현되는 공간인 문화의 영역에서 이상의 까마귀는 아직도 날고 있다. 역사의 파국적 국면이 반복될 때마다, 「오감도」 시제1호가 반복적으로 나타나는 기원이 되는 것은 그 까닭이다.

　벤야민의 용어를 빌려 말하자면, 「오감도」는 한국 사회의 '변증법적 이미지'이다. 까마귀와 그의 시선에 잡힌 풍경은 1930년대에 최초로 등장하지만, 1960년대 4·19 이후에 김수영이 시니컬한 어조로 묘사하는 궁상맞은 지식인들의 일상에서, 최인훈이 말하는 '광장의 부재'에서 다시 나타나게 될 것이며, 80년대의 고통과 열광을 겪고 난 90년대 이후 지식인의 혹은 문화인의 마음속에 다시 날아오른다. 저 까마귀가 활공하는 한, 우리는 아직 이상 문학의 정치적 무의식으로부터 자유로운 것이 아니며, 아직도 새로운 아버지에게 입양되어 있는 아해이며, '타자들과 함께 사는 계약의 기예'를 알지 못하는 풍요로운 야만의 시대를 사는 것이며, 근대를 생략한 채 포스트모던으로 달려가는 현실의 껍데기 뒤에 파열된 식민지의 체험이 빚은 시대착오적 상처들로 신음하는 것이 아닐까? 이상의 창세기는 이처럼 근대의 시작(始作)에서 비롯되는 고통이라기보다는, 근대의 시작이 지연됨으로써 비롯되는 착란의 가능성을 보여준다. 이 착란의 핵심에 '사회의 부재'가 자리잡고 있다. 이 부재의 기원을 풍경으로 구성하는 까마귀의 존재는 그리하여 용이한 위안이나 희망을 주는 대신에, 근대한국의 치명적 결손을 끊임없이 환기시키고 이를 성찰하게 하는, 한국 모더니티의 토템으로 기능하고 있다.

주

1) 이상 문학의 연구사는 다음을 참조할 것(안미영, 2003: 12 이하; 조해옥, 2001:13 이하, 김주현, 1999: 13-20; 이수정, 2004: 268-270).

2) 이 개념은 종교 현상학자인 엘리아데(Mircea Eliade)가 근대세계에서 종교적 열정이 살아남는 방식을 설명하기 위해서 사용한 은폐종교성(crypto-religiosité)을 변용한 것이다. 엘리아데에 의하면, 탈신비화되고 세속화된 근대적 세계에 기왕의 종교적 상징, 이미지, 열정 등은 모양을 바꾸어 잔존한다. 외견상으로 종교성(성/속의 의미론적 구분)이 소멸한 듯이 보이는 근대인의 행위 패턴을 살펴보면, 그가 아직도 성스러운 것과 세속적인 것의 질적인 구분을 유지하고 있음을 알 수 있다. "그러나 이러한 세속적 공간의 체험 속에서 공간에 대한 종교적인 체험을 특징짓는 비동질성을 환기시키는 가치들이 개입함을 알 수 있다. 아직도 차별화된 공간은 존재한다. 태어난 고향의 풍경, 첫사랑의 장소들, 청년기에 방문했던 외국의 첫번째 거리나 골목 등. 이러한 장소들은 가장 노골적인 비종교인에게도 '유일한', 예외적인 질적 가치를 갖게 한다"(Eliade, 1957: 28). 엘리아데는 이처럼 외견상 '비종교적'이지만, 사실은 종교적 전통과 거의 유사한 기능을 수행하는 일련의 태도들을 '은폐-종교적 태도(comportement crypto-religieux)'라 부른다(Eliade, 1957: 28). 이러한 논의를 텍스트와 현실의 관계에 적용시키면 우리는 특정한 텍스트의 은폐-역사성이라는 개념을 사용할 수 있다.

3) 문학텍스트가 현실을 변형시키는 과정을 꿈-작업(Traumarbeit)에 비유하고, 또한 이 작업의 결과 산출되는 기호의 성격을 알레고리로 규정하는 제임슨의 논의는 프로이트의 정신분석학적 꿈의 이론과 직접적으로 조응한다. 프로이트는 자신의『꿈의 해석』에서 추상적 개념을 이미지로 변형시키는 것을 꿈-작업의 핵심으로 파악하고, 이 과정을 기호학적으로는 '알레

고리화'로 제시하고 있다. "꿈–작업이 직접적인 묘사가 불가능한 일련의 추상적 사고를 깨어 있을 때의 삶에서 받아들여 꿈으로 변화시키는 과제를 수행하는 것으로 드러났다. 이 과제를 해결하기 위해 꿈-작업은 추상적 사고와 종종 알레고리적(allegorisch)이라 부를 수 있는 느슨한 관계를 맺고 있으며 표현이 비교적 용이한 다른 사고 재료를 이용한다. 꿈을 꾼 당사자는 그런 식으로 생겨난 꿈에 대해 직접 추상적으로 해석할 수 있다"(Freud, 1900: 611).

4) 춘원의 동정(同情) 개념에 대한 개념사적 연구로는 다음을 참조할 것(김성연, 2003).

5) 20세기 초반 식민지 시기에 '사회'라는 개념이 어떻게 형성되었는지에 대한 개념사적 연구로는 다음을 볼 것(박명규, 2001 ; 박명규, 2003).

6) 이상의 작품을 인용할 때는 문학사상사에 펴낸 『이상전집I, II, III』을 사용하며, 표기는 (저자, 전집권수: 쪽수)의 방식으로 한다.

7) 이와 관련하여, 19세기 말 빈의 정치적 상황과 미적 모더니티의 연관을 '지식사회학적으로' 탁월하게 규명한 쇼르스케(Carl. E. Schorske)는 자신의 『세기말 비엔나』의 4장에서 프로이트의 『꿈의 해석』의 정치적 무의식을 재차 정신분석하고 있다. 그에 의하면, 프로이트의 정신분석학의 기초적 개념들과 꿈 해석학의 주요한 방법론, 절차, 접근 방식 등은 프로이트 당대의 정치적 지형(유대인 지식인들을 둘러싼 정치적 상황)과 조응하는 측면을 갖고 있다(Schorske, 1981: 181-207).

8) 프란츠 파농은 식민지 지배자가 피식민자를 형상화하는 다양한 알레고리적 수사학들을 열거한다. 알제리의 풍토와 풍경과 기후를 반영하는 프랑스 식민주의적 상상력의 산물에 틀림없을 이 비유들 중에서 주목할 것이 바로 피식민자는 늘 '부모가 없는 아이들'로 표상된다는 사실이다. "이주민이 원주민을 말할 때 사용하는 용어는 동물학적 용어다. 이주민은 황인종이 파충류처럼 움직인다고 말하며, 원주민 거주지의 불결함과 악취, 원주민의 몸짓, 자식을 많이 낳는 것 등에 관해 자주 언급한다. 또한 원주민을 정확하게 묘사하려 할 때는 늘 동물 우화집의 예를 든다. 유럽인들은 명확히 꼬집어 말하는 경우가 드물지만, 그들을 잘 아는 원주민은 대번에

그들의 생각을 알아차린다. 급증하는 인구 통계, 히스테릭한 대중, 인간성을 잃은 얼굴들, 도저히 이 세상의 것처럼 보이지 않는 뚱뚱한 신체, 시작도 끝도 없는 군중, **부모가 없는 듯한 아이들**, 태양 아래 늘어진 게으름, 식물적인 리듬, 이런 것들이 식민지의 어휘를 이룬다"(강조는 필자, Fanon, 1961: 62-3).

9) 흥미로운 사실은, 이상 작품의 의미구조를 형성하는 이 가족 로망스가 식민모국인 일본의 정치적 이데올로기의 차원에서도 발견된다는 것이다. 오구마 에이지는 일본의 국체론의 계보를 탐색하면서, 이 문제를 언급한다(오구마 에이지, 1995). 국체론이란 '대일본제국'과 천황가를 총본가로 받드는 가족국가의 이데올로기이다. 이는 일본이 근대국가로 성장하는 데에 필요한 이데올로기적 배경을 제공했음에는 틀림이 없으나(제국 신민이 천황을 조상으로 하는 대가족이라는 관념), 조선과 대만이라는 이민족이 제국에 편입되었을 때 다음의 질문이 제기된다—조선인과 대만인은 천황을 아버지로 하는 이 거대한 국가가족에서 어떤 위치를 차지하고 있는가? 그 해답이 바로 '입양'이었다. 오구마 에이지가 인용하는, 도쿄제대 조교수를 거쳐 제국교육회 이사로 있던 오오시아 마사노리(大島正德)의 「나의 국체관과 국가인격론」에 등장하는 다음의 구절이 이를 잘 보여준다. "물론 저들이(조선) 우리와 동일 민족이라고는 할 수 없지만 우리나라 본래의 국가가족 내에 저들도 양자처럼 받아들여 정신적으로 가족 취급을 하는 것이 우리 국체를 확대하는 것이 된다고 생각하는 것입니다"(『東亞の光』13권 4호, p.14-5, 오구마 에이지, 1995: 197 재인용). 에드워드 사이드 역시, 식민모국과 식민지 사이의 관계에서 발생하는 일종의 정치적 포함과 모방관계를 입양(affiliation)이라는 가족적 메타포를 동원하여 설명한다(Said, 1983). 정치적, 외교적 관계를 표상할 때 동원하는 상상계는 많은 경우 '로망스'의 형태를 취한다는 사실은 이에 대한 또다른 연구를 요청하는 매우 흥미로운 테마라 할 수 있다. 가령, 정치인들 혹은 정당들 사이의 밀착, 배신, 담합, 교섭 등은 모두 연애의 수사법을 원용한다. 우리는 이를 일간신문의 '만화'에서 무수하게 발견한다.

10) 이러한 이중 구속의 논리는 이상의 『날개』의 한 장면에서 매우 결정적인

징후로 나타난다. 주지하듯이, 이 소설의 화자는 안해에 기생하여 사는 일종의 퇴행자이다. 화자가 아내의 매춘 장면을 목도하고 가출한 후에 돌아와 심하게 앓고 있을 때 그의 안해가 그에게 약을 준다. 화자는 그것을 아스피린이라고 생각하지만, 안해의 화장대에서 최면약 아달린 통을 발견한 이후로 의심에 빠진다. 화자가 산책을 나가서, 벤치에 앉아 상황을 곰곰이 생각하다가 들고 나온 아달린을 먹고 혼절하여 깨어나는데, 그 깨어나는 장면이 다음과 같다. "내가 잠을 깨었을 때는 날이 환히 밝은 뒤다. 나는 거기서 일주야를 잔 것이다. 풍경이 그냥 노-랗게 보인다. 그 속에서도 나는 번개처럼 아스피린과 아달린이 생각났다. 아스피린, 아달린, 아스피린, 아달린, 마르크스, 말사스, 마도로스, 아스피린, 아달린"(이상, II: 340). 얼핏 보면, 정신을 잃은 자의 헛소리처럼 보이지만, 이 장면은 사실 이상의 정치적 무의식이 표출된 일종의 텍스트적 징후의 가장 명백한 실례이다. 아스피린은 치료약이고 아달린은 병을 심화시키는 마약이라면, 마르크스는 해방론자요 말사스는 인구론자다. 한쪽에는 치료의 의미소의 계열이 있고 다른 한쪽에는 마취(합리화)의 의미소의 계열이 있다. 좀더 분석적인 연구가 필요하겠지만, 아내와 화자의 관계를 정치적 알레고리로 읽는다면, 이는 기본적으로 일본제국이 조선에 주는 것이 발전인지 아니면 수탈인지, 근대인지 아니면 환상인지를 이상은 묻고 있는 것으로 읽을 수 있다. 『날개』에 대한 반식민주의적 접근으로는 다음을 볼 것. 헨리 홍순 임, 1999.

11) 신형철은 들뢰즈와 가타리의 『앙띠 오이디푸스』를 원용하면서 이상의 안해(兒孩)를 카프카적·파시즘적 권력과 오이디푸스적 권력에 의해서 형해(形骸)화된 피식민지인의 상징으로 파악하면서, 이 두 권력을 탈주하는 이상의 전략으로 '무기체되기', 즉 '기관없는 신체'로의 이행전략을 분석하고 있다(신형철, 2008: 476-483). 문학의 영역을 넘어서 말하자면, 이러한 탈주선의 다른 양태를 아나키즘에서 찾을 수 있는 가능성이 있다. 가령 잘 알려진 것처럼 신채호의 사상적 궤적은 민족주의에서 아나키즘으로 기울어져갔는데, 거기에는 근본적으로 그의 자강론(진화론)에 내재된 모순이 존재한다. 즉, '我와 非我의 투쟁'이라는 역사관과 결합된 약육강식을

원칙으로 하는 자강론을 뒤집으면, 강자인 일본이 약자인 조선을 지배하는 현실을 정당화하는 논리가 도출된다. 신채호의 아나키즘은 이처럼 그의 민족주의에 내재한 논리적 모순을 넘어서려는 시도였던 것으로 보이는데, 아나키즘에 이르렀을 때 비로소 '아버지 없는 정치공간'의 상상력, 즉 죽은 아버지를 민족의 이름으로 부활시키려는 민족주의도 아니며 역사의 승자인 새로운 아버지에게 정당성을 부여하는 논리인 사회진화론도 아닌, 제3의 가능성을 발견하게 된다. 이상의 모더니즘과 신채호의 아나키즘을 연결시킬 수 있는 것은 바로 이러한 가족 로망스의 정치적 무의식이다.

12) 이것은 비극이 일종의 희생양 제의라는 지라르(René Girard)의 통찰과도 상통하는 것이다. 즉, 특정 공동체는 자신을 유지하기 위해서 희생양을 설정하고 그를 죽인 후 영웅으로 만들어 기억함으로써, 집합체의 생명을 유지한다. 이러한 사회적 드라마의 예술적 형식이 비극이라면, 주인공의 죽음을 둘러싸고 있는 코러스는 바로 사회의 구성원 혹은 사회계약의 주체들이다(Girard, 1972).

13) 지라르는 그리스 비극과「욥기」를 교차 분석하면서, 비극적 장면, 즉 공동체에 의해서 희생양이 되어 죽음에 이르는 주인공들의 주변에 집단 혹은 무리로 나타나는 짐승들의 형상이 늘 존재함을 지적한다. 그에 의하면 집합적 폭력은 이런 경우에 늘 신적 의지의 반영으로 표상되며, 비극의 주인공은 이러한 의미에서 사회라는 신의 희생양이다(Girard, 1985).

11장
유령, 리좀 그리고 교량(橋梁)
—김수영 전통론의 재구성

I. 전통에 대한 사유의 가능성

전통과 근대의 관계에 대하여 크게 다음 두 가지 상이한 입장이 존재한다. 첫째는 베버, 뒤르켐, 퇴니스 등 고전사회학자들에게 폭넓게 수용된, "근대가 전통을 파괴한다"는 관점이다(Shils, 1981: 21-2; Eisenstadt, 1973: 1-11). 이에 의하면, 근대에 접어들면서 새롭게 등장하는 사회적 관계, 연대의 방식, 삶의 형식은 그 이전 사회를 지배하던 삶의 유형들을 소멸시킨다. 그러나 이와는 상이한 시각에서 근대와 전통의 관계를 설정하는 입장 또한 존재하는데, 그 대표적인 실례가 홉스봄이 주축이 되어 진행되었던 소위 '발명된 전통들'에 대한 연구들이다. 이에 의하면, 장구한 역사를 가지는 것으로 간주되던 유럽 제(諸) 국가들의 민속, 의례, 시가(詩歌), 교의 등은 사실 19세기 말에서 20세기 초반에 진행된 국민국가 형성과정에서 집중적으로 '발명'된 가공품들이다. 이러한 입장에서 보면 근대는 전통을 파괴하는 것이 아니라 오히려 전통을 만들어낸다(Hobsbawm et al., 1983). 서로 상반되어 보이는 이 두 입장은 그러나 하나의 전제를 공유하고 있다. 그것은 양자 모두 전통을 '실체'로서 파악하고 있다는 사실이다. 전근대적 삶의 총체적 양식을 가리키건 아니면 근대적 정치 주체가 의도적으로 발명해낸 것이건 간에, 전통은 만들어낼 수도 있고, 파괴할 수도 있고, 상실할 수도 있는 '콘텐츠(contents)'로 인식되고 있다. 전자의 경우 이러한 콘텐츠-전통이 근대에 접어들면서 파괴·소멸되었다는 입론이며, 후자의 경우 근대가 오히려 이러한 콘텐츠-전통을 창출했다는 주장이다. 이처럼 전통을 콘텐츠로 파악할 때 우리는, 무의식적이고 습관적인 삶의 현실 특히 문화적이고 정신적인 영역에서 여전히 전통적 사유와 감각과 감수성이 행사하는 강력한 헤게모니에 대한 직관적 인정을 더이상 이론적으로 논할 수 있는 언어를 갖지 못하게 된다. 만일 모든 전통이 콘텐츠-전통이라면, 전통은 전부 사망했거나 혹은 위조되었다는 추측을 가능하게 한다. 사망한 것이라면 전통은 부패하여 소멸된 시체이며, 위조된 것이라면 전통은 인형, 즉 물신이다.

서구의 사회과학이 전통에 대한 사유 속에서 보여준 이 단순한 접근법은 피(被)식민자로서 근대를 체험·사유할 수밖에 없었던 가령 한국의 지식인들에게 소위 '정신적 이중구속'의 형식으로 재현된다. 우리는 식민 모국 즉 일본이나 서구의 근대를 열망하면서 우리의 과거를 '전통'의 범주로 실체화하여 이와 결별해야 했던 동시에, 그 동일한 과거를 영광스런 신화적 기원으로 조직하여 식민자의 상징적 힘과 겨루어야만 했다(류보선, 1998: 65; 김동춘, 1996: 274). 환언하면 전통은 근대에 의해서 '살해'되어야 했으며 다른 한편으로 자신들의 언어와 상징으로 '발명'되어야 했다. 살해되어야 하는 전통은 부정의 대상이었으며 발명되어야 하는 전통은 찬양의 대상이었다. 그리고 바로 이러한 의미에서 전통이란 억압되어야 하는 동시에 회귀해야 하는 기묘하고 모순적인 대상으로 설정되었던 것이다. 과거가 이처럼 이율배반적인 두 명령(첫째 "나를 죽여라", 둘째 "나를 부활시켜라")을 내리는 상황은 전형적으로 베이트슨(Gregory Bateson)이 말하는 정신분열증적 상황이다(Bateson, 2000: 331 이후). 과거를 죽여도 처벌을 받고 과거를 부활시켜도 처벌을 받게 되는 이런 상황에서 과거와의 소통에 기초한 전통에 대한 '사유'는 불가능해진다. 그리하여 식민지적 기원을 갖고 있는 한국의 근대사회사상 속에는 오직 전통에 대한 '독트린'만이 존재했던 것이다. 전통은 논리적이고 이성적인 성찰과 논쟁의 대상이 되는 대신에, 언제나 무조건적인 옹호 혹은 무조건적 극복의 대상으로서 선험적으로 정초되었다.

이런 맥락에서 이 글은 김수영이 보여준, 전통에 대한 제3의 사유 가능성을 탐구하고자 한다. 잘 알려진 것처럼 김수영은 1960년대 한국 시단을 대표하는 시인이며, 현재까지 그의 시편들에 대한 광범위하고 심층적인 해석과 재평가가 이루어지고 있는 중요한 문학사적 인물이다(남진우, 2001: 19; 유종호, 1982: 258). 그러나 김수영 문학의 진정한 권능과 영향력은 순수하게 시적인 차원으로 환원되지 않는다. 그는 분명히 시인이었지만, 이와 동시에 당대 한국 사회의 중요한 지식인이었다. 김유중이 지적하고 있듯이, 김수영은 언제나 '지식인으로서의 시인'의 풍모를 유지하고 있었고, 스스로를 시인이자 사상가로 인지하고 있었으며, 시와 철학의 대화를 특별히 강조하였다(김유중, 2005: 458-460). 실제로 김수영 시의 독특한 점은, 그것이 매우 풍부한 철학적, 정치적, 사회적 함의를 내포하고 있다는 점이다. 이는 아마도 시인 자신이 당대 한국 사회의 다양한 모순들에 대해서 진지하고 고통스런 성찰을 수행해왔기 때문이었던 것으로 보인다. 그가 천착했던 다양한 문제들 중의 하나가 바로 근대성과 전통의 관계였다. 뒤에서 상세히 살펴보겠지만, 김수영은 근대와 전통이 맺는 이 관계를 매우 독특한 방식으로 사유하고 디자인하였다. 그 흔적들이 몇몇의 중요한 시편들에 각인되어 있다. 우리는 이 시편들을 집중적으로 분석함으로써 그의 독특하고 창의적인 전통론을 해명하고자 한다. 이를 위해서 우리는 매우 과감하게 프랑스 철학의 간판 개념 두 개를 원용한다. 그것은 데리다의 유령(spectre) 그리고 들뢰즈와 가타리의 리좀(rhizome) 개념이다. 외래의 개념을 동원하여 김수영의 시를 들여다보고자 하는 이 시도는 개념을 통해서 김수영의 시세계를 철학적으로 번안(paraphrase)하고자 함이 아니라, 김수영이 보여준 독특한 전통에 대한 사유가, 형이상학적 근거, 기원, 실체에 대한 비판적 사유의 과정에서 도출되는 위의 두 개념들을 통해서 매우 효과적으로 설명될 수 있다는 발견술적(heuristic) 가치에 대한 직관적 신뢰 때문이다. 시인 김수영에 대한 접근을 통해서 사상가 김수영을 복원하고자 하는 이 시도의 모든 과정에서 유령과 리좀의 개념은 긴요한 아리아드네의 끈으로 기능할 것이다. 그 끈을 붙들고 우리가 수행할 탐사의 절차는 다음과 같다. 첫째, 우리는 「아버지의 사진」(1949)을 중심으로 김수영 초기 시를 지배하는 '유령-전통(specter-tradition)'의 테마를 분석한다. 둘째, 「거대한 뿌리」(1964)를 재해석함으로써 우리는 김수영의 전통론에 발생한 중대한 전환을 '리좀-전통'의 개념으로 재구성한다. 마지막으로 「근대적 교량」(1964)에 형상화된 세대적 전승과 '다리'의 시적 장치를 탐구한다.

II. 유령-전통

김수영의 문학적 지평은 넓은 의미의 모더니즘을 결코 벗어난 적이 없다. 이상과 마찬가지로, 김수영은 자연을 소재로 하는 서정시를 쓴적이 없으며, 그런 이유로 그는 흔히 급진적 반전통주의자로 인지된다. 그러나 일반적으로 모더니즘이 새로움의 추구, 미적 혁신 그리고 고래의 전통에 대한 반감으로 특징지어진다는 사실을 고려할 때, 김수영의 초기 시들은 이미 모더니즘의 전형적 가치와 상이한 특징들을 보여주는 것 또한 사실이다. 1945년에 『예술부락』에 실린 「廟廷의 노래」로부터 1949년에 김경린, 임호권, 박인환, 양병식 등과 함께 『새로운 도시와 시민들의 합창』에 「아메리카 타임誌」와 「공자의 생활란」을 수록하기까지 약 5년 동안을 흔히 김수영 문학의 출발기로 규정하는데, 바로 이 시기에 그의 의식을 사로잡은 가장 중요한 문제는 '아버지'가 상징하는 전통이라는 테마였다. 「廟廷의 노래」 「이虱) 「아버지의 사진」 등의 초기 작품들에서 시적 화자는 '이미 돌아간' 그리하여 '사진으로만 존재하는' 아버지의 권위에 철저하게 억눌려 있는 모습으로 등장한다(남기택, 2005: 129).

나는 한번도 아버지의
수염을 바로는 보지
못하였다(이虱, 전집I: 18)

돌아가신 아버지의 寫眞에는
眼鏡이 걸려 있고
내가 떳떳이 내다볼 수 없는 現實처럼
그의 눈은 깊이 파지어서
그래도 그것은
돌아가신 그날의 푸른 눈은 아니요
나의 飢餓처럼 그는 서서 나를 보고
나의 妻를 避하여

그의 얼굴을 숨어 보는 것이요

(「아버지의 사진」, 전집I: 22)

　시적 화자는 돌아가신 아버지의 눈을 제대로 바라보지 못하고 있음을 고백한다. 눈은커녕 수염조차 제대로 쳐다보지 못하고 있다. 그런데 이런 정시(正視)의 어려움은 사실 기묘한 것이다. 왜냐하면 김수영은 1945년에 발표된 「공자의 생활난」에서 그 유명한 정시(正視)의 시학을 천명한 바 있기 때문이다. 그것은 "동무여 이제 나는 바로 보마"로 표현되는, 붕우에게 던져진 선언에 녹아 있다. 무엇을 바로 보자는 것인가? "사물의 생리와 사물의 수량과 한도와 사물의 우매와 사물의 명석성을" 바로 보겠다는 것이다. 즉, 관념 이전의 물(物)의 세계를 허위와 편견과 오해와 착각 없이 있는 그대로 보겠다는 것이다. 그 바로 봄은 무엇으로 귀결되는가? 시의 마지막 연에 "그리고 나는 죽을 것이다"라고 쓰고 있듯이, 그 귀착점은 죽음이다(전집I: 15). "나는 바로 보마"라는 육자(六字)가 바로 김수영의 "모든 시의 정신이자 좌표"로 이해되고 있음을 감안할 때(최하림, 2001: 116), 그리고 세계를 바로 봄으로써 삶의 궁극을 완성하고 기꺼이 죽음을 맞이하겠다는 그 선언이 사실은 조선 500년의 이념세계의 상징적 아버지였던 공자의 '조문도 석사가의(朝聞道夕死可矣)'의 차용임을 상기할 때(유종호, 1982: 245), 자신의 아버지의 사진을 제대로 바라보지 못하는 저 연약함은 전혀 김수영답지 않은 발상이며 태도라 아니할 수 없다. 그렇다면 왜 김수영은 아버지의 사진을 '숨어서만' 볼 수 있는 것일까?

　그것은 부재하는 아버지가 압도적인 전통을 상징하고 있기 때문이며, 돌려 말하자면 김수영의 의식이 부재하는 전통에 의해 억압되어 있었기 때문이다.[1] 이러한 상황은 그의 첫 작품인 「廟廷의 노래」에 대한 자평을 적은 「연극하다가 시로 전향—나의 처녀작」에 매우 노골적으로 진술되어 있다. 이 글에서 김수영은 자신이 어릴 적에 늘 참배하던, 폐허가 된 동묘(東廟)에서 이유를 알 수 없는 "외경과 공포"를 느꼈다고 고백한다(전집 II: 227). 사진 속의 아버지가 생명이 아니라 망자의 이미지인 것처럼, 위의 시가 묘사하는 묘정에 생명의 온기를 지닌 것은 아무것도 발견되지 않는다. 김수영 스스로 평가하고 있듯이 위의 시에 등장하는 저 공자의 사당, 즉 문묘(文廟)에는 "불길한 곡성 같은 것이 배음으로" 흐르고 있다(전집II: 227).[2] 곡성, 불길한 기운, 외경, 공포는 김수영이 당시에 전통과 맺고 있던 관계의 독특성을 보여주는 징후들이다. 아버지가 상징하는 전통은 이미 사멸하였다. 그것은 존재하지 않는 이미지에 불과하거나 기억에 불과하다. 그런데 전통은 완전히 죽은 것이 아니라, 어떤 기운을 뿜어내면서, 보이지는 않지만 거기에 있음을 불길하게 신호하면서, 김수영의 감수성을 압박하고 있다. 전통은 죽었지만 죽지 않았고, 살아 있지만 보이지 않는 상태로 나타난다. 1960년의 「파리와 더불어」에서 그가 쓰듯이, 김수영에게 전통은 "새처럼 겨우 나무그늘같은 곳에 / 정처를 찾"는 어두운 무언가로 현상하고 있다(전집I: 135). 시작 초기의 김수영은 분명히 그 어둠에 예민한 감수성을 투하하고 있다(김명인, 2002: 85-6). 그러나 명백한 것은 그가 이런 전통과의 소통에 적극적이거나 개방적인 태도를 취하고 있지 않다는 사실이다(박수연, 1999: 307). 우리가 데리다의 유령-존재론(hantologie)을 원용하자면, 시작 초기의 김수영에게 전통은 일종의 유령(spectre)으로서 현상한다고 할 수 있다.

유령이란, 생물학적으로는 이미 사망했기 때문에 생존해 있지 않으나, 아직 상징적으로 매장되어 처리되지 못했기 때문에 끊임없이 회귀하여 주체의 영혼에 출몰하여 강박적 무게로 작용하는 모호한 망령이다. 그것은 실체도 아니며 그렇다고 완전히 부재하는 무(無)적 존재 또한 아니다. 유령은, 그 부재가 바로 현존인 독특한 존재이며, 실존하지 않는 환영의 우연적이고 사건적인 나타남이다. 이런 점에서 데리다는 "부재하는 것의 현존재" 혹은 "감각할 수 없는 것이면서도 감각 가능한 것이고, 보일 수 없는 것이면서도 보이는 것"으로 유령을 규정한다 (Derrida, 1993: 16, 176). 사실 '유령'의 개념으로 데리다가 주장하는 것은, 어떤 특정한 지적 '전통'(마르크스주의)이 자의적으로 역사에서 삭제될 수 없으며, 그것을 억압하고자 하는 시도는 오히려 그 전통을 유령의 형식으로 회귀하게 한다는 사실이다. 그것은 햄릿의 부친처럼 헛것으로 나타나서 명령하고, 요청하고, 호소한다. 유령은 애도되지 못한 죽음이며 상환되지 못한 부채이며 실현되는 데 실패한 과거의 집합적 소망 혹은 약속이기 때문이다. 이처럼 데리다의 '유령' 개념을 채택하면, 초창기 시작 과정에서 형성되어 표현된 김수영의 전통에 대한 관점을 우리는 '유령-전통'이라는 개념으로 포착할 수 있을 것이다. 유령-전통이란 그렇다면 어떤 특성들을 갖고 있는 것인가?

첫째, 유령-전통은 근대가 살해한 것으로 여겨지는 전통처럼 현실에서 완벽하게 지워진, 그리하여 아무런 힘도 위력도 압력도 갖고 있지 않은 공허한 이름이 아니다. 유령-전통은 죽지 않고 살아 있는 전통이다. 유령-전통은 강박하고, 강제하고, 상기시킨다. 이는 후세의 몸에 각인되어 있고 마음에 잠재되어 있는 '문화적 문법'과도 같은 것이다. 의식되지 않는 무의식적 행위의 규칙으로서 전통은 보이지 않는 방식으로 자신의 권능을 드러낸다. 바로 이런 점에서 유령-전통의 사유는 '근대가 전통을 살해한다'는 명제에 기초한 전통 사유를 지양한다.

둘째, 유령-전통에 대한 인식은 근대에 와서 일종의 차폐기억 혹은 거짓 기억으로 날조된 '발명된 전통'의 물신성, 박물성, 인위성의 허구를 넘어서게 한다. 왜냐하면, 유령처럼 끝없이 회귀하는 전통은 현실의 상상적이고 상징적인 질서를 허물고 재귀하는 과거의 원초적 힘을 표시하고 있기 때문이다. 이 힘은 '날조될 수 없고', '발명될 수 없으며', '조작될 수 없는' 존재론적 실재(réel)이다. 유령-전통은 그리하여 여하한 '의도'의 차원을 넘어선다. 전통을 발명하겠다는 의도, 전통을 파괴하겠다는 의도, 전통을 유지하겠다는 의도, 전통을 전승하겠다는 의도가 끝나는 지점에서 유령-전통은 '억압된 것의 회귀'라는 형식을 통하여 불현듯 출현하여, 의도되고 창안된 거짓 영상과 거짓 기억을 조롱하고 파괴한다. 유령-전통은 우리가 그것을 미처 전통으로 인정하고 인지하지 못한, 그리하여 새로운 전통으로 기입되기를 기다리는 전통의 질료라 할 수 있다.

셋째, 유령-전통은 그것과의 실질적인 대화와 소통이 거의 불가능한 타자로서의 전통이라 할 수 있다. 유령은 급진적인 타자성을 표상한다. 데리다는 이를 '면갑효과(面甲效果, effet de visière)'로 설명한다. 면갑은 투구에서 얼굴을 가리는 장치이다. 말하자면 면갑을 썼을 때 자신의 앞에 존재하는 대상을 볼 수 없는 것처럼, 유령은 우리의 응시에 포착되지 않는다. 그것은 현존하는 사물이 아니기 때문에 우리의 육안이 포착할 수 없는 무엇이다. 그리하여 정확하게 말하자면 우리가 유령을 응시하는 것이 아니라 유령에 의해서 우리는 응시의 대상이 된다(Derrida, 1993: 17). 유령과의 관계는 주체가 스스로의 시선과 언어로 대상을 포획하는 '동일시'의 과정이 불가능한 순수한 타자와의 만남이기 때문이다.

따라서 유령처럼 거기 있되 그 얼굴을 볼 수 없는 전통의 진면목을 체험하기 위해서는 매우 독특한 시선이 요구된다. 그 시선은 언제 나타날지 모르는 유령을 기다리는 집요하고 끈질긴 시선, 즉 타자와의 여하한 관계를 도모하는 윤리적인 시선이어야 한다. 그것은, 우리가 살펴보겠지만, 유령으로부터 도주하거나 유령을 축귀(逐鬼)하는 공격적인 시선이 아니라 유령의 눈빛을 청취하는 포용과 해석의 시선이어야 한다. 약관의 김수영은 이런 마음의 빈 터를 갖고 있지 못했다. 그러기에 그는 너무 젊었고, 관념적이었고, 명철했다. 그는 유령처럼 자신의 의식과 상상력에 출몰하는 전통을 직관하고 있었으나 이와의 소통에는 실패한다. 그 소통을 위해서, 유령과 소통하는 시적 자아의 능력을 획득하기 위해서 김수영에게는 4·19라는 혁명적 상황이 요구되었다. 벤야민이 「역사철학테제」에서 지적하고 있듯이, 의미와 가능성으로 충만한 혁명의 시간은 동질적이고 공허한 역사의 연속체를 파괴하고 과거를 환생시킨다. 혁명적 상황 속에서 과거와 전통은 유령처럼 되살아나서 미래를 조형하는 원본으로 사용되는 것이다(Benjamin, 1940).

III. 리좀-전통

4·19혁명이 김수영의 시적 여정에 일종의 전환점이 되었다는 사실에는 논란의 여지가 없다(김현, 1985: 105; 최동호, 1998; 유중하, 2003: 251-2). 김수영은 4·19에 열광했으며 이는, 그가 같은 시기에 남긴 시편들에 여과 없이 반영되어 있다. 4·19를 겪으면서 김수영의 시에 일어난 가장 큰 변화는 반복기법의 괄목할 만한 증대이다. 이런 현상은 4·19 당시의 급박했던 정치적 현실과 집합적 격정의 분출에 대한 시적 미메시스(카니발의 언어, 광장의 언어)로 파악된다(장석원, 2001: 211, 216). 「우선 그놈의 사진을 떼어서 밑씻개로 하자」「하······ 그림자가 없다」「기도」「육법전서와 혁명」「푸른 하늘은」「만시지탄은 있지만」「나는 아리조나 카우보이야」「거미잡이」「나가오 나가다오」 등 소위 4·19 시편들에서 드러나는 무모함에 가까운 직설어법, 비속어들과 구호를 방불케 하는 과격한 언술들, 그리고 열거를 통하여 구성되는 다양한 파편들의 충격적 배치 등은 50년대 김수영이 주로 사용하던, 매우 난삽하고 관념적인 시어들이 구성하던 세계와 확연히 구별된다.

거리의 언어, 열광의 언어가 시에 여과 없이 삼투됨으로써 시와 현실은 최소 간극을 사이에 두고 밀착하게 되며, 김수영의 펜은 민중의 함성, 열망, 분노가 접신되는 매체로 변화한다. 시인이 아닌 선동가가 말하듯이 그는 욕하고, 저주하고, 질책하고, 협박하고, 탄식한다. 이런 직설적이고 노골적인 시적 발화의 체험을 통하여 김수영은 전통, 민족, 민중과 같이 모더니즘이 방법론적으로 괄호에 묶어놓은 어떤 힘과 조우하게 되는데, 이러한 힘에 대한 인식은 김수영으로 하여금 4·19의 정치적이고 역사적인 실패를 사상의 차원에서 극복할 수 있게 하는 동력으로 작용한다. 주지하듯이 4·19 혁명의 열기가 시들어가면서, 김수영 시의 활력과 역동성은 급감하기 시작하고 그는 서서히 도시 중산층의 일상적 삶의 궤적 속으로 침잠해 들어간다. 5·16 쿠데타 직후에 쓴 '신귀거래' 연작 속에서 그는 한국 사회와 역사에 대한 강한 분노의 심정, 4·19의 실패를 체험한 자신의 상처가 토로하는 육성을 전하고 있다. 그런데 아이러니한 것은 바로 이 수동성, 분노, 좌절의 시기에 김수영은 민중의 힘과 현실에 대해서 차분히 눈을 떠가고 있었다는 사실이다. 1961년에 쓴 「눈」에서 그는 이렇게 노래한다.

> 답답하더라도
> 답답하더라도
> 요 詩人
> 가만히 계시오
> 민중은 영원히 앞서 있소이다
>
> (「눈」, 전집I: 163)

김수영은 모더니즘이 이제까지 차폐해온 삶의 비루한 영역을 들여다보기 시작한다. 「아픈 몸이」에서 그는 자신이 만나는 무수한 어려움에도 불구하고 자신의 이상을 추구할 것을 다짐하고 있으며(전집I: 191), 「시」에서는 보통 사람들의 고된 노동을 칭송하고 있다(전집I: 193-4). 「장시II」에서 시적 화자는 '휴식'의 시간을 긍정하며(전집I: 210), 「우리들의 웃음」에서 다음 세대의 역사적 가능성을 신뢰하기에 이른다(전집I: 223). 4·19의 실패 이후 60년대 초반에 걸쳐 김수영의 시세계는 생활세계로의 무력한 침잠과 야유의 태도를 보여주지만, 그 가운데에서 위와 같은 가냘픈 긍정의 인식의 싹을 틔우고 있었다. 장만호가 주장하듯이, 이 시기에 그가 체험한 정신적 우회, 휴식, 환멸은 곧이어 60년대 중반에 그가 시적으로 획득하게 될 화해와 사랑의 비전을 가능하게 하는 밑거름이 된다(장만호, 2004: 291). 이와 같은 변증법적 진화의 끝에 도달된 전통에 대한 새로운 사상이 다음의 시에 유감없이 표현되어 있다.

나는 이사벨 버드 비숍 女史와 연애하고 있다 그녀는
一八九三년에 조선을 처음 방문한 영국왕립지리학협회회원이다
그녀는 인경전의 종소리가 울리면 장안의
남자들이 모조리 사라지고 갑자기 부녀자의 世界로
화하는 극적인 서울을 보았다 (……)

전통은 아무리 더러운 전통이라도 좋다 나는 광화문
네거리에서 시구문의 진창을 연상하고 인환네
처갓집 옆의 지금은 매립한 개울에서 아낙네들이
양잿물 솥에 불을 지피며 빨래하던 시절을 생각하고
이 우울한 시대를 패러다이스처럼 생각한다
버드 비숍여사를 안 뒤부터는 썩어빠진 대한민국이
괴롭지 않다 오히려 황송하다 역사는 아무리

더러운 역사라도 좋다

진창은 아무리 더러운 진창이라도 좋다

나에게 놋주발보다도 더 쨍쨍 울리는 추억이

있는 한 인간은 영원하고 사랑도 그렇다

비숍여사와 연애를 하고 있는 동안에는 진보주의자와

사회주의자는 네에미 씹이다 통일도 중립도 개좆이다

은밀도 심오도 학구도 체면도 인습도 치안국

으로 가라 동양척식회사, 일본영사관, 대한민국관리,

아이스크림은 미국놈 좆대강이나 빨아라 그러나

요강, 망건, 장죽, 종묘상, 장전, 구리개 약방, 신전,

피혁점, 곰보, 애꾸, 애 못 낳는 여자, 무식쟁이,

이 모든 무수한 반동(反動)이 좋다

이 땅에 발을 붙이기 위해서는

─제삼인도교의 물 속에 박은 철근기둥도 내가 내 땅에

박는 거대한 뿌리에 비하면 좀벌레의 솜털

내가 내 땅에 박는 거대한 뿌리에 비하면 (……)

(「거대한 뿌리」, 전집I: 225-6)

이사벨 버드 비숍 여사의 구한말 조선 방문 여행기 중의 「인정人定과 파루罷漏」 부분을 차용하여 쓴 위의 시에서 김수영은 의도적으로 서구인의 '오리엔탈리즘적인' 시선을 취하여 자신의 과거를 이국화하고 있다(Bishop, 1897: 63). 타인에게 빌린 시선으로 냉정하게 바라본 구한말의 서울은 낯설고 어색하고 기이한 광경으로 펼쳐진다. 비숍의 시선에 기대어 드러낸 이러한 풍경은 사실, 모더니즘의 미래에 대한 황홀한 비전이 억압하였고 전통주의의 휘황한 신화적 조명 속에서 윤

색되고 미화된 우리 과거의 '실상'에 다름 아니었던 것이다(노용무, 2004: 396). 이처럼 자신의 비루한 과거를 '더러운 전통', '더러운 역사', '더러운 진창'이라는 이름으로 호명하며 더 나아가서 이를 있는 그대로 긍정하는 위의 시가 보여주는 거침없고 호쾌하고 분명한 입장과 태도는, 아버지의 사진을 바라보지 못함을 소심하게 토로하던 초기의 시에 비하자면, 놀라운 전환이라 아니할 수 없다. 이 전환의 근원에 존재하는 것은 자신의 뿌리에 대한 '무조건적인' 애정이다. 초라한 그대로, 더러운 그대로, 빈곤한 그대로 전통은 이제 사랑의 대상으로 변모하는데, 이처럼 애정의 대상으로 다시 발견된 전통의 힘 앞에서 이념이나 관념, 학문, 체면 등의 가치는 의미를 상실한다. 심지어 일제 식민지배의 기구들(동양척식회사, 일본 영사관)과 대한민국 국가기구(관리), 한반도의 역사적 상황(통일이나 분단) 또한 그 앞에서 중요치 않은 것으로 여겨진다. 어떻게 그것이 가능했을까? 무엇이 김수영으로 하여금 이 무조건적인 긍정, 사랑, 수용의 태도를 취할 수 있도록 했던 것일까? 위의 시는 그 해답을 '아이러니'의 형식으로 제시하고 있다. 말하자면, 김수영이 끌어안은 전통은 '무수한 반동'이다. 그것이 바로 요강, 망건, 장죽, 종묘상, 장전, 구리개 약방, 신전, 피혁점, 곰보, 애꾸, 애 못 낳는 여자, 무식쟁이와 같은 수많은 반동들, 즉 과거의 산포된 징후(symptom)들이다. 그것은 온전하고 아름답고 유서 깊은 과거의 '유물'이 아니라 깨지고 시시하고 흠결이 있는 소위 '폐물'이다. 김수영의 해설에 의하면, 전통을 표상하는 위의 사물들은 "쌈지, 반닫이, 함, 소박데기, 언청이, 민며느리, 댕기, 시앗"과 같은 단어들과 마찬가지로 완전히 소멸한 사어(死語)도 아니며 그렇다고 생생한 현재적 시사성을 함유하고 있는 활어(活語)도 아닌, 소위 유령과 같은 시간성에 깃들어 있다(전집II: 280-1).[3]

자신이 과거와 맺고 있는 깊은 관계의 물질적 담지자로서 위의 보잘것없는, 부서진 사물들을 거론하고 있다는 사실로부터 우리는 김수영의 전통에 대한 사유가 한국의 지성사에서 매우 독보적인 자리를 점하고 있음을 깨닫게 된다. 그리고 그 결정적인 징후가 바로 김수영이 전통과 자신이 맺고 있는 유착적 혹은 유기적 관계를 표현하기 위해서 사용하는 비유인 '뿌리'의 형상이다. 사실, 1960년대에 김수영은 '뿌리'의 비유를 자주 사용한 것으로 지적되고 있다(남진우, 2001: 148-9; 김유중, 2007: 355-6). 예를 들어, 「장시Ⅱ」에서 그는 "나무뿌리를 울리는 신의 발자국 소리"라는 표현을 사용하고 있으며(전집I: 210), 「말」에서는 "나무뿌리가 좀더 겨울을 향해 가라앉았다"고 쓰고 있다(전집I: 233). 「풀」에서는 "날이 흐리고 풀뿌리가 눕는다"는 표현이 발견된다(전집I: 297). 하지만 이와 같은 비유들에서 사용된 '뿌리'와 위의 시에서 사용된 '거대한 뿌리'는 매우 다른 의미를 내포하고 있다. 말하자면 위의 시에서 김수영이 말하는 뿌리는 전형적인 나무의 이미지 속에서 줄기와 이파리들을 지탱하는 지하적 실체가 아니다. 만일 김수영이 '뿌리' 비유를 통해서 어떤 실체적인 전통을 가리키고자 했다면, 그는 분명히 동양의 위대한 정신성들(儒, 佛, 仙)이거나, 위대한 조형물이나 예술작품들을 호명했을 것이다. 그리고 이러한 콘텐츠-전통이 집적된 장소는 박물관이나 미술관 혹은 유적지가 되었을 가능성이 높다. 그러나 김수영이 위의 시에서 무조건적 애정을 표현한 전통은 이와는 매우 다르다. 우리가 이미 살펴보았듯이 김수영에게 '거대한 뿌리'는 놀랍게도 다양하고 이질적이며 잡다한 일상적 폐물들이 구성하는 하나의 성좌(星座), 즉 유령-전통이 스스로를 표현하는 흔적들이다. 그것은 실체가 아니라 배열이며 단일체가 아니라 집합체이며 균질체가 아니라 혼합체이다. 그것은 넝마주이가 주워다놓은 잡동사니처럼 흩어진 사물들이며, 한 민족의 자부심과 자긍심을 고양시키는 소위 '위대한 전통'의 목록에 기재될 수 없는, 시시하고 평범하며 보잘것없는 사물들이다.[4] 김수영이 말하는 뿌리는 이런 의미에서 "뿌리 깊은 나무가 바람에 흔들리지 않"는다고 했을 때의 그러한 뿌리가 아니라, 들뢰즈와 가타리가 말하고 있는 리좀(rhizome)과 매우 흡사하다. 축어적으로 뿌리줄기(根莖)나 땅속줄기(地下莖)를 가리키는 리좀은 구조, 나무, 뿌리와 같이 지정된 점이나 위치를 갖고 있는 것이 아니라, 오직 선들로 이어지는 다질적인 요소들의 경합 공간이다. 리좀은 망상(網狀)조직으로 구성된 다양체이며 이 다양체는 '변이, 팽창, 정복, 포획, 꺾꽂이'와 같은 접속의 절차들에 의해 형성된다(Deleuze·Guattari, 1980: 11-55). 리좀은 실체가 아니라 징후들의 배치이며, 실질적 토대(Grund)가 아니라 토대의 효과를 갖는 실뿌리들이다. 이러한 리좀으로서 형상화된 전통, 즉 리좀-전통은 무엇이며 그 특성들은 또한 무엇인가?

첫째, 리좀-전통은 기원의 신화를 파괴하고 전통의 새로운 형태학을 제공한다. 리좀-전통의 형태학에 의하면, 전통은 나무의 형상을 하고 있지 않다. 그것은 리좀적 '네트워크'를 구성하고 있다. 그리하여 그것은 과거의 지하에 존재하는 것이 아니라 현재의 지평에 산포된 다양한 징후들의 집합(요강, 망건, 장죽, 종묘상 등)으로 존재한다. 리좀-전통은 중심이나 기원이나 효시를 갖지 않는다. 전통을 리좀적으로 파악한다는 것은 과거를 하나의 보편적 전통으로 실체화하거나 사물화하지 않고 그것을 생성, 변이, 흐름, 접속, 변환을 통한 경합적 계승의 과정으로 이해한다는 것이다. 이러한 계승의 과정을 통하여 전통은 과거로부터 탈영토화되어 다시 현재의 지평에 끊임없이 재영토화된다. 환언하면 전통은 과거의 것이 아닌 현재의 것으로 변화하는 부단한 형질변화에 종속되어 있다. 곽명숙의 표현을 빌려 말하자면, 김수영은 전통이 아닌 전통성을 사유한 셈이다. "김수영이 화해를 이루는 또는 바로 보고자 하는 과거는 고착된 또는 본래 그대로의 형태를 유지하는 것이 아니라, 현재성과 교감을 이룸으로써 영원성을 간직한 것이다. 그렇기 때문에 그가 생각하는 것은 전통 자체가 아니라 전통성이라 할 것이며, 현재의 시간 속에서 확인되는 과거라는 시간성이다"(곽명숙, 2001 : 111).

둘째, 이러한 계승 과정에서 발견되는 전통적 사물들은 과거의 모양 그대로 보전된 '유물'이 아니라 시간의 힘에 의해서 파괴되고 망각되어가고 있는 '폐물'로 나타난다. 기호학적으로 번역하여 말하자면, 리좀으로서의 전통을 구성하는 것은 '상징'이라기보다는 상징의 기능이 마비된 지점에서 상징의 총체성을 훼손시키면서 등장하는 '징후'에 가까운 것이다.[5] 이는 전통을 선험적으로 주어진 불변하고 완결된 총체로 이해하는 물신적 태도에 대한 일종의 해독제로 기능한다. 상징으로서의 전통은 과거를 이상화하고 되돌아가야 하는 본향(本鄕)으로 구성한다는 점에서 신화적 효과를 발휘한다. 김수영은 당대에 서정주로 대표되는 이러한 상징적 전통의 신화(질마재 신화)를 거부하였다. 그의 말을 빌리자면 과거는 "되찾아지기 전에 우선 부정되어야 한다"(전집 II: 59). 부정되어야 하는 과거는 상징(유물)으로 윤색된 신화적 과거를 의미한다. 이러한 신화적 총체성으로 채색된 과거를 부정했을 때 주어지는 것이 바로 징후(폐물)들의 망상 조직인 리좀-전통이다. "싸늘한 가을바람소리에 / 전통은 / 새처럼 겨우 나무그늘같은 곳에 / 정처를 찾았나보다"(전집I: 135). 그의 한 시구가 보여주고 있듯이, 김수영의 시선은 이처럼 부서지고 마모되고 구석에 버려진 사물들의 잔해인 리좀-전통의 거처를 산보한다.

셋째, 이런 폐물적 상상력은 그리하여 전통을 최종적으로 회상의 대상으로 설정하게 한다. 왜냐하면 전통은 오직 그 흔적들만을 남기고 부재하는 공백의 자리를 차지하고 있기 때문이다. 이러한 점에서 회상이란 이미 알고 있는 과거의 장면을 떠올리는 것이 아니라, 프루스트적이고 베르그송적인 의미의 비의지적 기억을 의미한다. 김수영은 이를 "망각의 상기"라 부른다(전집I: 245). 이런 맥락에서 보자면, 비숍 여사의 시선을 차용하여 자신의 과거를 응시한 김수영의 전략은 한국인 스스로 만들어낸 과거의 이미지, 즉 전통의 차폐기억을 파상(破像)하고 그 배후에 존재하는 실제의 전통상을 간취하려는 노력으로 이해할 수 있다. 전형적으로 '포스트식민적 기억상실'을 극복하려는 의지로 해석되는 이러한 노력에서 중요한 것은, 김수영에게 전통은 이미 주어진 소여가 아니라 상기해야 하는 의식의 공백으로, 다시 찾아야 하는 '잃어버린 시간'으로 규정된다는 점이다(곽명숙, 2001: 103-4; Gandhi, 1998: 16).

IV. 다리

1. 현대식 교량

이처럼 김수영의 전통에 대한 사유는 유령 모델로부터 리좀 모델로 이행한다. 이 진화의 과정에서 중요한 것은 유령-전통의 타자성이 리좀-전통의 비전에 의해서 해석학적으로 완화되었다는 것이다. 그것과의 소통이 선험적으로 불가능한 유령-전통과는 달리, 리좀-전통은 그 자신을 과거의 다양한 파편들로 현상하게 하는데, 바로 이 파편들을 후세는 당대성의 맥락에 상징적으로 재(再)-영토화하게 된다. 이런 점에서 리좀-전통은 계승의 문제를 내포한다. 과거는 현재와 어떤 방식으로든 접속되어, 실뿌리와 실뿌리가 얽히고 섞히어 좌우사방으로 뻗어나가듯이, 긴밀한 연관을 형성하게 되는 것이다. 바로 이와 같은 과거와 현재의 소통이 시적으로 표상된 것이 바로 1964년의 작품 「현대식 교량」이다.

現代式 橋梁을 건널 때마다 나는 갑자기 懷古主義者가 된다
이것이 얼마나 罪가 많은 다리인줄 모르고
植民地의 昆蟲들이 二四시간을
자기의 다리처럼 건너다닌다
나이어린 사람들은 어째서 이 다리가 부자연스러운지를 모른다
그러니까 이 다리를 건너갈 때마다
나는 나의 心臟을 機械처럼 중지시킨다
(이런 연습을 나는 무수히 해왔다)

그러나 문제는 이러한 反抗에 있지 않다
이 젊은이들의 나에 대한 사랑에 있다
아니 信用이라고 해도 된다
「선생님 이야기는 二十년 전 이야기이지요」
할 때마다 나는 그들의 나이를 찬찬히
소급해가면서 새로운 여유를 느낀다
새로운 歷史라고 해도 좋다

이런 驚異는 나를 늙게 하는 동시에 젊게 한다
아니 늙게 하지도 젊게 하지도 않는다
늙음과 젊음의 분간이 서지 않는다
다리는 이러한 停止의 증인이다
젊음과 늙음이 엇갈리는 순간
그러한 速力과 速力의 停頓 속에서
다리는 사랑을 배운다
정말 희한한 일이다

나는 이제 敵을 兄弟로 만드는 實證을
똑똑하게 천천히 보았으니까!

(「현대식 교량」, 전집I: 235-6)

이 시가 형상화하는 것은, 40대 초반에 이른 시적 화자가 자신과 역사적 체험을 거의 공유하고 있지 않은 20대 초반의 젊은이들과 깊은 연대를 성취하는 상황이다. 서로 다른 두 세대가 소통하고 이해하게 되는 공간, 그러한 상호주관적 공감을 가능하게 하는 풍경의 중심에 교량이 놓여 있다. 시적 화자에게 교량은 무엇보다도 잔존하는 식민성의 징표이며, 문화적 낙후를 두드러지게 하는 후진성의 표징이다. 그것은 죄책감을 느끼게 하는 사물이다. 이러한 의미에서 다리의 역사성을 불편하게 느끼는 시적 화자는 그 사물의 역사성에 대하여 아무런 의식이 없는 세대와의 사이에서 커다란 단절감을 느낀다. 진정한 다리는 한강에 건설된 다리가 아니라 사실은 식민의 역사를 실제로 체험한 구세대와 "선생님 이야기는 20년전 이야기지요"라고 말하는 신세대 간의 다리, 역사의 과거와 미래를 잇는 다리, 망각과 상기를 잇는 다리, 더 나아가 전통과 현대를 잇는 다리이다. 이 '다리'는 이행할 수 없는 시간을 이행시키고, 소통할 수 없는 체험을 소통시키고, 사랑할 수 없는 대상을 사랑하게 하는 공간이다. 그런 의미에서 그것은 과거 / 현재와 전통 / 모더니티를 회통시키는 매체로서의 의미를 갖는다. 이 매체의 조직을 김상환은 적절하게도 '교량술'이라 명명한다. "시적 정치학 혹은 도시학으로서의 작시(作詩)는 역사적 현실이 분열과 모순을 겪을수록, 그래서 어떤 문화적 정체성을 상실할수록 자신의 본래적 과제를 재기억해야 한다. 또한 현실로 다가서는 방법을, 그 현실을 건축하는 공법을 생각해야 한다. 김수영은 그것을 다리 위에서 생각했다. 왜 하필 다리 위에서인가? 그것은 여전히 역사적 현실의 파편화와 단절에 대한 인식 때문이다. 역사, 이념, 세대, 계층, 장소 간의 단절, 이질적 전통들 간의 부조화가 현실의 질곡이었다. 이 모순의 나라에서, 건너야 할 단절이 많은 나라에서 가장 먼저 익혀야 하는 것은 교량술이었다. 김수영은 우리나라의 문학사에서 김수영이 차지하는 의미는 그러한 필요에 부응하여 그 스스로 다리가 되었다는 데 있다. 한글세대 이전과 이후, 도시와 농촌, 전근대와 근대, 주지주의와 감성주의, 전통과 현대, 나아가서 근대와 탈근대를 이어놓은 가교가 김수영이 아닐까?" (김상환, 2000: 21)

바로 이런 의미에서 김수영의 '현대식 교량'은 한국 근대의 정신적 심층을 가로지르는 수많은 단절의 지점들을 보여주고, 그런 단절의 지양 가능성을 모색할 수 있게 하는 하나의 상황 혹은 이미지를 제공해준다. 하나의 시간 풍경으로서 김수영의 다리는 특히 전통과 현대를 DNA의 이중나선처럼 불가분의 것으로 동여맨다. 첫째, 전통은 오직 그것이 근대와 관계 맺는 한에서 의미 있는 과거로 되살아나는 것. 둘째, 근대 역시 오직 전통과의 대화 속에서 온전한 근대성을 구현할 수 있다는 것. 이 대화의 공간이 바로 다리이며, 전통과 현대는 '교량적 변증법' 혹은 '변증법적 교량술'에 의해서 상호지양된다. 그 결과 다음과 같은 새로운 지평이 마련된다.

우선, 첫번째 테제를 통하여 김수영은 소위 '전통주의'의 한계를 넘어선다. 일반적으로 전통주의는 근대의 문제를 근대의 논리와 언어로 해결하는 것이 아니라 과거의 전통에 내재된 가능성을 다시 살려 이를 동원하여 해결하려는 사상적, 미학적, 문학적 태도로 규정된다(박현수, 2004: 3-4). 따라서 전통주의는 자신의 과거 속에서 영구불변의 상징처럼 빛나는 전통을 다시 길어오려는 경향을 갖는다. 그리고 바로 이러한 점에서 전통주의가 추구하는 전통은 일종의 신화적 속성을 지니고 있다. 그 대표적인 존재가 60년대의 시단을 풍미하던 서정주의 시적 경향이다. 김수영은 이를 "신라에의 도피"로 비판하는데(전집II: 360), 그것은 서정주의 탁월하게 아름다운 시편들 속에서, 과거가 미적 가상의 형태로 총체적이고 상징적인 완결성을 구비한 채 신화적 향수의 대상으로 구성됨으로써 과거에 대한 일종의 환상을 구성하는 것이다. 첫번째 테제는 이처럼 자족적이고, 자기 완결적이고, 신화적인 과거를 부정한다.

또한, 두번째 테제를 통하여 김수영은 '모더니즘'의 한계를 넘어선다. 주지하듯이 모더니즘은 전통과의 단절을 도모한다. 김수영 역시 평생 소월이나 영랑 혹은 미당과 같은 방식의 서정시를 단 한 편도 남기지 않은 '반전통주의자'의 풍모를 지니고 있다(염무웅, 1976: 217-8). 그는 남한의 낙후된 문화적 후진성을 항상 개탄했으며, 이 후진성을 극복하기 위한, 정치적 진보를 포함한 포괄적인 진보를 열망했다. 그러나 이미 언급된 바와 같이 김수영은 서구적 근대성을 모방 혹은 모사함으로써 한국의 근대성을 창출할 수 있다고 생각하지 않았다. 그에게 모더니티는 반드시 자신의 전통적 가치, 유산, 역능의 재구성을 통해서만 가능한 무엇이었다(유성호, 2005: 138). 바로 이러한 점에서 김수영은 당대의 지배적 모더니즘 시인들이었던 송욱, 박이도, 박인환 등을 "현대성에의 도피"라는 명목으로 비판한다(전집II: 360). 일련의 난해시와 실험시를 쓴 이 흐름을 김수영은 '포오즈'와 '코스튬'의 모더니즘이며, 진지성을 결여하고 있다고 비판한다(전집II: 363, 380-1).

2. 다리 풍경의 근대적 계보

흥미로운 것은, 김수영이 역사적 시간의 이행을 형상화하기 위해서 시적 상상의 영역에서 포착해낸 이 다리의 형상이 근대성에 대한 사유와 상상력의 공간에서 보편적 상징으로 발견되고 있다는 점이다. 김상환은 칸트의 3비판서 중의 세번째인『판단력비판』이 순수이성과 실천이성을 연결하는 다리(Übergang)에 비유된 사실을 지적하면서 인식과 실천, 진리와 선, 관조와 행위를 교차시키는 회집의 장치로서의 교량의 의미를 다시 강조한다(김상환, 2000: 14-5). 다리의 비유는 니체에게도 매우 중요한 위치를 차지한다. 잘 알려진 것처럼 니체는 근대 문화 전체를 일종의 '몰락(Untergang)'으로 이해했는데, 이 몰락은 근대적 인간의 몰락이다. 몰락한 인간은 고대의 비극적 정신을 망각한 비루하고 협소한 '최후의 인간들'로 표상된다. 19세기 후반의 서유럽 부르주아 문화에 대한 가장 통렬한 비판에 다름 아닌 니체의 이러한 진단 속에서, 근대적 인간은 해체되어 재구성되어야 할 어떤 존재, 그리하여 새롭게 등장하는 새로운 주체인 초인의 재료로서 가치를 갖는데, 바로 이때 근대적 인간에게 부여되는 존재론적 메타포가 교량이다. 우리는 이를『차라투스트라는 이렇게 말했다』의 다음과 같은 구절에서 확인할 수 있다. "인간은 동물과 초인 사이를 잇는 밧줄, 심연 위에 걸쳐 있는 하나의 밧줄이다. 저편으로 건너가는 것도 위험하고 건너가는 과정, 뒤돌아보는 것, 벌벌 떨고 있는 것도 위험하며 멈춰 서 있는 것도 위험하다. 사람에게 위대한 것이 있다면 그것은 그가 목적이 아니라 하나의 교량이라는 것이다. 사람에게 사랑받아 마땅한 것이 있다면, 그것은 그가 하나의 과정이요 몰락이라는 것이다"(Nietzsche, 1883-5: 21).

칸트와 니체에게 다리의 이미지가 요구된 것은 그들이 근대문화, 근대적 삶의 구조, 근대라는 독특한 시대를 규정하는 인식론적이고 존재론적인 분열과 분리를 명확하게 인식하고 있었기 때문이다. 심연의 존재는 심연을 건너기 위한, 심연을 사이에 둔 두 고립된 지점을 연결하고 통합하려는 의지를 생성시킨다. 이 의지가 형상화하는 풍경이 바로 교량이라고 할 때, 근대적 사유에 있어서 교량 풍경의 산발적이고 간

헐적인 등장은 필연적인 것이라 할 수 있다. 하지만 그럼에도 불구하고 삽화적인 성격을 벗어날 수 없는 칸트와 니체의 경우와는 달리, 다리의 상징성에 대한 사변이 구체화된 경우 또한 발견되는데, 그것을 우리는 짐멜과 하이데거에게서 찾아볼 수 있다.

짐멜은 1909년에 잡지 『데어 타크Der Tag』에 발표한 「다리와 문 Brücke und Tür」에서 종합과 결합을 추구하는 인간 문화의 결정체로서 다리를 제시한다. 그에 의하면 인간이 이룩한 가장 위대한 업적 중의 하나는 바로 두 개의 장소 사이에 연관을 설정함으로써 이 장소들을 하나로 묶는 '길'의 발명이다. 길이 형성됨으로써 시발점과 종착점의 분리된 두 개의 장소로서 결합된다. 즉, 길은 '분리된 것으로서의 결합'이라는 역설적 과업의 성취인 것이다.[6] 짐멜은 이러한 인간의 결합의지의 절정에서 발견되는 것이 바로 '다리의 건설'이라는 업적임을 지적하고 있다. 다리를 설립함으로써 인간은 스스로의 "의지가 공간에 미치는 영역이 확장되었음을 상징적으로 보여준다"(Simmel, 1909: 265). 짐멜은 이를 단순한 물리적 차원이 아니라 풍경의 차원에서 이해해야 함을 역설한다. 이것이 바로 다리의 미학적 가치이다. "분리된 것을 단지 현실적으로 실질적 목적에 따라 결합시킬 뿐 아니라 그러한 결합을 직접적으로 눈에 보이게 만들면서 다리는 미학적 가치를 갖게 된다. 다리는 실제적인 현실의 위에서 풍경의 양쪽을 결합시키는 발판을 제공하는 것과 마찬가지로, 우리의 눈을 위해서도 그러한 발판을 제공해준다. 원래 다리가 추구하던 유일한 목적은 상황에 따라서 현실을 단순히 역동적으로 이동시키는 것이었는데, 이제 그러한 역동성은 가시적이고 지속적인 그 무엇이 된다. 이는 마치 초상화가 인간의 삶을 구성하고 진행시키는 육체적·정신적 과정을 이른바 정지 상태로 만들고, 시간 속에서 흘러가버리는 모든 격동적인 현실을 초시간적으로 안정된 독특한 가시적 형식 속에 담아내는 것과 같다"(Simmel,

1909: 265). 짐멜에게 다리는 건축물의 함의를 벗어난 형이상학적이고 미학적인 영원성의 가치를 갖고 있는 '풍경'으로 이해된다. 즉, 도구로서 다리는 자신의 기능이 갖고 있는 역동성, 즉 결합 혹은 종합을 하나의 보편적 상황이자 가시적 형식으로 시각화하는 것이다. 다리는 자연이 분리한 것을 인간이 결합하는 특정 상황의 보편성을 표현한다.

짐멜의 다리에 대한 논의와 매우 흡사한, 그러나 그보다 훨씬 더 형이상학적인 논의를 우리는 하이데거의 논문 「건축, 거주, 사유」에서 발견한다.[7] 하이데거는 이 논문에서 건축물을 세우는 것의 본질적 의미를 규명함으로써 거주(Wohnen)의 의미를 밝히고 있다. 그에 의하면 거주한다는 것, 즉 산다는 것의 근본적인 의미는, 결국 가멸적 존재인 인간이 '하늘' 아래에서 '땅'을 딛고 서서 '신적인 것'을 향하여 사는 것을 가리킨다. 이 하늘, 땅, 신적인 것, 그리고 가멸적 존재인 인간을 하이데거는 4중자(das Gevier)라 부른다(Heidegger, 1951: 176-7). 하이데거는 세계를 구성하는 이 네 가지 근본 요소를 하나로 불러 모으는 사물(Ding), 즉 건축 행위의 전형으로서 바로 다리를 제시한다. 그에 의하면, 다리는 분리된 두 강안(江岸)을 대립시키는 동시에 하나로 통합하는 사물이다. 다리가 놓임으로써 무관하던 대지의 두 부분은 끌어당겨지고 결합한다. 또한 다리는 물이 흐르는 강물의 심연을 아래로 하고 그 위로 창공을 끌어안으며, 가멸적인 인간들에게 길을 제공함으로써 인간들의 발길을 불러 모은다. 마지막으로 다리는 "인간들이 언제나 이미 마지막 다리로 향한 도중에 있으면서 근본적으로 익숙한 것과 해로운 것을 극복하고 신적인 것의 구원(Heile) 앞에 이르려고 노력하는" 한에서 신적인 것을 끌어 모은다(Heidegger, 1951: 180-1). 이처럼 4중자를 통합하면서 다리는 4중자에 자리(Statte)를 허용하는 하나의 장소(Ort)로서 현상한다(Heidegger, 1951: 182).

그것이 순수이성과 실천이성이라는 인식의 능력(faculty)을 매개하는 메타포이건(칸트), 동물과 초인이라는 역사철학적 주체의 형식을 연결하는 상징이건(니체), 분리된 두 지점을 종합적으로 연결하는 문화(Kultur)의 표징이건(짐멜) 아니면 하늘, 땅, 인간, 신이라는 근원적 4중자가 모두 모이는 장소성의 표상이건(하이데거), 다리는 이처럼 근대적 사유와 상상력을 구성하는 매우 중요한 풍경으로 등장하게 된다. 다리의 풍경을 배경으로 하여 근대적 사유의 중요한 징후들은 분열을 인지하고 그 분열을 다시 지양할 수 있는 가능성을 모색한다.[8] 김수영의 다리 풍경은 이상에서 논의된 다양한 교량들의 공통적 권능인 소통과 회집의 기능을 60년대 한국 사회의 시간적 단절구조인 전통/현재의 관계에 적용하고 있다. 김수영이 시화(詩化)한 이 교량의 존재로 인하여, 그리고 교량이 실체화하는 전통의 계승가능성, 과거의 회상가능성, 세대 간의 이해가능성으로 인하여, 한국 근대문학사상은 자신의 과거와 절단됨으로써 발생한 수많은 정신적 상처들을 치유할 수 있는 최소한의 가능성을 구비하게 된다.

V. 공통어

우리는 김수영의 전통에 대한 사유를 유령, 리좀, 다리라는 세 비유적 개념을 통해서 살펴보았다. 초기 시에서 김수영은 전통을 살아 있는 강력한 유령으로 파악했다. 그러나 이 유령과의 대화는 사실상 불가능한 것으로 전제된다. 우리는 김수영에 의해서 이렇게 형상화된 전통을 '유령-전통'이라 명명했다. 리좀-전통은 이와는 달리 1960년 중반에 등장하는 김수영의 전통에 대한 사유를 집약하는 개념이다. 이 관점에 의하면, 전통은 '뿌리'에 비유될 수 있는 순수한 '기원'이 아니라 과거의 징후들이 구성하는 리좀적 구조를 이루고 있다. 이 두 개념들은, 양자 모두 전통의 실체적 관점을 효과적으로 해체한다는 점, 그리고 양자 모두가 과거 / 현재, 전통/모더니티의 변증법적 공존을 강조한다는 점에서는 매우 유사한 듯이 보인다. 그러나 유령−전통은 소통 가능성이 크게 제약되어 억압적 기능을 발휘하는 전통의 부정적 차원에 초점을 맞추고 있다면, 리좀−전통은 전통의 계승이라는 문제를 자연스럽게 유도하고 있다는 점에서 분명한 차이를 보인다. 우리가 「거대한 뿌리」를 분석하면서 보여주었듯이, 김수영은 유령적 모델에서 리좀적 모델로의 사상적 전환을 수행했다. 전통에 대한 긍정, 전통의 존재 양식에 대한 사고의 혁명적 전환, 민중의 발견, 그 힘에 대한 신뢰의 형성은 전통의 물신적 신비화를 추구한 동시대의 다른 시인들과 큰 차이를 보여주는 김수영 전통론의 특장이라 할 수 있다. '다리'는 이런 진화의 과정에서 김수영이 도달한 역사인식의 정점을 이루는 상징이다.

언젠가 오에 겐자부로(大江健三郎)는 전후 일본의 사상계에 공통의 언어를 제공한 것이 바로 일본 정치사상계의 천황으로 불리는 마루야마 마사오(丸山眞男)였다고 토로한 바 있다. 분화되고 쪼개진 근대학문의 세계, 도스토옙스키가 『카라마조프 가의 형제들』에서 싸늘하게 비웃었듯이, 왼쪽 콧구멍을 치료하기 위해서는 파리의 전문의를 찾아야 하고 오른쪽 콧구멍을 치료하기 위해서는 빈의 전문의를 방문해야 하는, 거의 부조리의 지경에 도달한 이 분과학문들의 세계에서 공통어의 제공자는 역시, 종합적 시선과 감각과 사유의 권능을 발휘하는 소설가 혹은 시인이 아니던가? 그리하여 오에 겐자부로의 언사가 단순한 겸양이나 상찬의 수사가 아니라면 그것은 일본 파시즘의 정신적 기원, 일본적 사유의 독특한 잡거성(雜居性), 초근대와 전근대가 공존하는 일본적 근대의 아이러니를 철저하게 혹은 처절하게 논구했던 마루야마 마사오 언어의 파괴력과 설득력을 방증하는 지적으로 읽어야 마땅

할 것이다. 그런 점에서 오에 겐자부로가 말하는 공통어라는 것은 학문의 피상적 경계를 벗어나 공통감각(sensus communis)의 영역에 침투한 언어, 그리하여 특정 시대가 공통의 운명으로서 제기해야 하는 문제를 지적하고 이에 대한 해답을 모색하는 언어일 것이다. 그것은 소통시키고, 드러내고, 싸우는 언어, 벽을 부수는 언어, 대결을 촉구하고, 대결 속에서 파괴되고, 파괴됨으로써 사유를 촉구하는 덧없게 빛나는 언어일 것이다. 우리에게 전통과 근대의 관계에 대한 사유에 있어서 그러한 공통의 언어를 제공한 사람이 바로 김수영이다. 시인 김수영은 공통어를 공통풍경으로 탈바꿈시켜, 유령과 리좀과 다리라는 어떤 보편적 상황들을 통해 전통과 근대의 이중 압력에 분열된 한국 사회의 상처를 응시하고 치유한다. 바로 이런 점에서 김수영의 시는 좁은 의미의 '문학'을 넘어서, 문학적인 것이 뿌리내리고 있는 사회적이고 역사적인 차원으로 이행된다. 김수영은 60년대의 '사회학자'이다. 그의 사회학은 논문이 아닌 시의 형식을 빌렸을 뿐이다. 시의 핵심에서 사회의 문제를 읽는 것, 시의 핵심에서 그 사회의 '마음의 징후'를 포착하는 것은, 이제 21세기의 사회학에 부여되는 난해하고 매혹적인 과제이다.

1) 최동호의 추측에 의하면, 실제로 김수영과 그의 부친 사이에 해방 이후 심각한 불화가 있었을 가능성이 있다. 그 중요한 근거는 1949년 1월 지병을 앓던 부친 김태욱이 작고하고 김수영이 본격적으로 시단활동을 전개했다는 사실이다(최동호, 2004: 81-3). 개인사적 차원에서 보자면, 부친은 김수영이 시인이 되기 위해서 넘어서야 했던 실존적 권위였다.

2) 1945년에 쓰인 두 편의 시 「묘정의 노래」와 「공자의 생활란」이 모두 공자와 연관되어 있다는 사실은 20대 중반의 김수영에게 유교가 정신적인 중심을 차지하고 있었다는 사실을 암시한다. 더욱 흥미로운 것은 김수영이 마지막으로 쓴 1968년의 「풀」 역시 유교의 모티프를 은닉하고 있다는 사실이다. 이 시에 등장하는 장면인 풀과 바람의 길항적 관계는 『논어』의 「안연顔淵」편의 다음 구절을 각색한 것이다. "군자의 덕은 바람과 같고 소인의 덕은 풀과 같은 것. 풀 위에 바람이 지나가면 반드시 눕는 법이다(君子之德風, 小人之德草. 草上之風, 必偃)". 계강자(季康子)가 공자에게 정치에 관해 물었을 때 공자가 대답한 바로 이 구절은 『맹자』의 제5장 「등문공(滕文公)」에서도 다시 인용된다고 한다(정재서, 1996: 46-7; 최동호, 2000: 218-9). 김수영이 남긴 총 173편의 시들 중에서 첫 작품과 마지막 작품 양자 모두가 유교 텍스트에 조회하고 있다는 사실은 김수영의 모더니즘이 얼마나 긴밀하게 전통과 묶여 있는지를 보여준다. 다만, 첫 시와 마지막 시가 유교의 텍스트를 사용하는 방법에는 큰 차이를 보인다는 점을 지적해야 한다. 즉, 시작의 초기에 자주 등장하는 전통은 매우 억압적인 데 비해서 「풀」을 쓰는 김수영은 유교의 권위에 아랑곳하지 않고, 원래의 텍스트를 자유롭게 해체하여 이를 정치화(政治化)하고 있다.

3) 「가장 아름다운 우리말 열 개」에서 김수영은 다음과 같이 쓴다. "내가 아름답다고 생각하는 말들은 아무래도 내가 어렸을 때에 들은 말들이다. 우

리 아버지는 상인이라 나는 어려서 서울의 아래대의 장사꾼의 말들을 많이 배웠다. 〈마수걸이〉〈에누리〉〈색주가〉〈은근짜〉〈군것질〉〈총채〉 같은 낱말 속에는 하나하나 어린시절의 역사가 스며있고 신화가 담겨 있다. 또한 〈글방〉〈서산대〉〈벼룻돌〉〈부싯돌〉 등도 그렇다"(전집 II: 281).

4) 김수영의 시 「미역국」(1965)은 이에 대한 좋은 실례를 제공한다. "오오 歡喜여 미역국이여 미역국에 뜬 기름이여 구슬픈 祖上이여/가뭄의 백성이여 退溪든 丁茶山이든 수염난 영감이면/福德房 사기꾼도 도적놈地主라도 좋으니 제발 순조로와라/自稱 藝術派詩人들이 아무리 우리의 能辯을 욕해도—이것이/歡喜인 걸 어떻게 하랴"(전집I: 243).

5) 징후의 발생과 현상이 주체의 기대, 의도, 그리고 지향을 넘어선다는 점에서, 징후의 생산은 실재(réel)와의 조우를 규정하는 우연성(tuché)의 법칙을 따른다(Lacan, 1973: 53-62; Eleb, 2004: 54-62). 우연을 통하여 드러난 실재의 흔적으로서 징후가 갖고 있는 파편성은, 그 그리스어 어원인 symptôma에 내포되어 있다. '더불어 추락한 것'을 의미하는 징후는 그리하여 '추락하여 부서진 기호'를 가리킨다(Didi-Huberman, 1990: 62).

6) "인간은 결합시키는 존재이지만, 또한 언제나 분리를 수행해야 하는 존재이기도 하다. 그리고 인간은 분리시키지 않고서는 결합시킬 수 없다. 그렇기 때문에 서로 무관하게 존재하는 양쪽 물가의 기슭을 다리를 통해 결합시키기 위해서는 먼저 정신적으로 그것들을 분리된 것으로 파악하지 않으면 안 된다"(Simmel, 1909: 270).

7) 김수영과 짐멜의 영향관계에 대해서는 알려진 사실이 전무하다. 그러나 김수영은 하이데거의 저작들을 탐독한 것으로 알려져 있다(Cf. 전집I: 120; 전집II: 260; 전집II: 250-1). 김수영에게 행사된 하이데거의 영향력이 미미하다는 견해에 관련해서는 김명인(김명인, 2002: 283 이하)을 볼 것.

8) 근대적 사유와 상상력이 포착한 다리의 풍경 중에서 가장 극단적인 사례는 카프카가 1917년에 쓴 「다리Die Brücke」라는 제목의 기이한 콩트에 등장하는 인간 다리이다. 위의 콩트에서 카프카는, 마치 『변신』에서 K가 벌레로 변하여 등장하는 것처럼, 다리로 변한 한 사내의 부조리한 상황이 일인칭으로 기록된다. 다리-인간은 심연 위에 절망적으로 걸려 있다. 그는

양 다리로 한쪽 방향을 그리고 두 팔로 다른 쪽 방향을 지탱하고, 서서히 침식해가는 그 절벽에 매달려, 심연을 바라보고 있다. 그러던 어느 날 한 사내가 나타나 다리-인간을 건넌다. 다리는 비로소 자신의 명분에 값하는 일을 할 수 있는 것이며, 자신이 그토록 기다리던, 누군가의 이행(移行)에 결정적인 기여를 할 수 있을 것이라 생각한다. 결국 기다리던 누군가가 왔고, 철제 지팡이로 다리를 여기저기 더듬고, 드디어 허리 위로 펄쩍 뛰어 올랐을 때, 다리는 커다란 고통을 느낀다. 그런데 문제는 바로 이 순간에 발생한다. 다리-인간은 누가 자신을 건너는가를 알고 싶어졌다. 그것은 한 아이인가? 꿈인가? 길을 내는 사람인가? 자살자인가? 유혹자인가? 파괴자인가? 그 호기심에 다리는 그를 보기 위해서 몸을 돌린다. 몸을 돌리면서 다리는 심연으로 추락하여 무너져내려 산산조각으로 부서진다(Kafka, 1917: 536-7).

12장

실재에의 열정에 대한 열정
—미래파의 시와 시학

I. 미래파의 등장

2005년 한국 문단에는, 70년대 초반에 태어나 30대 후반에 이른 일군의 시인들이 시단의 각별한 주목을 받는 다수의 작품들을 동시에 상재하는, 일대 사건이 발생한다. 김근의 『뱀소년의 외출』, 김민정의 『날으는 고슴도치 아가씨』, 김언의 『거인』, 김이듬의 『별모양의 얼룩』, 박진성의 『목숨』, 신해욱의 『간결한 배치』, 유형진의 『피터래빗 저격사건』, 장석원의 『아나키스트』, 진수미의 『달의 코르크 마개가 열릴 때까지』, 이민하의 『환상수족』, 이성미의 『너무 오래 머물렀을 때』, 최치언의 『설탕은 모든 것을 치료할 수 있다』, 황병승의 『여장남자 시코쿠』 등이 그것이다.

이 작품들은 80년대와 90년대적인 서정시와 상당히 다른 감수성, 태도, 시학을 공통적으로 보여주는데 이들의 새로움을 간파하여 하나의 경향으로 묶어 논한 권혁웅은, 2005년도『문예중앙』봄호에 실린 평론 「미래파. 2005년 젊은 시인들」에서 이들의 새로움을 다음과 같이 압축적으로 제시하고 있다. "최근의 젊은 시인들은 중언부언을 중요한 발화의 방식으로 만들었다. 단형의 틀에 우겨넣기에는 시의 전언이 너무 풍부하다. 그들은 음악을 위해서 전언을 포기하지 않는다. 이미지가 풍요롭다. 그들은 여러 화자를 무대에 올린다. 사회와 역사에 대한 통찰은 존재론적인 통찰에 자리를 물려줄 때가 되었다. 추와 불협화음은 처음부터 미의 범주였다"(권혁웅, 2005: 149). 인용문에서 지적되고 있는 것처럼, 중언부언, 풍요한 메시지, 리듬의 소멸, 다성성(多聲性), 그로테스크로 특징지어지는 미래파의 시편들은 사실적이라기보다는 환상적이며, 통합적이라기보다는 분열적이며, 은유보다는 환유를 더 많이 사용하며, 동질적이라기보다는 이질적이고, 아름답기보다는 잔혹하거나 모호하다. 80년대처럼 '사회'를 혹은 90년대처럼 '자연'이나 '생태'를 시화(詩化)하지 않는 대신, 이들은 '나'의 불가능성과 '감각'의 무절제한 증식 혹은 유기체의 해체, 공포와 불안을 노래한다. 낯선 동시에 매혹적인 시적 체험을 제공하는 이들을 권혁웅은 '미래파'라 부르면서 한국 시의 미래를 그들에게 투기한다(권혁웅, 2005: 171).

권혁웅의 명명과 진단 이후 미래파에 대한 다양한 비평들이 생산되는데, 이런 과정에서 '미래파'의 외연이 점차로 확장되어, 그 용어는 새로운 시를 쓰는 젊은 시인을 '일반적'으로 지칭하기에 이르렀고, 미래파에 대한 비평적 입장의 내부에 일종의 대립이 형성되기 시작하였다. 한편에는, 이들의 시적 경향에 적극적인 의미를 부여하고 이를 '미래파'(권혁웅), '새로운 서정'(이장욱), '진화하는 서정'(김수이), '환상적 서정'(김진수), '뉴웨이브'(신형철)로 각각 명명하는 비평적 진영이 존재한다(권혁웅, 2005; 이장욱, 2005; 김수이, 2006: 68 이하; 김진수, 2005; 신형철, 2008: 271 이하). 다른 한편에는 '미래파'와 그에 대한 비평적 옹호를 더불어 비판하는 입장이 있는데 이경수, 고봉준, 박수연, 하상일 등의 입장이 그것이다(오형엽, 2006: 314-322). 비판의 스펙트럼은 다양하지만 아주 일반적인 수준에서 관찰되는 공통적인 지적은 다음과 같이 정리될 수 있다. 첫째, 미래파 시인들의 시세계가 지나치게 자폐적이고, 환상적이며, 난해하고, 비현실적이라는 점. 둘째, 미래파 시를 긍정적으로 평가하는 비판적 담론들이 그 새로움을 지나치게 과장하고 있으며, 또한 미래파에 대한 과도한 조명 속에서 가능성 있는 다른 시인들에 대한 평가에 소홀하다는 것(이경수, 2006; 고봉준, 2006a; 박수연, 2006; 하상일, 2007). 이 두 입장 사이에는 매우 큰 낙차가 존재한다. 그러나 이 낙차를 타고 흐르는 논쟁의 급류의 풍경은 매우 흥미로운 광경을 제공한다. 그것은 미래파를 둘러싼 비평적 담화들이, 80년대와 90년대 한국 문단이 생산했던 이념적 논쟁과는 달리 "텍스트가 있는 논쟁이며 미학에 관한 논쟁"이기 때문이다(이광호, 2007: 242-3). 무언가 근본적으로 변화된 것, 새로운 것이 등장했다는 사실에 대해서는 찬반 양측이 모두 공감하고 있는 듯이 보인다.

미래파의 등장은 시의 미래를 진단할 수 있는 기회를 제공하는 중요한 '문학적 사건'인 동시에, 2000년대 한국 사회, 더 정확하게 말하자면 IMF 외환위기 이후 등장하는 소위 '97년 체제'의 정신풍경을 보여주는 중요한 문화적 징후 중의 하나라는 점에서 '사회학적 사건'이기도 하다. 미래파 시는 어떤 역사, 사회적 조건에 뿌리내리고 있는가? 미래파 시인의 사회적 존재 양식은 무엇인가? 미래파 시에서 한국 시의 미래를 읽어내는 평론가들의 열정은 무엇인가? 미래파는 왜, 2005년의 한국 시단에 충격적인 새로운 미학적 체험을 촉발하면서 등장하게 되었는가? 요컨대 우리 사회의 어떤 마음이 미래파의 시와 그에 대한 다양한 논쟁들을 만들어냈는가?[1] 이 글은 이런 질문들에 대한 설득력 있는 해답을 모색하기 위하여 크게 다음의 세 가지 절차를 좇을 것이다. 첫째, 미래파의 시를 '미래파적'으로 만들어주는 시학적 의미구조를 탐구하기 위하여, 미래파적 서정성의 의미구조를 검토할 것이다. 둘째, 미래파 시인들의 주체성을 '오타쿠'와 비교하고, 시가 과거의 규범적 지평으로부터 해방되는 과정을 '시의 동물화' 개념으로 포착하여 설명한다. 셋째, 미래파를 호명한 비평적 언술의 근본 열정을, 바디우의 용어인 '실재의 열정'을 변용하여, '실재의 열정에 대한 열정'으로 명명하고 그 역사철학적 의미를 밝힌다.

II. 미래파의 시학

1. 전통적 서정성

미래파 시인들이 보여주는 다양한 차이에도 불구하고 이들을 하나의 그룹으로 묶어 볼 수 있도록 하는 시적 특징은 '탈(脫)서정'의 경향으로 요약될 수 있다. 미래파 시들은 90년대의 장정일, 유하, 이원, 그리고 2000년대 초반의 이장욱, 김행숙, 진은영이 보여준 아방가르드적 미학을 전면화한 새로운 정서적 충격을 독자에게 전달하는데, 이런 과정에서 기왕의 전통적 서정성과는 매우 다른 새로운 서정의 체험을 제공한다(이광호, 2006: 126). 일반적으로 전통적 서정성의 본질은 "세계의 자아화"로 압축된다(조동일, 1977: 101). 시적 자아가 확장되어 세계와 합일되는 정서적, 정신적, 언어적 고양을 체험하는 순간이 서정적 순간이라면, 그것은 근원적 일자(一者)에 접신되어 탈아적 상태로 대상과 혼융되는 디오니소스적 체험에 뿌리내리고 있는 융합된 자아, 들린 자아를 생산한다(Nietzsche, 1872: 53-4). 시인의 비탄이 곧 우주의 파괴이며, 시인의 영탄이 곧 세상의 환희인 것은 바로 이와 같이 자아와 세계 사이에 존재하는 '거리의 서정적 결핍'에 근거하고 있다(김준오, 2000: 36). 서정 시인은 영매이다. 그는 그가 더이상 아닌 순간에 시인으로 변화한다. 그러나 그 강렬한 순간 속에는 하나의 아이러니가 숨어 있다. 그의 혀에는, 물아일체의 서정적 순간의 체험을 다시 '나'로 돌아와 언어화해야 하는 모순적 책무가 부과되어 있다. 오직 노래와 음악으로밖에는 표현될 수 없는 서정적 체험이 다시 언어의 상징계에 포섭되는 순간, 즉 근원적 일자와 혼융되었던 확장된 자아가 언어의 주체가 되는 순간, 서정적 자아는 불가피하게 세계를 상징의 한계에 다시 가두는 권위의 원천으로 기능하게 된다. 말할 수 없는 것을 말하는 주체, 그리하여 말할 수 없는 것의 타자성을 시적 발화의 동일화 과정에 포섭하는 주체가 서정적 주체이다. 이런 점에서 서정시는 "만상을 1인칭의 내면적 고도(高度)에 걸어두는 방식"일 수밖에 없으며, 세계를 '일점원근법'에 의해서 표상할 수밖에 없다고 말해지는 것이다(이장욱, 2005: 17, 25).

> 잎이 나무를 떠난다
> 하늘이 그 자리를 허공에 맡긴다
>
> (오규원, 2008: 36)

오규원의 유고시집 『두두』에 실린 「나무와 허공」이다. 잎과 나무와 하늘과 허공 사이에서 벌어지는 미묘한 변화(잎의 추락)를 담담히 진술하는 이 시가 아름다운 서정시인 까닭은, 이렇게 간결하고 담담한 진술을 통하여 죽음과 소멸의 공포, 슬픔, 아픔을 견디고 삭이는 시인의 정신과 눈동자가 저 모든 장면의 먼 곳에 소실점과 같이 자리잡고 있기 때문이다. 우주의 일부가 생명과 죽음의 진리를 스스럼없이 내보이고 스스럼없이 사라지는 저 장면은 외롭지 않다. 왜냐하면 거기에는 시인이 현존하기 때문이다. 시인은 죽음의 순간에도 이 긴장을 놓치지 않는다. 2007년 1월 21일 세브란스 병원에서 운명하기 직전, 그는 제자의 손바닥에 이렇게 적고 숨을 거둔다. "한적한 오후다/불타는 오후다/더 잃을 것이 없는 오후다/나는 나무 속에서 자본다". 시인은 나무 속에서 잠드는 어떤 존재로 화하는 스스로의 한 생을 언어 속으로 저축한다. 죽음은 그가 남긴 유언의 시적 형식 속에 아프고 무서운 서정의 예각을 간직한 채 매장된다. 품격 있는 서정시에는 이처럼 성숙한 인간, 깊이와 깊이 속의 침묵을 끝없이 비축하고 발효시키는 인간이 실재하고 있다. 그는 단순하고 투명하지만 심오하고 광활한 내면의 소유자이며, 서정시가 발휘하는 감화와 감동의 원천이다.

2. 서정성의 구조조정─만화적 서정

미래파의 시가 새로운 것은 독자에게 서정적 공명을 전할 수 있기 위해서 반드시 요구되는 이 서정적 자아의 음성과 시선이 부재하거나 분열되어 다수 존재한다는 점에 있다. 이런 부재와 분열은 전통적인 서정적 주체의 '사유'로 수렴되었던 '보기'의 해방, 해체, 활성화로 형상화된다.

> 나는 자판기 곁에서
> 나는 버스 안에서
> 분수처럼 흩어졌다
> 흩어져서
> 아무 곳으로나 스며들었다 (……)
>
> 終局에는,

나는 버스 안과

　　나는 자판기 곁과

　　나는 보도블록 위에서

　　결국 분수처럼

(이장욱, 2006: 56-7)

　오규원의 시와 비교하면, 이 시에서는 주체인 '나'의 자리가 이중으로 분산되어 있다. 우선, 시적 언표의 주어인 '나'는 흩어지는 산포의 상태로 진술되고 있다. '나'의 단일성은 파괴되어 나로부터 탈영토화된 구성요소들이 세계에 스며들고 분산된다.[2] 그렇다면, 그런 나의 '변형'을 조정하는 또다른 '나'의 존재가 시의 어딘가에 숨어 있는 것은 아닐까? 위의 시는 이런 의문을 분쇄하듯이 "종국에는", 그런 자아의 가능성마저 산포시키고 분산시킨다. 어찌 보면, 미래파 시학의 교과서적 적용처럼 보이는 위의 시에서 전통적 서정은 모호하고 기묘한 '다른 서정'에 자리를 내어주고 있다.

　　가능하다. 물끄러미 서 있는 너희 두 사람이 내 아버지

　다. 가능하다. 죽은 사람과 말하는 돌에 대해서 쓸 생각이

　었다. 가능하다. 내 말은 뼈를 부러뜨리고 나온다. 가능하

　다. 오전 11시에서 1시 사이. 떨어지다가 정지한 사람을

　본다. 가능하다. 누가 내 이름을 바꿔 부를 때도 되었다.

　가능하다 .

(김언, 2005: 68-9)

　'다른 서정'은 김언의 시에 인상적으로 드러난 바와 같이 환상적 가

능성의 영역으로 확장된다. 모든 것이 가능한 이 공간은 자유롭고 무책임한 역할 놀이의 공간이 된다. 다른 어떤 미래파 시인보다도 독창적이고 풍요롭게 이 공간을 활용하여, 다채로운 정체성들을 풀어놓는 시인이 황병승이다.

> 나의 진짜는 뒤통순가 봐요
> 당신의 나의 뒤에서 보다 진실해지죠 (……)
>
> 나의 또 진짜는 항문이에요
> 그러나 당신은 나의 항문이 도무지 혐오스럽고
> 당신을 더 많이 알고 싶은 나는
> 입술을 뜯어버리고
> 아껴줘요, 하며 뻐끔뻐끔 항문으로 말할까봐요
>
> 부끄러워요 저처럼 부끄러운 동물을
> 호주머니 속에 서랍 깊숙이
> 당신도 잔뜩 가지고 있지요 (……)
>
> 백년 전에 죽은 할아버지도 됐다가 고모할머니도 됐다
> 가....
>
> (황병승, 2005 : 18-9)

눈이 없는 뒤통수가 진실의 거점이기에 이제 주체는 세계를 응시할 수 없으며 자신의 시선으로 그것을 수렴시킬 수 없다. 또한 세계를 언어적 질서를 통해 재현했던 입술 또한 항문으로 대체됨으로써 발화가 아니라 배설이 진짜로 화한다. 그는 이 새로운 진리의 거점들에서 정

신병자, 아이, 악동, 전과자, 트랜스젠더, 사자(死者)가 되고 조모와 조부가 된다. 그는 고백한다. "나는 사방에서 자꾸만 태어났습니다"(황병승, 2005: 48) 신형철의 지적대로, 황병승의 시에 황병승은 없다. 다만 다양한 역할들이 있을 뿐이며, 이 역할들은 캐릭터화(化)되어 있다. 그러나 이 캐릭터들을 통어하는 '중심'은 거기에 없다(신형철, 2008: 191).

(……)
서둘러 군불을 지피고 그 위에 석쇠를 달궈 내가 날 통째로 얹는다 지글지글 내가 날 굽는 냄새가 피어오르자 해골들과 부위 모를 뼈다귀들이 앞다투어 모여든다 석쇠 위에 고여 있던 핏물이 선지로 돌돌 말아 빚은 완자처럼 지져져 더욱 쫀쫀해진 내가 날 엿가위로 한 입 두입 잘라 굽는다 따각따각 아귀 터지게 턱 벌리는 해골들에게 내가 날 잘라 구운 살점을 바싹 태워 먹여준다 오일 바른 상아같이 매끈매끈한 뼈다귀들의 몸에 내가 날 잘라 구운 살점을 파스처럼 붙여준다 불가에 모여 앉은 해골들과 뼈다귀들이 내가 날 잘라 구운 살점을 먹고 있고 점점 나로 살쪄간다 일곱의, 열넷의, 스물의, 스물일곱의 제각각의 내가 날 쳐다보며 나야 나야 손을 흔든다 내가 날 잘라 구운 살점들을 다 트림하고 나로 자란 그대들이 방방마다 걸린 액자 속으로 걸어들어가 찰칵찰칵 기념촬영을 한다 내가 날 잘라 구워 먹고 난 달궈진 석쇠 위에는 열세 개의 꽃삽만이 꽃게처럼 익어가고 있다

(이민하, 2005: 88-9)

이민하는 자아의 다양한 변이를 추구하는 대신에 '자아'를 구강기적으로 파괴해버린다. 한국 시사에서 아마도 가장 집요한 엽기와 자해의 상상력을 보여주는 이 시인의 시적 화자는 자신의 몸을 스스로 잘라 구워 먹고 있다. 자아가 소집 해제되는 순간 방출되는 것은 특정한 주체성에 등록될 수 없는 혼돈스런 감각의 분방한 유출이다. 이 유출은 환상의 형식을 빌린다. 환상 속에서 자아 이전의 감각적 난무가 정서적 자발성을 동반하면서 당혹스러울 정도의 강도로 연출되고 있다.

서정적 자아가 소실, 증발, 해체, 파괴되어 일종의 감각적 무정부상태가 펼쳐지는 미래파의 세계는, 몇 개의 특권적 이미지나 잠언을 통한 의미론적 정돈이나 자연에 투사된 인간적 교훈을 허용하지 않는 격렬하고 모호하고 번쇄한 감각과 정서의 흐름을 방출한다. 전형적인 미래파의 시에는 진지하고, 성숙하고, 권위 있는 목소리나 인격은 거의 발견되지 않으며, 바로 그 까닭으로 인하여 성숙하지 않는 어린이의 환상적 유희 공간에서 발생하는 분방한 역할놀이의 전개를 연상시킨다. 주된 이미지 장르와 연결시켜 말하자면, 미래파의 서정은 유화나 동양화가 구현하는 그윽한 아취나 심원한 경지와 거리가 멀고, 오히려 팝아트 혹은 일본 망가에서 쉽게 발견할 수 있는 거칠고 비린 날것으로서의 감각, 유아적 발랄함이 과장된 표현들과 뒤섞여 발생하는, 불쾌하면서도 흥미진진한 잉여적 주이상스와 흡사하다. 거기에는 "최소한의 원근법"만이 존재하며, 그리하여 깊이의 감각이 없다(신형철, 2008: 289-295). 미래파의 시는 더이상 성장하지 못하는 소년·소녀들의 감동에 기초하고 있으며, 이런 점에서 미래파적 서정은 다분히 '만화적'이다(고봉준, 2006b: 348; 송승환, 2005: 62-3; 함돈균, 2006). 그러나 이들의 시가 만화적이라는 사실은 단순히, 미래파의 시적 주체가 유아화되어 있다는 사실만을 의미하지는 않는다. 그리고 이는 만화 그 자체의 역사적 특성과 연관되어 있다.

요모타 이누히코에 의하면, 만화는 그 이미지들을 표현하는 시간과의 관계에서 회화나 영화와는 다른 역사적 단계를 표상한다. 가령 회화는 특정 순간에 인물의 운동 단편을 묘사하며, 그 단편을 통하여 초월적 순간을 현실화한다. 그려진 순간, 그 순간이 포착한 이미지는 영원성의 후광에 둘러싸인다. 이런 점에서 회화가 포착한 인물은 언제나 내면성의 심연을 갖고 있는 존재이다. 그러나 영화의 시대는 이미지가 이런 초월적 포즈를 내포하는 것을 불가능하게 한다. 즉, 영화의 순간들은 언제나 등간격으로 분할되고 양화된 시간인 것이다. 흥미로운 것은 만화이다. 만화가 우리의 감각에 호소하는 그 순간은 그렇다면 무엇인가? 이누히코는 다음과 같이 지적하고 있다. "정확히 말한다면 일단 초월적 순간의 형이상학이 붕괴되고, 운동이 범용한 순간의 계기에 따라 분절 표상되기에 이른 시대에, 재차 허구로서 재구성된 특권적 순간을 체현하고 있다고나 할까?"(四方田犬彦, 1994: 22-3) 단일한 응시의 시선으로 구축된 원근법적인 시각장의 균열과 변화의 시대를 주도하는 장르, 즉 더이상 회화적 초월성이 불가능한 영화의 시대에 환상적으로 꿈꾸어지는 회화적 초월성의 모사, 그것이 바로 만화이다. 모사임에도 불구하고, 만화가 표현하는 특권적 순간은 매혹적이다. 만화는 회화가 침투할 수 없는 영역을 열어주며, 회화의 이데올로기를 파괴한다. 만화의 깊이 부재는 회화의 깊이에의 신앙을 비웃는다. 만화는 말한다. 이미지는 하나의 이미지일 뿐이라고, 그러나 이미지에 불과한 이 이미지보다 더 현실적인 현실은 어디에도 없다고. 미래파적 서정이 만화적이라는 것은 미래파 시학이 전통적 서정을 해체하고 탈신비화하는 힘을 내장하고 있다는 점을 의미하며, 이와 동시에 미래파 시인들이 시를 쓰는 그 공간의 역사적 성격이 환멸의 공간이라는 점을 의미한다. 만화적 서정이 주도하는 21세기 한국 시단은 비유컨대, 서정성의 '구조조정'이 완성되어, 기왕의 서정성의 위치가 심각하게 축소된 특이한 풍경을 구성한다. 이 풍경의 핵심에 존재하는 것은 환멸의 폐허에 흩어진 기호들을 주워 무해하고 유아적인 놀이에 몰두하는 이 미래파 시인의 이미지이다.

III. 미래파와 오타쿠

1. 오타쿠

1983년 칼럼니스트 나카모리 아키오(中森明夫)가 만화 월간지 『망가 브릿코漫画ブリッコ』에 연재한 칼럼 「오타쿠 연구」에서 처음으로 사용된 '오타쿠'라는 용어는 애니메이션, 만화, 게임을 매우 좋아하는, 집에 틀어박혀 사는 어둡고 사교성 없는 인간들을 지칭한다. 오타쿠(お宅)에는 집(宅)이라는 의미소가 있으며 이로부터 은둔형 외톨이로서의 오타쿠 이미지가 형성된다. 오타쿠는 사회와의 성인다운 접촉, 관계의 능력을 구비하지 못한 미숙아이며, 환상적인 서브컬처가 제공하는 무한한 정보, 이미지, 작품 들로 성벽을 구성하여 현실과 절연한 채 자기의 세계에 구축하는 누에고치와 같은 존재로 인지된다.[3] 그러나 오타쿠에 대한 좀더 긍정적인 시선도 존재한다. 1994년부터 97년까지 동경대에서 '오타쿠학' 강의를 진행했던 오카다 도시오에 의하면, 오타쿠는 영상의 시대에 태어나 영상 환경 속에서 자란 새로운 인간으로서, 다양한 정보들에 대한 백과사전적 지식을 구비하고 있으며, 또한 자신의 그런 수집, 편집, 조합, 창조 능력의 신장에 대한 고도의 향상심(向上心)을 소유하고 있는 존재이기도 하다(岡田斗司夫, 1996: 12, 34, 40).

누군가에게 오타쿠는 잠재적 범죄자이거나 변태일 수 있다. 그들은 철저하게 유년기의 세계에 갇혀 있고, 성인의 세계에 진입하기를 거부하기 때문이다. 그러나 바로 그런 몰입과 미숙과 자폐가 그들의 창조성을 가능하게 한다는 아이러니가 있다. 그들은 만화, 게임, 피규어(Figure)로 불리는 각종의 인형들, 괴물 영화 등의 '특촬물(特撮物)' 등의 열렬한 마니아이면서 수집가이고 연구자이면서 또한 장인이다(齊藤環, 2002: 31). 그들은 사회와 현실에 무관심한 동시에, 문화적 기호들이 증식하고 분열하는 시뮬라크르의 공간 속에서 자발적으로 스스로를 유폐한 일종의 신인류이다. 이런 점에서 보면, 미래파의 시학에는 '오타쿠적(的)'이라 부를 수 있는 명백한 특성들이 내포되어 있다. 가장 피상적인 차원에서 공유하고 있는 특성은 자폐성, 유아성, 기호를 통한 문화적 유희의 능력, 하위문화와 대중문화에 대한 열정, 문화적 기호의 하이브리드적 성격 등이라 할 수 있다. 그러나 이런 외면적 유사성을 넘어선 곳에서 우리는 양자의 세계인식의 지각적 특성에 있어서의 유사성을 발견한다. 양자는 모두 20세기 후반의 변화된 미디어 환경만이 형성시킬 수 있는 독특한 체험구조의 화신이다.[4] 급격한 발전을 이룬 기술적 장치들을 통해 전파된 수많은 영상 문화의 압도적 세례 속에서 성장한 거의 최초의 세대에 속하는 이들은, 미래파 시인 유형진의 표현을 원용하면, '모니터킨트'이자, 가상세계에서 살아가는 인간, 즉 '호모 비르투엔스(Homo Virtuens)'이다(유형진, 2005: 36; Barral, 1999: 22).

오타쿠가 80년대에 처음 등장하여 2000년대에 보편화되는 인간 유형을 지칭한다면, 미래파는 한국 사회에서 70년대에 출생하여 89년 현실 공산권의 몰락 이후 대학을 다닌 소위 포스트 386세대의 시적 전위이다. 이들은, 송승환이 지적하고 있듯이, 자연스럽게 텔레비전이라는 영상을 통해 성장했고 컴퓨터를 배우고 PC통신을 생활로 삼아왔고 컴퓨터 작업과 함께 다른 작업을 동시에 해온 멀티태스킹 세대이다(송승환, 2005: 29). 이들에게 세계의 총체성은 관념적인 무엇이다. 실제로 이들에게 익숙한 것은 모니터의 점멸이나 스크린의 변전을 닮은 파편적 영상들의 단속적(斷續的)이고 만화경적인 세계상이다. 오타쿠가 문화적 파편들에 대한 페티시즘적인 열정을 보이듯이, 미래파 시의 혼란에 가까운 감각의 해일은 바로 이들의 세계지각 방식에 뿌리내리고 있는 것이다. 오타쿠가 개라지-키트(garage-kit)를 조립한다면 미래파 시인은 문화적 기호의 '레고 조각'들을 연결하고 실험하여 한 편의 시를 만들어내는 셈이다.

2. 시의 동물화

그러나 미래파 시의 오타쿠적 특성은 이런 인식론의 차원을 넘어선 양자가 처해 있는 역사철학적 상황의 유사성에 의해서 보다 심층적으로 설명된다. 아즈마 히로키에 의하면 80년대의 초창기 오타쿠는 전공투의 몰락으로 상징되는 거대서사의 조락을 배경으로 등장한다. 엄밀히 말하면 이들은, 역사적 변혁의 가능성이 좌절된 탈역사의 시대에 하위문화의 폐물들에 심취함으로써, 대타자(大他者)의 실종을 상징적으로 대리보충하고 있던 것이다. 그러나 90년대 중반 이후, 특히 옴 진리교 사건 이후에, 일본 사회가 냉소주의적 이성의 시대이자 본격적인 포스트모던 사회로 진입하는 과정에서 좀더 진화된 오타쿠들이 등장하게 된다. 이들의 정신 풍경을 아즈마 히로키는 해리(解離), 즉 분열이라 파악한다. 쉽게 말하자면, 해리적 인간은 거대서사, 즉 상징적 대타자의 질서가 없이도 재미있게 살 수 있는 인간이다. 해리적 인간은 인정투쟁으로부터도 세계와의 변증법적 불화로부터도 상대적으로 자유로운 존재, 타자 없이 자족적인 만족과 흥미의 충족 속에서 독자적이고 독립적인 삶을 영위할 수 있는 존재이다. 그러나 해리적 인간의 이 독립성은 결코 절대적인 것이 아니다. 그들은 그들 고유의 새로운 '사회성', 굳이 표현하자면 '비사교적 사회성'을 창출하고 그 속에 거주하는 자들이다. 그들의 사회성은 거대담론으로부터 유리되어 있다. 이 점에 해리적 인간의 새로움이 있다. 아즈마 히로키는 이처럼 새로운 인간들을 코제브를 인용하면서 '동물'이라 부르고 그들의 삶의 행태를 다음처럼 진술한다. "따라서 여기에서 '동물이 된다'는 것은 이와 같은 간주관적인 구조가 사라지고 각자가 각자의 결핍-만족의 회로를 닫아버리는 상태의 도래를 의미한다. 코제브가 '동물적'이라고 지칭한 것은 전후의 미국형 소비사회였는데 (……) 미국형 소비사회의 논리는 50년대 이후에도 착실히 확대되어 지금은 전 세계를 완전히 뒤덮고 있다. 매뉴얼화하고 미디어화하여 유통관리가 잘 보급된 현재의 소비사회에서는 소비자의 욕구(needs)가 가능한 한 타자의 개입 없이 순식간에 기계적으로 충족되도록 날마다 개량이 거듭되고 있다. 지금까지는 사회적인 커뮤니케이션 없이는 얻을 수 없었던 대상, 가령 매일의 식사나 성적인 파트너도 지금은 패스트푸드나 성산업으로 극히 간편하게 일체의 성가신 커뮤니케이션 없이 손에 넣을 수 있다. 그리고 그러한 한 우리들의 사회는 최근 수십 년간 확실히 동물화의 길을 걸어왔다고 할 수 있다"(東浩紀, 2001 : 150-1).

이런 관점에서 보자면, 미래파 시인들의 등장을 우리는 '시의 동물화'로 이해할 수 있는 근거를 갖게 된다. 시의 동물화는 시작(詩作)의 실천이 '문학'이라는 규범적 거대서사와 분리되는 것을 의미한다. 이제 더 이상 시인은 '혁명가'나 '선동자' 혹은 '견자'나 '각자(覺者)'가 아니다. 시인은 '오타쿠-동물'이다. 그는 자신의 시가 여하한 정치적, 사회적, 역사적, 이념적 효과를 발휘할지 그렇지 않을지에 대하여 무관심하다. 이런 점에서 그의 '책무'는 시대를 명명하는 것도 아니며(바디우), 존재의 수호자가 되는 것도 아니다(하이데거). 그는 그러한 부담들이 모두 사라진 곳에서, 그러한 책무가 여타의 다른 제도로 이전된 텅 빈 백색의 공간에서, 어쩌면 자신의 정체성을 확인하기 위해서, 어쩌면 순수한 놀이의 정신으로, 어쩌면 시 쓰기의 본질에 대한 무사심한 탐구심으로, 그리고 어쩌면 블로그를 통하여 스스로를 표현하듯이 가벼운 기분으로, 또한 어쩌면 프라모델을 제작하는 진지하지만 사소한 열정으로 쓸 것이다.[5] 그들의 시는 언제나 정치적이고 사회적인 효과를 산출할 것이지만, 오타쿠-동물로서의 시인에게 시의 사회적, 정치적, 문화적, 언어적 책무에 대한 선험적 과제는 더이상 그로 하여금 시를 쓰게 하는 원동력이 아니다.

　이러한 시의 '동물화' 현상은 97년 외환위기 이후에 본격적으로 전개되는 에토스의 변동, 즉 '87년 체제'의 지배적 에토스로 기능했던 '진정성'의 해체라는 맥락에서 파악될 수 있다. 진정성의 에토스가 성찰적 주체의 윤리적 자기 결정, 그리고 공적 지평에의 참가를 통한 주체들의 연대에 기초하고 있었다면, 새로운 에토스는 이런 성숙하고 깊이 있는 주관성의 모델을 거부하면서 가벼움, 투명성, 유아성, 쿨(cool)함, 귀여움 등을 선호하는 새로운 삶의 태도를 전면화한다. 성숙하고 통합된 인간, 공적 관심과 자신의 관심을 일치시키는 그런 강한 주체성의 모델인 진정성의 에토스가 소멸함과 동시에 내면성과 윤리성에 기초한 근대 간판 문학 형식인 소설은 종언을 맞이하게 된다(柄谷行人, 2005). 그러나 그것은 비단 소설의 운명뿐인 것은 아니다. 진정성이 사회의 규범적 패러다임의 역할을 더이상 수행하지 못하고, 일종의 도덕적 화석이 되어 고루한 가치로 폐기되는 순간, 그리고 진정성을 대체하면서 치부(致富), 성공, 과시, 욕망, 육체를 노골적으로 긍정하고 탈도덕화시키는 새로운 에토스의 헤게모니가 확고해지는 순간, 전통적인 의미의 시와 시 쓰기 역시 위기와 종말의 운명을 맞이하게 될 것임은 자명한 일이다. 미래파가 등장하게 되는 것은 바로 이런 상황 속에서이다. 미래파의 시는 '시의 종말' 이후에 시의 가능성에 대한 탐구이다. 그것은, 오랫동안 시의 핵심적 열정으로 기능했던 진정한 것에 대한 추구가 우스꽝스러워진 시대에 어떻게 시가 생존할 수 있는 가, 어떻게 시적인 것이 표현되고 체험될 수 있는가라는 문제에 대하여 던져진 흥미로운 해답이다.

IV. 실재의 열정에 대한 열정

1. 미래파 비평

미래파가 하나의 담론적 사건이라면, 그 사건의 질료는 미래파의 시이지만, 그 형식은 비평의 언술이다. 즉, 미래파의 시는 그들이 미래파로 '인지'되고 '호명'되는 과정 속에서 담론적 실체로 부각되었으며, 따라서 미래파 담론에 대한 두번째의 접근은 미래파의 시가 아닌 그들에 대한 비평적 언술을 대상으로 해야 한다. 이런 맥락에서 미래파를 적극적으로 평가하고, 그들의 시학에 언어를 제공한 다수의 평론가 중에서 체계적이고 설득력 있게 미래파 시학을 정리한 신형철의 논의를 살펴보고자 한다. 그는 2005년부터 2007년까지 미래파의 시학을 조명하는 다섯 편의 중요한 비평문을 통하여, 미래파 담론을 철학적인 수준으로 심화, 확장시킨다. 그의 평론은 미래파를 하나의 새로운 시적 운동으로 명명하고 이를 통해서 과거의 서정시를 전복하려는 매우 강한 의지의 표현물이며, 바로 이 의지에 의해서 미래파 담론은 사건으로서 완성된다고 볼 수 있다.

「문제는 서정이 아니다」에서 신형철은, 미래파가 등장하기 직전인 2000년대 초반까지 한국 서정시를 지배해온 일종의 시적 '에피스테메'를 일상, 내면, 자연의 삼각형으로 풀어 제시하고 그 문제점을 각각 지적하고 있다. 여러 다른 평론가들의 비판적 입장들을 일목요연하게 정리한 이 도식에 의하면, 90년대 이래의 '신(新)서정'은 '일상'의 공간을 '내면'을 통하여 탐구하면서 '자연'이라는 도원을 열망하는 시정신에 의해 구축되어 있었다. 그러나 그에 의하면 이 삼각형의 각 요소들이 사실은 나름의 한계를 내포하고 있었던 것이 사실이다. 첫째, 일상 공간이 초월적 지향과 현실의 치열한 참여 공간 사이에 잠정적으로 형성되어 있던 어설픈 서정의 공간이라는 것. 둘째 '내면'은 서정 고유의 나르시시즘이라는 한계를 갖고 있다는 점. 셋째 신서정이 이상화하는 '자연'은 '마음의 도원'이자 그런 의미에서 하나의 매트릭스에 불과하다는 것이다(신형철, 2008: 181-6). 이 비판을 한 마디로 축약하면, 90년대 이후의 한국 서정시는 매너리즘에 빠져 있고, 그 결과 세계와 언어의 실상(實相)과 드잡이하는 근본적인 고투의 치열함을 상실하고 그 대신에 미적 가상을 세련되게 건축하여 이를 작품으로 생산하는 일종의 타성에 빠져 있다는 것이다. 라캉의 용어를 빌려 말하자면, 신서정은 실재(réel)와의 여하한 상관을 상실하고 있으며 상징계(symbol-ique)의 권능에 포박되어 있다는 것이다. 이런 맥락에서 신형철은 전복적인 미래파의 시학을 다음과 같은 세 가지 주요 테마로 재구성한다.

첫째 테마는 '자아에서 주체로의 전환'으로 요약된다. 전통 서정시의 '세계의 자아화'를 비판하는 권혁웅, 이장욱의 논의를 심화시키면서 신형철은 미래파적 서정이 상상적 자아의 권위에 기대는 대신, 그런 자아가 '소거'되어 등장하는 주체 형성의 폐허와 같은 공간을 탐색한다고 평가한다. 상징계의 언어에 의해 호명되어 그 기제에 묶인 '자아'와 상징계 이전의 '주체'를 구분하면서, 그는 미래파의 시가 '자아의 시'를 벗어나 비로소 '주체의 시'를 겨냥하고 있음을 보여준다. 둘째, '타인에서 타자로의 전환'이라는 테마. 그가 구분하여 말하는 타인은, 동일자에 의해서 포섭되는 존재이며, 이와는 달리 포섭될 수 없는 타자성을 보유하는 존재를 그는 타자라 부른다. 기왕의 서정시가 서정적 자아의 마술적 권능으로 자연과 우주를 동일화하는 힘을 갖고 있었다면, 미래파의 시는 그런 자아가 주체로 변환됨으로써 대상을 진정한 의미의 '타자'로 다룰 수 있다는 것이다. 셋째, '풍경에서 상처로의 전환'. 풍경이란 상징을 통하여 봉합된 미적 자연이다. 미래파의 시는 이런 봉합이 불가능한 경지를 노래하는 일종의 난무(亂舞)이다. 하여 상징적 종합의 결과물인 풍경은 상징적 종합의 실패이자 실재의 상처가 끝없이 유출되는 '외상'에 자리를 내어준다. 미래파의 시가 참혹한 잔혹성을 즐기는 듯이 보이는 것은 사실 이런 이유에서이다. 미래파의 시는, 용어의 상투적인 의미에서의 '서정성'을 넘어서 '시적인 것'의 본질에 육박하고 있다는 것이다. 미래파는 이런 의미에서 본격적인 의미의 실재를 노래하는 시적 경향에 대한 명명이다. 실재를 탐구하기 위해서 현실의 의미망을 넘어서려는 욕망, 의지, 열정, 이것이 바로 미래파의 작품들에서 비평이 읽어낸 미래파 시학의 중핵이라 할 수 있다.

2. 실재의 열정

실재를 탐구하고 위해서 현실의 의미망을 넘어서려는 이런 열정을 바디우(Alain Badiou)는 자신의 저서 『세기 Le siècle』에서 '실재의 열정 (passion du réel)'으로 규정한 바 있다. 미래파 담론 속에서 미래파 시학의 근본 동력으로 암시되는 이 '실재의 열정'은, 바디우에 의하면, 지난 '세기'의 시대정신이다. 여기서 바디우가 말하는 '세기'는 1914-18년의 제1차 세계대전으로 시작하여(그 결과로 발생한 1917년의 러시아 혁명) 1989년 소비에트 연방과 동구권 현실 사회주의의 붕괴에 이르는 20세기의 약 70여 년을 가리킨다(Badiou, 2005: 12).[6] 지난 세기는 정치적으로 혁명의 시대였으며, 예술적으로는 아방가르드의 시대였다. 추상과 실험의 시대이고, 형식파괴와 선언문의 시대였다. 정치와 예술, 혁명과 시학은 지난 세기에 이처럼 하나의 동일한 '열정'에 의해서 추동된 바, 실재의 열정은 19세기가 '상상'했거나 '상징'으로밖에는 표현할 수 없었던 정치적 이상과 예술적 가능성들이 20세기에 '실현'될 수 있다는 믿음과 정열의 파토스라 할 수 있다(Badiou, 2005: 35, 37).

세계의 실상(實相)에 도달하기 위해서는 그것을 감싸고 은폐하는 상징계의 구조를 필연적으로 파괴(détruire)하거나 삭감(soustraire)시켜야 하기에, 실재의 열정은 그 방법론에 있어서 불가피하게 '폭력'을 요구한다. 정치적인 차원에서 실재의 열정은 테러리즘, 혁명, 폭동, 전쟁 등의 직접적 폭력의 사용을 통하여 정치 제도를 전복시키고자 하는 20세기 특유의 정치활동의 원천이었다. 또한 예술적인 차원에서 말하자면, 지난 세기의 순도 높은 예술적 성취들은 강한 미학적 폭력성과 결부되어 있었다. 아르토의 잔혹극은 그 대표적인 경우이다. 바타유는 폭력적 희생 제의에 대해서 집중적으로 성찰했고, 로런스나 앙드레 말로와 같은 모험가적 작가들은 폭력 앞에서의 침착성과 강인함을 몸소 보여주었다. 이들을 제외하더라도, 세기의 예술가들은 과거의 유산을 파괴함으로써 데카당스를 극복하고 새로운 시대를 다시 창출하기 위한 방법으로서 과감한 실험과 추상, 파괴와 재구성 등의 예술적 파토스를 발휘했던 것이다(Badiou, 2005: 164-5).

그런데 문제는 '실재의 열정'을 더이상 시대의 중심적 의지의 형식으로 볼 수 없게 하는 새로운 삶의 조건들이 생성되면서, 실재의 열정에 의해 견인되던 20세기가 이제 종언을 고했다는 점이다. 가령 실재의 열정을 표현하는 대표적인 윤리의 하나인 '진정성'은 이제 조롱받고 있으며, 시대는 명백히 '냉소주의적'인 방향으로 전환되었다는 사실은 명백한 것으로 보인다(Badiou, 2005: 87). 정치적인 실재의 열정은 이제 근본주의나 테러리즘에 의해 전유되었으며, 예술적인 실재의 열정은 아마추어의 순수한 열정의 형식으로 남게 되었다. 실재의 열정의 핵심이라 할 수 있는 정치학과 시학의 불가분의 결합은 해체되었다(Badiou, 2005: 209-15). 실재의 열정은 모든 것을 소비상품으로 전환시키는 신자유주의 질서 속에서 이제 하나의 코드, 또는 코드들의 네트워크로 전락했다. 폭력적이고 과격하고 심지어 엽기적이었던 실재에 대한 상상적 형상들은, 그것들을 '소비'하는 취향집단의 내부에서 보자면 지극히 익숙한 코드의 배열에 불과한 것이다.[7]

정치학과 시학의 괴리, 시학과 경제학의 결합의 대표적인 징후가 바로 선언문(Manifeste)의 불가능성이다. 선언문이란, 자신들만이, 자신들의 예술적 실험과 방법과 정열만이 세계의 실재를 드러낼 수 있다는 '실재와의 유일한 관계'를 가능한 미래로서 공포하는 언술의 형식이기 때문이다(Badiou, 2005: 193 이하). 실재의 열정이 소멸한다는 것은 선언문을 쓰거나 발표한다는 행위의 의미가 사라진다는 것을 의미한다. 이 점에서 바디우의 견해는 미술사가 단토(Arthur Danto)의 견해와 일치한다. 단토가 헤겔미학의 연장선상에서 '예술의 종언'을 선포할 때, 그 가장 중요한 징후 중의 하나는 선언문의 시대가 끝났다는 것이었다. 단토는 이렇게 쓴다. "이와 유사하게, 예술의 종말 이후에도 마치 모더니즘이 끝나지 않았다는 듯이 모더니즘적인 철학적 실험을 미술에서 계속하는 사람들이 있다. 모더니즘을 계속해서 믿고 있는 사람들의 마음과 실천 속에는 예술의 종말 같은 것은 발생하지 않았기 때문이다. 그러나 내가 보기에, 역사적 현재의 심원한 진리는, 선언문에 의해 추동되는 미술의 전제가 이제는 철학적으로 옹호될 수가 없기에 선언문의 시대가 끝났다는 데 있다. 선언문이 하는 일이란 자신이 유일하게 참된 예술이라고 정당화하는 예술을 선발해내는 것이다. 마치 그 선언문이 표현하고 있는 운동이 예술이 본질적으로 무엇인지를 철학적으로 발견해내었다는 듯이 말이다. (……) 선언문의 형식으로 스스로를 표현하였던 정신구조는 진짜 예술과 사이비 예술을 구별하는 어떤 철학적 방법을 추구하였던 셈인데, 이것은 어떤 철학운동들이 보여주었던, 진정한 물음과 사이비 물음을 구별하기 위한 하나의 기준을 찾아내고자 한 노력과 상당히 유사하다"(Danto, 1997: 93-4).

3. 실재의 열정에 대한 열정

선언문을 쓰고 공포할 수 있게 하는 시대정신이 소멸했을 때, '선언한다는 행위'는 그 실질적인 효력을 갖지 못하는 일종의 제스처로 전락한다. 다음은 황병승의 「사성장군협주곡四星將軍協奏曲」의 일부이다.

> 나는 선언의 천재
> 사계절을 저지르며 거듭 태어난 포 스타(four star)
> 침묵과 비명의 일인자인 철문이여
> 얼음으로 만들어진 찬 변기여
> 나의 실패담이 그렇게 듣고 싶은가
>
> (……)
>
> 내부가 훤히 들여다보이는, 차창의 불빛 환한 밤 기차
> 처럼
> 이렇게 나는 너무 뻔하고 선언은 늘 부끄러운 것입니다
> 그러나 나는 선언의 천재

모든 것을 선언한 뒤 알 수 없는 사람이 되고 말겠습니다

.......결국 빛이 빛을 찾아 헤매는 슬픈 시간입니다.

(황병승, 2005 : 46-8)

시인은 스스로를 '선언'의 천재라고 표현하고 있으나, 이 표현은 일종의 허언이다. 선언의 천재라는 선언은 선언의 불능의 천명이며, 모든 것을 선언한다는 것은 그 어떤 것도 선언하지 못한다는 것을 의미한다. 사실 미래파는 초현실주의나 다다 그리고 이탈리아의 그 미래파처럼, 자신들의 선언문을 발표한 적이 없으며 독자적인 유파와 운동으로 성립된 적도 없었다. 미래파로 호명되는 시인들은 이와 반대로 자신들이 미래파로 불린다는 사실에 대해서 오히려 반감을 표출한다. 말하자면, 미래파의 선언문은 시인들이 아닌 평론가들에 의해서 작성된 셈이다. 이런 점에서 미래파 현상을 횡단하는 매우 독특한 균열선을 발견할 수 있다. 즉 미래파 담론의 시들은, 앞서 분석한 것과 같이, 포스트-진정성의 시대를 대표하는 시이다. 그것은 '실재의 열정'이 불가능한 시대의 시이며, 실재의 열정으로부터 자유로울 수 있는 시대의 시이며, 선언문이 필요 없는 시대의 시이다. 그런데 미래파 담론의 비평은 시의 시간과 다른 시간에 발을 딛고 있다. 비평은 미래파 시에서 여전히 '실재'에 대한 진지하고 강렬한 열정, 주체와 타자와 상처를 시화(詩化)하는 힘을 읽어낸다. 이에 의하면, 미래파는 사실 '진정한' 시인들이며 어쩌면 가장 진정한 시인들인데, 그것은 미래파가 시의 진정성, 즉 현실이 아닌 실재의 시적 산출과 표현을 위해서, 아름다움과 소통가능성 그리고 사회성과 정치성마저 희생하였기 때문이다. '실재'로부터 자유로운 시와 '실재'에 기초하고 있는 비평의 이와 같은 이접(離接)이 미래파 담론의 특이성인 바, 실재에의 무관심이 시의 태도라면

'실재의 열정'을 끊임없이 찾고 확인하고자 하는 것이 비평의 태도라 할 수 있다.

실재의 열정이 더이상 유효한 미학적, 정치적 전략이 되기 힘든 시대에, 실재의 열정을 읽고 구성하고 활성화하려는 이러한 역설적인 열정을 우리는 '실재의 열정에 대한 열정'이라 부를 수 있을 것이다. 실재의 열정에 대한 열정은, 실재의 열정이 잦아들어간 환멸의 시대를 사는 지식인이 냉소와 허무에 빠지지 않고, 사라졌다고 생각되는 진정한 가치를 새로운 방식으로 갱신하고자 하는 의지이다. 그것은 실재 그 자체를 열망하는 것이 아니라 '실재의 열정'을 열망하는 것이며, 실재의 열정이 아직 존재함을 그리고 실재의 열정이 아직 유효함을 끊임없이 확인하고자 하는 의지이다. 세기적 전환 속에서, 모든 가치들의 종언 속에서, 실재의 열정에 대한 열정은 실재를 폐기하지도 않고, 실재를 순수하고 순진하게 '열망'하지도 않는다. 그것은 실재의 폐기와 실재의 열망 사이에서, 실재와의 '가능한' 그리고 '잠재적인' 관계를 모색하는 파토스이다. 실재와의 관계는 끊어지지도 않고 밀착되지도 않는다. 그 관계는 계류된다. 계류를 통하여 사유는 사유의 시간을 벌수 있다.

이런 점에서 우리는 실재의 열정에 대한 열정의 탁월한 이론가로서 지젝(Slavoj Žižek)을 거론할 수 있다. 라캉의 실재 개념에 주목하면서 다른 어떤 이론가보다도 더 뛰어난 민활함으로 실재의 토포스에 깊은 관심을 기울인 지젝은 바디우가 말하는 '실재의 열정'이 갖고 있는 양가성, 즉 실재의 열정은 히틀러의 것이기도 하고 레닌의 것이기도 한것, 즉 반동적이기도 하고 진보적이기도 하다는 사실을 정확하게 인지하고 있다는 점에서 '실재의 열정'을 조건 없이 승인하지 않는다(Žižek, 2002b: 72). 더 나아가 정치적-시적-윤리적 기획으로서의 실재의 열정이 소멸한 시대에, 실재의 열정이 결국, 존재감을 상실한 채 실재를 체험하고자 하는 자해자들이 스스로의 손목을 자르면서 분출하는 피를 보고 느끼는 가상적 실재감으로 타락한다는 사실을 잘 알고 있다. 카페인 없는 커피, 지방 없는 아이스크림, 알코올 없는 맥주, 타자 없는 대타의 경험으로서의 다문화주의, 실재를 체험하는 듯한 가상적 효과를 주는 스너프 무비(snuff movies)나 스너프 포르노(snuff porno)가 얻는 인기 속에서 결국 '실재의 열정'은 하나의 스펙터클에 불과하다는 것이다(Žižek, 2002b: 37-9). 그럼에도 불구하고 그는 '실재의 열정'을 포기할 수 없는 진정한 열정으로서 열정한다. 그는 이렇게 쓴다. "그렇다면 그와 같은 '실재의 열정'은 거부되어야 하는 것일까? 분명히 그렇지 않다. 왜냐하면, 우리는 일단 이런 자세를 취하게 되면 유일하게 남아 있는 태도는 끝까지 가기를 거부하는 것이며, '체면치레를 하는' 것이기 때문이다. 20세기의 '실재의 열정'과 관련되어 있는 문제는 그것이 실재의 열정 때문이 아니라 위조된 열정이기 때문이었다. 외관 뒤에서 그런 열정의 실재에 대한 무모한 추구는 실재와의 직면을 회피하려는 최후의 전략이었다"(Žižek, 2002b: 60-1).

　지젝은 지금 '진정한' 실재의 열정을 '비진정한' 20세기의 실재의 열정으로부터 추출하여 현재화하고 이에 영속적 가치를 부과하고 있다. 지젝이 소위 포스트모더니즘을 돌파할 수 있는 것은 바로 이런 전략을 통해서인 바, 실재의 열정에 대한 열정은 포스트 히스토리의 시대를 사는 지식인들이, 이미 사망한 근대적 가치들에 고착되거나 혹은 허황된 포스트모던의 흐름에 편승하지 않고 양자 사이에 변증법적 입장을 취할 수 있는 가능성을 보여준다. 어쩌면 지젝의 지적 인기는 바로 여기에서 비롯되었을지도 모르는 바, 그가 보여준 실재의 열정에 대한 열정이라는 새로운 가능성은, 근대적 가치의 자기모순적 한계를 지적하면서 이를 해체하고 보존하여 지양하는 변증법적 구원의 가능성이다. IMF 위기 이후 한국 사회를 지배하는 주도적 에토스 속에서 문학, 시, 예술, 인문학, 고전적 정신, 지식인, 비판, 참여 등의 가치들은 거의 대부분 심각한 위기에 봉착한다. 이때, 지식인들은 혹은 비판의 주체들은 '실재의 열정에 대한 열정'을 통하여 이 위기를 극복하고자 하는 것이다.

미래파 비평이 바로 이런 열정의 한 실례이다. 실재의 열정에 대한 열정은 미래파의 동물화된 시편들을 질료로 시적인 것의 정수를 추구하는 몸짓을 조형해넌다. 미래파 비평의 탁월한 구성력에 의해서 미래파의 시들은 실재를 포착하는 문학사적 언어로 재평가되었던 것이다. 미래파 현상의 특이성은 이 두 개의 언어(시와 비평)가 내포하고 있는 두 개의 시간, 두 개의 지향, 두 개의 열정 사이에 존재하는 간극에 놓여 있다. 시는 시가 더이상 불필요한 역사적 시간을 기점으로 창조되고 있는 반면에, 비평은 시의 완성을 예감하는, 미래를 예지하는 시간을 딛고 있다. 시인들은 이미 오타쿠—동물이 되었지만, 비평가들은 인텔리겐치아의 형상을 품고 있다. 미래파 시학은 만화적인 데 반하여, 미래파 비평론은 중후하고 고전적이다. 이 간극은 우리에게 97년 외환위기 이후 분열된 대중과 지식인의 간극을 연상시킨다. 대중은 변화된 삶의 조건들에 적응하면서, 그것들과 싸우면서 혹은 타협하면서, 때로는 위험하게 때로는 창조적으로 시대의 가능성들을 탐색하고, 실현하고, 탈주한다. 그들은 이제 더이상 계몽이 필요 없는, 계몽을 요구하지 않는, 그리고 자신들의 취향과 에토스를 지적 정당성에 의해서 보장받을 필요가 없는 그런 삶의 상태에 이른 듯이 보인다. 그들은 코제브적 의미의 스놉이거나 동물이다. 그런데 문제는 이제 지식인들의 '정신적 삶'인 것이다. 그들은 대중처럼 시대의 흐름에 완전히 스스로를 방기하지 못하고, 나름의 정신적 지표를 설정해야 하는 존재이다. 여기에 포스트 IMF 체제를 사는 지식인들의 궁지가 존재한다. 해답은 매우 모호한 것이다. 실재의 열정에 대한 열정이 그 가능성이 될 수 있는 것일까? 이에 대한 또다른 논의와 고민이 요구된다. 미래파 현상은, 한국 사회의 바로 이런 정신적 흐름과 지형을 가장 극명하게 보여주는 징후라 할 수 있다.

V. 시의 종언?

문화의 특정 요소가 역사 속에서 그 기능을 다하고 소멸할 때 그것은 사라지는 것이 아니라 넘치고, 분산되고, 대중화되어, 그 물량의 폭발과 가치의 희소성 속에서 죽는다. 가령 '책의 종말'이 의미하는 바는, 지식을 이제 더이상 종이에 인쇄하지 않는 시대가 온다는 것이 아니다. 그것은 오히려 반대로, 누구나 손쉽게 책을 쓰고, 유포하고, 읽고, 복제할 수 있는 시대가 온다는 것, 책의 폭발을 의미한다. 책은 신문처럼 쉽게 읽고 쉽게 버리는 무언가로 변모하여 더이상 경전이나 텍스트로서의 후광을 갖지 못한다. 또한 저널리즘의 수사로 흔히 사용되는 '지식인의 종언'이란 엄밀하게 말하자면 지식인이 사라진 시대라기보다는 오히려 모두가 스스로 지식인이라 생각하며, 지식인 고유의 비판능력을 갖고 있다고 생각하는 시대, 그리하여 계몽적 지식인의 권위를 아무도 인정하지 않을 만큼 모두가 계몽된 시대를 의미한다. 지식인의 종언 역시 지식인의 희소성의 종언과 동시에 나타나는 현상이다. 일찍이 헤겔이 선포한 예술의 종언 역시 바로 이런 시각에서 해석될 수 있다. 그것은 예술행위의 중단이 아니라 예술행위의 만연, 예술행위의 보편화와 연관되어 있다. 놀랍게도 헤겔은 후일 페더스톤(Mike Featherstone)이 '일상생활의 미학화'라 부른, 자못 포스트모던한 현상을 '예술의 종언론'에서 은근하게 선취하고 있다(Featherstone, 1990: 105 이하). 종언 이후의 예술은 예술의 창작행위가 아닌 그에 대한 비평적 언술 속으로 스며든다. 예술보다 더 예술적인 비평과 담론이 예술의 예술성을 담지하는 것이다. 모든 것이 이처럼 예술화되고 미학화될 때, 고전적 의미의 예술은 소멸되었다고 말할 수 있다.

이런 관점에서 우리는 미래파의 등장을 '시의 종언'으로 읽을 수 있다. 이제 시는 시에 대한 학(學) 혹은 담론과 결합되지 않는다면 존속할 수 없다. 시에 대한 담론과 시는 이제 하나로 얽혀 분리할 수 없게 되며, 시의 진리와 생명을 보장해주던 시의 필요성은 이제 시학에 의해서 보장되고 증명되어야 한다(Payot, 1999-2000: 189). 시의 종언은 시의 사회적 존재양식의 변화를 의미한다. 그 변화 속에서 시인은 근대적 예술을 가능하게 했던 실재의 열정으로부터 해방된다. 신자유주의가 가져온 실재에의 열정의 해체와 경제주의적 재코드화는 포스트 히스토리의 예술의 사회적 위상을 근본적으로 변화시켰다. 그것은 자유인 동시에 허무이다. 실재의 열정은 필수가 아닌 선택이 된다. 선택으로 실험되고 채택되는 실재의 열정은 그리하여 과격하지만 무해한 시적 잔혹성으로 나타날 수 있다. 이제 예술론을 향한 의지와 강박을 이고 가는 자들은 바로 비평가들이며, 그것은 "실재의 열정에 대한 열정"의 형태로 드러난다. 그리하여 미래파 담론은 시가 '수다스런' 담론들에 둘러싸임으로서, 끊임없이 바깥의 텍스트들과 교류함으로써, 사회적 가시성과 영향력을 획득하고 있다. 근대적 의미에서 시는 시의 제작(포이에시스), 시에 대한 반성(시학), 그리고 시를 넘어서는 실천을 종합하는 하나의 '운동'으로 존재했다. 시 쓰기는 주어진 현실을 부정하고 초월함으로써 현실 너머의 실재로 나아가는 벡터를 포함하고 있었다. 이 벡터는 많은 경우 사조, 동인, 운동 등의 집합적이고 사회적인 형태로 드러나곤 했다. 미래파 현상을 통하여 명백해진 것은, 벡터를 잃고 스칼라만 남은 운동으로 그 성격이 전환된 시의 새로운 배치이자, 시 창작을 둘러싼 문화적 실천과 생산, 배의 근본적 변화이다.

이제 시는 그 자체의 미학과 서정성만으로는 그것의 사건적 성격을 충족시키지 못하며 비평이라는 담론과 결합할 때 비로소 하나의 문학사적 의의를 지닌 사건으로 발발하게 된다. 미래파는 이런 점에서, 단토에게 브릴로 상자(Brillo Box)가 그러했듯이, 시의 종언이자 새로운 시의 시작을 증거하는 하나의 사건으로서 평가될 수 있을 것이다.

주

1) 미래파에 대한 사회학적 접근의 필요성은 사실 이미 문학비평의 공간에서 암시되거나 제기된 바 있다. 함돈균은 미래파의 시와 시학이 IMF 위기 이후 전개되는 '97년 체제'의 사회적 상황과 긴밀하게 연관되어 있음을 지적하고 있고, 김영찬은 2000년대 문학을 '포스트 IMF시대'의 징후로 파악하면서, 신자유주의 질서의 일방적인 헤게모니하에서 사회적인 변혁의 명확한 전망을 상실한 고립된 개인이 자아와 윤리의 문제를 고민하는 경향이 등장하는 과정에 주목한다(함돈균, 2007: 313; 김영찬, 2006a: 168). 또한 진정석은 2000년대 한국 문학이 보여주고 있는 '사회적 상상력의 빈곤'을 하나의 사회학적 징후로 읽음으로써 당대의 문학적 상상력에 대한 사회학을 제안하고 있다(진정석, 2006: 208-9).

2) 이장욱의 '나'는 사실 비단 위의 시에서뿐 아니라 다른 시들에서도 언제나 이송중이거나 변신중이다(「소음들」 「실종」 「투우」). '나'는 '나'로 남지 못하고 '기억'이 되거나 '무한한 형태'가 되거나 '육식 동물의 더러운 식욕'이 되거나 '피의 각도', '아이들이 자라는 속도', '우유가 상해가는 소리', '무성 영화 속의 주인공이 가장 크게 벌린 입'이 된다(이장욱, 2006: 32).

3) 바랄(Etienne Barral)은 이에 더하여 오타쿠(オタク)에서 오(オ)가 일종의 존대 접두어임을 상기시킨다. 이 '오'는 일본인들이 누군가와 "각별한 관계를 발전시키지 않기를 원할 때 사용하는 비인칭적이며 거리를 두는 '존대'"이다. 하여, 오타쿠는 이런 의미소들의 연상 속에서 "인간관계를 발전시키기 싫어하며, 집에, 다시 말해 자기들의 정열을 충족시켜주는 것들로 가득찬 방에 칩거해 있기를 더 좋아"하는 존재로 이해된다(Barral, 1999: 30-1).

4) 벤야민의 표현을 빌려 말하자면, 이들은 세계와 삶에 대한 종합적 체험(Erfahrung)을 갖는 것이 이제 불가능한 대신에 오직 사건적 체험(Erlebnis)

의 형식을 통하여 세계를 이해할 수밖에 없는 세대에 속한다. 종합적 체험은 시간적 연속성을 통해서 체험의 대상을 총체적으로 인식하는 전통적 체험의 양식이다. 그러나 사건적 체험은 빠른 속도와 지각의 불능 속에서 충격적이고 파편적인 방식으로 대상을 인식하는 근대적 체험의 양식이다 (Benjamin, 1938-9: 237; Jay, 1973: 241). 벤야민에 의하면, 19세기 중반에서 20세기 초반의 서유럽인들에게 세계에 대한 직접적 체험의 가능성은 현저하게 축소된다. 그리고 서정시의 위기, 서정시의 종말은 바로 이런 상황에서 발생한다. 왜냐하면 전통적 서정시는 종합적 체험과 연속된 시간 그리고 관조의 능력을 독자에게 요구하기 때문인데, 사건적 체험이 주된 체험양식이 되는 급격한 변동, 빠른 속도, 산만한 의식의 환경에 던져진 독자는 서정시를 이해할 수 있는 전반적 조건을 상실하기 때문이다. 보들레르의 『악의 꽃』은 바로 이처럼 변화된 체험구조를 적극적으로 시학에 반영함으로써, 환언하면 전통적 서정을 폐기하고 새로운 '충격체험'의 서정을 시에 반영함으로써 역설적인 성공을 거둔 '최후의 서정시'이다 (Benjamin, 1939b: 149-152).

5) 소설의 경우에도 유사한 '동물화' 경향이 발견된다. 가령, 이광호는 김중혁, 편혜영, 서준환, 박형서, 한유주, 김애란, 조하형, 천명관의 소설을 탈역사와 탈일상의 '무중력 공간'에서 이루어지는 서사로 파악한다(이광호, 2006: 85-105). 김영찬은 박민규, 윤성희, 이기호, 김애란 등의 소설들을 "내면으로 침잠하거나 숙고하기보다 현실이 주는 상처와 무게를 각각 나름의 특이한 방식으로 분산시켜버리고 유희하면서 그 속에서 문학적 개성을 얻는 문학", 즉 "탈내면의 상상력"으로 파악한다(김영찬, 2006a: 169-170; 김영찬, 2006b). 김형중은 2000년대 소설의 환상성, 쇄말주의(瑣末主義), 비루함, 자아중심성을 일종의 생존전략으로 파악한다. 즉, "더이상 현실 변혁의 가능성을 확인하기 힘들어진, 게다가 후기자본주의가 나날이 승리를 거듭하는 2000년대를 살아가는 작가"들은 막강한 현실로부터 리비도를 철회하여 이를 자신들의 편집증적 공간 속에서 자유로이 풀어놓는다는 것이다. 그리하여 이들 소설은 일종의 '정신승리법'으로 파악할 수 있다"(김형중, 2007: 271-3; 김형중, 2006: 70-3).

6) 바디우는 이 '세기'의 본질을 파악하기 위해서 만델스탐(Mandelstam), 페소아(Pessõa), 브레히트, 트라클(Trakl), 생-존 페르스(Saint-John Perse), 첼란(Paul Celan) 등 시인들의 작품을 참조하고 있다. 그의 방법은 시대가 스스로의 본질을 사유한 시적 흔적을 탐구하는 것이다. 그가 이런 접근을 취할 수 있었던 것은 지난 세기의 '시의 책무'와 연관되어 있다. 즉, 지난 세기에 시의 역할은 자신의 '시대를 명명'하는 것이었다(Badiou, 2005: 128).

7) 진은영은 '미래파'란 호명이 함축하는 전복성과 전위성을 부정하며 다음과 같이 말한다. "우린 너무 쉽다. 결코 난해하지 않다. 몇몇 인디밴드 음악이나 일본만화, 퀴어문화 등등 특정한 문화적 코드에 지나치게 의존하기 때문에, 사실은 누군가를 감염시키는 데 실패했다. 그 문화적 코드를 이미 아는 이들에게는 (가끔 신나기도 하지만) 너무 쉽거나 지겹고, 전혀 모르는 이들에게는 (간혹 감탄을 자아내기도 하지만) 너무 어렵고 고통스럽다. 그래서 우리는 아직(!) 아무 일도 저지르지 못했다"(진은영, 2006: 83).

13장
무라카미 하루키,
우리 시대의 문학적 지진계

I. 리스본 대지진

볼테르는 자신의 소설 『캉디드』(1759)에서, 우리가 사는 이 세계가 가능한 모든 세계 중에서 최선의 것이라는 라이프니츠의 예정조화설을 조롱하고 있다. 소설의 주인공인 캉디드는 18세기적 낙관주의에 의해 교육받은 소년이다. 그러나 그가 여행과 방랑 속에서 목격하게 되는 세계의 실상은 홉스적 자연 상태에 더 가까운 것이었다. 거기에는 살육과 재해와 전쟁과 폭력과 강간과 박해의 스펙터클이 펼쳐지고 있다. 이상적 삶의 공간은 오직 남미의 구석에 벽재(僻在)하는 엘도라도로 한정되어 있다. 타자들의 땅에 가상적으로 설정된 유토피아를 제외한 모든 지상의 공간이 부조리한 인간적 참상에 점령되어 있을 때 인간은 과연 무엇을 할 수 있는가? 볼테르는 소설의 결말에서 캉디드의 입을 통해 "지금은 우리의 정원을 가꿀 때"라는 유명한 언사를 발언하게 한다. 한편으로 이 표현은 인간 행위의 자유와 근원적 자발성에 대한 신뢰의 표명인 듯이 보이기도 하지만, 소설의 전체 맥락 속에서 그것은 일종의 체념이자 자기 한계에 대한 인식으로 비추어진다. 할 수 있는 일은 이제 사적 공간의 미적 조형 혹은 자기 형성(Bildung)에 국한되는 것이다.

흥미로운 것은 라이프니츠적 낙관주의에 대한 이 조소를 현실적으로 설득력 있는 비판으로 받아들여지도록 했던 일대 사건이 실제로 발생했었다는 사실이다. 그것은 다름 아닌 리스본 대지진이었다. 지진은 1755년 11월 1일 아침 9시 30분에 시작되어 약 25분 만에 당시 유럽에서 가장 화려하며 경건한 기독교 신앙의 도시로서 명성을 떨치던 국제도시의 사 분의 삼을 순간 폐허로 만들어버린다. 그날은 공교롭게도 만성절(萬聖節), 모든 성인들의 축일이었다. 성스러운 기독교의 축일을 '최후의 심판의 날'로 전환시킨 대지진의 여파 속에서 막대한 인명 피해가 발생했고, 수백 년에 걸쳐 형성된 건축물들이 붕괴했으며, 기독교적 신앙의 기축이 흔들렸고, 더 나아가서 18세기 유럽의 사상적 견인차였던 계몽주의적 낙관주의가 타격을 입게 된다(Shrady, 2008). 지진은 지각뿐 아니라 사유의 토대도 붕괴시켰다. 어떤 불가항력에 대한 인식이 자신만만한 계몽주의의 시대에 지울 수 없는 어둠으로 깃들이기 시작한다. 이 사상사적 전환의 계기를 볼테르는 소설적 형상화를 통해 실감 있게 보여주고 있다. 즉, 『캉디드』의 도입부에서 주인공이 탄 배가 난파되어 표류하다가 도달하는 곳이 다름 아닌 참화에 빠져 있던 리스본이었던 것이다. 자신의 이름이 암시하듯 순진무구한 청년 캉디드는 지진이 야기한 물리적, 도덕적 아노미 속에서 약탈과 살인을 비롯한 반인륜적 행위들이 횡행함을 경악 속에서 지켜본다. 지진의 참혹한 현실을 바라보면서도 여전히 낙관주의적 궤변을 늘어놓던 캉디드의 스승 팡글로스(Panglos) 교수가 결국, 천재(天災)를 막기 위한 방편으로 군중이 광기 속에서 행하던 화형식의 희생자가 되어 허무하게 처형당하는 바로 그 순간 캉디드는 비로소 절규한다. "이게 바로 최선의 세계인가! 이것이 정말 가능한 한 최선을 다한 세계라면 또다른 세계는 도대체 어떤 곳이란 말인가?"(Voltaire, 1759: 37)

리스본 대지진은 칸트나 루소의 사유에도 그 흔적을 남긴다. 가령, 루소의 사회계약론은 암묵적으로 거대재난 앞에서 생존하기 위한 방편으로서의 사회구성이라는 발상을 전제하고 있다. 리스본 대지진에 대해서 볼테르와 서한으로 논쟁을 벌이기도 했던 루소는 『언어기원에 관한 시론』(1781)에서 이렇게 쓴다. "인간 사회는 대부분 자연 재난의 작품이다. 대홍수, 해일, 화산 분출, 대지진, 번개로 인한 산불 등은 어떤 한 지역의 야만인들을 두렵게 하여 흩어지게 만들었는데, 훗날 그것들은 다시 공동의 손실을 공동의 힘으로 복원하려는 야만인들을 결집시켰다"(Rousseau, 1781: 77). 재난은 사회를 파괴하지만, 근원적인 수준에서는 흩어진 개체들을 하나의 사회로 결집시키는 역설적 힘을 갖는다는 것이다. 그 근저에는 루소가 인간에게 부여하는 동정심(pitié)의 권능이 존재한다. 인간은 본성적으로 '고통받는 타인의 위치에 자신을 놓을 수 있는 상상력'에 다름 아닌 연민의 능력을 갖고 있다. 환언하면 재난의 상황 속에서 인간은 불운으로 그 재난의 희생자가 된 타자들을 연민한다. 연민의 한계가 사회의 경계이다(Rousseau, 1755: 80-4). 그리하여 루소는 쓴다. "그러므로 그들에게 최초의 말은 '나를 사랑해줘요'가 아니라 '나를 도와줘요'였다"(Rousseau, 1781: 88). 도처에서 '나를 도와줘요'라는 언어가 터져나오는 상황, 역설적으로 바로 그런 급박한 재난의 상황이 우리를 하나의 사회에 속한 공동의 운명체임을 체험하게 하는 순간이다. 이런 점에서 루소는 베네딕트 앤더슨을 선취하고 있다. 근대적 의미의 사회는 단순히 인간의 물리적 집합체가 아니라 (재난 속에서) 연민의 대상으로 구축되는 상상된 공동체인 것이다. 지진으로 대표되는 카타스트로프는 이처럼 사회학적 상상력을 촉발시킨다.

II. 지진계

하루키의 신작 『1Q84』를 읽으면서 리스본 대지진을 떠올린 것은 두 가지 이유에서이다. 그 하나는 90년대에 한국 사회에 처음으로 소개된 하루키의 인기와 영향력의 본질이 바로 하루키 소설의 '지진계적' 성격 때문이었다는, 뒤늦은 인식이다. 하루키 소설의 지진계적 성격이란 무엇인가? 그것은 90년대 한국 사회가 체험하게 되는 거대서사의 조락(凋落), 이데올로기의 종언, 역사의 종말, 포스트모던의 시작과 같은 사회변동의 충격파가 우리에게는 일종의 정신적 재난으로 체험되었고, 그 재난의 의미와 그에 대한 가능한 대처법을 하루키의 소설이 제공해주었다는 점이다.[1] 사실 80년대를 지나 새롭게 도래한 90년대의 한국 사회는 그 자체로 무라카미 하루키의 소설을 닮아 있었다. 그것은 일상이거나 추억이거나 무의미였다. 거기에는 식은 맥주가 있고, 농담이 있고, 농담 뒤에 찾아오는 침묵이 있고, 밤의 어두운 해변이나 무개차의 심심한 드라이브, 일렉트릭 기타의 건조한 연주, FM 라디오의 아나크로니즘, 애정은 없지만 예의바른 성교가 있었다. 기억하기 싫은 것들과 잊을 수 없는 것들, 상처를 숨긴 미소, 우울한 성숙, 그리고 단호한 냉소가 있었다. 모든 것이 끝났다는 어떤 감각. 우리의 현존의 의미가 그다지 명료하지 않다는 것. 그 알 수 없음을 견디기 위해서 수많은 문화의 기호들을 탐식하고 가면들을 뒤집어쓰고 몰입 혹은 가벼움으로 무의미를 돌파해야 한다는 것. 이제 오직 변주만이 있을 것이며, 끝없이 반복될 것이며, 모든 것은 망각될 것이며, 망각되었다는 사실마저 망각되었을 때 모든 것은 결국 처음 보는 얼굴을 하거나 아니면 지독한 기시감 속에서 다시 나타나리라는 것. 80년대가 불현듯 끝나고 나타난 세계는 진보의 시간이 아닌 영겁회귀의 시간에 의해 규정되고 있다는 직감을 제공했다. 시작에서 끝에 이르는 진보로서의 역사 혹은 그러한 역사에 대한 믿음은 매우 비현실적인 것이거나 촌스러운 것으로 돌변하였다. 『1973년의 핀볼』에서 하루키는 전공투의 종말과 더불어 시작된 70년대 일본의 정신풍경을 핀볼게임에 우의한다. "당신이 핀볼 기계에서 얻는 건 거의 아무 것도 없다. 수치로 대치된 자존심뿐이다. (……) 당신이 핀볼 기계 앞에서 계속 고독한 소모전을 벌이고 있을 때, 어떤 사람은 프루스트를 읽고 있을지도 모른다. 또 어떤 사람은 자동차 전용 극장에서 여자 친구와 〈진정한 용기〉를 보면서 진한 애무에 열중하고 있을지도 모른다. 그리고 그들은 시대를 통찰하는 작가가 되고 혹은 행복한 부부가 될지도 모른다. 그러나 핀볼 기계는 당신을 아무 곳에도 데려가지 않는다. 재시합 불을 켤 뿐이다. 재시합, 재시합, 재시합……, 마치 핀볼 게임 그 자체가 어떤 영겁성(永劫性)을 지향하고 있는 것처럼도 생각된다. 영겁성에 대해서 우리는 많은 걸 알지는 못한다. 그러나 그 그림자를 추측할 수는 있다"(村上春樹, 1980: 39-40).

하루키와 더불어 90년대적 정신풍경의 또다른 지진계로 평가받을 수 있는 쿤데라 역시 『참을 수 없는 존재의 가벼움』의 서두에서 니체의 영겁회귀 관념에 대한 성찰을 통해 헤겔적 변증법의 역사, 즉 직진하는 시간과 그러한 시간의 지양에 대한 믿음을 조소하지 않았던가? 그에 의하면, 진보의 역사관은 역사적 행위들을 본질적으로 '허망한' 것으로 만든다. 중요한 것은 사건들의 최종적 연쇄의 끝에 나타나는 역사의 지양 그 자체일 뿐이다. 역사적 행위들은 궁극적으로 도달해야 할 역사의 텔로스에 의해서만 의미를 부여받게 될 단순한 '계기'들에 불과하다. 영겁회귀의 관념이 회복시키는 것은 이처럼 지극한 무상의 일점으로 축소된 역사적 '순간'의 두께이다. 왜냐하면, 영겁회귀 속에서 같은 방식으로 영원히 반복적으로 되돌아오는 것은 다름아닌 이 '순간들'이기 때문이다. 영겁회귀는 말한다. 지워지는 순간은 없다. 그 것은 또 온다. 어떤 망각도 있을 수 없다. 티끌 하나도 인과의 순서와 발생의 연쇄 과정 그대로 다시 돌아올 것이다. 예수는 또 와서 영원히 항상 못 박힐 것이며, 로베스피에르는 무한번 단두대에 설 것이고, 히틀러도, 스탈린도 다시 올 것이다. 순간이야말로 가장 영원한 것, 즉 삭제될 수 없는 무언가에 다름 아니다. 영겁회귀의 상황 속에서라면, 그 어떤 것도 우연의 이름으로 용서될 수 없다. 그 어떤 것도 영겁회귀의 상황 속에서라면, 노스탤지어나 추억의 대상으로 변화되지 않는다. 지나간 모든 지옥적인, 지복적인 사건들은 다시 지금 우리에게로 쇄도하고 있다. 영겁회귀의 상황 속에서라면, 역사적 행위자는 매 순간에 대한 중대한 역사적 책임을 지고 있는 것이다. 그것이 니체가 영겁회귀에 대한 단상에서 이 관념을 '가장 무거운 무게'라 부르는 이유이다 (Kundera, 1984: 11-4).

90년대적 영겁회귀의 관념은 한편으로는 거대서사적 의미구조가 분쇄된 공간이 드러내는, 종식시킬 수 없는 허무의 심연을 열었지만, 그와 동시에 우리가 살아가는 매 순간의 통렬한 영원성을 지각하는 삶의 감각을 일깨웠다. 영겁회귀의 시간성에 오염된 90년대는 극도로 비루했지만, 그 비루함은 역설적으로 하루키 소설에 등장하는 재치 있는 경구나 발랄한 표현들처럼, 매 순간의 반짝이는 아름다움으로 채색되어 있었다. 포스트 이데올로기, 포스트 히스토리아, 포스트모던의 시대는 가벼운 것이었다. 그러나 그 가벼움에는 영원성의 치명적 무게가 부착되어 있었다. 우리는 가벼움으로부터 자유로울 수 없었다. 달리 표현하면 상실을 상실할 수 없었다. 소련이 망하고, 대안의 꿈이 상실되고, 역사의 목적이 묘연해진 순간 불현듯 나타난 영겁회귀의 시간은 대지진 이후에 도래하는 끝없는 여진(餘震)의 파동과 같은 나른하고 불안한 삶의 무늬를 그리고 있었다. 하루키는 그 무늬를 지진계의 바늘처럼 냉정하고 절실하게 재현한다. 하루키보다 더 절망적으로 '우리의 삶은 결정적 파국 이후의 삶'이라는 사실을 일러준 작가는 흔치 않다. 그보다 더 무심하고 차갑게 종언 이후의 삶의 궤적을 그려준 작가도 드물다. 하루키의 소설은 세계의 정치적, 이념적, 문화적 지각변동을 가장 드라이한 그래프와 곡선만으로 묘사해준 문학적 지진계였다. 하루키에 대한 광범위한 열광의 근저에서 발견할 수 있는 것은 하루키 문학의 이런 지진계적 정직성에 대한 신뢰일지도 모른다. 말하자면 그는, 이제 더이상 선험적으로 주어진 의미의 지반을 딛고 살아갈 수 없는, 존재론적 지진의 상태 속에 던져진 개인들이 고함을 지르거나 세상을 저주하거나 타자들을 증오하거나 자학이나 위악과 같은 포즈에 탐닉하거나 자기 연민에 빠지지 않고, 최소한의 인간적 자세를 유지하면서 생존할 수 있기 위해 반드시 익혀야만 했던 삶의 기술들을 90년대의 인간들에게 가르쳐주었던 것이다. 그 기술에는 음악을 듣는 법, 요리를 하는 법, 농담을 하는 법, 테니스를 치는 법, 술을 마시는 법, 친구를 사귀고 이성을 유혹하는 법이 포함되어 있었다. 그것은 파산된 교양의 시대에 새롭게 만들어진 교양소설이었으며, 서로 소통해야 하는 절대적 필요가 사라진 시대에 얼굴을 마주보고 이야기하는 법, 환원하면 사회를 만드는 법에 대한 강의였다.

　하루키의 소설은 세련된 속물취향으로 환원되지 않는다. 하루키 소설의 참된 매력은 이국적 이미지, 놀라울 정도로 용의주도한 소설적 테크닉, 압도적인 스토리텔링의 재능, 그리고 그의 이야기들이 내포하는 신화적 상상력의 깊이나 분방함 따위에 있었던 것이 아니었던 것이다. 하루키가 우리에게 제공한 것은, 90년대 이후 발생한 세계의 근원적 변용을 살아남게 해주는 '서바이벌 키트'였다. 하루키를 읽는 것은 '유희'가 아니라 '교육'이었다. 하루키를 읽음으로써 비로소 우리는 흘러간 한 시대와 결별하고 그것에 뒤이어 도착한 새로운 시대와의 낯선 불화와 갈등의 관계로 어렵사리 이동할 수 있었던 것이다. 하루키를 읽음으로써 우리는 비로소, 한 시대와 다른 시대의 갈라짐, 즉 지층의 균열, 역사적 지각의 진동의 기억을 몸에 새긴 채, 그 균열의 시간을 육화한 존재로서 살아갈 수 있게 된 것이다. 하루키적 멜랑콜리의 뿌리가 거기에 있다. 하루키에 익숙해진 자는 정치적, 이념적, 문화적 지각변동의 충격파를 자신의 몸과 마음에 하나의 조건으로 수용한 채 상실의 감각을 익히고, 낙관주의를 버리고, 아무것도 아닌 것을 가장 소중한 것으로 여기는 태도, 니체 식으로 말하자면 영겁회귀의 운명에 대한 사랑을 우울하게 받아들였던 것이다.

III. 두 개의 달

『1Q84』를 읽으면서 리스본 대지진을 떠올린 두번째 이유는, 이 놀라울 정도로 흡인력 있는 소설이, 일본 사회가 1995년에 겪은 두 가지 충격적인 재난의 파동을 추적하고 있는 지진계적 기록이기 때문이다. 잘 알려져 있듯이, 1995년 1월 17일 고베에서 대지진이 발생했고, 3월 20일에는 동경 지하철에서 사린(sarin)가스 살포 사건이 있었다. 하루키는 이 두 사건을 유사한 논리에 의해 발생한 재난으로 파악한다. 1997년에 옴진리교의 피해자들과 행한 인터뷰를 모은 『언더그라운드』에 실린 「지표 없는 악몽」에서 그는 이렇게 쓴다. "1995년 1월에 일어난 고베 대지진과 3월 20일의 지하철 사린 사건은 일본의 전후 역사를 구획짓는 지극히 중대한 의미를 가지는 두 개의 비극이었다. '그것을

통과하기 전과 통과한 후, 일본인의 의식의 존재 양태는 크게 다르다'
라고 해도 조금도 과장된 말이 아닐 정도로 그것은 중대한 사건이다.
그 두 사건은 한 쌍의 대격변으로서 우리의 정신사에서 무시할 수 없
는 중대한 이정표로 남게 될 것이다. 고베 대지진과 지하철 사린 사건
이라는 두 개의 초중량급 사건이 단기간에 연속적으로 일어난 것은 우
연이라기에는 너무도 공교롭다. 그것은 마침 거품 경제가 무너지고,
어깨를 들썩이며 '앞으로, 앞으로'를 외치던 시대가 퇴색하기 시작하
고, 냉전 구조가 막을 내리고, 지구적인 규모로 가치 기준의 축이 크게
흔들리고, 그와 동시에 일본이라는 국가의 존재양태의 근간에 대한 심
각한 의문이 제기되던 시기에 일어났다. 마치 정조준하여 방아쇠를 당
긴 것처럼"(村上春樹, 1997: 614).

두 사건은 모두, 어떤 '언더그라운드적인 것'의 악몽적 분출이다. 억
압되어 있던 지하의 거대한 에너지가 일본 사회의 표층을 뚫고 분출하
여 흘러나와 표층의 질서를 교란하고 파괴한 것이다. 그런데, 이 과정
에서 무언가 석연치 않은 문제가 노정된다. 하루키가 지적하고 있듯
이, 이 지질학적 재난의 진앙지가 모호하다는 사실이다. 한신 대지진
의 경우에 모든 참화의 원인은 물론 인간을 초월하는 자연의 힘이었
다. 그런데 문제는 5천5백 명이 죽고, 3만 6천 명이 부상을 당했으며
17만 여 동의 가옥이 손괴를 입었고 7천4백 동이 불에 탔으며 26만 명
의 이재민이 발생한 이 거대한 재난에 대한 대응과정에서 일본의 행정
시스템이 놀라운 무능력을 보였다는 사실에 있다. 지진에 대한 정보의
파악이 이루어지지 않았고, 초동대응에 실패했으며, 결과적으로 자연
의 재난은 참혹한 인재로 이어졌다. 일본의 시스템은 재난 앞에서 치
명적 무기력과 조직적 공백을 노출하였다. 이는 재난과 사회(국가)의
관계에 어떤 전도가 발생하고 있음을 암시한다. 가령, 루소의 사유 속
에서 사회(18세기 사회 계약론에서 사회란 언제나 정치사회, 즉 국가

를 가리킨다)는 재난에 대한 공동의 대응을 염두에 두고 있는 위난 공동체였다.[2] 그러나 고베 대지진의 경우에 국가는 재난의 수호자가 아니라 재난의 필수적 구성 요소, 일종의 재난 증폭 장치로 작용한다. 이는 시스템 전체에 대한 심각한 신뢰의 상실을 초래한다(Cf.이재열, 1998; 임현진, 2003).

옴진리교의 테러행위에서 드러난 것은 이보다 훨씬 더 어처구니없는 역설적 상황이었다. 주지하듯이 옴진리교의 테러행위는 교주 아사하라 쇼코(麻原彰晃)의 편집증적 과대망상이 빚어낸 유사종교적 사이코드라마이다. 그런데 문제는 아사하라 쇼코의 신이한 권능, 형이상학적 문답능력, 카리스마에 매혹되어 옴진리교의 유아적인 국가전복 기획에 참가하게 되는 수많은 교인들이 괴물이나 열등아나 무뢰한이 아니라 일본 사회가 자랑하는 정통의 엘리트 코스를 통하여 형성된 인재들이었다는 사실이다. 더 나아가서 옴진리교가 자신의 아마겟돈을 준비하는 과정에서 만화적 상상력을 발휘하여 구성한 조직은 놀랍게도 자신들이 전복하고자 했던 근대적 네이션-스테이트의 구조와 거의 흡사한 모양을 하고 있었다. 교단은 아사하라 쇼코를 신성법황(神聖法皇)으로 하고 대장성, 건설성, 외무성, 첩보성, 방위청, 자치성, 상무성, 문부성, 차량성, 법무성, 치료성, 우정성, 유통감시성, 과학기술성, 후생성, 노동성 등의 준정부조직을 꾸려놓았다. 요컨대, 옴진리교는 일본 사회의 타자가 아니라 일본 사회의 순수한 축소판에 다름 아니었던 셈이다. 하루키가 예민하게 포착하고 있는 것이 바로 이 점이다. 옴진리교와 일본 사회는 서로 적대적이거나 상이한 시스템이 아니라 어쩌면 동일한 원리와 로직으로 구성된 거울상이었을지도 모른다. "'이쪽'='일반시민의 논리와 시스템'과 '저쪽'='옴진리교의 논리와 시스템'은 서로가 서로를 비추는 거울상을 공유하고 있는 것은 아닐까. 물론 한쪽 거울 속의 상은 또다른 상에 비해 무척이나 어둡고 비뚤어져 있다. 볼록과 오목이, 정과 부가, 빛과 그림자가 마구 뒤섞여 있다. 그러나 그 어둠과 뒤틀림을 일단 제거해버리면 거기에 비칠 두 가지 상은 이상하게도 서로 닮아 있고 몇 가지 점에서 호응하는 것처럼 보인다. 그것은 어떤 의미에서 우리가 사물을 직시하지 않고 의식적으로 또는 무의식적으로 현실이라는 국면에서 끊임없이 배제하고 있는 자기 자신의 내적인 그림자 부분(언더그라운드)이 아닐까. 우리가 이 지하철 사린 사건에 대해 마음 한구석에서 맛보고 있는 '께름칙함'은 바로 그곳에서 소리도 없이 솟아오르고 있는 것은 아닐까?"(村上春樹, 1997 : 600)

이런 관점에서 보면, 95년의 재앙을 옴진리교 그 자체의 파행으로 환원하는 것은 게으른 단견이다. 지진의 진앙지에는, 하루키가 『1Q84』에서 일관적으로 사용하는 한 이미지를 빌려 말하자면, 하나의 달이 아니라 두 개의 달이 떠 있다. 소설 속의 한 대화에서 암시된 것과 같이 달이 광기를 상징한다면[3], 두 개의 달이 떠 있는 1Q84의 하늘은 두 개의 광기가 지배하는 '더블'의 세계, 조응과 아날로지와 상호조회의 세계를 가리킨다. 비정상적인 유사종교 집단과 그 교단을 잉태하고 키워낸 일본 사회, 가해자와 피해자, 원인과 결과, 지하와 지상, 텐고와 아오마메, 픽션과 리얼리티, 상처와 치유, 평범과 비범은 모두가 두 개의 달처럼 서로 닮아 있다. 가령 선구의 리더인 후카다 다모쓰는 아오마메와의 대화 속에서 지극히 정상적인 사유와 양심과 판단력을 지닌 존재로 그려지고 있다. 이에 반하여 후카다 다모쓰의 암살을 아오마메에게 요청하는 노부인은 일면 사회적 악에 대한 정당한 분노와 휴머니티를 구현하고 있는 듯이 보이지만 사실은 자신이 맹목적으로 신뢰하는 '정의'의 이미지에 들려 있는 또다른 광인이다. 노부인은 자신이 믿는 정의를 반성하지 않는다. 옴진리교적인 것과 그것을 파괴하려는 것은 이처럼 식별불가능성의 회색지대를 구성하고 있다. 이 이중성에 눈을 뜬 자가 '1Q84의 세계'에 진입한 자이다. '1Q84'는 그리하여 착시나 환상이나 SF적인 '패럴렐 월드'가 아니다. 그것은 95년의 두 가지 대지진이 씨앗으로 품어져 있는 새로운 현실의 이름이며, 단 하나의 실재하는 세계, 물음표에 의해 뒤틀려 있는 세계이다. 실재하는 이 현실 속에서 선은 악의 대립항이 아니라, 선과 악 즉 두 개의 달의 적절한 균형점일 뿐이다(村上春樹, 2009b: 289). 하루키의 지진계가 탐침해 들어간 재앙의 진원지에는 이처럼 삭제할 수 없는 두 개의 달의 현존이 각인되어 있다.

IV. 리틀 피플(Little people)

1984년은 아사하라 쇼코가 '옴성산(聖山)회'를 결성하고 추종자들에게 원시 불교 및 명상을 통한 물질로부터의 초탈을 가르치기 시작했던 바로 그해, 옴진리교가 하나의 단체로서 출현했던 시점이다. 그러나 이와 동시에 1984년은 오웰의 '1984년'을 지시하고 있다. 양자를 관통하는 것, 그것이 바로 집단의 논리에 함몰된 전체주의적 인간의 탄생이다. 하지만 하루키는 이 테마를 조금 더 섬세하게 비틀고 있다. 요컨대, 오웰의 소설은 편집증에 빠진 전체주의적 권력자로 빅 브라더를 제시한다. 그러나 『1Q84』에 등장하는 유사 종교집단 '선구(先驅)'의 리더는 빅 브라더와는 사뭇 다른 이미지를 갖고 있다. 그는 사회주의 사상에 감화되었던 전공투의 학생투사였고, 종교적 광신을 비판적으로 바라보는 지식인이다. 이념의 종언 이후 그가 선택한 것은 반자본주의적 코뮌을 만들어 자율적인 생산과 노동의 공동체를 건설하는 것이었다. 그러나 그의 반자본주의는 유혈 혁명이라기보다는 대안적 삶의 형식을 모색하는 온건하고 합리적인 성격을 띠고 있었다. 급진적인 무장투쟁을 통한 문자 그대로의 혁명을 꿈꾼 분파(여명)와의 결별 이후, '선구'는 급격하게 종교화되어 반사회적이고 폐쇄적인 집단으로 변화하는데, 이 납득하기 어려운 변화의 과정에 결정적으로 개입하고 있는 중요한 형상이 바로 '리틀 피플'이다. 모든 비밀은 리틀 피플의 존재에 집결된다. 리더의 딸인 후카에리가 쓴「공기 번데기」에서 리틀 피플은 죽은 산양의 입을 통해 이 세계로 잠입하는 난장이들로 묘사되고 있다. 그들은 언제나 복수(複數)로 존재하며, 자유롭게 수를 늘이고, '호우호우'라는 귀여운 장단에 맞추어 노래하며 실을 잣는 맹목적인 노동자의 이미지를 갖고 있다.

이들은 숲의 신비한 권능을 분유하고 있으며, 번개나 천둥 같은 자연의 힘을 동원할 수 있는 존재이다. 더 나아가서 이들은 자신들의 영향력을 강화시키기 위해서 서슴지 않고 폭력을 행사한다. 그들은 노부인의 독일 세퍼드의 내장에 폭탄을 설치하여 폭파시키고, 더 나아가서 선구의 리더를 하나의 매체로 하여 자신들의 지배력을 확장시키고 더 공고히하고자 한다. 『1Q84』의 진정한 주인공은 이처럼 모호하게 그려지고 있는, 그러나 소설의 중요한 대목에서 언제나 등장하는 저 리틀 피플이라 할 수 있다. 스탈린적 빅 브라더의 형상은, 작고 평범한 리틀 피플이라는 새로운 지배자의 형상으로 대체되고 있다. 하루키는 이를 에비스노 선생의 입을 빌려 다음과 같이 서술하고 있다. "자네도 잘 알겠지만, 조지 오웰은 소설 『1984년』에서 빅 브라더라는 독재자를 등장시켰어. 물론 스탈린주의를 우화적으로 그린 것이지. 그리고 빅 브라더라는 용어는 그 이후 일종의 사회적 아이콘이 되었네. 그건 오웰의 공적이겠지. 그리고 바로 지금, 실제 1984년에 빅 브라더는 너무도 유명하고 너무도 빤히 보이는 존재가 되어버렸어. 만일 지금 우리 사회에 빅 브라더가 출현한다면 우리는 그 인물을 가리키며 이렇게 말하겠지. '조심해라. 저자는 빅 브라더다!' 하고. 다시 말해 실제 이 세계에는 더 이상 빅 브라더가 나설 자리는 없네. 그 대신 이 리틀 피플이라는 것이 등장했어. 상당히 흥미로운 언어적 대비라고 생각지 않나? (……) 리틀 피플은 눈에 보이지 않는 존재야. 그것이 선한 것인지 악한 것인지, 실체가 있는지 없는지, 그것조차 우리는 알지 못하지. 하지만 그건 분명하게 우리의 발밑을 서서히 무너뜨리고 있어"(村上春樹, 2009a: 501).

빅 브라더가 아닌 리틀 피플이 주도하는 새로운 지배 시스템이 '1Q84적 세계'의 실체라면 리틀 피플은 정작 누구인가? 흥미로운 단서가 후카에리의 「공기 번데기」에 암시되어 있다. 단편의 화자는 리틀 피플을 처음 보는 순간 그들을 『백설공주와 일곱 난쟁이』에 등장하는 난쟁이로 착각한다(村上春樹, 2009b: 477). 그림 형제의 동화에서 일곱 난쟁이는 성장을 멈춘 채 전(前)-오이디푸스 단계에 머물러 있는 존재들이며, 산의 광산에서 일하는 노동자들이다. 동화의 난쟁이들에게는 오직 일만이 삶의 핵심이다. 그들은 휴식이나 오락을 모른다. 그들이 형성하는 사회는 맹목적으로 노동하는 사회이다(Bettleheim, 1975: 327, 342-3). 『1Q84』의 리틀 피플은 실제로 동화의 난쟁이들을 많이 닮아 있다. 리틀 피플은 거의 장인적인 태도로 자신들에게 부여된 직능을 수행한다. 즉, 실을 자아 끊임없이 '공기 번데기'를 만든다. 그런데 노동 속에서 이들이 보여주는 활기는 어떤 맹목성과 결합하여 불길한 기운을 자아낸다. 왜 일하는지, 왜 일해야 하는지 이들은 묻지 않는다. 이들에게는 둘음이라는 것이 없다. 그저 열심히 즐겁게 일할 뿐이다. 일본적 근대의 강력한 노동윤리를 연상시키는 이 막연한 성실성은 리틀 피플의 집단적 통일성과 결합되어 섬뜩한 기운을 내뿜는다. 이런 점에서 『세계의 끝과 하드보일드 원더랜드』에 등장하는, 생물의 사체를 뜯어먹고 사는 지하적 괴물인 야미쿠로를 은밀하게 연상시킨다.[4] 야미쿠로와 리틀 피플 그리고 난장이들에게는 결정적으로 '나'라는 것이 없다. 그들은 모두 '나' 이전의 신화적이고 원시적인 상태에 머물러 있으며 개체로 분리되지 않는 유기적 통일체를 구성하고 있다. 개성이나 개체 고유의 독자성이 없기 때문에 이들의 언어와 행동과 사유를 지배하는 것은 상투성이다. 후카에리는 그들에 대해서 이렇게 쓰고 있다. "리틀 피플이 입고 있는 옷은 어디에서나 볼 수 있는 평범한 옷이었다. 기묘한 표현이지만 그것 말고는 달리 형용할 말이 없었다. 일단 눈을 돌리면 그들이 어떤 옷을 입고 있었는지, 그만 전혀 생각나지 않는다. 그들의 얼굴 생김새도 그렇다. 그 얼굴들은 좋지도 나쁘지도 않다. 어디에서나 볼 수 있는 평범한 얼굴이다. 그리고 일단 눈을 돌리면 그들이 어떤 얼굴이었는지, 전혀 생각해낼 수 없다. 머리칼도 마찬가지이다. 길지도 않고 짧지도 않다. 그건 그냥 머리칼이다. 그리고 그들에게는 냄새가 없었다"(村上春樹, 2009b: 480).

사실 평범성과 범속성은 하루키 문학의 전형적 라이트모티프이다. 초기 작품들 특히 『양을 둘러싼 모험』에서 하루키가 집요하게 천착하는 이 '범용하다는 것'의 의미는 단순히 평범하다는 것, 특이하지 않다는 것, 보잘것없다는 의미를 넘어선다. 하루키에게 범용하다는 것은 "집단으로 사고한다는 것"이며(村上春樹, 1982: 299), 개체가 아닌 집단으로 책임진다는 것, 그리하여 사유와 책임의 궁극적 심급인 자아가 어느 수준에서 증발해버린 상태를 가리킨다. 범용성에 대한 이런 성찰은 『1Q84』에서 한층 더 깊어져, 평범한 것이 하나의 악(惡)으로 현상할 수 있는 가능성을 하루키는 리틀 피플의 형상 속에서 탐색하고 있다. 20세기 전체주의의 역사가 그것을 증거하고 있지 않은가? 하루키의 지진계가 포착한 95년 재난의 진앙지가 바로 이 범용성으로 집중되는 것이 바로 그 까닭이다. 범용성은 사회적 지각변동을 야기하는 마그마의, 끓어오르는 잠재적 위험이다. 일본 사회가 개인을 발명하는 데 실패했다는 사실, 그리하여 오직 개인이라는 것에 기초하여 연대하는 변증법적 사회구성의 역사적 실현에 실패했다는 사실을 염두에 둘때, 리틀 피플의 메타포는 공허하고 환상적인 알레고리가 아니라 폐부를 찌르는 현실의 급박한 한 단면으로 육박해온다. 일본 군국주의와 파시즘의 진정한 주체들은 누구였는가? 그것은 천황이라는 빅 브라더가 아니라, 이름 없고 얼굴 없는 무수한 일본 국민들, 즉 리틀 피플이 아니었던가? 70년대 이후 학생운동의 좌절 속에서 정신의 좌표를 잃고, 자신들 삶의 서사를 상실한 채 방황하다가 새롭게 등장한 어떤 거대한 이야기의 호명에 쉽게 붙들렸던 존재들, 옴진리교에 현혹된 과학자나 대학생 들, 오타쿠들, 소비사회의 대중들, 그들이 바로 리틀 피플이 아니던가? 하루키가 신화화한 이 작은 숲 속 요정들을 다시 역사적·사회적 문맥에 위치시킬 때 『1Q84』는 무라카미 하루키 버전의 대중독재론으로 읽힌다.

V. 사회(私會)라는 것

리스본 대지진이 18세기적 사회계약론의 촉매 역할을 했다면, 아마도 고베 대지진과 옴진리교 사린가스 살포 사건은 1995년 이후의 일본 사회에 대한 새로운 통찰의 계기로 작용할 것으로 보인다. 하루키의 『1Q84』는 이런 맥락에서 하루키 문학의 '사회학적 전회'의 가장 강렬한 표현으로 읽힌다. 재난의 진앙지에서 하루키가 발견한 리틀 피플적인 것은 일본적 근대성의 결여, '개인'의 결핍과 국가/사회의 과잉이 결합되었을 때 나타나는 범용성의 전체주의였다. 이것과의 싸움, 즉 반(反) 리틀 피플적 모멘트는 결국 사(私)의 세계의 철저한 건축을 통해서만 가능한 것이다. 마루야마 마사오나 가라타니 고진과 같은 명철한 일본의 지성들에 의해 반복적으로 강조된 이상적 사회모델은 동일한 언어를 소유한 존재들이 만드는 공동체가 아니라, '사(私)의 특이성(singularity)에 기초한 타자들의 교통공간으로서의 사회'에 다름 아니었다. 『1Q84』에서 범용한 대중 전체주의를 넘어설 수 있는 가능성으로 하루키가 제시한 것 역시 이와 크게 다르지 않아 보인다. 소설 속에서 리틀 피플의 반대편에는 덴고와 아오마메의 엇갈린 사랑이 존재한다. 그들의 사적 기억 속에서 연약하고 희미하게 빛나는 맞잡은 두 손의 이미지는, 전통적 의미의 사회성이 모두 부식되어 폐허처럼 파괴된 채 흩어진 재난 이후의 일본 사회가 새로이 구성해야 하는 공존의 원초적 이미지로 파악할 수 있다. 그것을 우리는 어쩌면 사회(社會)가 아닌 사회(私會), 즉 사(私)의 확고한 바탕 위에 형성되는 집합체(會)로 재규정해야 하는지도 모른다. 자아와 집단의 팽팽한 긴장의 관계를 어떻게 유지하면서 함께 영위하는 삶을 디자인할 것인가라는 문제는 이제 본격적으로 하루키 문학의 본령으로 자리잡은 셈이다. 하루키는 이런 점에서 근대 지식의 공간에서 소설과 사회학/인류학이 맺고 있는 공기원적 관계를 자신 소설의 진화 속에서 실현해가고 있다.[5] 이런 점에서 하루키가 현자(賢者)의 이미지로 제시하는 에비스노 선생의 다음과 같은 언술은 주목할 가치가 있다. 그는 덴고에게 종교집단 선구의 형성과정을 설명하면서 자신의 전공에 대해서 다음과 같이 소개하고 있다. "문화인류학의 목적 중 한 가지는 사람들이 품은 개별적인 이미지를 상대화하고, 거기서 인간에게 있어 보편적인 공통점을 찾아내어 다시 그것을 개인에 피드백하는 것이야. 그렇게 함으로써 인간은 자립적이면서도 어딘가에 속한다는 포지션을 획득할 수 있거든"(村上春樹, 2009a: 318). 요컨대, 개체로서 자립적일 수 있는 것(私)과 어딘가에 속한다는 포지션(會)의 결합으로서의 사회(私會)의 가능성에 대한 고민이라는 것. 에비스노의 이 고민 뒤로 하루키의 고민이, 트레이싱페이퍼에 비쳐진 것처럼, 은근히 투시되고 있다. 그것은 20세기 후반 이후 변화된 상황 속에서 일본뿐 아니라 세계적인 수준에서 제기되는 인간 공동체의 가능성에 대한 근원적 성찰이다. 우리가 하루키의 신작에 대해서 나름의 신뢰를 갖게 되는 것은 바로 그런 고민의 선명한 인각 때문이다. 후속작을 기대한다.

〈보론: 폭력의 카르마와 폭력의 비판〉

1995년 3월 20일 동경 지하철역에 사린가스가 살포된다. 사린은 1차 세계대전에서 독일군이 화학병기로 사용한 적 있는 치명적 위해 물질이다. 중추신경계를 급속히 손상시켜 수 분 내에 가스에 노출된 자의 목숨을 앗아간다. 12명이 사망했고 5천5백 명이 부상을 입었다. 옴진리교라 불리는 유사종교집단에 혐의가 모아졌다. 교주는 1955년 생 시각장애인 아사하라 쇼코(麻原彰晃). 침술과 뜸질 전문 병원을 운영하면서 불교 수행에 돌두하던 그는 1984년에 '옴성산(聖山)회'를 결성하고 명상을 통한 초탈을 가르치며 카리스마적 권능으로 수많은 추종자를 거느린다. 80년대 이후 급속도로 창궐하던 신비주의와 신흥종교에 대한 열광 속에서 아사하라는 1987년에 '옴진리교'를 창설한다. 유사 종교 특유의 종말론적 약속들, 과대망상적 행태들 그리고 범죄적 행위들로 사회의 지탄을 받던 이 교파는 결국 후지산 기슭의 시골마을에 소형 국가를 설립하고 무기와 화학약품들을 제조하여 소위 '아마겟돈'을 준비하는 만화적 집단망상에 빠진다. 그 이후 얼마 있지 않아서 불특정 다수 시민에 대한 무차별적 살상 행위를 기도하는 극단적 폭력을 자행했던 것이다. 일본 사회는 경악했다. 전대미문의 테러 행위 속에서 그들은 특정 인간이 아닌 인간 전체, 더 나아가서 생명에 대한 압도적인 적의, 소통을 통해서도 쉽게 풀어낼 수 없을 것같이 견고해진 어떤 증오를 보았다. 유아적 환상에 뿌리내리고 있는 집단 자폐증과 타인의 고통과 행복에 대한 조직화된 무감각을 읽었다. 그것은 선적 깨달음과 실증적 과학의 조야하고 불명예스러운 만남이었다. 아사하라의 신도들은 바보들이 아니었다. 그들은 (주로) 이공계의 박사였고, 성실한 연구자였고, 전도유망한 대학생들이었다. 그들은 총명했다. 교주의 천재적이고 직관적인 선문답 테크닉은 그처럼 명석한 두뇌들이 풀지 못한 의미와 상징의 혼돈된 영역, 즉 삶의 어둠을 칼날처럼 깊이 찌르고 들어갔다. 고도로 경쟁적인 교육시스템 속에서 언제나 우등생의 자리를 차지했던 그들은 사실 비판적 안목도 판단력도 상식도 상상력도 갖고 있지 않은 공허한 존재들이었다. 그들의 공허함은 진리와 악을 뒤섞는 광기에의 허망한 경사로 표출되었다. 극단적 폭력의 주체는 반(反)지성이나 무지의 인간이 아니라 맹목적 지성, 특수한 방식으로 기형화된 뛰어난 지성이었다.

저명한 사진작가이자 여행가인 후지와라 신야(藤原新也)가 2006년에 펴낸 『황천의 개』는 옴진리교가 보여준 이 증오어린 폭력의 기원을 여러 각도에서 추적하는 흥미로운 책이다. 「뫼비우스의 바다」라는 제목이 붙은 첫번째 장에서 후지와라는, 교주의 어릴 적 흔적을 살펴보고자 그의 고향 구마모토(熊本) 현의 야쓰시로(八代)를 방문했던 이야기를 전한다. 그 평범한 농촌의 풍경 속에서 후지와라는 사진작가 특유의 예리한 감각으로, 그곳에 생활의 냄새와 자연의 실감이 없음을 직감한다. 알고 보니 그 땅은 광대한 개펄을 메워서 만든 인공의 대지였다. 작가는 거기에서 아사하라 인격의 풍토적 원형질, 즉 불모성을 확인한다. 그러나 문제는 더 심각한 곳에 있었다. 개간지 앞으로 남북 50킬로미터 동서 10킬로미터 크기의 내해가 펼쳐져 있었는데 그 바다가 과거에 온통 수은에 오염되어 있던 죽음의 바다였던 것이다. 야쓰시로 인근에 메틸 수은의 도시 미나마타가 있었기 때문이다. 일본의 산업화에 필수적인 질소의 생산과정에서 파생된 수은이 정부의 방조 속에서 바다에 방류되었던 곳, 미나마타병의 고통의 절규가 생생한 곳, 국민에 대한 국가의 범죄가 만든 그 '원화(怨火)의 바다'를 길어 마신 소년 아사하라는 이중적 의미의 실명자가 된다. 그는 육안의 시력을 잃었고 그 상실감 속에서 영혼의 눈을 닫는다. 이 이중의 어둠 속에서 아사하라는 실존하는 구체적 현상의 세계로부터 자신의 예민하고 상처받은 의식을 퇴각시켰고, 추상과 득도의 '우주적' 환상에 배타적으로 그것을 다시 접속시켰다. 그 우주는 증오와 원한으로 불타는, 폭력이 정화이자 정의인 유치한 우주였다. 그런 관념이 행동으로 옮겨졌을 때 일본 사회는 지옥의 찰나를 체험한다. 후지와라는 이렇게 쓴다. "미나마타 참사가 발생한 지도 40년이 흘렀다. 그러나 사라졌다고 믿은 미나마타의 원념이 극단적인 어느 종교인의 영혼 속에서 망령처럼 되살아난 것이라면, 그리고 보복이라도 하듯 화학물질을 살포해 국가 기능을 마비시키려고 몽상한 것이라면, 즉 미나마타병 환자인 아사하라 쇼코가 복수를 위해 사린가스를 살포한 것이라면 과거의 역사는 어떻게 되는 것일까? 이것이 인과응보라는 것인가? 이 역사적 순환이야말로 아사하라가 외쳤던 카르마의 실체였을까 (……) 나의 망막은 유카타를 입은 채 마루어 누워 온몸을 떨고 있는 1968년의 어부와 지하철의 플랫폼에 드러누워 온몸을 떨고 있는 1995년의 시민을 구별하지 못한다. 이것은 그저 카르마일 뿐이다"(藤原新也, 2006: 51, 23).

후지와라가 본 것이 거대한 사이클로 구성된 '업보'로서의 카르마라면 모리스 블랑쇼는 인간의 폭력 속에 나타나는 가해자와 피해자의 공동 운명이라는 또다른 형태의 카르마를 예리하게 지적하고 있다. 절멸 수용소에서 살아 돌아온 작가 로베르 앙텔름(Robert Antelm)의 『인류』에 대한 논평에서 블랑쇼는 "인간은 파괴될 수 없는 것이다(L'homme est l'indestructible)"라는 기묘한 명제를 제출한다(Blanchot, 1969: 191-

200). 인간이 파괴될 수 없다는 것은, 우리가 흔히 생각하듯이, 어떤 폭력도 손상시킬 수 없는 존엄성, 신성함, 본질이 인간에게 존재한다는 것을 의미하지 않는다. 사실 인간은 연약한 유기체이기 때문에 그를 부수는 데에는 큰 힘이 필요하지 않다. 그의 숨을 꺾고 그의 존엄과 신성을 유린하는 것은 어려운 일이 아니다. 작은 집중된 폭력으로 인간은 돌이킬 수 없는 손상을 입을 수 있다. '인간이 파괴될 수 없다'는 말은 역설적으로, 그를 파괴하는 데 있어서 어떤 '끝'이나 '한계'가 존재하지 않는다는 것을 의미한다. 어디까지 파괴해야 인간이 파괴된 것인지, 그것이 결정되지 않는다는 것이다. 이 언명은 두 가지 상이한 차원에서 그 진실성을 갖는다. 첫째는 시간의 차원이다. 인간의 폭력사(暴力史)는 새로운 기술과 이념이 등장하여 실행된다면 언제나 새롭게 쓰일 수 있는 영역이다. 아우슈비츠가 지금은 '절대' 악의 구현으로 불리지만, 그 '절대'는 미래의 새로운 악의 형태에 의해 언제든지 부정될 수 있다. 인간을 파괴하는 데 한계가 없다는 것은 인류가 언제나 더 잔혹하고 더 완벽한 폭력의 실천가능성에 노출되어 있다는 부인할 수 없는 사실을 지시한다. 둘째로 그것은 궁극적인 폭력 속에서 드러나는 가해자와 피해자의 분리불가능성을 암시한다. 예컨대 누군가를 고문하고, 구타하고, 능욕하고, 그의 존엄성을 훼손했다면 과연 우리는 그를 파괴한 것인가? 그의 살과 뼈에 상해를 입히고, 그의 희망과 미래를 박탈하고 급기야 그로부터 생명을 빼앗으면 그는 파괴된 것인가? 그렇지 않다. 그는 유령의 형상으로 불길한 마성으로 해원의 목소리로 반드시 되돌아온다. 유령은 고금과 동서를 막론하고 이런 파괴불가능성의 가장 소박한 화신이다. 만일 그를 축귀(逐鬼)하여 저승으로 쫓아 보낸다면 그를 파괴한 것인가? 그렇지 않다. 그는 여전히 파괴되지 않았다. 피해자의 눈빛과 몸짓은 가해자의 깊은 의식에 각인되어 은밀하고 집요하게 그의 삶을 동요시킬 것이다. 가해자의 몸과 마음은 피해자의

흔적이 망명하는 최후의 매체가 된다. 돌려 말하자면 피해자는 극단적 폭력 속에서 가해자와 분리할 수 없는 한 몸을 이룬다. 타인의 얼굴을 보면서 그를 죽일 수 없는 것은 죽음의 얼굴이 불멸의 영상으로 가해자의 기억, 육체, 혹은 양심에 이전하여 깃들이기 때문이다. 그것을 떼어낼 수 없기 때문이다. 그리하여 타인을 멸절시키기 위해서는 결국 그의 최종적 거주지인 가해자 자신의 '존재'를 멸절시켜야 한다. 타인을 파괴하기 위해서 도리어 자신이 파괴되어야 한다는 이 도저한 역설이 블랑쇼가 말하는 폭력의 '한계'이다. 이런 관점에서 보면 모든 폭력은 상호폭력이며, 결국에는 자기에 대한 폭력이다. 그것이 바로 인간의 폭력에 내재된 '너'와 '나'의 지독한 카르마이다.

폭력에 대한 호들갑스럽고 히스테릭하고 선험적인 거부 혹은 폭력의 근절을 약속하는 나이브한 인본주의적 견해들은 폭력의 카르마적 성격에 대한 이런 인스에 의해서 해체된다. 그것은, 폭력이 쉽게 소멸될 수 없는 '존재의 조건'임을 불가피하게 수락하게 하고, 더 나아가 폭력이 인간의 상호주관적 관계뿐 아니라 우주적 에너지의 신진대사와도 깊이 연관되어 있음을 통찰하게 한다. 폭력은 그 자체로 '나쁜 것'도 '아름다운 것'도 '사악한 것'도 '성스러운 것'도 아니다. 카르마로 현상하는 폭력은, 씨앗이 뿌려진 곳에 맺히는 열매처럼, '필연적인 것'으로, 하나의 운명으로 체험된다. 그것은 운명이다. 하지만 '운명'으로서 그것은 언제나 그것과의 싸움의 자리, 극복의 자리를 내포하고 있다. 부정의한 폭력, 파렴치한 폭력, 반복되는 폭력, 제도적인 폭력, 구조적인 폭력과의 싸움, 폭력의 성찰, 폭력의 비판이 그것이다. 메를로 퐁티는 이렇게 쓴다. "우리는 순수함과 폭력 중 하나를 선택하는 것이 아니다. 다양한 종류의 폭력 중에서 어느 하나를 택하는 것이다. 우리가 육화(肉化)된 존재인 한 폭력은 우리의 운명이다. 유혹 없는, 다시 말해, 최종적으로 분석했을 때 경멸 없는 설득이란 없다. 폭력이란 모든 체제에 공통된 출발 상황이다. 삶, 토론, 그리고 정치적 선택은 이 기반 위에서 일어난다. 중요한 것으로 우리가 토론해야 할 것은 폭력이 아니다. 폭력의 의미 내지는 폭력의 미래이다. 이것은 미래를 향해서 현재를, 타자를 향해서 자기를 뛰어넘는 인간적인 행위의 법칙이다. 이런 침범은 정치적 삶의 사실일 뿐 아니라 사적인 삶에서도 일어난다"(Merleau-Ponty, 1947: 146). 그가 인간의, 사회적 삶의 '필연적인 것'으로 폭력을 이해하면서 그 외부를 지울 때 그는 분명히 폭력의 카르마를 인지하고 있다. 그러나 그는 거기에서 멈추지 않고 말한다. 중요한 것은 폭력 그 자체가 아니라 폭력의 '의미'와 '미래'이다. 칸트나 벤야민의 표현으로 이를 바꾸자면, 중요한 것은 폭력의 형이상학이 아니라 폭력의 '비판'이다. 비판(krinein)이란 대상의 외부에서 그에 대한 평가나 판단을 행하는 것이 아니라, 그 대상의 내부에 균열 혹은 한계를 설정하는 것, 특정한 금을 긋는 것이다. '폭력'을 비판한다는 것은 필요한 폭력과 불필요한 폭력을 구분하는 것, 폭력으로 가능한 것과 폭력으로 불가능한 것 사이에 경계선을 긋는 것, 반복될 수밖에 없는 폭력과 반복되어서는 안 되는 폭력 사이에 차별을 가하는 것, 어느 선에서 어떠한 방법으로 누가 폭력의 카르마를 끊어야 하는지를 사유하고 결정하는 것이다. 그것은 폭력의 내적 분할을 통해서 미래를 향한 진보적 가능성으로 폭력의 일부를 구원하는 것이다. 우리는 결코 폭력으로부터 벗어날 수 없다. 교육도 사랑도 우정도 싸움도 소통도 이해도 문학도 정치도, 폭력의 적절한 개입이 없다면 근원적으로 불가능한 실천이다. 그 누구도 삶의 진면목을 용기 있게 살아내고자 할 때 그는 폭력의 문제를 우회할 수 없다. 그것은 어둠의 문제, 죽음의 문제, 적대의 문제, 부정성의 문제를 우회할 수 없는 것과 같다. 폭력 대 비폭력의 양자택일은 그리하여 폭력 내부의 차이로 환원되어야 한다. 문제는 '어떤 폭력'인지를 결정하는 것, 즉 폭력의 명철한 비판이다.

주

1) 리오타르는 아우슈비츠를 지진에 비유한다. 그에 의하면 절멸수용소는 인간의 목숨, 건물, 사물들을 파괴하는 단순한 지진이 아니라, 지진의 강도와 파동 그리고 진원지를 추적하게 하는 도구들, 즉 지진계마저 파괴한 지진이다(Lyotard, 1984: 90-1). 한편, 재난과 사회구성의 깊은 연관을 리스본 대지진으로부터 아우슈비츠, 히로시마, 9·11 그리고 2004년의 쓰나미에 이르는 다양한 거대 재난들 속에서 살피는 흥미로운 탐구로서 다음을 참조할 것(Dupuy, 2005).

2) 2000년의 작품 『신의 아이들은 모두 춤춘다』에 실린 여섯 편의 단편들은 모두 고베 대지진을 중심으로 파편적으로 모자이크된 포스트-고베의 일본 사회, 즉 위난 공동체로서의 일본 사회를 그리고 있다. 그 마지막 작품인 「벌꿀 파이」에서 소설가 쥰페이의 다음과 같은 언명은 재난을 통해서 '사회적인 것(the social)'을 발견하게 되는 소설가 하루키의 새로운 다짐으로 들린다. "이제까지와는 다른 소설을 쓰자고 쥰페이는 생각한다. 날이 새어 주위가 밝아지고, 그 빛 가운데서 사랑하는 사람들을 꼬옥 껴안고, 누군가가 꿈꾸며 애타게 기다리고 있는 것 같은 그런 소설을. 하지만 지금은 우선 여기에 머물러 있으면서 두 여자를 지키지 않으면 안 된다. 상대가 누구든, 정체 모를 상자 속에 처넣어지게 해선 안 된다. 설사 하늘이 무너져 내린다고 해도, 대지(大地)가 소리를 내며 갈라진다고 해도"(村上春樹, 2000: 212).

3) 덴고의 걸프렌드는 덴고에게 'lunatic'과 'insane'의 차이를 설명하면서 일시적 광기의 원인을 달과 연결시키고 있다(村上春樹, 2009a: 652).

4) 야미쿠로의 지하 소굴의 중심에는 신성지역이 있고 그 안에서 그들은 종교 행위를 하는 것으로 표현되어 있다. 야미쿠로가 섬기는 것은 눈이 없는 거대한 물고기이다(村上春樹, 1985: 27-55).

5) 레페니스(Wolf Lepenies)는 19세기 중반 이후 프랑스, 영국, 독일의 지적 공간에서 사회학과 문학이 어떻게 같은 뿌리를 갖고 등장했으며, 어떻게 분화되어 발전했는지를 상세히 탐구하고 있다(Lepenies, 1985). 그의 논의에 의하면, 근대문학은 기원적으로 사회학적이며, 사회학은 기원적으로 문학적이라는 명제가 가능하다. 문학과 사회학의 이와 같은 태생적 결합의 역사적 분리가 정점에 도달하는 지점이 '근대문학의 종언'이다.

14장

행복의 예술, 그 희미한 메시아적 힘

I. 참을 수 없는 것

오즈 야스지로(小津安二郎, 1913-1973)의 영화들은 거의 대부분, 일본식 다다미방에 앉아 있는 사람의 시각으로 촬영되었다. 그의 영화는, 우리가 책상다리를 하고 앉아서 밥을 먹고 차를 마시고 담소를 나누는 바로 그 자세에서 보는 세계와 사물들과 정황들을 묘사한다. 앉아서 보는 세계는 높은 곳에서 굽어보는 세계와 다르다. 그것은 일상의 가장 평범한 시간의 체험이다. 앉아 있는 자의 마음을 사로잡는 근심은 세계의 운명이나 인류의 미래가 아니다. 그것은 과년한 딸의 혼사나 늙은 부친의 건강, 꽁치의 가격, 사케의 맛 혹은 내일의 날씨이다. 그것은 오이코스(oikos) 그러니까 가족경계의 소박한 세계이자, 그런 세계들이 인드라망으로 얽혀 이루어진 우리의 세속이다. 앉아 있을 때 어쩔 수 없이 우리는 세속의 거대한 헤게모니에 묶여 소소한 행복을 꿈꾸고 그것의 좌절에 체념하는 생활인이다. 오즈는 이 좌식(坐式)의 세계를, 우동 위에 떠다니는 유부처럼 한가로운 유머를 섞어, 무심히 전달한다.

1953년의 작품인 『도쿄이야기』에서 우리는 이런 일상과 세속의 어찌할 수 없는 회전을 성숙한 체념으로 수용하는 한 인간의 얼굴을 목격한다. 이야기인즉, 동경에 거주하는 장성한 자식들을 방문한 노부부는 그들의 싱거운 환대에 내심 실망한 채 고향으로 돌아가게 된다. 그런데 귀향의 열차에서 부인이 급작스럽게 병에 걸린 채 중도 하차하여 생을 마치게 된다. 우선 놀라운 것은, 어머니의 죽음 앞에서 자식들이 보여주는 침착성과 현실적 계산(초상을 치르기 위한 준비와 유품의 분배에 대한 산술)의 민활함이다. 하지만 더 놀라운 것은 평생의 반려와 사별하는 늙은 아버지의 평상심이다. 그는 오열하지도 슬퍼하지도 않는다. 아내의 임종을 지키는 자리에서 슬쩍 사라진 그는 항구의 일출을 바라보러 숙소의 뜰에 나가 산책을 한다. 이윽고 자신을 찾으러 온 며느리에게 마치 아무 일도 없었다는 듯이 이렇게 말한다. "아름다운 새벽이었다. 오늘 하루는 또 무척 덥겠구나. 걱정이다……" 가장 소중한 존재의 죽음은 습기 많고 짜증스런 일본의 여름 날씨에 대한 근심의 배후로 밀려나고, 일상은, 흠집을 삼키고 또 부풀어오르는 밀가루 반죽처럼, 다시 시작된다. 사건이 되지 못하는 죽음은, 오즈의 묘비에 적힌 글자 '무(無)'처럼, '아무것도 아닌 것'으로 서글프게 부각된다.

오즈, 누벨바그, 그리고 네오리얼리즘 계열의 감독들(비스콘티, 안토니오니, 펠리니)의 영화에 대한 분석 과정에서 들뢰즈가 사용하는 한 비상한 개념을 빌려 말하자면, 이런 상황 속에서 관객들은 소위 '참을 수 없는 것(intolérable)'과 조우한다. '참을 수 없는 것'은, 이 시기의 영화가 소위 시간-이미지를 창출하는 다양한 테크닉을 발견함으로써 스크린에 제시할 수 있게 된 삶의 실재를 가리킨다. 그것은 참혹한 악행이나 부정의 혹은 부당함의 역사적 사실, 선혈이 낭자한 폭력이나 잔혹의 장면이 불러일으키는 분노나 경악과는 무관하다. '참을 수 없는 것'은 그런 감각적 과잉을 의미하는 것이 아니라, 현실이 우리의 시각과 사유에 감추고 있던 어떤 차원을 아무런 은유 없이, 마치 견자(見者)가 사물을 투시하듯이, 그렇게 보여줄 때 발생하는 감수성의 전율이다(Deleuze, 1985: 45, 335).[1] 이렇게 보면, 오즈의 영화에서 구현된 '참을 수 없는 것'은 압도적으로 진부한 일상성 그 자체이다. 환언하면, 오즈의 일상은 어떤 새로운 사건의 사건성도 허용하지 않는다. 아내를 잃은 노인은, 아무것도 변하지 않은 채 다시 해가 뜨는 것을 바라보고, 다시 밥을 먹고 다시 마당을 쓸어야 한다. 아내가 죽는 새벽에 그가 바라본 일출은 삼라만상의 불변성에 대한 서늘한 확인이다. 아내의 죽음에도 불구하고 땀은 흐를 것이며, 흐르는 땀을 또 닦을 것이며, 생생하던 기억은 지워질 것이며, 고독은 그 망각의 어둠을 악착같이 더듬을 것이다. '참을 수 없는 것'은 이처럼 견고하고 실체적인 일상적 세계 속에서 우리가 단 한 발짝도 벗어날 수 없다는 사실, 이런 일상의 지속적인 전개와 영겁회귀에 대한 예감으로부터 생산된다. 죽음을 마구 슬퍼하기 전에 그 죽음을 자신의 속으로 흡입한 채 다시 매끈한 표면을 내보일, 가혹한 일상의 권능 앞에 차라리 굴복해야 한다는 오즈의 냉정하고 허무주의적인 초탈은 이런 '참을 수 없는 것'과의 현명한 계약으로 보이기까지 한다.

II. 공제의 미학

이런 점에서 오즈는, 60년대 후반에 르페브르(일상성 비판), 라울 바네겜(일상생활의 혁명) 혹은 드보르(스펙터클의 일상화) 등이 보여준 이데올로기 파괴적인 파토스와는 다른 열정을 가지고 일상의 문제를 영상화하는 듯이 보인다. 우리가 그의 영화에서 받게 되는 충격은 단순히, 우리의 삶이 불변하는 거대한 일상-기계의 한 부속에 불과하다는 사실을 환멸적으로 각성하는 데에 있지 않다. 오히려 반대로 오즈 영화의 가장 중요한 미학적 성취는, 그런 극단적 진부함과 불변성 속에서 진면목을 드러내는 일상이 어느 순간 견딜 수 없이 아름다운 것 혹은 귀한 것으로 인지된다는 사실이다. 여기에 오즈 영화의 더 본질적인 의미에서의 '참을 수 없는 것'이 존재한다. 정식화해보자면, 그의 일상은 가장 진부한 것이기 때문에 참을 수 없고, 이와 동시에 가장 낯설고 새로운 무엇이기 때문에 또한 참을 수 없다.

『도쿄이야기』의 후반부에서 감독의 카메라는 예의 저각(low-angle)으로 아내의 장례 이후에 다시 펼쳐지는 일상적 장면들을 보여준다. 뜰의 화분들을 다듬는 노인의 뒷모습, 마루에 굳건히 타오르는 모기향의 연기가 그리는 풍성한 곡선들, 오후의 햇빛에 반짝이며 부식되는 건물들, 그리고 습관처럼 더위를 식히는 부채질의 바람, 흑백의 화면을 가로지르며 사라지는 통통배의 그림자, 눈부시게 펄럭거리는 하얀 빨래들이 거기에 있다. 아내의 죽음 이후에 동일한 방식으로 회귀하는 이 모든 사소한 편린들은, 아내가 죽기 이전에도 언제나 거기에 그런 방식으로 존재했을, 마땅한 그들의 현실이다. 그러나 아내가 더이상 존재하는 않는 세계에 다시 나타난 이 현실의 세목들은 이제 더이상 덧없거나 하찮거나 주목되지 않는 무가치한 일상이 아니다. 그것들은 이미 죽은 자의 부재 그리고 부재가 불러일으키는 회상의 가능성에 감염되어 있고, 그 감염의 정도만큼 변화되어 있다. 요컨대, 그것들은 아름다워져 있으며, 특이해져 있다. "참으로 아름다운 새벽"이라는 노인의 대사는 그리하여 비애를 감추려는 허언이나 허장성세가 아니라, 부인과의 사별 이후에 세계가 어떠한 것으로 변화한 채 그에게 현상하는

가를 언명하는 중대한, '감각적인 것의 재구성'을 표명하는 선언이다. 그것은 애착의 대상이 상실된 세계에서 일종의 보상으로 주어지는 감각의 깨어남이다. 똑같은 일상은 완벽하게 새로운 체험의 대상으로 정립된다. 그의 영화는 이런 방식으로 실재(réel)를 드러낸다.

일반적으로 정신분석학에서 이야기되는 실재는 상징계의 '너머'에 존재하는, "너무 가까이 가서는 안 되는 불가해한 / 불가능한 견고한 중핵"으로 이해된다(Žižek, 2002a: 138). 그것은 상징적 세계를 흡입하는 어두운 심연이거나 모든 것을 빨아들이는 소용돌이 혹은 칸트적인 의미의 사물-그-자체에 비유되는 것이 보통이다. 이런 실재를 체험하기 위해서는, 그것을 은폐하고 있는 상징계의 질서와 상상계의 영상들을 '파괴'하는 극단적 폭력의 행사가 불가피하다. 그것이 바로 '실재의 열망'에 기초하고 있던 지난 세기의 미학적, 정치적 아방가르드의 중요한 파토스였던 것이다(Badiou, 2005: 35-7). 그러나 실재에 접근하는 또다른 방법이 존재하는데, 바디우는 이를 공제(控除, soustraction)라 부른다. 공제의 방법이 제시하는 실재는 상징계의 밖에 있는 것이 아니라, 그 내부에 나타나는 최소한의 간격(écart)이다. 이를 예술적으로 형상화한 대표적 작품으로서, 바디우는 말레비치의 『흰 바탕 위의 흰 사각형』(1918)을 거론하고 있다(Badiou, 2005: 85-7).

이 작품은 하얀 바탕 위에 그보다 약간 작은 또다른 하얀 사각형을 겹쳐 그린 그림이다. 형상들이 다 지워진 공백에서 그 공백과 거의 흡사한 또하나의 형상이 솟아나고 있다. 얼핏 보기에, 이 그림은 파괴의 방법을 극단적으로 활용하여, 모든 형상이 다 부서진 어떤 절대적 무(無)의 상태를 표현한 작품으로 보인다. 그리고 상징과 영상이 모두 제거된 '하얀 바탕'이 바로 실재의 형상에 다름 아니었을 것이다. 그러나 바디우에 의하면, 이 작품이 보여주고자 한 실재는 그런 파괴의 결과로서 드러나는 사물-그-자체가 아니다(Badiou, 2005: 86). 만일 그러하다면, 하얀 바탕 위에 다시 하얀 사각형을 그릴 이유가 없기 때문이다. 말레비치가 표현하고자 했던 실재는, 하얀 바탕으로부터 '공제되어', 환언하면 무언가가 삭감되어 나타나는 흰 사각형이 품고 있는 '작은 차이'였다. 파괴의 결과로 얻어지는 실재가 아니라 공제(차이의 생산)의 결과로 드러나는 현실의 내부에 실재는 차이로서 이처럼 깃들어 있는 셈이다. 정치와 미학의 끊임없는 삼투를 강조하는 바디우의 입장을 따라서 말레비치의 정치적 무의식을 상상해본다면, 우리는 좀더 쉽게 공제의 미학이 어떤 실재를 상정하고 있는지를 파악할 수 있다. 볼셰비키 혁명에 참가하여 1919년에 모스크바 대학에 부임했던 혁명가-화가인 말레비치는 위의 그림을 통해서 혁명이 창조하고자 하는 사회의 모습을 은유하고 있는지도 모른다. 가령 혁명은, 순수하고 이상적인 유토피아를 외부로부터 가져다주는 것이 아니라, 지금 우리의 눈앞에 있는 하나의 현실(흰 바탕)로부터 무언가 공제되어 솟아나는, 그것과 '약간 다른' 어떤 사회(흰 사각형)에 다름 아니라는 것, 중요한 것은 양자 사이에 존재하는 이 미세한 차이를 포착, 조직, 표현하는 것이라는 점, 이것이 결국 예술과 정치가 모두 지향하는 실재의 현시(presentation)라는 것.

우리가 실재를 오직 '파괴'의 관점에서만 생각한다면, 실재의 열정을 표현하는 좋은 예술은 언제나 극단적 폭력성을 내포할 수밖에는 없다. 진정한 예술은 현실을 가장 근본적으로 부정 혹은 파괴하는 예술이라는 관념은 거기에서 비롯된다. 그러나 실재를 '공제'의 관점에서 바라보면, 다른 윤리, 다른 정치, 다른 미학의 가능성이 아주 희미하게 움터온다.[2] 가령, 비루한 일상을 유순하고 넉넉하고 유머러스하게 그리는 오즈의 작품은 어떤 의미에서 성공한 예술작품인가? 그것은 어떻게 우리를 실재로 인도하는가? 실재에 도달하려는 열정을 포기하지 않은 채, 다른 방식으로 실재를 체험하고 실재를 보여주는 것은 어떻게 가능한가? 이미 살폈듯이, 오즈가 보여주는 실재란, 거기에 접근하면 산화해버릴 것 같은 신의 눈동자 따위가 아니다. 그것은 오히려 비루하고 구중중한 현실 그 자체가 어떤 작은 차이에 의해서 '참을 수 없는 것'으로 드러나는 특정한 모멘트의 포착이다. 그것은 아무것도 아닌 것(일상)이 아무것도 아닌 동시에 참을 수 없는 것(새로운 일상)으로서 드러나는, 가령 들뢰즈의 표현을 빌리면, '차이 있는 반복'을 미학적으로 구성하는 작업이었다. 비유컨대 오즈의 영화에서 어머니의 죽음 이후에 전개되는 일상과 죽음 이전의 일상이 맺고 있는 관계는, 말레비치 회화에서 흰 사각형과 흰 바탕의 차이와 동일한 것이다.

III. 행복의 비가(悲歌)

하여, 오즈의 카메라는 은밀한 목소리로 속삭인다. 한 사람과의 갑작스런 이별은, 그와 함께 생활했던 공간에 산포되어 있는 저 사물들의 은폐된 독자성(singularité)을 얼마나 환하게 개방하고 있는가? 한 사람이 세계에서 영영 사라졌다는 미세한 차이(공제)의 작용 속에서 얼마나 많은 존재자들의 거기-있음이 가슴을 찌르며 하나의 실재로서 육박해오는가? 오즈의 카메라가 나직하게 깨우치는 것은, 아무것도 변한 것이 없는, 매일매일 지겹게 바라보고 지겹게 스쳐가는 현실의 진부한 세목들이, 진지한 사유와 반성이나 관심의 대상으로 단 한 번도 정립된 적 없었다는 '현상학적' 사실이며, 새롭게 다시 나타날 때 그것은 참으로 아름답고 진실하다는 '미학적' 사실이며, 바로 그런 부재와 현존의 변증법적 변환을 겪는 세속적인 삶이 곧 구원의 대상이자 동시에 그 결과라는 '신학적' 사실이다. 오즈의 카메라는 일상적 삶의 목표라 할 수 있는 '행복'의 아름다움과 신성함을 담백하게 일러 깨운다.

사람들이 삶 속에서 진정으로 원하는 것은 어떤 강렬하고 불타오르는 기적의 실현이나 열정의 폭발, 쾌락이 아니라 사실은 작고 소박한 꿈의 충족일 뿐이다. 그들은 사랑하고, 사랑받길 원하며, 안전과 여유를 소망하며, 그런 상태의 지속을 타인과의 관계 속에서 바라는 것이다. 일상, 세속 그리고 생활의 모든 사업들은 결국, 북극성을 향해 회전하는 별들처럼, 행복의 상태를 영원히 지향한다.

오즈의 영화는 이런 소시민적 욕망들을 거짓된 것 혹은 타락한 것으로 부정하고서 새롭게 도달해야 하는 어떤 다른 '진정성'의 세계를 상정하지 않는다. 그런 세계는 없다. 있다 하더라도 대다수의 사람들은 그런 세계를 알지 못하고, 알아야 할 필요도 없다. 삶이란, 진정성으로 연소시키기에는 너무 보잘것없는, 그러나 더 장구한 무엇이다. 그리하여 행복에 대한 열망은 일상에서 솟아나와 좌절된 채 그 열망과 약간 다른 어떤 것으로 차이'를 드러내며 묽어진 채 일상 속으로 번질 뿐이다. 이 차이와 한계를 긍정하는 것이 행복의 미학이다. 오즈의 영화 속에서 주인공과 관객을 모두 사로잡는 감정은 행복에 대한 은밀한 공감, 협약 혹은 공모이다. 이는, 그가 그리는 인물들의 삶이 실제로 행복한 것으로 재현되고 있다는 사실을 의미하지 않는다. 때로는 불행이, 불운이, 고통과 이별이 그들을 지배한다. 그러나 그런 운명의 부침을 넘어서는 행복에 대한 잔잔하고 근본적인 믿음이 작품과 감독과 관객을 굳게 연결시키고 있다. 『어느 가을날의 오후』(1962), 『늦봄』(1949), 『늦가을』(1960), 『도쿄의 황혼』(1957)과 같은 작품들에서 오즈는 나름의 파란을 겪고 홀로 된 아버지나 어머니의 여생 앞에서 이야기를 멈춘다. 그들 여생의 삶은 영화에 재현되지 않은, 영화의 역능(dynamis), 즉 '잠재적' 가능성으로 남게 된다. 이는 사실 행복의 회상에 대한 기대와 크게 다르지 않다. 수많은 동화의 결말에 새겨진 상투 문구, "그들은 행복하게 오래오래 살았다"는 오즈의 영화에 나오는 행복의 공식이 아니다. 대신 거기에는, "그들은 외롭게 자신이 행복했던 순간을 회상하면서 살았다"라는 문장이 보이지 않게 숨어 있다. 오즈의 영화를 본 관객들이 극장을 나설 때 입가에 짓게 되는 미소는 바로 이 재현되지 않은 채 관객과 공유되는, 작품 속 인물들이 살게 될 여생의 역설적인 행복, '행복을 회상하는 행복'에 대한 암묵적 공감 때문일 것이다. 벤야민의 표현을 빌려 말하자면, 오즈가 그리는 이런 행복은 송가적(頌歌的)이라기보다는 비가적(悲歌的)이다. 전자가 "전대미문의 것, 이제까지 존재한 적 없던 것으로서 지고의 희열"을 의미한다면, 후자는 "영원한 것, '또다시 한 번'으로서 기원적 행복의 영원한 회복"을 가리킨다. 행복의 찬송은 지금 여기에서 구가되는 행복의 상태를 노래하는 것이지만, 그것은 언제나 피상적이고 덧없고 명백하게 불가능한 것이다. '나는 지금 행복하다'고 말하는 것은 백치의 언어일 터, 진정한 행복을 전유하는 길은 원래 있었던, 그러나 우리가 체험하지 못하고 그냥 지나쳤던 행복의 순간들을 다시 사후적으로 회복하는 것이다 (Benjamin, 1929b: 138-9).

이것이 행복의 아이러니이다. 행복은 오직 사후적으로, 그리고 어쩔 수 없는 고통과 애도 속에서 밀려온다. 환언하면 행복의 찬송은 오직 '엘레지'를 매개로만 가능하다. 우리가 살았지만 한 번도 살지 못했던 시간의 어둠으로부터 깨어나, 우리가 그 시간을 살지 못했음을 애통해하는 날카로운 비애와 회한의 감정을 뚫고 빛나는 것의 이름이 행복이라면, 행복은 사실 심리의 내용이 아니라 존재의 형식이며, 환상이 아니라 환상이 깨어지는 실재의 체험 속에서 우리의 존재를 아우라처럼 두르는 하나의 정조이다. 현실 그 자체가 '참을 수 없는 충만'으로 회복될 때, 우리는 비통한 심정으로 행복하다. 행복의 체험으로서의 실재와의 만남은 그리하여 작은 구원이며, 작은 혁명이다. 다시 말해서, 행복의 모호한 얼굴은 구원과 혁명이 '보잘것없는 방식으로' 성공했음을 입증하는 지울 수 없는 각인이다. 이런 점에서 오즈는, 진정성이 일상성 외부에서 초월적으로 주어지는 것이 아니라 "일상성의 변양된 장악(ein modifiziertes Ergreifen)"에 다름 아니라는 하이데거적인 통찰이나 "일상적 삶이야말로 구원에 전념한다"는 레비나스의 역설적 관점을 즉각적으로 이해할 수 있게 한다(Heidegger, 1927: 245; Levinas, 1948: 57).

IV. 근대문예의 이념

사실 이 덧없는 행복의 영역인 일상의 발견은 상승하는 예술의 성취가 아니라 몰락하는 예술의 망명지였다. 선험적 이념과 영원한 진리의 영역을 떠나 지상에 유폐된 예술은 불가피하게 덧없는 파편들이 무가치하게 산포된 일상의 사물들, 정황들, 행위들을 자신의 주된 재료로 삼을 수밖에 없다. 헤겔의 '예술의 종언' 테제와 연관된 일련의 언명들과 '모더니티' 개념을 확립한 보들레르의 미학에서 이 사실은 확인된다. 헤겔이 말하는 예술의 죽음은, 예술이 이제 더이상 '감각적 직접성'을 표현하는 진리의 형식이 되지 못하는 시대의 도래에 대한 언명이다. 예술은 사유에 그리고 더 나아가서는 현실에 자리를 내어주고 오직 "과거의 것"으로 남는다(Hegel, 1835-42a: 40-1, 160). 기라성 같은 낭만주의자들과 괴테의 면전에서 오만하게 발언된, 그리하여 그만큼 당혹스런 이 언명은 사실, 예술적 '행위'의 종언이 아니라 그 '의미'의 변환을 가리킨다(Plumpe, 1993: 449). 그렇다면 '종언 이후'에 가능한 예술은 무엇을 재현, 표현하는가? 헤겔은 대답한다. 그것은 일상이다. 그것은 철저히 우연적인 사물들의 아름다움을 표현하는 예술, 현실의 비천한 사물들과 속악한 인물 군상(群像)들의 순수한 일상성을 '유머'

를 섞어 그리는 예술, 가령 17세기 네덜란드 장르화(畵)이다(Hegel, 1835-
42b: 413-5).

토도로프가 '일상성의 찬가'라 부른, 이런 우연하고 일시적이고 무
상한 것들이 전면에 등장하는 예술은 자연스럽게 이념이 아닌 감각의
영역에 깊이 개입하게 된다. 그러나 감각은 기본적으로 혼돈이며 그
물질적 내재성을 극복하지 못한다면, 달리 말해 조화로운 이념의 세계
와의 여하한 연결을 확보하지 못한다면, 그것은 더이상 예술이 될 수
없다. 보들레르의 '모더니티' 개념은 이런 미학적 상황에 대한 인식의
소산이다. 콩스탕탱 기(Contantin Guys)에 대한 에세이「근대적 생활
의 화가」에서 보들레르는 모더니티를 "일시적인 것, 덧없는 것, 우연한
것"과 "영원하고 변하지 않는 것"의 이접(離接)으로 정의하며, 모더니
티의 예술가에게 주어진 책무를 "역사적인 것 속에 담긴 시적인 것을
건져내고, 일시적인 것에서 영원한 것을 추출하는 작업"으로 규정한다
(Baudelaire, 1961: 1163). 이 유명한 정의에서 드러나듯이, 보들레르
의 모더니티는 헤겔이 말하는 종언 이후의 예술과 거의 같은 영역, 같
은 목적, 같은 이념을 갖고 있다. 그것은 일상 속에서 영원의 형상을
인출하는 작업이다.[3] 보들레르 미학의 중요한 디테일을 구성하는 패
션, 옷주름, 화장, 액세서리, 빠르게 지나가는 군중들이 점묘화처럼 구
성하는 대도시의 충격체험들은 거대한 세속과 일상의 반짝이는 흔적
들이다. 그러나 시인으로서 보들레르는, 그 도가니를 끓게 하는 욕망
인 '행복'을 있는 그대로 인정할 수 없었다. 기의 '독수리와 같은 눈'이
그려내는 것은 일상 그 자체가 아니라 일상의 영원성인 것이며, 상복
을 입은 여인 그 자체가 아니라 그 여인과 스치는 순간의 이념이었던
것이다. 『악의 꽃』 첫번째 장의 제목「이상과 우울」이 암시하고 있듯
이, 이념에 도달하지 못하는 무상성에서는 오직 울적함(spleen)만이
생성된다. 헤겔이 죽음을 고한 이후에 보들레르에 의해서 다시 천명되

는 근대예술은 이처럼 행복의 영역을 발견하였지만 이를 곧바로 지양해야 하는 운명 속에서 탄생한다.

그것은 행복의 파편들을 영원으로 격상시켜야 한다. 예술은 '성스러움'을 위하여 '세속'을 저당에 맡긴다. 예술은 '초월'을 위하여 '내재'를 단지 활용하며, '진리'를 위하여 '감각'을 희생하고, 때에 따라서는 '혁명'을 위하여 '일상'을 괄호에 묶는다. 요컨대 예술은 '구원'을 위하여 '행복'을 유예한다. 그리하여 이제 예술은, 고통과 불행과 어둠의 편으로 기운다. 고통의 편에서 들려오는 신음과 상처와 절망을 대속하여 순교하는, 종교 없는 시대의 종교의 자리에 가서 섬으로써, 예술은 고통의 유토피아적 보상에 대한 가장 순수한 형식이 된다. 예술은 빛이 아닌 어둠과 연관되며, 이 어둠은 불가능한 빛을 총체적 부정성 속에서 부단히 유예하는 사회의 미적-윤리적 기관인 예술의 본령으로 정초된다. 아도르노는 쓴다. "그러나 이제 유토피아와 같은 것은 더 이상 가능하지 않을 것이다. 그것을 어둠(das Finstere)이 대신한다. 그렇지만 예술에는 아직 존재하지 않는 그 유토피아가 검게 숙명처럼 따라다닌다. 그 때문에 예술은 아무리 매개되어 있을지라도, 가능한 것을 몰아낸 현실에 반대하는, 그 가능한 것에 대한 기억임에는 변화가 없다. 그것은 파국적인 세계사에 대한 상상 속의 보상이기도 하며, 필요성의 속박 속에서 아직 이루어지지 않고 있고 또 이루어질지도 확실하지 않은 자유이기도 하다. 영속적인 파국에 대한 예술의 긴장 관계 속에는 예술의 부정성, 즉 예술이 어둠과 접하는 부분이 함께 들어 있다. (……) 예술작품은 총체적인 부정에까지도 이르는 그 부정성을 통하여 약속으로 된다"(Adorno, 1970: 217).

예술작품은 약속이다. 아도르노는 스탕달이 말한 바와 같이, "예술이(사실은 예술작품이 제시하는 아름다움이) 행복의 약속"임을 다시 천명하고 있다. 그러나 그는 이를 비틀어 말한다. 예술은, "부서진 행복에 대한 약속"이다(Adorno, 1970: 218). 왜 "부서진 행복"이어야 하는가? 그 까닭은 "행복의 직접성에 대한 믿음은 그 실현을 방해"하기 때문이다(Adorno, 1966: 457). 행복을 직접적으로 주어질 수 있는 무엇으로 표상하는 것은 언제나 가짜 행복의 복음이었다는 점에서 아도르노의 이런 지적은 전적으로 타당하다. 공리주의 이후에 등장하는 근대의 행복주의는 안락, 만족, 쾌락, 평온과 같은 물질적 충족과 '행복'의 상태를 동일한 것으로 만드는 결과를 초래하였다. '행복'은 타락하고 오염되어 구제 불가능한 가치가 되어버리며, '불행한 의식'을 상실한 '일차원적 인간들'이 욕망을 관리하는 사회에 적응하기 위한 상업적 주문이자 기호로 전락하였다(Marcuse, 1864: 78 이하). '행복'과 예술이 모순 없이 결합할 수 있다면 그것은 오직 키치를 통해서이다(Moles, 1971: 37). 키치에 대한 미학적 증오는 '행복'에 대한 예술적 증오와 같은 뿌리를 갖는다. 더구나 근대의 행복주의는 행복을 추구하는 존재를 이중구속의 상태로 몰아넣지 않는가? 근대사회의 신교도적 노동윤리 속에서 주체는 자신의 직접적 행복을 통제해야 하는 동시에, '즐겨라!'라는 강박적 행복추구, 억압적 탈승화를 요구하는 외설적 초자아의 명령에 시달린다. 그는 행복을 추구할 수도 없으며(노동윤리), 행복을 타기할 수도 없다(행복에의 강박). 이런 상황은 '행복'이란 개념을 지극히 공허하고 환상적이며 조작적인 것으로 만들며, 니체가 경멸적인 어조로 지적하고 있듯이, '최후의 인간들'의 발명품에 불과한 것으로 나타날 수밖에 없는 상황을 창출한다. 누구보다도 장수하며, 낮과 밤을 모두 "조촐한 쾌락"을 즐기는 저 '최후의 인간들'은 "우리는 행복을 찾아냈다"고 말하고는 소심하게 눈을 깜박이고 있을 뿐이다(Nietzsche, 1883-5: 25-6).

근대예술은 키치이자 이데올로기이자 대중의 판타지인 행복을 자신의 내적 원리로 수용할 수 없었다. 또한 행복이 움트는 일상과 세속과 생활의 영역을, 오직 그것들을 승화시킨다는 원칙하에서만 재현하거나 자신의 소재로 활용할 수 있었다. 행복과 예술의 이런 결정적 결별 속에서 예술은, 도래할 수 없으나 도래해야 하는 세계에 대한 상상, 언급, 표현의 권리를 보유하는 최종 심급의 위치를 획득한다. 오직 그 권리만을 획득하고 나머지 모두를 세속에 헌납함으로써 예술은 근대를 살아남을 수 있었다. 이는, 마치 더 상승하기 위해서 탑재된 수하물들을 끝없이 땅으로 던지는 기구(氣球)를 연상시킨다. 까마득한 상승의 높이에서 예술은 스스로마저 비워버린 순수 형식으로 승화하는 자진(自盡)의 몸짓을 스스로의 존재양식으로 삼는 비극의 형상이 된다. 그것은 그냥 거기에 있기 때문에, 거기에 있다는 이유로 존재하는 무엇이 된다.

V. 희미한 메시아적 힘

이런 맥락에서 근대예술이 약속하는 구원은 '영원히 오지 않는 메시아'(카프카)이거나 에스트라공과 블라디미르가 기다리는 고도(베케트)에 다름 아니며, 그런 예술의 주체는 타락한 세상에서 타락한 방식으로 초월을 도모하는 소설의 주인공(골드만)이거나, 궁핍한 시대의 심연에서 신의 회귀라는 거대한 전회를 도모하는 시인(하이데거)과 다르지 않다. 메시아로서 예술은 무엇을 할 수 있는가? 그것은 아무것도 할 수 없다. 아무것도 할 수 없는 한에서 그것은 모든 것을 할 수 있다. 그러나 이 '모든 것'은 현실적 삶의 욕구들과 행복의 열망들과는 무관한 것이다. 구원은 행복의 성취가 아니라 우리가 알 수 없는 무언가의 완수이다. 그리하여 메시아가 온다면, 첼란의 시에서처럼, 그는 알아들을 수 없는 노래를 부를 것이다(Celan, 1963: 165-6).

온다면,

한 인간이 온다면,

한 인간이 오늘날

족장의 빛수염을 달고

세상에 태어난다면, 그는 이처럼 말하리.

그는 이 시대에 관해

말하리, 그는

랄라랄라

흥얼거릴 뿐이리.

한없이-, 한

없이.

('팔라크쉬Pallaksch. 팔라크쉬Pallaksch')

(『누구도 아닌 자의 장미』, 「튀빙겐, 정월」)

　구원된 세계와 지금 이 세계의 절대적 단절을 표시하는, 미친 횔덜린으로부터 첼란이 빌려오는 이 음성은, 부정성의 최대치로 소실(消失)되어감으로써 무능력의 정점에서 역설적으로 더이상 파괴될 수 없는 오만하고 철저한 권능(자율성)을 획득하는 메시아-예술이 발언할 수 있는 가장 심오하고 집중된 언어 중의 하나이다.[4] 예술은 메시아이다. 그러나 앉아 있는 자, 앉아서 차를 마시고, 밥을 먹고, 아이의 감기를 걱정하고, 빠지는 머리칼을 헤아리며, 통장의 잔고를 계산하는 보통의 존재들에게 그 메시아는 너무 무능하거나 아니면 너무 숭고하다. 무능과 전능이 구별할 수 없는 일체를 이루고 있는 메시아-예술은, 오직 행복을 통해서만 가느다란 구원을 꿈꿀 수밖에 없는 강박적 현실을 사는 소시민들을 불가피하게 억압한다. 우리는 은밀하게 묻는다. 전능과 무능 사이에 어떤 '약한' 메시아가 예술의 형상으로서 존재할 가능성은 과연 없는가? 구원은 반드시 세속적 행복을 제거하는 조건에서만 가능한 관념인가? 예술은 어쩌면, 스스로 키치로 전락할 위험을 무릅쓰면서 이 시대의 가장 평범한 존재들의 '행복에의 추구'를 끌어안으면서 새로운 구원의 관념을 재구성해야 하는 과제를 짊어져야 하는 것이 아닐까?

이런 맥락에서 마르크스주의적 사적 유물론의 현세적 가치에 대한 강조(민중의 행복)와 메시아주의적 초월에의 열망(구원의 의지)을 기묘한 방식으로 종합하고자 했던 벤야민의 사유를 참조할 필요가 있다. 1940년의 텍스트 「역사의 개념에 관하여」의 두번째 테제에서 벤야민은, 일견 융합의 가능성이 희박한 이 두 상이한 가치를 다음과 같이 근접시키고 있다: "우리에게서 부러움을 일깨울 수 있을 행복은 우리가 숨 쉬었던 공기 속에 존재하고, 우리가 말을 걸 수 있었을 사람들, 우리 품에 안길 수 있었을 여인들과 함께 존재한다. 달리 말해 행복(Glück)의 관념 속에는 불가피하게 구원(Erlösung)의 관념이 내포되어 있다. 역사가 대상으로 삼는 과거라는 관념도 사정이 이와 마찬가지이다. 과거는 그것을 구원으로 지시하는 어떤 은밀한 지침(指針)을 지니고 있다. (……) 만약 그렇다면 과거 세대의 사람들과 우리 사이에는 은밀한 약속이 있는 셈이다. 그렇다면 우리는 이 지상에서 기다려졌던 사람들이다. 그렇다면 우리에게는 우리 이전에 존재했던 모든 세대와 희미한 메시아적 힘(eine schwache messianische Kraft)이 함께 주어져 있는 것이고, 과거는 이 힘을 요구하고 있는 것이다"(Benjamin, 1940: 340).

벤야민의 메시아는 인격화된 신이나 영원히 오지 않는 절대적 타자가 아니다. 과거의 모든 세대가 기다렸던 메시아, 그것은 바로 우리 자신이다. 왜냐하면 우리가 바로 "이 지상에서 기다려졌던 사람들", 과거의 모든 세대가 염원한, 새로운 미래의 시간에 지상에 출현한 존재들이기 때문이다. 더 정확히 표현하자면, 메시아는 우리 자신이 소유하고 있는, 이 세계의 변화를 실현할 수 있는 (약한) 능력이자, 그 변화가 이루어질 시간 그 자체이다. 메시아는 이미 여기에 도래해 있다. 이처럼 (약한) 능력과 시간이 육화된 유일한 존재인 우리가 바로 메시아인 한에서, 메시아가 행할 수 있는 구원의 이미지는, 초인도 비인간도 신인류도 아닌, '언니네 이발관'의 한 노래 제목을 빌려 말하자면, '가장 보통의 존재'에 다름 아닌 우리가 추구하는 행복한 삶의 작은 가능성으로 집약되는 것이다. 그 행복을 벤야민은 물질의 완강한 신진대사, 일상적으로 형성되는 사회적 관계들, 사랑의 형식들, 요컨대 무상하고 덧없는 현세적 삶의 논리에서 찾고 있다(Benjamin, 1920-1: 129-131).

바로 여기에 벤야민이 말하는 메시아의 '약한 힘'의 비밀이 존재한다. 메시아의 '약한 힘'은, 이미 특정한 조건 속에서만 세계를 변화시킬 수 있는 우리 자신의 '약한 힘'에 다름 아니다. 메시아는 전능하지 않다. 그러나 그는 무능하지도 않다. 그가 행할 수 있는 구원은 완전히 다른 세계 그리하여 불가능한 유토피아의 환상적 도래가 아니라, 작은 차이, 작은 변화의 지속적 성취와 실천이다. 『사유이미지』의 짧은 글에서 벤야민은 이런 구원의 이미지를 다음과 같이 우화(寓話)하고 있다. "하시디즘의 신봉자들 사이에는 다가올 세상에 대한 다음과 같은 격언이 있다. 다가올 세상에서는 지금 우리 세상과 똑같은 방식으로 모든 것이 마련될 것이다. 지금 있는 우리의 방은 다가올 세상에도 그대로 있고, 우리 아이는 지금 자고 있는 그곳에서 자게 될 것이다. 이 세상에서 몸에 지니고 있는 것을 우리는 다가올 세상에도 지니게 될 것이다. 모든 것은 지금 이대로 존재하게 된다. 다만 아주 약간만 변화한다. 그것은 상상력에 의한 것이다. 상상력이 먼 곳까지 베일을 덮는다.

모든 것은 지금처럼 그대로 있을지 모른다. 그러나 베일이 펄럭거리고 베일 아래서 아무도 모르게 밀쳐진다. 그것은 변화와 교환이다. 아무것도 남아 있지 않고, 아무것도 사라지지 않는다"(Benjamin, 1932: 211-2)[5].

성과 속이 하나라는 하시디즘 고유의 이 가르침은 색과 공이 다르지 않다는 반야(般若)의 지혜를 연상시킨다. 그러나 벤야민은 여기 이 세계와 구원된 세계를 등호로 연결시키지 않고, 그 사이에 '단지 약간'이라는 유보 조항을 달고 있다. 벤야민의 메시아주의는 우리가 앞서 사용한 용어를 다시 활용하면, 일종의 '공제의 신학'에 기초하고 있다. 구원은 일상의 자기 자신과의 미소한 차이 그 자체라는 것. 그리하여 이 '단지 약간'은 현존하는 모든 것이 이상적인 것이라는 라이프니츠의 보수적 예정조화설과 벤야민의 메시아주의를 명백하게 구분하게 하는 표식이다. 거기에서나 여기에서나 우리는 집을 짓고 살 것이며, 아이들은 아이들답게 잠들어 있을 것이며, 참을 수 없는 것, 불행, 악, 고통은 영원히 우리와 함께할 것이다. 우리는 이를 수락해야 한다. 그러나 이는, 여기 이 세계가 그런 이유로 곧 구원된 세계라는 사실을 의미하지 않는다. 반대로, 그처럼 작은 변화를 만들어낼 수 있는 미소한 능력이 바로 구원의 영원한 가능성이자 과제라는 지극히 소박하고 평범한 진실의 표명이다. '단지 약간'의 차이는 이런 점에서 실증적으로 규명되고 측량될 수 있는 사실적 차이라기보다는 그런 차이의 생산이 종결될 수 없으며, 영원히 지속되리라는 어떤 희망의 확인에 더 가까운 것이다.

'희미한 메시아적 힘'은 전적인 무능이 아니며 그런 무능 뒤에 은폐되어 있는 전능에의 호소 또한 아니다. 그것은 행복의 완전한 타기가 아니며 그런 타기의 끝에 기다리는 완벽한 지복의 추구 또한 아니다. '희미한 메시아적 힘'을 믿는다는 것은, 완전한 행복은 불가능하지만,

그런 행복에의 열망이 현존하는 불행의 힘과 의미를 축소, 한계지을 수 있는 윤리적, 정치적, 미학적인 힘으로 작용할 수 있다는 단순한 사실을 믿는 것이다. 예술이 이런 의미의 '약한 메시아'일 때, 그것은 오즈의 영화나 말레비치의 회화에서 시도된, 공제의 미학을 성공적으로 구현한다. 그런 예술은 우리를 '단지 약간' 감동시키며, '단지 약간' 변화시키고, '단지 약간'만 전율케 한다. 덧없는 목숨으로서 행복을 추구할 운명을 갖고 있으며, 이 운명의 제한 속에서만 초월을, 구원을, 혁명을 꿈꿀 수 있는 우리 속물들과 동물들의 삶을 '단지 약간' 변화시키는 예술, 그런 예술을 우리는 기다리는 것이 아닐까?

주

1) 자라더(Marlène Zarader)는 들뢰즈의 '참을 수 없는 것'이라는 개념이, 모리스 블랑쇼가 말하는 부정적 경험들의 극단성, 장-뤽 낭시가 말하는 고통과 불행의 보상불가능성과 긴밀히 연결되어 있음을 알린다(Zarader, 2001: 83; Nancy, 1993: 217-231). 자라더가 언급하고 있지 않지만, 아감벤이 성찰하는 이 세계의 복구불가능성(irréparable)에 대한 인식 역시 이들과 매우 근친적인 관계를 맺고 있는 것으로 보인다(Agamben, 1990: 95-9). 20세기의 세계사적 비극들(홀로코스트, 세계대전, 파시즘, 원폭 등)의 체험에 뿌리내리고 있는 이 개념들은 모두 악, 죽음, 고통, 비극과 같은 부정적 경험들이 언제나 반복되며 종식되지 않는다는 사실을 비통하게 수락하고 있다. 그런 체험들에 대한 분노나 분개에도 불구하고, 희생자들이 겪는 고통에는 보상이 없으며, 그런 체험들이 남긴 상처나 폐허는, 그 이전으로 복구되지 않는다는 것. 근대적 사유의 낙관성에 큰 상처를 주면서 발생한 세계사적 비극들을 경유하면서, 사유는 지속적으로 반복되는 불가피하고 부정적인 무언가를 자신의 타자로서 인정하는 '반성'의 과정을 겪는다. 즉, 부정적인 것들의 효과가 사유의 통제를 넘어서 존재함이 명백해질 때 '참을 수 없는 것'과 대면하는 '반성적인' 사유는 그런 불가피성을 수용하고 인정하고 그 소멸을 기다리는 수동성의 태도를 취하는 것이다. 들뢰즈는 『시네마 II』의 「영화와 사유」에서 '참을 수 없는 것'에 대한 감수성을 아르토의 무능(impouvoir) 개념과 연관시키면서, 이를 (하이데거로부터 기원하는) 현대적 사유의 한 형식으로 승격시키고 있다(Deleuze, 1985: 334-5).
2) 파괴의 관점에서 실재에 접근하려는 열망은 21세기에 이르면 정치적으로는 테러리즘의 형식으로 문화적으로는 실재의 스펙터클로 변질된다. 실재에의 열정은 하나의 라이프스타일이 되었으며, 이는 좀더 거친 삶, 진정한

삶, 날것으로서의 삶에 대한 갈증을 해소시키는 각종 상업화된 프로그램과 상품의 소비를 통하여 실현된다. 이런 과정에서 등장하는 것이 가령, 카페인 없는 커피, 지방 없는 크림, 알콜 없는 맥주, 섹스 없는 섹스(가상 섹스), 타자 없는 타자(다문화주의), 정치 없는 정치(관료적 행정기술), 행복 없는 행복(웰-빙 문화), 실재 없는 실재의 연기(리얼리티 프로그램)와 같은 판타지들이다(Cf. Žižek, 2002b: 38-9). 바로 이런 시점에서 실재에의 열망을 '공제'의 관점에서 다시 구제해야 할 필요성이 대두되는데, 그 대표적인 시도가 지젝에 의해서 이루어지고 있다. 지젝은 바디우가 새로운 세기에 적합한 '공제의 정치학'을 충분히 발전시키지 못했음을 비판하면서 이 부재하는 '공제의 정치'를 랑시에르(Jacques Rancière)의 정치철학을 통하여 재구성할 것을 제안한다(Žižek, 2002a: 99-104; Žižek, 2003: 105-8).

3) 헤겔이 고한 예술의 종언은 결과적으로 19세기 후반 이후 전개되는 근대 예술의 '시작'에 대한 선언이기도 하다. 낭만주의 이후에 등장하는 모더니즘과 상징주의 그리고 수많은 아방가르드는 모두 이 종언–시작의 끊을 수 없는 매듭을 자신의 기원으로 한다. 새로운 사조의 등장은 새로운 종언의 확증이며, 오직 그런 한에서 새로운 시작의 선언이었다. 말라르메의 종언 이후로 릴케의 종언이, 조이스의 종언 이후 보르헤스의 종언이, 세잔의 종언 이후 뒤샹의 종언이, 초현실주의 이후에 미래파와 다다가 끊없는 예술의 종점을 점령하고 새로운 종말에 자리를 내어주었다. 이런 끝없는 종언의 반복과 부정, 재연과 실패의 연속으로 구축되는 미학적 '포르트–다(Fort-da)' 게임이 바로 종언 이후에 예술이 전개되는 드라마인바, 근대예술은 엄밀히 말하면, 예술의 불가능성, 소멸, 희박한 근거에 대한 성찰이자, 자신의 종언에 대한 중언부언이며, 자신의 끝의 지속적 연장(延長)이다. 요약하건대 근대예술, 문학의 가장 중요한 테마는 자신의 몰락(Untergang)이다. 몰락은 종언이 아니다. 종언이 사건이라면 몰락은 구조이다. 종언이 일회적이라면, 몰락은 반복이다. 종언이 애도라면, 몰락은 애도의 불가능성, 즉 멜랑콜리이다. 예술과 문학의 몰락은 역사 속에서 예술, 문학이 죽는다는 사실만을 지칭하는 것이 아니라, 예술, 문학이 스스로를 드러내는

존재의 양태 그 자체에 더 가깝다. 요컨대 근대문예는 자신의 죽음을 응시하는 시선의 착잡한 무능력에 깃들인다. 반복되는 종언의 선언, 확인, 실망, 부정으로 구성되는 몰락의 구조는 근대문예 고유의 생존방식이다.

4) 메시아-문학의 언어는 객설이나 요설의 끝없는 생산으로 불가능한 메시아를 기다리는, 불가능한 기다림의 공간을 채운다. 조심스럽게 말해보자면, 정영문의 소설들이 뿌리내리고 있는 형이상학적 공간이 바로 거기이며, 이준규의 시편들이 발화되는 공간이 또한 거기이다. 거기에서 모든 말들은 무의미하지만 적확하며, 뜬금없지만 본질적이고, 부조리하지만 현실적이다. 혹은 그 반대이다. 거기에서 말해지는 모든 것들은 '무언가'를 말하기 위해서가 아니라, 그냥 말하기 위해서, 말하는 법을 잊지 않기 위해서, 말함으로써 기다림의 고독을 망각하기 위해서 말해진다. 모든 말들은 '말할 필요가 없는' 최종 순간의 도래를 유도하고, 인내하고, 유혹하는 비(非)-언어에 근접한다. 이때 말하는 주체는 사실 '할 말이 없는 자'이다. 할 말이 없다는 것을 무심히 고백하는 이준규의 다음 시를 우리는 이와 같은 맥락에서 읽을 수도 있겠다. "누군가 소파 위에 선인장을 놓고 떠났다/중국인형만 남았다던 중국인형이란 노래처럼/하루에 똥을 두세 번 누면 할 말이 많아진다/대방역 부근에서 축구하던 생각이 난다/전집 몇 질을 모으니 문득 심심해진다/책꽂이만 좋겠다/나는 할 말이 없는 사람이다"(이준규, 2006: 108).

5) 블로흐(Ernst Bloch)는 이와 매우 흡사한 이야기를 자신의 『흔적들』에서 다음과 같이 전하고 있다. "진정한 카발라주의자인 또다른 랍비가 어느 날 다음과 같이 말했다─평화의 왕국을 건설하기 위해서 새로 오는 세상을 영접하기 위해서 모든 것을 파괴해버릴 필요는 없다. 이 컵이나 이 관목이나 이 돌멩이 그리고 다른 여러 사물들을 '단지 약간' 옮겨놓으면 된다. 하지만 이 '단지 약간'이 사실 실현하기 매우 어려운 것이며, 어디까지가 '단지 약간'인지를 측정하기 또한 어렵고 그래서 인간들은 새로운 세상의 도래가 요구하는 바를 행할 수 없는 것이다. 메시아가 와야 한다"(Bloch, 1930: 174).

가라타니 고진(柄谷行人), 1980, 『일본근대문학의 기원』, 박유하 옮김, 민음사, 1997.

_____, 1989a, 『탐구2』, 권기돈 옮김, 새물결, 1998.

_____, 1989b, 『언어와비극』, 조영일 옮김, 도서출판b, 2004.

_____, 2000, 『윤리21』, 송태욱 옮김, 사회평론.

_____, 2001, 『트랜스크리틱』, 송태욱 옮김, 한길사, 2005.

_____, 2004, 「근대문학의 종말」, 『문학동네』(41).

_____, 2005, 『근대문학의 종언』, 조영일 옮김, 도서출판 b, 2006.

_____, 2006, 『세계공화국으로』, 조영일 옮김, 도서출판 b, 2007.

고봉준, 2006a, 「개인이라는 척도, 혹은 '나'라는 자폐적 이기성」, 『실천문학』(82).

_____, 2006b, 「서정시를 위한 변명 · 3」, 『작가세계』(69).

고은, 2003, 『이상평전』, 향연.

곽명숙, 2001, 「김수영의 시와 현대성의 탈식민지적 경험」, 『한국현대문학연구』(9).

권택영, 1990, 『포스트모더니즘이란 무엇인가』, 민음사.

권혁웅, 2005, 『미래파』, 문학과지성사.

기형도, 1999, 『기형도전집』, 문학과지성사.

길희성, 1984, 『인도철학사』, 민음사.

김경동, 1989, 『사회학의 이론과 방법론』, 박영사.

김동춘, 1996, 「사상의 전개를 통해 본 한국의 '근대' 모습」, 『한국의 '근대'와 '근대성' 비판』, 역사문제연구소편, 역사비평사.

김명인, 2002, 『김수영, 근대를 향한 모험』, 소명.

김문조, 2008, 『한국사회의 양극화』, 집문당.

김상준, 2009, 『미지의 민주주의』, 아카넷.

김상환, 2000, 『풍자와 해탈 혹은 사랑과 죽음』, 민음사.

김성연, 2003, 「"우리의 동정을 시험하라"―근대적 '동정'의 본류本流를 찾아서」, 『문학과 사회』(62).

김소월, 1996, 『김소월전집』, 김학동 편, 서울대학교출판부.

김수영, 1967, 「이 거룩한 속물들」, 『창작과 비평』(112).

_____, 1981, 『김수영전집 I. 詩』, 민음사.

_____, 1981, 『김수영전집 II. 散文』, 민음사.

김수이, 2006, 『서정은 진화한다』, 창비.

김언, 2005, 『거인』, 랜덤하우스중앙.

김영범, 1991, 「망탈리테사: 심층사의 한 지평」, 『사회와역사』(31).

김영찬, 2006a, 「좌담: 우리문학의 현장에서 진로를 묻다」, 『창작과 비평』(134).

_____, 2006b, 『비평극장의 유령들』, 창비.

김영한, 1989, 『르네상스 휴머니즘과 유토피아니즘』, 심구당.

김옥희, 1964, 「오빠 이상」, 『이상문학전집4』, 김윤식 편저, 문학사상사, 1995.

김우창, 2001, 「문학과 세계시장」, 『경계를 넘어 글쓰기』, 민음사.

김욱동, 1993, 『문학의 위기』, 문예출판사.

김유중, 2005, 「김수영 문학을 어떻게 이해할 것인가」, 『한국문학과 비평』(29).

_____, 2007, 『김수영과 하이데거』, 민음사.

김윤식, 1987, 『李箱研究』, 문학사상사.

_____, 1989, 『林和研究』, 문학사상사.

_____, 1996, 『김윤식 선집2, 소설사』, 솔.

_____, 1999, 『이광수와 그의 시대1』, 솔.

김종엽, 1997, 「자아정체성과 정치. 푸코와 기든스를 중심으로」, 『경제와 사회』(35).

_____, 2005, 「분단체제와 87년 체제」, 『창작과 비평』(130).

김주현, 1999, 『이상소설연구』, 소명출판.

김준오, 2000, 『시론』, 삼지원.

김진수, 2005, 「환상 속으로 탈주하는 주체들」, 『문예중앙』(112).

김현, 1981, 『프랑스 비평사』, 문학과지성사.

_____, 1983, 「자유와 꿈」, 『김수영의 문학』, 민음사.

김형중, 2006, 『변장한 유토피아』, 랜덤하우스코리아.

_____, 2007, 「부재하는 원인, 갱신된 리얼리즘」, 『문학과사회』(77).

김호기, 2007, 「87년 체제인가, 97년 체제인가」, 『사회비평』(36).

김호성, 2002, 『대승경전과 선』, 민족사.

김홍중, 2009, 「육화된 신자유주의의 윤리적 해체」, 『사회와이론』(14-1).

남기택, 2005, 「한국 전후시에 나타난 '가족' 모티브 연구」, 『한국문화』(35).

남기혁, 2001, 『한국 현대시의 비판적 연구』, 월인.

남인숙, 2004, 『여자의 모든 인생은 20대에 결정된다』, 랜덤하우스중앙.

_____, 2006, 『여자의 모든 인생은 20대에 결정된다─실천편』, 랜덤하우스
   코리아.

남진우, 2001, 『미적 근대성과 순간의 시학』, 소명출판.

노용무, 2004, 「김수영의 「거대한 뿌리」 연구」, 『한국언어문학』(53).

노중기, 1997, 「한국의 노동정치체제변동, 1987-1997」, 『경제와사회』(36).

류보선, 1998, 「기교에의 의지, 혹은 이상문학의 계몽성」, 『한국현대문학연
   구』(6).

무라카미 하루키(村上春樹), 1980, 『1973년의 핀볼』, 윤성원 옮김, 문학사상
   사, 2004.

_____, 1982, 『양을 둘러싼 모험』, 박은주 옮김, 모음사.

_____, 1985, 『세계의 끝과 하드보일드 원더랜드 2』, 김진욱 옮김, 문학사상사.

_____, 1997, 『언더그라운드』, 양억관 옮김, 열림원, 1998.

_____, 2000, 『신의 아이들은 모두 춤춘다』, 김유곤 옮김, 문학사상사.

_____, 2009a, 『1Q84. 1』, 양윤옥 옮김, 문학동네.

_____, 2009b, 『1Q84. 2』, 양윤옥 옮김, 문학동네.

미시마 유키오, 1949, 『가면의 고백』, 양윤옥 옮김, 1996, 동방미디어.

미시마 유키오·기무라 오사무(三島由紀夫·木村修) 외, 2000, 『미시마 유키오 對 동경대 전공투, 1969-2000』, 김항 옮김, 새물결, 2006.

박구용, 2002, 「진정성의 윤리와 인정의 정치」, 『용봉논총』(31).

박명규, 2001, 「한말 '사회' 개념의 수용과 그 의미 체계」, 『사회와역사』 (59).

_____, 2003, 「근대사회과학 개념구성의 역사성: 한말 국가-사회-개인의 상호연관을 중심으로」, 『문화/과학』(34).

박명림, 2005, 「87년 헌정 체제 개혁과 한국 민주주의」, 『창작과 비평』(130).

박성환, 1999, 「'문화적 근대'의 본질과 특성」, 『한국사회학』(33).

박수연, 1999, 「김수영 시에서 근대성의 세 요소」, 『한국언어문학』(42).

_____, 2006, 「말할 수 없는 것과 말해야만 하는 것」, 『문예중앙』(114).

박영도, 2003, 「의사소통 이성과 그 불만」, 『경제와사회』(59).

_____, 2006, 「표기表記와 무기無記」, 『경제와사회』(72).

박일문, 1992, 『살아남은 자의 슬픔』, 민음사.

박현수, 2004, 『현대시와 전통주의의 수사학』, 서울대학교출판부.

박재홍, 2005, 『한국의 세대문제』, 나남.

박정자, 2005, 『빈센트의 구두』, 기파랑.

박준상, 2006, 『바깥에서. 모리스 블랑쇼의 문학과 철학』, 인간사랑.

박치현, 2004, 「습속화된 권력과 성찰적 자아」, 서울대학교 사회학과 석사학위논문.

사이토 다마키(齊藤環), 2002, 『폐인과 동인녀의 정신분석』, 김영진 옮김, 황금가지, 2005.

서동진, 2005, 『자기계발의 의지, 자유의 의지』, 연세대학교사회학과 박사학위논문.

_____, 2007, 「문화의 타자, 정치」, 『문학과 사회』(78).

서영채, 1996, 『소설의 운명』, 문학동네.

_____, 2005, 『문학의 윤리』, 문학동네.

서유리, 2002, 「근대적 풍경화의 수용과 발전」, 김영나 엮음, 『한국근대미술 과 시각문화』, 조형교육, 2002.

송민호 · 윤태영, 1968, 『절망은 기교를 낳고』, 교학사.

송승환, 2005, 「좌담 2000년대의 한국시, 어떻게 읽을 것인가」, 『작가와비평』(4).

송호근, 1990, 『지식사회학』, 나남.

_____, 2003, 『한국, 무슨 일이 일어나고 있나』, 삼성경제연구소.

_____, 2006, 『한국의 평등주의, 그 마음의 습관』, 삼성경제연구소.

신수정, 1999, 「푸줏간에 걸린 고기—신인新人의 탄생」, 『문학동네』(21).

신형철, 2006, 「앓는 세대의 난경難境과 난무亂舞」, 『문학동네』(46).

_____, 2008, 『몰락의 에티카』, 문학동네.

심보선 · 김홍중, 2008, 「87년 이후 스노비즘의 계보학」, 『문학동네』(54),

아즈마 히로키(東浩紀), 2001, 『동물화하는 포스트모던』, 이은미 옮김, 문학 동네, 2007.

안미영, 2003, 『이상과 그의 시대』, 소명출판.

양창렬, 2006, 「생명권력인가 생명정치적 주권권력인가—푸코와 아감벤」, 『문학과 사회』(75).

여홍상, 1991, 「제임슨의 서술이론: 『정치적 무의식』을 중심으로」, 『실천문 학』 가을호.

염무웅, 1976, 「김수영론」, 『민중시대의 문학』, 창비, 1979.

오구마 에이지(小態英二), 조현설 옮김, 1995, 『일본단일민족신화의 기원』, 소명, 2003.

오규원, 2008, 『두두』, 문학과지성사.

오카다 토시오(岡田斗司夫), 1996, 『오타쿠』, 김승현 옮김, 현실과미래, 2000.

오형엽, 2006, 「환상의 심층」, 『문학과 사회』(76).

요모타 이누히코(四方田犬彦), 1994, 『만화원론』, 김이랑 옮김, 시공사.

유성호, 2005, 「김수영의 문학비평」, 『살아있는 김수영』, 김명인 · 임홍배 엮 음, 창비.

유종호, 1982, 「시의 자유와 관습의 굴레」, 『김수영의 문학』, 민음사, 1983.

유중하, 2003, 「혁명기의 다이나미즘 혹은 이미지즘」, 『중국현대문학』(27).

윤상철, 2005, 「87년 체제의 정치지형과 과제」, 『창작과 비평』(130).

윤지관, 1990, 『민족현실과 문학비평』, 실천문학사.

윤평중, 2003, 「공동체주의 윤리 비판」, 『철학』(76).

이경수, 2006, 「재현의 위기와 전략으로서의 마조히즘」, 『작가세계』(69).

이광수, 1917, 『無情』, 又新社, 1979.

이광호, 2006, 『이토록 사소한 정치성』, 문학과지성사.

_____, 2007, 「'2000년대 문학논쟁'을 넘어서」, 『문학과 사회』(77).

이남호, 1992, 「현실 없는 젊음의 치열한 현실」, 박일문, 『살아남은 자의 슬픔』, 민음사.

이문재, 2008, 「미래를 미래에게 돌려주자」, 『문학동네』(54).

이민하, 2005, 『환상수족』, 열림원.

이상, 1989, 『이상문학전집 I. 詩』, 이승훈 엮음, 문학사상사.

_____, 1991, 『이상문학전집 II. 小說』, 김윤식 엮음, 문학사상사.

_____, 1993, 『이상문학전집 III. 隨筆』, 김윤식 엮음, 문학사상사.

이수정, 2004, 「李箱의 「날개」에 나타난 '어항魚缸'의 의미 연구」, 『한국현대문학연구』(15).

이장욱, 2005, 『나의 우울한 모던보이』, 창비.

_____, 2006, 『정오의 희망곡』, 문학과지성사.

이재열, 1998, 「대형사고와 위험: 일상화한 비정상성」, 『사상』(38).

이준규, 2006, 『흑백』, 문학과지성사.

이효덕, 1996, 『표상공간의 근대』, 박성관 옮김, 소명출판, 2002.

임영일, 2004, 「시장자유주의적 노동체제에서 사회통합 가능한가?」, 『노동사회』(88).

임현진, 2003, 『한국사회의 위험과 안전』, 서울대학교출판부.

임화, 2009, 『임화문학예술전집I. 시』, 소명출판.

장만호, 2004, 「김수영 시의 변증법적 양상」, 『민중문화연구』(40).

장석원, 2001, 「김수영 시의 '반복' 연구」, 『한국근대문학연구』(4).

장은주, 2008, 「상처입은 삶의 빗나간 인정투쟁」, 『사회비평』(39).

전태국, 1994, 『지식사회학』, 사회문화연구소.

정근식, 2006, 『항쟁의 기억과 문화적 재현』, 도서출판선인.

정미라, 1999, 「도덕성과 인륜성」, 『철학연구』(70).

정지용, 2003, 『정지용 전집1. 시』, 민음사.

정해윤, 2004, 『성공학의 역사』, 살림.

정성호, 2006, 『중년의 사회학』, 살림.

조동일, 1977, 『한국소설의 이론』, 지식산업사.

조영일, 2008, 『가라타니 고진과 한국문학』, 도서출판 b.

조해옥, 2001, 『이상 시의 근대성 연구―육체의식을 중심으로』, 소명출판.

주은우, 1998, 『현대성의 시각체제에 대한 연구』, 서울대학교 사회학과 박사
  학위논문.

진은영, 2006, 「소통을 넘어서, 정동affect의 문학을 향하여」, 『문학판』(21).

진정석, 2006, 「사회적 상상력과 상상력의 사회학」, 『창작과 비평』(134).

진태원, 2006, 「생명정치의 탄생―미셸 푸코와 생명권력의 문제」, 『문학과
  사회』(75).

진형준, 1992, 『상상적인 것의 인간학』, 문학과지성사.

차미령, 2009, 「소설과 정치」, 『문학동네』(58).

최동호, 1998, 「김수영의 문학적 위치」, 『작가연구』(5).

_____, 2004, 「김수영과 부자유친―동양사상과 김수영의 시」, 『작가세계』.

최성만, 2001, 「벤야민에서 중단의 미학과 정치학」, 『문예미학』(8).

최장집, 1993, 『한국민주주의의 이론』, 한길사.

최하림, 2001, 『김수영평전』, 실천문학사.

하상일, 2007, 『서정의 미래와 비평의 윤리』, 실천문학사.

한상진, 2003, 「우리 사회의 중간 허리 386세대의 진실」, 진정 외, 『386세대,
  그 빛과 그늘』, 한상진 엮음, 문학과사상사.

_____, 2007, 「탈인습 세대의 형성과 분화」, 『사회와이론』(11-2).

함돈균, 2006, 「아이들, 가족 삼각형의 비밀을 폭로하다」, 『문예중앙』(113).

_____, 2007, 「이 시대의 혁명, 이 시대의 니힐리즘」, 『문학과 사회』(79).

헨리 홍순 임, 1998, 「이상의 「날개」; 반식민주의적 알레고리로 읽기」, 『역사연구』(6).

현남숙, 2007, 「문화적 헤게모니와 동의의 조건」, 『시대와철학』(18-2).

홍덕률, 2003, 「한국사회의 세대연구」, 『역사비평』(64).

황종연, 2001, 『비루한 것의 카니발』, 문학동네.

_____, 2006, 「문학의 묵시록 이후」, 『현대문학』(620).

황지우, 1998, 『어느 날 나는 흐린 酒店에 앉아 있을 거다』, 문학과지성사.

황병승, 2005, 『여장남자 시코쿠』, 랜덤하우스중앙.

후지와라 신야(藤原新也), 2006, 『황천의 개』, 김욱 옮김, 청어람미디어, 2009.

Abel, L., 1963, *Metadrama: A New View of Dramatic Form*, Hill and Wang.

Adorno, T. W., 1951, 『미니마 모랄리아』, 김유동 옮김, 길, 2005.

_____, 1964, *The Jargon of Authenticity*, tr. K. Tarnowski and F. Will, London and Henley: Routledge & Kegan Paul, 1986.

_____, 1966, 『부정변증법』, 홍승용 옮김, 한길사, 1999.

_____, 1970, 『미학이론』, 홍승용 옮김, 문학과지성사, 1984.

Adorno, T. W. · Horkheimer M., 1947, 『계몽의 변증법』, 김유동 · 주경식 · 이상훈 옮김, 문예출판사, 1995.

Agamben, G., 1981, *Stanze*, trad. Y. Hersant, Paris, Rivage, 1998.

_____, 1990, *La communauté qui vient*, trad. M. Raiola, Paris, Seuil.

_____, 1995a, *Moyens sans fins*, trad. D. Valin, Payot & Rivages.

_____, 1995b, *Homo Sacer*, trad. M. Raiola, Paris, Seuil, 1997.

_____, 1998, *Ce qui reste d'Auschwitz*, trad. P. Alferi, Paris, Rivages, 1999.

_____, 2000, *Le temps qui reste*, trad. J. Revel, Paris, Payot.

_____, 2002, *L'ouvert*, trad. J. Gayard, Paris, Rivages.

_____, 2006, *Qu'est-ce qu'un dispositif?*, trad. M. Rueff, Paris, Rivages.

Anderson, B., 1991, 『상상의 공동체』, 윤형숙 옮김, 나남, 2000.

Aragon, L., 1926, *Le paysan de Paris*, Paris, Gallimard, 1998.

_____, 1965, *Les collages*, Paris, Hermann.

Arendt, H., 1954, 『인간의 조건』, 이진우·태정호 옮김, 한길사, 1996.

_____, 1965, 『예루살렘의 아이히만』, 김선욱 옮김, 한길사, 2006.

_____, 1970, 『폭력의 세기』, 김정한 옮김, 이후, 1999.

_____, 1974, *Vies politiques*, trad. A. Oppenheimer-Faure et P. Lévy, Paris, Gallimard.

_____, 1982, 『칸트 정치철학 강의』, 김선욱 옮김, 푸른숲.

_____, 1987, *La tradition cachée*, trad. S. Courtine-Denamy, Paris, Christian Bourgois.

Aristotle, 1984, 『니코마코스 윤리학』, 최명관 역, 서광.

_____, 1988, *L'homme de génie et la mélancolie*, trad. J. Pigeaud, Paris, Rivages, 1988.

_____, 1999, *La physique*, trad. A. Stevens, Paris, J. Vrin.

Artaud A., 1976/84, *Œuvres complètes I*, Paris, Gallimard.

Bachelard, G., 1943, *L'air et les songes*, Paris, José Corti.

_____, 1990, 『공간의 시학』, 곽광수 옮김, 민음사.

Badiou, A., 2005, *Le Siècle*, Paris, Seuil.

Bakhtine, M., 1935-8, 「소설 속의 시간과 크로노토프의 형식」, 『장편소설과 민중언어』, 전승희·서경희·박유미 옮김, 창비, 1988.

Barral, E., 1999, 『오타쿠. 가상 세계의 아이들』, 송지수 옮김, 문학과지성사, 2002.

Barrel, J., 1980, *The Dark Side of the Landscape*, Cambridge.

Barthes, R., 1953, 『글쓰기의 영도』, 김웅권 옮김, 동문선, 2007.

Bataille, G., 1930, "Les écarts de la nature", *Oeuvres complètes I*, Paris, Gallimard, 1970.

_____, 1973, *Œuvres complètes V*, Paris, Gallimard, 1973.

_____, 1943, *L'expéience intérieure*, Paris, Gallimard.

Bateson, G., 2002,『마음의 생태학』, 박대식 옮김, 2006, 책세상.

Baudelaire, C., 1961, *Œuvres complètes*. éd. C. Pichois, Paris, Gallimard.

Bazin A., 1948, *Charlie Chaplin*, Paris, Cahier du cinéma, 2000.

Bellah, R., et al., 1985/1996,『미국인의 사고와 관습』, 김명숙 외 옮김, 나남, 2001.

Benjamin, W., 1910-1928, *Correspondance. I.* trad. G. Petitdemange, Paris, Aubier Montagne, 1979.

_____, 1920, *Le concept de critique esthétique*, trad. Ph. Lacoue-Labarthe et A.-M. Lang, Paris, Flammarion, 1986.

_____, 1920-1,「신학적, 정치적 단편」,『발터벤야민선집 5』, 최성만 옮김, 길, 2008.

_____, 1921a, "Destin et caractère", trad. M. de Gandillac, *Œuvres I*, Paris, Gallimard, 20C0.

_____, 1921b, "Critique de la violence", trad. M. de Gandillac, *Œuvres I*, Paris, Gallimard, 20C0.

_____, 1924-5, "Les Affinités électives de Goethe", trad. M. de Gandillac, *Œuvres I*, Paris, Gallimard, 2000.

_____, 1926, "Du nouveau sur les fleurs", trad. C. Jouanlanne, *Sur l'art et la photographie*, Paris, Carré, 1997.

_____, 1927a, "Gottfried Keller", trad. R. Rochlitz, *Œuvres II*, Paris, Gallimard, 2000.

_____, 1927b, "Kitsch onirique", trad. P. Rusch, *Œuvres II*, Paris, Gallimard, 2000.

_____, 1927-1940, *Paris, Capitale du XIXe siècle, Le livre des passages*, trad. J. Lacoste, Paris, CERF, 2000.

_____, 1928a, *Origine du drame baroque allemand*, trad. S. Muller, Paris, Flammarion, 1985.

_____, 1928b, "Sens unique", *Sens unique*, trad. J. Lacoste, Paris, Maurice Nadeau, 1988.

_____, 1929a, "Le Surréalisme", trad. Maurice de Gandillac, *Œuvres II*, Paris, Gallimard, 2000.

_____, 1929b, "L'image proustienne", trad. M. de Gandillac, *Œuvres II*, Paris, Gallimard, 2000.

_____, 1929-1940, *Correspondance II*, trad. G. Petitdemange, Paris, 1979, Aubier Montaigne.

_____, 1930, "La crise du roman", trad. R. Rochlitz, *Œuvres II*, Paris, Gallimard, 2000.

_____, 1931a, "Le caractère destructeur", trad. R. Rochlitz, *Œuvres II*, Paris, Gallimard, 2000.

_____, 1931b, "Karl Kraus", trad. R. Rochlitz, *Œuvres II*, Paris, Gallimard, 2000.

_____, 1932, 『사유이미지』, 『발터벤야민선집 1』, 김영옥 외 옮김, 길, 2007.

_____, 1933, "Expérience et pauvreté", trad. P. Rusch, *Œuvres II*, Paris, Gallimard, 2000.

_____, 1935, 「파리―19세기의 수도(개요)」, 『아케이드 프로젝트』, 조형준 옮김, 새물결, 2005.

_____, 1936a, 『기계복제시대의 예술작품』, 『발터벤야민선집 2』, 최성만 옮김, 길, 2007.

_____, 1936b, "Le narrateur", *Ecrits français*, éd. J.-M. Monnoyer, Paris, Gallimard, 1991.

_____, 1938-9, "Zentralpark", *Charles Baudelaire*, trad. J. Lacoste, Paris, Payot, 1982.

_____, 1939b, *Sur quelques thèmes baudelairiens*, trad. J. Lacoste, Charles Baudelaire, Paris, Payot, 1982.

_____, 1940, "Sur le concept d'histoire", *Ecrits fransais*, trad. J.-M.

Monnoyer, Paris, Gallimard, 1991.

_____, 1994, *Ecrits autobiographiques*, trad. G. Petitdemange, Paris, Aubeir Montaigne.

_____, 2001, *Fragments*, trad. C. Jouanlanne et J.-F. Poirier, Paris, PUF.

Béguin, A., 1939, *L'âme romantique et le rêve*, José Corti, 1991.

Bensussan, G., 2001, *Le temps messianique*, Paris, J. Vrin.

Berger, P., 1973, ""Sincerity" and "Authenticity" in Modern Society", *Public Interest*(31).

Berman, M., 1970, *The Politics of Authenticity*, London: George Allen & Unwin LTD.

Bettleheim, B., 1975, 『옛이야기의 매력 2』, 김옥순 · 김주옥 옮김, 시공주니어, 1996.

_____, 1979, *Survivre*, trad. Th. Carlier, Paris, Laffont.

Binswanger, L., 1960, *Mélancolie et manie*, trad. J.-M. Azorin et Y. Totoyan, Paris, PUF, 1987.

_____, 1970, *Analyse existentielle et psychanalyse freudienne*, trad. R. Lewinther, Paris, Gallimard.

_____, 1971, *Introduction à l'analyse existentielle*, trad. J. Verdeaux et R. Kuhn, Paris, Minuit.

Bishop, I. B., 1897, 『한국과 그 이웃나라들』, 이인화 옮김, 1994.

Blaise, M., 2002, "À propos du 《haut pays sans nom》: paysage mélancolique et traditions modernistes", *Romantisme*(117).

Blanqui, A., 1872, *Eternité par les astres*, Paris, la Tête de Feuilles, 1972.

Blanchot, M., 1949, *La part du feu*, Paris, Gallimard.

_____, 1959, 『미래의 책』, 최윤정 옮김, 1993.

_____, 1964, "La voix narrative", *De Kafka à Kafka*, Paris, Gallimard, 1981.

_____, 1969, *L'entretien infini*, Paris, Gallimard.

_____, 1980, *L'écriture du désastre*, Paris, Gallimard.

Bloch, E., 1930, *Traces*, trad. P. Quillet et H. Hildenbrad, Paris, Gallimard, 1968.

_____, 1935, *Héritage de ce temps*, trad. J. Lacoste, Paris, Payot, 1978.

Bloom, A., 1987, 『미국정신의 종말』, 이원희 옮김, 범양사, 1989.

Bohrer, K. H., 1994, 『절대적 현존』, 최문규 옮김, 문학동네, 1995.

Bolz, N., · Reijen, W. V. 1991, 『발터 벤야민』, 김득룡 옮김, 서광사, 2000.

Borgès, J.-L., 1989, *Discussion*, trad. C. Pailler-Staub, Paris, Gallimard, 1986.

Boton A. D., 2004, 『불안』, 정영목 옮김, 2005, 이레.

Braman, B. J., 2008, *Meaning and Authenticity*, University of Toronto Press.

Brecht, B., 1985, 『살아남은 자의 슬픔』, 김광규 옮김, 한마당.

Buck-Morss, S., 1989, 『발터 벤야민과 아케이드 프로젝트』, 김정아 옮김, 2004.

Bugental, J., 1965, *The Search for Authenticity*, N.Y.: Holt, Rinehart and Winston.

Burton, R., 1621, *Anatomie de la mélancolie*, trad. B. Hoepffner, Paris, José Corti, 2000.

Butor, M., 1974, *Répertoire IV*, Paris, Gallimard.

Calinescu, M., 1977, 『모더니티의 다섯 얼굴』, 이영욱 외 역, 시각과 언어, 1993.

Celan, P., 1963, 『누구도 아닌 자의 장미』, 고위공 옮김, 혜원출판사, 2000.

Christin, A.-M., 1998, "L'image informée par l'écriture", *Texte*(21-22).

Cioran, E. M., 1952, "Syllogismes de l'amertume", *Œuvres*, Paris, Gallimard, 1995.

Cortian G., 1979, *Métacritique*, Paris, Minuit.

Covey S., 1989, 『성공하는 사람들의 7가지 습관』, 김경섭 옮김, 김영사, 2003.

Danto, A., 1997, 『예술의 종말 이후』, 이성훈 · 김광우 옮김, 미술문화,

2004.

_____, 1999, 『철학하는 예술』, 정용도 옮김, 미술문화, 2007.

Deleuze, G., 1964, *Proust et les signes*, Paris, PUF.

_____, 1968a, *Différence et répétition*, Paris, PUF.

_____, 1968b, *Spinoza et le problème de l'expression*, Paris, Minuit.

_____, 1969, *Logique du sens*, Paris, Minuit.

_____, 1985, 『시네마 II. 시간-이미지』, 이정하 옮김, 시각과 언어, 2005.

_____, 1988, *Le pli*, Paris, Minuit.

_____, 1990, *Pourparlers*, Paris, Minuit.

_____, 2002, *Francis Bacon. Logique de la sensation*, Paris, Seuil.

_____, 2007, 『들뢰즈가 만든 철학사』, 박정태 옮김, 이학사, 2007.

Deleuze, G. · Guattari, F., 1980, 『천개의 고원』, 김재인 옮김, 새물결, 1996.

_____, 1991, *Qu'est-ce que la philosophie?*, Paris, Minuit.

De Man, P., 1983, *Blindness and Insight*, University of Minnesota Press.

Derrida, J., 1978, *La vérité en peinture*, Paris, Flammarion.

_____, 1992, "This Strange Institution Called Institution: An Interview with Jacques Derrida", *Acts of Literature*, ed. D. Attridge, New York, Routledge.

_____, 1993, 『마르크스의 유령들』, 양운덕 옮김, 한뜻, 1996.

_____, 2003, 「영원한 증인」, Blanchot, M et Nancy, J.-L., 1984/2001, 『밝힐 수 없는 공동체/마주한 공동체』, 박준상 옮김, 문학과지성사, 2005.

Didi-Huberman, G., 1990, *Devant l'image*, Paris, Minuit.

_____, 1994, "Bataille avec Eisenstein", Cinémathèque n° 6.

_____, 1995, *La ressemblance informe*, Paris, Macula.

_____, 2002a, *L'image survivante*, Paris, Minuit.

_____, 2002b, *Ninfa Moderna*, Paris, Gallimard.

Drefus, H. · Rabinow, P., 1982, *Michel Foucault*, The University of Chicago Press.

Dupuy, J.-P., 2005, *Petite métaphysique des tsunamis*, Paris, Seuil.

Durand, G., 1964, 『상징적 상상력』, 진형준 옮김, 문학과지성사, 1983.

During, S., 1990, "Nationalism's Other? The Case for Revision", Homi K. Bhabha ed, *Nation and Narration*, New York, Routledge.

Durkheim, E., 1895, 『사회학적 방법의 규칙들』, 윤병철 · 박창호 옮김, 새물결, 2001.

_____, 1898, "Individual and Collective Representations", *Sociology and Philosophy*, tr. D. F. Pocock, New York, The Free Pr., 1974.

_____, 1912, 『종교생활의 원초적 형태』, 노치준 · 민혜숙 옮김, 1990.

Eagleton, T., 1990, 『미학사상』, 방대원 옮김, 한신문화사, 1995.

Eisenstadt S. N., 1973, *Tradition, Change and Modernity*, New York, John Wiley.

Eisenstein, S. M., 1923, "Le montage des attractions", *Le film*, Paris, Christian Bourgois, 1976.

_____, 1929, "Le principe du cinéma et la culture japonaise", *Le film*, Paris, Christian Bourgois, 1976.

Eleb, D., 2004, *Figures du destin*, Ramonville-Saint-Agne, Erès.

Eliade, M., 1957, *Le sacré et le profane*, Paris, Gallimard, 1965.

Ellis, John, 1989, 『참호에서 보낸 1460일』, 정병선 옮김, 마티, 2005.

Epstein, J., 2002, *Snobbery*, Boston · New York, Houghton Mifflin Company.

Etzioni, A., 1968, *The Active Society*, New York, The Free Press.

Fanon, F., 1961, 『대지의 저주받은 사람들』, 남경태 옮김, 그린비, 2004.

Featherstone, M., 1990, 『포스트모더니즘과 소비문화』, 정숙경 옮김, 현대미학사, 1999.

Fédida, P., 1978, *L'Absence*, Paris, Gallimard.

_____, 1983, "La sollicitation à interpréter", *L'ecrit du temps*(4).

Ferrara, A., 1995, *Modernity and Authenticity*, State University of New

York.

_____, 1998, *Reflexive authenticity*, London and New York, Routledge.

Fichte J. G., 1794, "Doctrine de la science", *Doctrine de la science*, trad. A. Philonenko, Paris, J. Vrin, 1999.

Foucault, M., 1954, "Introduction in Binswanger (L.), Le Rêve et l'Existence", *Dits et écrits I. 1954-1975*, Paris, Gallimard, 2001.

_____, 1966a, "La pensée du dehors", *Dits et écrits I. 1954-1975*, Paris, Gallimard, 2001.

_____, 1966b, *Les mots et les choses*, Paris, Gallimard.

_____, 1969, *L'archéologie du savoir*, Paris, Gallimard.

_____, 1971, "Nietzsche, la généalogie, l'histoire", *Dits et écrits I. 1954-1975*, Paris, Gallimard, 2001.

_____, 1973, *Ceci n'est pas une pipe*, Paris, Fata Morgana.

_____, 1974-5, *Les anormaux*, Paris, Seuil/Gallimard, 1999.

_____, 1977, "Le jeu de Michel Foucault", *Dits et écrits II. 1976-1988*, Paris, Gallimard, 2001.

_____, 1978-9, *Naissance de la biopolitique*, Paris, Gallimard/Seuil.

_____, 1981-2, 『주체의 해석학』, 심세광 옮김, 동문선, 2001.

_____, 1984a, "Qu'est-ce les Lumières?", *Dits et écrits II. 1976-1988*, Paris, Gallimard, 2001.

_____, 1984b, 『성의 역사 2』, 문경자 · 신은경 옮김, 나남, 2004.

_____, 1984c, 『성의 역사 3』, 이혜숙 · 이영목 옮김, 나남, 1990.

_____, 1988, "Les techniques de soi", *Dits et écrits II. 1976-1988*, Paris, Gallimard, 2001.

Freud, S., 1887-1902, *La naissance de la psychanalyse*, trad. A. Berman, Paris, Gallimard, 1956.

_____, 1900, 『꿈의 해석』, 김인순 옮김, 열린책들, 1997.

_____, 1901, *La psychopathologie de la vie quotidienne*, trad. D. Messier,

Paris, Gallimard, 1997.

_____, 1905, 「성욕에 관한 세 편의 에세이」, 『성욕에 관한 세 편의 에세이』, 김정일 옮김, 열린책들, 1996.

_____, 1909, 「가족 로맨스」, 『성욕에 관한 세 편의 에세이』, 김정일 옮김, 열린책들, 1996.

_____, 1913a, "De la fausse reconnaissance(déjà-raconté) au cours du traitement psychanalytique", *La technique psychanalytique*, trad. A Berman, Paris, PUF, 1953.

_____, 1913b, 「토템과 타부」, 『종교의 기원』, 이윤기 옮김, 열린책들, 1997.

_____, 1914, 「나르시시즘 서론」, 『정신분석학의 근본 개념』, 윤희기·박찬부 옮김, 열린책들, 1997.

_____, 1915, "L'inconscient", *Métapsychologie*, trad. J. Laplanche et J.-B. Pontalis, Paris, Gallimard, 1968.

_____, 1917, 「슬픔과 우울증」, 『정신분석학의 근본 개념』, 윤희기·박찬부 옮김, 열린책들, 1997.

_____, 1919, "L'inquiétante étrangeté", *L'inquiétante étrangeté et d'autres essais*, trad. B. Féron, Paris, Gallimard, 1985.

_____, 1920, "Au-delà du principe de plaisir", *Essai de psychanalyse*, trad. J. Laplanche et J.-B. Pontalis, Paris, Payot, 1981.

_____, 1921, "Psychologie des masses et analyse de moi", trad. col. *Essais de psychanalyse*, Paris, Payot, 1981.

_____, 1925a, "La négation", trad. J. Laplanche, *Résultat, idées, problèmes, II*, Paris, PUF, 1985.

_____, 1925b, "Note sur le 〈Bloc-notes magique〉", trad. J. Laplanche et J.-B. Pontalis, *Résultat, idées, problèmes, II*, 1985, Paris, PUF.

_____, 1927, 「절편음란증」, 『성욕에 관한 세 편의 에세이』, 김정일 옮김, 열린책들, 1996.

_____, 1938, "Résultats, idées, problèmes", trad. col. *Résultat, idées, problèmes, II*, Paris, PUF, 1985.

Gadamer, H. G., 1948-1960, 『진리와 방법 I』, 이길우 외 옮김, 문학동네, 2000.

Gagnebin, J. M., 1994, *Histoire et narration chez Walter Benjamin*, Paris, L'Harmattan.

Gandhi, L., 1998, 『포스트식민주의란 무엇인가?』, 이영욱 옮김, 현실문화연구, 2000.

Gass, W. H., 1971, *Fiction and the Figures of Life*, New York, Alfred A. Knopf.

Giddens, A., 1984, 『사회구성론』, 환명주 · 정희태 · 권진현 옮김, 자작아카데미, 1998.

_____, 1991, 『현대성과 자아정체성』, 권기돈 옮김, 새물결, 1997.

_____, 1992, 『현대사회의 성 · 사랑 · 에로티시즘』, 배은경 · 황정미 옮김, 새물결, 1996.

Girard, R., 1961, 『낭만적 거짓과 소설적 진실』, 김치수 · 송의경 옮김, 한길사, 2001.

_____, 1972, 『폭력과 성스러움』, 김진식 · 박무호 옮김, 민음사, 1997.

_____, 1985, *La route antique des hommes pervers*, Paris, Grasset.

Goldmann, L., 1959, *Le dieu caché*, Paris, Gallimard.

Golomb, J., 1995, *In Search of Authenticity*, London and New York, Routledge.

Gombrich, E. H. 1971, 『서양미술사 下』, 최민 옮김, 1994, 열화당.

Gramsci, A., 1986, 『그람시의 옥중수고 I, 정치편』, 이상훈 옮김, 거름, 1986.

Guignon, C., 2004, 『진정성에 대하여』, 강혜원 옮김, 동문선, 2005.

Habermas, W., 1984, 『현대성의 철학적 담론』, 이진우 옮김, 1994.

Han, B., 1997, "Au-delà de la métaphysique et de la subjectivité: musique et Stimmung", *Les études philosophiques*(4).

Harr, M., 1985, *Le chant de la terre*, Paris, L'Herne.

_____, 1994, *La fracture de l'histoire*, Paris, Jérôme Millon.

Harvey, D., 2003, 『모더니티의 수도, 파리』, 김병화 옮김, 생각의나무, 2005.

Heartfield, J., 1930-8, *Photomontage antinazi*, Paris, Chêne.

Heath, J. & Potter, A., 2005, 『혁명을 팝니다』, 윤미경 옮김, 마티, 2006.

Hegel, G., 1807a, 『정신현상학 1』, 임석진 옮김, 한길사, 2005.

_____, 1807b, 『정신현상학 2』, 임석진 옮김, 한길사, 2005.

_____, 1830, 『역사속의 이성』, 임석진 옮김, 지식산업사, 1992.

_____, 1835-42a, 『헤겔미학 I』, 두행숙 옮김, 나남, 1996.

_____, 1835-42b, 『헤겔미학 II』, 두행숙 옮김, 나남, 1996.

Heidegger, M., 1927, 『존재와 시간』, 이기상 옮김, 까치, 1998.

_____, 1929, "Qu'est-ce que la métaphysique?", trad. H. Corbin, *Question I et II*, Paris, Gallimard, 1968.

_____, 1929-1930, *Les concepts fondamentaux de la métaphysique*, trad. D. Panis, Paris, Gallimard, 1992.

_____, 1936, "L'origine de l'œuvre d'art", *Chemins qui ne mènent nulle part*, 1950, trad. W. Brokmeier, Paris, Gallimard, 1962.

_____, "1940, La doctrine de Platon sur la vérité", trad. K. Axelos et J. Beaufret, *Questions I et II*, Paris, Gallimard, 1968.

_____, 1946, "Pourquoi les poètes", *Chemins qui ne mènent nulle part*, trad. W. Brokmeier, Paris, Gallimard, 1962.

_____, 1951, "Bâtir, Habiter, Penser", *Essais et conférences*, trad. A. Préau, Paris, Gallimard, 1958.

_____, 1952, "Que veut dire penser?", *Essais et conférences*, trad. A. Préau, Paris, Gallimard, 1958.

_____, 1956, "Qu'est-ce que la philosophie?", trad. K. Axelos et J. Beaufret, *Question I et II*, Paris, Gallimard, 1968.

Hesiodos, 2004, 『신통기』, 천병희 옮김, 한길사.

Hippocrate(pseud.), 1991, *Sur le rire et la folie*, trad. Y. Hersant, Paris, Seuil.

Hirschman, A. O., 1977, 『열정과 이해관계』, 김승현 옮김, 나남, 1994.

Hobsbawm, 1983, 『만들어진 전통』, 박지향 · 장문석 옮김, 휴머니스트, 2004.

Hofstadter, A., 1974, 「예술의 죽음과 변용」, 『예술의 죽음과 부활』, 김문환 · 권대중 편역, 지식산업사, 2004.

Homeros, 1992, 『오뒷세이아』, 강영길 옮김, 홍신문화사.

Hunt, L., 1992, 『프랑스혁명과 가족로망스』, 조한욱 옮김, 새물결, 1999.

Husserl E., 1913, *Idées directrices pour une phénoménologie*, trad. P. Ricoeur, Paris, Gallimard, 1950.

Jameson, F., 1981, *The Political Unconscious*, Ithaca, Cornell University Press.

_____, 1984, 「포스트모더니즘」, 『포스트모더니즘론』, 정정호·강내희 편, 문화과학사, 1989.

Jauß, H. R., 1970, 『도전으로서의 문학사』, 장영태 옮김, 문학과지성사, 1983.

_____, 1989, 『미적 현대와 그 이후』, 김경식 옮김, 문학동네, 1999.

Jay, M., 1973, *L'imagination dialectique*, trad. E. E. Morenoet et A. Spiguel, Paris, Payot, 1977.

_____, 1988, 「모더니티의 시각 체제들」, 『시각과 시각성』, 할 포스터 엮음, 최연희 옮김, 경성대학교출판부, 2004.

Joffe, H., 1999, 『위험사회와 타자의 논리』, 박종연 · 박해광 옮김, 한울아카데미, 2002.

Joutard, P., 1996, *L'invention du Mont Blanc*, Paris, Gallimard.

Kafka, F., 1917, 「다리」, 『카프카 전집 1』, 이주동 옮김, 1997.

_____, 1984, *Oeuvres complétes III*, trad. M Robert et al., Paris, Gallimard.

Kant, I., 1764a, "Essai sur les maladies de la tête", *Essai sur les maladies de la tête*, trad. M. David-Ménard, Paris, Flammarion, 1990.

_____, 1764b, "Observations sur le sentiment du beau et du sublime", *Essai sur les maladies de la tête*, trad. M. David-Ménard, Paris, Flammarion, 1990.

_____, 1784, 「계몽이란 무엇인가에 대한 답변」, 『칸트의 역사철학』, 이한구 편역, 서광, 1992.

_____, 1781/7, 『순수이성비판 1』, 백종현 옮김, 아카넷, 2006.

_____, 1790, *Critique de la faculté de juger*, trad. A. Philonenko, Paris, J. Vrin, 2000.

_____, 1798, *Anthropologie du point de vue pragmatique*, trad. M. Foucault, Paris, J. Vrin, 1994.

Kermode, F., 1966, 『종말의식과 인간적 시간』, 조초희 옮김, 문학과지성사, 1993.

Kern, S., 1983, 『시간과 공간의 문화사』, 박성관 옮김, 휴머니스트, 2004.

Kernan, A., 1990, 『문학의 죽음』, 최인자 옮김, 문학동네, 1999.

Kierkegaard, S., 1843, *Ou bien ⋯ ou bien ⋯* trad, F. O. Prior et M. H. Guignot, Paris, Gallimard, 1943.

Klibansky, R., · Panofsky, E. · Saxl, F., 1964, *Saturne et la mélancolie*, trad. F. Durand-Bogaert et L. Evrard, Paris, Gallimard, 1989.

Kojève A., 1947/1968, *Introduction à la lecture de Hegel*, Paris, Gallimard.

Kracauer, S., 1928, "On the Writings of Walter Benjamin", *Walter Benjamin Vol II*, ed. P. Osborne, Routledge, London and N. Y. 2005.

Kristeva, J., 1987, *Soleil noir*, Paris, Gallimard.

Kundera, M., 1984, 『참을 수 없는 존재의 가벼움』, 송동준 옮김, 민음사, 1988.

Lacan, J., 1973, *Le séminaire*, Livre XI, Seuil.

_____, 1986, L'éthique de la psychanalyse, établi, J.-A. Miller, Paris, Seuil.

Lacoue-Labarthe, Ph. · Nancy, J.-L., 1978, *L'absolu littéraire*, Paris, Seuil.

Laërce D., 1999, *Vies et doctrines des philosophes illustres*, trad. sous la direction de Marie-Odile Goulet-Cazé, La Pochothèque.

Laplanche, J. · Pontalis. J.-B., 1967, *Vocabulaire de la psychanalyse*, Paris, PUF.

Lasch, Ch., 1979, 『나르시시즘의 문화』, 최경도 옮김, 문학과지성사, 1989.

Lepenies, W., 1985, *Between Literature and Science: The Rise of Sociology*, tr. R. J. Hollingdale, Cambridge University Press.

Lesage, J., 1992, *Le Mont Aiguille*, Grenoble, Publialp.

Levinas, E., 1934, *Quelques réflexions sur la philosophie de l'hitlérisme*, Paris, Payot & Rivages, 1997.

_____, 1935, *De l'évasion*, Paris, Fata Morgana.

_____, 1948, *Le temps et l'autre*, Paris, PUF.

_____, 1975, 『모리스 블랑쇼에 대하여』, 박규현 옮김, 동문선, 2003.

Levy, P., 1958, 『이것이 인간인가』, 이현경 옮김, 돌베개, 2007.

_____, P., 1986, *Les naufragés et les rescapés*, trad. A. Maugé, Paris, Gallimard, 1989.

Lindholm, Ch., 2008, *Culture and Authenticity*, Blackwell.

Löwith, K., 1949, 『역사의 의미』, 이한우 옮김, 문예출판사, 1987.

Löwy, M., 1988, *Rédemption et utopie*, Paris, PUF.

_____, 2001, *Walter Benjamin: Avertissement d'incendie*, Paris, PUF.

Lyotard, J.-F. 1984, *Le différend*, Paris, Minuit.

Mallarmé, S., 1976, *Divagation, Un coup de dés*, Paris, Gallimard.

Mannheim K., 1929, 『이데올로기와 유토피아』, 임석진 옮김, 청아, 1991.

Marcuse, H., 1964, 『일차원적 인간』, 박병진 옮김, 한마음사, 1986.

Marx, K., 1867, 『자본론 I-上』, 김수행 옮김, 비봉, 1989.

Marx, K · Engels, F., 1848, 「공산주의당 선언」, 『칼맑스 프리드리히 엥겔스 저작선집 1』, 최인호 외 옮김, 박종철출판사, 1992.

Mead, G, H., 1934, *Mind, Self and Society*, The University of Chicago Press.

Merleau-Ponty, M., 1947, 『휴머니즘과 폭력』, 박현모 외 옮김, 문학과지성사, 2004.

_____, 1964, *L'oeil et l'esprit*, Paris, Gallimard.

Meštrović, S. G., 1997, *Postemotional Society*, Sage Publications.

Mieszkowski, J., 2004, "Art Forms", *The Cambridge Companion to Walter Benjamin*, Cambridge University Press.

Mitchell, W. J. T.(ed.), 1994, *Landscape and Power*, The University of Chicago Press.

Moles, A., 1971, 『키치란 무엇인가?』, 엄광현 옮김, 시각과언어, 1995.

Montandon, A., 1977, "De la peinture romantique allemande", *Romantisme*(16).

Mosès, S., 1992, *L'ange de l'histoire*, Paris, Seuil.

_____, 1996, "Benjamin, Nietzsche, et l'idée de l'éternel retour", *Europe*(804).

Nancy, J.-L., 1993, *Le Sens du monde*, Paris, Galilée.

_____, 2001, *La Communauté affrontée*, Paris, Galilée.

Nietzsche, F., 1869-1872, *Fragments posthumes*, trad. M. Haar et J.-L. Nancy, *Œuvres philosophiques complètes I-1*, Paris, Gallimard, 1977.

_____, 1872, 『비극의 탄생』, 김대경 옮김, 청하, 1982.

_____, 1882, *Le gai savoir*, trad. P. Wolting, Paris, Flammarion, 1997.

_____, 1883-5, 『차라투스트라는 이렇게 말했다』, 정동호 옮김, 책세상, 2000.

_____, 1888, Ecco Homo, *L'Antéchrist*, trad. J.-C. Hémery, Paris, Gallimard, 1974.

_____, 1995, *La volonté de puissance I*, trad. G. Bianquis, Paris, Gallimard.

Ouaknin, M.-A., 1991, *Concerto pour quatre consonnes sans voyelles*, Paris, Payot & Rivages.

Panofsky, E., 1915, "Le problème du style dans les arts plastiques", *La perspective comme forme symbolique*, trad. G. Ballangé, Paris, Minuit, 1975

_____, 1927, "La perspective comme forme symbolique", trad. G. Ballangé, *La perspective comme forme symbolique et autres essais*, Paris, Minuit,

1975.

_____, 1939, "Le vieillard Temps", *Essais d'iconologie*, trad. C. Herbette et B. Teyssèdre, Paris, Gallimard, 1967.

Panofsky, E. · Saxl, F., 1923, *Dürers 'Melencolia I'*, Leipzig, Berlin (Studien der Bibliothek Warburg).

Pavis, P., 1999, 『연극학사전』, 신현숙 · 윤학로 옮김, 현대미학사.

Payot, D., 1999-2000, "La science des œuvres", *La part de l'œil*(15-16).

Perrault, C., 1989, *Contes*, Paris, GF-Flammarion.

Petrarca, F., 1336, "The Ascent of Mont Ventoux", trad. H. Nachod, *The Renaissance philosophy of Man*, The University of Chicago Press, 1963.

Pigeaud, J., 1988, "Présentation", Aristote, *L'homme de génie et la Mélancolie, Problème XXX, 1*, trad. J. Pigeaud, Paris, Rivages.

Platon, 1989, *La République*, in *Oeuvres complètes VII*, ed et trad. E. Chambray, Paris, Les Belles Lettres.

Plumpe, G., 1993, 『현대의 미적 커뮤니케이션 1』, 홍승용 옮김, 경성대학교 출판부, 2007.

Pountain, D., · Robins, D., 2000, 『Cool. 세대를 가로지르는 반역의 정신』, 이동연 옮김, 사람과 책, 2003.

Proust, F., 1994, *L'histoire à contre-temps*, Paris, CERF.

Rawls, J., 1999, 『정의론』, 황경식 옮김, 이학사, 2003.

Razac, O., 2002, 『텔레비전과 동물원』, 백선희 옮김, 마음산책, 2007.

Réau, L., 1958, *Iconographie de l'art chrétien, T. III*, Paris, PUF.

Recht, R., 1994, L'écriture de l'histoire de l'art devant les modernes, *Les Cahiers du Musée national d'Art moderne*(48).

Ricoeur, P., 1965, *De l'interprétation*, Paris, Seuil.

_____, 1970, *Freud and Philosophy*, tr. D. Savage, New Haven: Yale University Press.

Rieff, Ph., 1961, *Freud, The Mind of the Moralist*, GArden City: Doubleday

& Co.

Riesman, D., 1961, 『고독한 군중』, 이상률 옮김, 문예출판사, 1999.

Rilke, R.-M., 1912-1922, 『두이노의 비가』, 『릴케전집 2』, 김재혁 옮김, 책세상, 2000.

Rochlitz, R., 1992, *Le Désenchantement de l'art*, Paris, Gallimard.

Roger, A., 1997, *Court traité du paysage*, Paris, Gallimard.

Rossinow, D., 1998, *The Politics of Authenticity*, New York, Columbia University Press.

Rousseau, J.-J., 1755, 『인간불평등 기원론』, 주경복·고봉만 옮김, 책세상, 2003.

_____, 1781, 『언어기원에 관한 시론』, 주경복·고봉만 옮김, 책세상, 2002.

Said, E. W., 1983, *The World, the text, and the critic*, Harvard University Press.

Sartre, J.-P., 1948, 『문학이란 무엇인가』, 정명환 옮김, 민음사, 1998.

Schlegel, F., 1797, *Fragments critiques*, Ph. Lacoue-Labarthe et J.-L. Nancy, *L'absolu littéraire*, Paris, Seuil, 1978.

Scholem, G., 1941, *Les grands courants de la mystique juive*, Paris, Payot & Rivages, 1973.

_____, 1966, *La Kabbale et sa symbolique*, trad. J. Boesse, Paris, Payot.

_____, 1974, *La kabbale*, Paris, Gallimard.

_____, 1975, 『한 우정의 역사』, 최성만 옮김, 한길사, 2002.

Schorske, C. E., 1981, *Fin-De-Siècle Vienna*, New York, Vintage Books.

Sennett, R., 1977, 『현대의 침몰』, 김영일 옮김, 일월서각, 1982.

Shils, E., 1981, 『전통』, 김병서·신현순 옮김, 민음사, 1992.

Shrady, N., 2008, 『운명의 날』, 강경이 옮김, 에코의 서재, 2009.

Simmel, G., 1895, "La mode", *La tragédie de la culture et autres essais*, trad. S. Cornille et P. Ivernal, Paris, Rivages, 1988.

_____, 1909, 「다리와 문」, 『짐멜의 모더니티 읽기』, 김덕영·윤미애 옮김,

새물결, 2005.

Sloterdijk, P., 1983, 『냉소적 이성비판』, 박미애 · 이진우 옮김, 에코리브르, 2005.

Stavrakakis, Y., 1999, 『라캉과 정치』, 이병주 옮김, 은행나무, 2006.

Stoichita, V. I., 1999, *L'instauration du tableau*, Genève, Droz. S. A.

Taubes, J., 1993, *La théologie politique de Paul, Schmit, Benjamin, Nietzsche, Freud*, trad. M. Köller et D. Séglard, Paris, Seuil.

Taylor, Ch., 1989, *Sources of the Self*, Havard University Press.

_____, 1991, 『불안한 현대사회』, 송영배 옮김, 이학사, 2001.

_____, 1992, "The Politics of Recognition", *Multiculturalism*, ed. Amy Gutmann, Princeton, New Jersey: Princeton University Press, 1994.

_____, 2002, 『세속화와 현대문명』, 철학과현실사.

Tocqueville, A., de. 1835, 『미국의 민주주의 I, II』, 임효선 · 박지동 옮김, 한길사, 1997.

Todorov, T., 1977, *Théories du symbole*, Paris, Seuil.

_____, 1991, *Face à l'extrême*, Paris, Seuil.

_____, 1993, *Eloge du quotidien*, Paris, Adam Biro.

Tuan, Y.-F., 1974, *Topophilia*, New York, Columbia University Press.

_____, 1977, 『공간과 장소』, 구동회 · 심승희 옮김, 대윤.

Trilling, L., 1972, *Sincerity and Authenticity*, Havard University Press.

Voltaire, 1759, 『깡디드』, 염기용 옮김, 범우사, 1973.

Voragine, J., 1911, *La légende dorée*, trad. T. De Wyzewa, Paris, Seuil, 1998.

Warburg, A., 1921, "La divination païenne et antique dans les écrits et les images à l'époque de Luther", trad. S. Muller, *Essais florentins*, Paris, Klincksieck, 1990.

Warnke, M., 1997, 『정치적 풍경』, 노성두 옮김, 일빛.

Waugh, P., 1984, 『메타픽션』, 김상구 옮김, 열음사, 1989.

Weber, M., 1904-5, 『프로테스탄티즘의 윤리와 자본주의 정신』, 박성수 옮김, 문예출판사, 1987.

White, H., 1979, 『19세기 유럽의 역사적 상상력』, 천형균 옮김, 문학과지성
　　사, 1991.

Williams, R., 1977, 『이념과 문학』, 이일환 옮김, 문학과지성사, 1982.

Zarader, M., 2001, *L'être et le neutre*, Paris, Verdier.

Zima, P., 1989, 『이데올로기와 이론』, 허창운·김태환 옮김, 문학과지성사,
　　1996.

Žižek, S., 1989, *The Sublime Object of Ideology*, London · New York,
　　Verso.

_____, 1994, 『향락의 전이』, 이만우 옮김, 인간사랑, 2001.

_____, 2002a, 『그들은 자기가 하는 일을 알지 못하나이다』, 박정수 옮김,
　　인간사랑, 2004.

_____, 2002b, 『실재계 사막으로의 환대』, 김종주 옮김, 인간사랑, 2003.

_____, 2003, 『죽은 신을 위하여』, 김정아 옮김, 길, 2007.

마음의 사회학

ⓒ 김홍중 2009

1판 1쇄 │ 2009년 12월 18일
1판 12쇄 │ 2024년 8월 30일

지은이 김홍중

책임편집 구민정 │ 편집 최지영
디자인 엄혜리 김민하 │ 저작권 박지영 형소진 최은진 오서영
마케팅 정민호 서지화 한민아 이민경 안남영 왕지경 정경주 김수인 김혜원 김하연 김예진
브랜딩 함유지 함근아 박민재 김희숙 이송이 박다솔 조다현 정승민 배진성
제작 강신은 김동욱 이순호 │ 저작처 상지사

펴낸곳 (주)문학동네 │ 펴낸이 김소영
출판등록 1993년 10월 22일 제2003-000045호
주소 10881 경기도 파주시 회동길 210
전자우편 editor@munhak.com │ 대표전화 031)955-8888 │ 팩스 031)955-8855
문의전화 031)955-3579(마케팅), 031)955-1905(편집)
문학동네카페 http://cafe.naver.com/mhdn
인스타그램 @munhakdongne │ 트위터 @munhakdongne
북클럽문학동네 http://bookclubmunhak.com

ISBN 978-89-546-0971-5 03300

잘못된 책은 구입하신 서점에서 교환해드립니다.
기타 교환 문의 031)955-2661, 3580

www.munhak.com